Nils Ole Oermann

Anständig Geld verdienen?

Das Buch

»Der Markt« ist kein Naturereignis, sondern ein von Menschen gestalteter Ort. Nils Ole Oermanns Kernargument in dieser Wirtschaftsethik ist so einfach wie überzeugend: Auf Grundlage des protestantischen Freiheits- und Berufsbegriffs, bereits von Max Weber als Antrieb des frühen Kapitalismus identifiziert, entwickelt Oermann die These, dass nur Menschen moralfähig sind und nicht etwa Systeme, Institutionen oder Firmen. Eine Bank ist weder »gut« noch »böse«, sondern moralfähig sind nur die für sie handelnden, natürlichen Personen. Systeme und institutionelle Strukturen werden damit in der Ökonomie nicht ethisch obsolet – im Gegenteil. Jedoch können nur moralfähige Individuen auf Schul- oder Anklagebänken sitzen. Oermanns Wirtschaftsethik zeigt auf eindrückliche Weise: Wenn in der aktuellen Banken- und Finanzkrise von »Systemversagen« die Rede ist, wird damit in der Regel nur persönliche Verantwortung verschleiert und so zu einem Geschehen stilisiert, das eher einem Naturereignis ähnelt. In dieser Wirtschaftsethik lassen sich keine Wirtschaftsordnungen, keine Institution, kein Staat und kein Naturrecht finden, die einem die ethische Verantwortung für das eigene Tun und Unterlassen abnehmen könnten und dürften.

Der Autor

Univ.-Prof. Dr. Dr. Nils Ole Oermann, geboren 1973 in Bielefeld, lehrt als Institutsdirektor Ethik an der Leuphana Universität Lüneburg. Als Rhodes Scholar wurde er in Neuerer Geschichte in Oxford promoviert. Danach erwarb er in Harvard den *Master in Public Administration (MPA)* mit Schwerpunkt Volkswirtschaftslehre und Ethik. 2004 bis 2007 war er der Persönliche Referent von Bundespräsident Horst Köhler, dem er bis heute zuarbeitet. 2007 habilitierte er sich beim Religionsphilosophen Richard Schröder mit einer wirtschaftsethischen Arbeit, die diesem Buch zugrunde liegt. Seit 2009 berät er als Wirtschaftsethiker den Bundesminister der Finanzen in Grundsatzfragen. Seit 2010 ist er ständiger Gastprofessor für Ethik mit Schwerpunkt Wirtschaftsethik an der Universität St. Gallen und leitet gemeinsam mit Prof. Rolf Schieder den Forschungsbereich »Religion, Politik und Ökonomie« an der Humboldt Universität zu Berlin. Er ist Mitherausgeber der *Theologischen Literaturzeitung* und dort zuständig für den Bereich Systematische Theologie/Ethik.

Nils Ole Oermann

Anständig Geld verdienen?

Eine protestantische Wirtschaftsethik

FREIBURG · BASEL · WIEN

HERDER spektrum Band 6571

MIX
Papier aus verantwortungsvollen Quellen
FSC® C083411

Bearbeitete und erweiterte Neuausgabe der Originalausgabe von 2007,
erschienen im Gütersloher Verlagshaus.

© Verlag Herder GmbH, Freiburg im Breisgau 2014
Alle Rechte vorbehalten
www.herder.de

Umschlaggestaltung: Verlag Herder
Umschlagmotiv: Quentin Massys, Der Goldwäger und seine Frau, 1514,
Öl auf Holz, Louvre Museum, Paris.

Satz: Arnold & Domnick, Leipzig
Herstellung: CPI books GmbH, Leck

Printed in Germany

978–3-451–06571–2

Inhalt

Vorwort 9
Einleitung und Kernthesen 12

TEIL I
WIRTSCHAFT UND ETHIK AUS SICHT DER THEOLOGIE

Ökonomie aus theologisch-ethischer Perspektive 32
   1. Vier Optionen einer theologischen
      Wirtschaftsethik 35
   2. Globale Wirtschaftsethik auf Grundlage christlicher
      Schöpfungslehre und des Würdebegriffs 55
   3. Der protestantische Freiheitsbegriff............. 60
   4. Ökonomie und Anthropologie in
      protestantischer Perspektive 73

Die Wurzeln der katholischen Soziallehre 81
   1. Historische Wurzeln 82
   2. Aristoteles und die Gerechtigkeit 86
   3. Das Konzept von sozialer Gerechtigkeit
      und Gemeinwohl und deren Wurzeln
      bei Thomas von Aquin 92
   4. Katholische Soziallehre als Wirtschaftsethik? 97

Evangelische Wirtschaftsethik
und ihre reformatorischen Grundlagen 106
   1. Wirtschaft, Ethik und Beruf bei Luther 107
   2. Wirtschaft und Prädestination bei Calvin 115

Wirtschaft, Ethik und der protestantische Geist
des Kapitalismus: Max Weber und Ernst Troeltsch 125
   1. Max Weber und das Protestantische
      im Kapitalismus................................. 125
   2. Die Wirtschaftsethik im Ansatz
      von Ernst Troeltsch........................... 135

Konfessionelle Wirtschaftsethik im 21. Jahrhundert –
Quo vadis? 143

TEIL II
WIRTSCHAFTSETHISCHE BEGRIFFLICHKEITEN

Begrifflichkeiten einer Wirtschaftsethik unter den
Bedingungen der Globalisierung aus theologisch-
ethischer Sicht 165
   1. Die Rawls'sche Gerechtigkeitstheorie
      als Grundlage einer Wirtschaftsethik aus
      christlicher Perspektive....................... 171
   2. Gleichheit und Gleichberechtigung 178
   3. Menschenwürde und Menschenrechte........... 182
   4. Soziale Gerechtigkeit und Gemeinwohl.......... 188
   5. Der Wertbegriff 191
   6. Anstand 210

TEIL III
WIRTSCHAFTSETHIK AUS SICHT DER ÖKONOMIE

Ethik im Lichte klassisch ökonomischen Denkens 227
1. Wirtschaft und Ethik bei Adam Smith
   und David Ricardo 227
2. Alfred Marshall, Léon Walras und Joseph Alois
   Schumpeter zur Verhältnisbestimmung von Ethik
   und Ökonomie 238
3. John Maynard Keynes als ökonomischer Prophet
   in der Weltwirtschaftskrise 240
4. Wirtschaftsethik bei Paul A. Samuelson, Milton
   Friedman und Gary S. Becker 244
5. Soziale Marktwirtschaft und ihre Wurzeln 251

Neuere spätklassische Wirtschaftsethiken 265

TEIL IV: DIE FALLSTUDIE

Individuen als moralfähige Akteure – eine biographisch-
anthropologische Studie aus der Finanzindustrie 275

Gesamtzusammenfassung 309

ANHANG

Anmerkungen 321
Literaturverzeichnis 365

Vorwort

Das vorliegende Buch stützt sich auf meine Habilitationsschrift aus dem Jahr 2007. Der Text wurde für die nun erscheinende Taschenbuchausgabe nicht nur eingekürzt, sondern auch komplett überarbeitet und aktualisiert, denn es sind inzwischen sieben Jahre vergangen, in denen große Änderungen stattgefunden haben: Die Pleite einer Investmentbank löste die Finanzkrise des Jahres 2008 aus. Ihr folgte die sogenannte Euroschuldenkrise, die eigentlich eine Staatsschuldenkrise ist. Mindestens eine der beiden Krisen dauert bis heute an. Beide Ereignisse sind für eine Wirtschaftsethik Erschütterung und Rechtfertigung zugleich, sie wurden in der wirtschaftsethischen Literatur jedoch nur unzureichend aufgegriffen. Hätte sich angesichts der Finanzkrise der ethische und ideengeschichtliche Ansatz der Untersuchung und ihrer Kernthesen grundsätzlich geändert, dann spräche das nicht für die Validität und Qualität der ursprünglich verfolgten Thesen und ihrer Begründungen. Die Kernthese dieser protestantischen Wirtschaftsethik ist aber nicht nur dieselbe geblieben, sondern hat sich in der Finanzkrise geschärft: Jede Ethik ist letztlich Anthropologie in Antwort auf Kants Grundfrage der Ethik, die da lautet: »Was soll *ich* tun?« und eben nicht: »Was sollen *wir*/das System/die Gesellschaft tun?«. Wem eingedenk dessen die Finanzkrise als Systemversagen oder als Naturereignis präsentiert wurde, der sollte wissen, dass damit nur die Verantwortlichkeiten konkret handelnder Akteure undeutlicher wurden. Denn nur natürliche Personen sind moralfähig, auch wenn sie erheblich durch ihre Umwelt beeinflusst werden. Diese Umwelt, Systeme oder Institutionen entbinden den Einzelnen aus protestantischer Sicht eben nicht von der Verantwortung, nicht nur legal nach den geltenden Gesetzen, sondern auch legitim, d.h. ethisch verantwortlich gegenüber ihren Nächsten zu handeln. Das ist unter anderem der Grund, warum man im deutschen Strafrecht nur natürliche Personen und keine Systeme oder Unternehmen auf Anklagebänke setzt: Denn ein Unternehmen ist nicht »gut« oder »schlecht«, wohl aber sind die für es Handelnden identifizierbar und nicht nur im ethischen Sinne verantwortlich für das eigene Tun.

Diese Grundthese wird anders als in der Habilitationsschrift nicht an fünf Fallstudien aus den Bereichen *global governance/failed states*, Demographie, Entschuldung und *corporate governance* getestet, sondern ob ihrer Aktualität anhand eines konkreten Falls aus der Finanzindustrie, dem Investmentbanking, überprüft. Wer als Autor eine Arbeit fast um die Hälfte ihres ursprünglichen Umfangs kürzen muss, der steht vor schwierigen Entscheidungen – was weglassen, was zuspitzen, was vereinfachen? Wer darum während oder nach der Lektüre dieses Buches an der Wirtschaftsethik globaler Märkte, der Rolle der Entwicklungsökonomie und den jeweiligen Details der dargestellten Positionen von Ökonomen, Philosophen und Theologen sowie kirchlichen Denkschriften und wirtschaftsethischen Schulen interessiert ist, der sei auf die Hardcoverausgabe *Anständig Geld verdienen? Protestantische Wirtschaftsethik unter den Bedingungen globaler Märkt (Gütersloh 2007)* als wissenschaftliche Qualifikationsschrift in der entsprechenden Ausführlichkeit verwiesen.

Das Kürzen und die Neubearbeitung des Buches bietet aber auch enorme Chancen: Man aktualisiert, pointiert und nimmt neue Gedankenstränge in den ursprünglichen Argumentationsgang auf – von Papst Franziskus apostolischem Sendschreiben *Evangelii Gaudium* bis zur Ethik des Bank- und Finanzwesens hin zu der grundsätzlichen Frage des *Quo vadis* einer konfessionellen Wirtschaftsethik in einem akademischen Fach Wirtschaftsethik, das nach Ansicht des Kollegen Birger Priddat derzeit ein Fach »mit Konjunktur, aber ohne Wirkung« ist. Diese Diagnose zum Positiven zu wenden, war

Kernanliegen des vorliegenden Buches. Ob dies gelungen ist, mögen die Leser beurteilen – und vor allem all jene Studierenden und Interessierten in Lüneburg, St. Gallen und Berlin, die in den vielen Vorlesungen, Seminaren und Gesprächen durch kritische Nachfragen und eigene Anmerkungen einen wesentlichen Beitrag geleistet haben. Ihnen gebührt mein Dank. Auch die lange Liste der Danksagungen aus der ersten Auflage war zu aktualisieren. Dort hieß es bisher u. a.: »Und vor allem meiner ganzen Familie und meiner Frau danke ich von Herzen, die mich in den letzten fünf Jahren nicht einmal hat spüren lassen, dass ich ihre Geduld mit diesem Projekt bestimmt mehr als einmal auf die Probe gestellt habe.« Daran hat sich nichts geändert, aber der häusliche Kreis der Hauptbetroffenen hat sich 7 Jahre später um Ole und Leo erweitert. Meinen Söhnen widme ich dieses Buch.

Schäplitz, im Sommer 2014

Einleitung und Kernthesen

Wirtschaftsethik ist zu Beginn des 21. Jahrhunderts kein exklusives Kerngebiet theologischen Nachdenkens, nicht im katholischen Bereich und noch weniger im evangelischen. Mit den notwendigen Bezügen zu den jeweiligen Fachwissenschaften beteiligen sich vor allem Ökonomen, Philosophen, Historiker, Politiker wie auch Vertreter der Wirtschaft an der Suche nach gerechten Wirtschaftsordnungen und wirtschaftsethischen Konzepten. Begriffe wie »soziale Gerechtigkeit«, »Grundwerte«, »Anstand«, »ehrbarer Kaufmann« oder »Gemeinwohl« bestimmen dabei immer wieder und aufs Neue die öffentliche Diskussion, ohne dass deren inhaltlicher Gehalt hinreichend definierbar scheint. Denn nicht erst der amerikanische Philosoph John Rawls erkannte, wie schwer eine materielle Definition des Wortes »gerecht« ist, und beschränkte sich darum in seinem Ansatz auf prozessuale Gerechtigkeit im Sinne von Fairness.

Was ist schon gerecht? Die Schwierigkeit, dies materiell und positiv zu definieren, macht in keinem Fall die Frage an sich ethisch obsolet – im Gegenteil. In dieser unübersichtlichen Ausgangslage wirtschaftsethischen Nachdenkens über gerechtes, faires, anständiges oder ehrbares Wirtschaften scheint man dennoch der Theologie ein gewisses Maß an wirtschaftsethischer Problemlösungskompetenz zuzutrauen, wenn in einem Karrierejournal für Ingenieure zu lesen ist:

> In der globalen Ökonomie sollte das Thema Ethik eine Rolle spielen, ein bisschen Philosophie kann nicht schaden. […] die Sozialcharta wird auch mit Leben gefüllt, das heißt: »Sie steht nicht nur im Handbuch, sondern wir fordern auch ethisches Verhalten ein.« Das WerteManagementSystem wird extern

evaluiert, und im Aufsichtsrat sitzt ein Theologe, der das Geschehen ebenfalls aktiv verfolgt.[1]

Ob ernsthaft oder eher humoristisch: In jedem Fall stellt sich die Frage, was das *proprium* einer Wirtschaftsethik aus theologischer Perspektive sein kann. Worin besteht der besondere Beitrag einer aus konfessioneller Perspektive verfassten Wirtschaftsethik? Diese Wirtschaftsethik ist in dem Sinne »protestantisch«, dass sie im Geiste der Speyrer *protestatio*, der Protestation der protestantischen Kurfürsten auf dem Reichstag zu Speyer von 1529, um die politische Dimension des christlichen Glaubens genau weiß: Dem dezidierten Sicheinsetzen für ihre Glaubensüberzeugungen und dem öffentlichen Protest dafür verdankten die »Protestanten« nach den Reichstagen von Speyer und Augsburg letztlich ihren Namen.

Viele wirtschaftsethische Untersuchungen der Gegenwart begnügen sich damit, als Kern ihrer Überlegungen das Verhältnis von Ökonomie und Ethik fundamentalethisch und ohne ausreichenden Bezug zu aktuellen wirtschaftsethischen Dilemmata zu reflektieren. Die vorliegende Analyse setzt einen anderen Schwerpunkt, der weder einer der klassischen sozialethischen noch individualethischen oder ökonomistischen Schulen zuzuordnen ist: Nach einer Beschreibung ihrer theologisch-anthropologischen Grundlagen identifiziert die Untersuchung in einem theologie- und philosophiegeschichtlichen Überblick die Stärken und Schwächen innerhalb der katholischen Soziallehre, der evangelischen Sozialethik, im Rawls'schen Ansatz der *justice as fairness* bis hin zu wirtschaftsethischen Konzepten von ökonomischer Seite.

Auf dieser Basis wird der Grundansatz dieser Untersuchung, einschließlich der Definition ihrer zentralen Begrifflichkeiten, entwickelt. Dabei werden die Begriffe Gerechtigkeit, Gemeinwohl, Menschenwürde, Gleichheit, Anstand und der Wertbegriff hinsichtlich ihrer Tauglichkeit für eine protestantische, auf der Moralfähigkeit natürlicher Personen beruhenden Wirtschaftsethik unter den Bedingungen der Globalisierung analysiert und schließlich auf eine Fallstudie aus dem Bereich des Bank- und Finanzwesens angewandt. In dieser soll an einem konkreten Fall des Aufbaus eines Investmentbankings der Deutschen Bank Mitte der 1990er-Jahre die These überprüft werden, dass trotz aller systemischen Gegebenheiten und organisatorischen Zwängen in Unternehmen und Volkswirtschaften am Ende tatsächlich das Handeln von identifizierbaren Einzelnen die wirtschaftsethisch zentrale Referenzgröße ist. Viele Beteiligte an der Banken- und Finanzkrise werden argumentieren, dass sie als Rädchen im System nur den Anweisungen ihrer Vorgesetzten gefolgt seien und dass der Fehler »im System« läge. Das mag sogar in vielen Fällen so sein, aber eine protestantische Wirtschaftsethik, die den Namen verdient, wird immer auch nach der Freiheit und der Verantwortung des Einzelnen für sein individuelles Tun oder auch Unterlassen fragen. Davon können ihn keine Institution und kein Systemversagen lossprechen.

Mit dem vorgelegten wirtschaftsethischen Ansatz soll dem von Andreas Pawlas identifizierten Defizit begegnet werden, dass sich gerade evangelische Theologie aus ökonomischen Diskussionen »weitgehend zurückgezogen« habe.[2] Die Gründe für diesen Rückzug mögen in einer Abneigung gegen die sich scheinbar verselbstständigende Wirtschaft im Zeitalter der Industrialisierung und des globalen Kapitalismus liegen oder auch in einer gewissen Hilflosigkeit der Theologen im Umgang mit ökonomischer Theoriebildung. In jedem Fall hat sich diese Sprachlosigkeit in der Gegenwart verschärft, nachdem es im 20. Jahrhundert kurzfristig zu einer Blüte konfessionell protestantischer Wirtschaftsethik kam: So wurde erst in den 1920er-Jahren von Georg Wünsch eine wertphilosophisch geprägte Wirtschaftsethik vorgelegt, während der Schweizer Arthur Rich mehr als ein halbes Jahrhundert später eine zweite Wirtschaftsethik auf evangelischer Seite vorstellte, die sich in der Tradition des religiösen Sozialismus mit der Funktion freier Märkte im Angesicht vorgeblicher oder tatsächlicher ökonomischer Sachzwänge auseinandersetzte. Im Anschluss daran wurde in den 1990er-Jahren von protestantischer Seite zwar eine Vielzahl von Versuchen und Apologien vorgelegt, aber keine umfassende Wirtschaftsethik präsentiert, die beanspruchen könnte, sich mit den ökonomischen Bedingungen globaler Märkte vertieft beschäftigt zu haben.

Parallel zur theologischen Wirksamkeit Richs erwachte auch in ökonomischen und philosophischen Teildisziplinen seit den 1980er-Jahren ein neues Interesse an Wirtschaftsethik im Allgemeinen und Unternehmensethik im Besonderen, wobei es öffentlich wahrnehmbare Korruptionsskandale und Wirtschaftskrisen nach dem Ölpreisschock der 1970er-Jahre waren, die dem ökonomischen Umgang mit Knappheit eine neue Brisanz verliehen. Durch die Ausdifferenzierung der Ökonomie in immer neue Teilbereiche (Umweltökonomie, Gesundheitsökonomie, Glücksforschung, Spieltheorie, *behavioral economics* etc.) wurden dann wirtschaftsethische Fragen angesichts des effizienten Umgangs mit sich verknappenden Ressourcen nicht nur ökonomisch, sondern plötzlich auch ökologisch oder sozialpolitisch relevant.[3] Auch Wirtschaftsethik teilte sich in immer mehr solcher Bereiche und Schulen – im deutschen Sprachraum von Karl Homann über Peter Ulrich bis Peter Koslowski und Josef Wieland. Die sich daraus formenden wirtschaftsethischen Forschungsbereiche und ihre Ansätze wurden in der erwähnten Habilitationsschrift umfänglich analysiert; im vorliegenden Buch werden sie aber nur im Überblick behandelt. Von zentraler Bedeutung bleibt die Frage, wie mit folgendem korrekten Befund hinsichtlich konfessioneller Wirtschaftsethiken theologisch-ethisch umzugehen und was dem von protestantischer Seite entgegenzusetzen wäre:

Die ökumenische Wirtschaftsethik – das hat der historische Durchgang sichtbar gemacht – gibt es nicht – jedenfalls nicht in dem Sinn, in der man von *der* evangelischen Wirtschaftsethik eines Georg Wünsch oder Arthur Rich oder *der* römisch-katholischen Sozialethik sprechen könnte.[4]

Kernanliegen dieses Buches soll es darum sein, die dem ökonomischen Denken zugrunde liegenden Bilder vom Menschen theologisch zu reflektieren, um auf diesem nur scheinbaren Umweg ökonomischer Wirklichkeit besser gerecht zu werden, als ökonomische Wissenschaft das nicht erst seit der Finanzkrise des Jahres 2008 nur unzureichend zu leisten vermag. Anhand einer Fallstudie aus dem Bereich Investmentbanking werden mithilfe des methodologischen und inhaltlichen Instrumentariums der Theologie und Ethik Lösungsansätze für Probleme der angewandten Ethik entwickelt, die sich im Bereich der Wirtschaft tagtäglich stellen und in systematischer Form von der Theologie bisher nur unzureichend aufgegriffen worden sind. Das vorliegende Buch versucht zu zeigen, dass sich die eigentliche Stärke einer Wirtschaftsethik aus christlicher Perspektive nicht in der Aufstellung theologisch untermauerter Forderungen an wirtschaftliches Handeln erweist, sondern in einer anthropologischen Neuausrichtung von Ökonomie im Zeichen globaler Märkte.

Eine protestantische Wirtschaftsethik verliert sich trotz oder wegen ihrer theologisch bedingten Vielfalt und Normativität nicht in reinen Appellen, sondern will eine *intervenierende Ethik* sein, d. h. sie ist bemüht, in der Ermittlung eines ökonomisch und ethisch relevanten Sachverhalts ein fundiertes sachliches Verständnis des Problems unter Einbeziehung der betroffenen Fachwissenschaften zu gewinnen, um auf dieser Basis reflektierend bzw. kritisierend anzusetzen. Sie wird zunächst versuchen, auf sachlicher Ebene ökonomische

Argumente zu verstehen, bevor sie diese aus theologischer Sicht wägt, kritisiert oder ergänzt.

Dabei hat evangelische Theologie mit ihrem Bild zur Freiheit befreiten Menschen (Galater 5,1) gegenüber der Ökonomie wie auch den Rechtswissenschaften insofern eine hermeneutische Funktion, als sie den Menschen nicht nur in seiner Rolle als Marktteilnehmer oder Staatsbürger begreift, sondern ihn als moralfähigen Akteur wahrnimmt und ihn damit in seiner ganzen Identität ernst nimmt, aber eben auch durchgängig für verantwortlich hält. So mag ein Mensch immer auch Opfer von Umständen, Systemen und Zwängen sein, aber jeder, der tut, ist immer auch Täter und damit verantwortlich für sein Tun. Aus diesem Rechtfertigungszusammenhang heraus wird Ökonomie in die Lage versetzt, mit dem Menschen, so wie er tatsächlich ist, zu »rechnen« – einschließlich all seiner Irrationalität und seiner Fehler. *Homo integralis* ist der Mensch in dem Sinne, dass ihn eben nicht nur Ökonomie, sondern auch Kultur, Politik, Religion oder Herkunft prägen.

Weiterhin hat ethisch-anthropologisch die Tatsache vollen Eingang gefunden, dass gerade in den letzten fünfzehn Jahren mikro- wie auch makroökonomisches Denken eine erhebliche Wendung dahingehend genommen hat, dass *homo-oeconomicus*-Modelle durch neue, aus der Psychologie stammende Ansätze, wie etwa dem von Daniel Kahneman, infrage gestellt werden. Im Jahre 2002 erhielt Kahneman als erster Psychologe zusammen mit Vernon L. Smith den Nobelpreis für Wirtschaftswissenschaften dafür, dass er auf empirischem Wege nachweisen konnte, dass Menschen ökonomische Entscheidungen, gemessen an den Maßstäben eines *homo-oeconomicus*-Modells, zuweilen höchst irrational treffen.[5] *Homo-oeconomicus*-Modelle setzen im Menschen eine klare Präferenzordnung voraus, die es in der Realität selten gibt. Unabhängig davon, ob der *homo oeconomicus* als empirische Hypothese oder als methodologische Fiktion verstanden wird, d.h. ob postuliert wird, der *homo oeconomicus* sei nur ein vereinfachendes Modell der Ökonomen, oder den *homo oeconomicus* gebe es wirklich: In jedem Fall folgt aus einer solchen Vereinfachung aus wirtschaftsethischer Sicht eine Engführung, die problematisch ist, da mit ihr die Gefahr einer Enthumanisierung der Ökonomie und der Reduzierung des Menschen zur bloßen Ressource einhergeht.[6]

Besonders in den letzten drei Jahrzehnten hat sich der Welthandel aufgrund der wachsenden Vernetzung globaler Märkte und deren Digitalisierung seit Ende des Kalten Krieges durchgreifend verändert und beschleunigt, was die beschriebene Gefahr noch erhöht. Solche Veränderungen in der wissenschaftlichen Diskussion nicht zur Kenntnis zu nehmen und Wirtschaftsethik stattdessen auf der Basis einer simplifizierenden Kapitalismuskritik (Ulrich Duchrow u. a.) zu betreiben, entspricht dem Aufbau eines imaginären Gegners mit Namen »globaler Markt«. Mit dem Aufstellen eines Strohmannes ist aber weder theologisch noch ökonomisch für die Verwirklichung einer gerechteren und humaneren Gesellschaft etwas gewonnen. Was eine theologisch fundierte Wirtschaftsethik für Ökonomen tatsächlich leisten kann und sollte, beantwortete der Ökonom John Kenneth Galbraith in einem Interview mit dem Autor dieses Buches wie folgt:

> How we think about human nature is key to any theory trying to explain how markets function and how they should function. Global markets depend on their smallest units, and those are generally people from all different cultures and creeds. A *homo oeconomicus* model does not take that fact into account. […] Business ethics will not change the rules of markets directly, but it can provide a key to help people understand life and markets as an inherent part of it. […] People fool themselves thinking that markets are part of a fully manageable process. It is

an inherent process and one has to work with its realities rather than thinking about it in abstract, theoretical terms.⁷

Für Galbraith kann Theologie vor allem einen hermeneutisch-anthropologischen Ansatz beitragen. Mit dem Menschen, nicht wie er sein soll, sondern wie er tatsächlich ist, wirtschaftsethisch zu argumentieren und vor allem auch ökonomisch zu rechnen, um damit eine Kontinuität ethischer Analyse in sich immer schneller wandelnde Märkte und Gesellschaften zu bringen, dies ist es, was eine theologische Wirtschaftsethik im 21. Jahrhundert durchaus zu leisten imstande ist. Das, was sich wandelt, sind Wirtschaftsordnungen und der durch sie begründete ökonomische *status quo*. Was gleich bleibt, ist der mit ethischen und ökonomischen Fragestellungen konfrontierte Mensch, den als *homo integralis* Kultur, Religion, Herkunft oder Politik ebenso prägen wie Wirtschaft. Zum Wesen des Menschen weiß aber gerade die Theologie womöglich mehr und anthropologisch Fundierteres zu sagen als Wirtschaftsmagazine oder ökonomische Teildisziplinen wie Marketing, Ökonometrie oder Controlling. Theologie nimmt dabei anders als Ökonomie oder philosophische Ethik nicht in erster Linie Stellung zur Frage, *wie* Menschen handeln sollen, sondern *warum* sie so handeln, wie sie handeln.

Dem Dilemma, zum einen auf bereits bekannte und vielfach formulierte Darstellungen wirtschaftsethischer Kernprobleme zurückgreifen zu müssen, sich aber zum anderen durch eine Neuformulierung des Ausgangsproblems von bisherigen Ansätzen an entscheidender Stelle zu lösen, soll durch die Formulierung von sechs Thesen begegnet werden, anhand derer der Argumentationsgang dieser Untersuchung entwickelt wird.

Die Thesen

1. These: Es gibt nicht *die* christliche Wirtschaftsethik und schon gar keine theologische Sonderwirtschaftsethik oder ökonomische Wirtschaftssonderethik. Der Beitrag der Theologie zu einer Wirtschaftsethik des 21. Jahrhunderts ist nicht primär ein ökonomischer, sondern vor allem ein anthropologisch-hermeneutischer.

Seit Aristoteles ist die Grundfrage der Ethik die Suche nach dem, was ein Leben zu einem guten Leben macht. Wird christliche Theologie engführend verstanden als Grundlagenwissenschaft einer »christlichen Ethik«, die – abgelöst von philosophischer Ethik oder Ökonomie – isoliert ihre eigenen ethischen Konzepte entwickelt, vermag sie in einem multidisziplinären Dialog wenig zu bewirken. Ohne einen solchen Dialog aber kommt eine Wirtschaftsethik nicht aus, die sich für Christen und Nichtchristen in der Umsetzung ihrer Maximen nicht wesentlich unterscheidet, wohl aber in der Herleitung der Perspektiven ihres Menschenbildes. Gesetzmäßigkeiten der Ökonometrie, Mathematik oder Statistik gelten hingegen für Christen wie Nichtchristen. So wie es nicht nur *ein* christliches Bild vom Menschen gibt, gibt es keine Sonderwirtschaftsethik für christliche Marktteilnehmer. Daher kann Wirtschaftsethik aus christlicher Perspektive in erster Linie auf anthropologisch-hermeneutischer Ebene, nämlich in der Reflexion und durch Einbringung ihres facettenreichen Verständnisses vom Menschen in das ökonomische Denken, ihren eigenständigen Beitrag leisten. Ihr *proprium* kann kaum die Entwicklung neuer Normen oder ökonomischer Denkmodelle sein, sondern sie betrachtet die ökonomische, politische oder technische Welt aus dem ihr eigenen Blickwinkel des zur Freiheit befreiten Menschen im Sinne des Briefes von Paulus an die Galater 5,1. Die Genese eben jenes Bildes vom Menschen – so bruchstückhaft, uneinheitlich oder gar widersprüchlich es die verschiedenen theologischen Ansätze beschreiben mögen – ist es, was Theologie von der Ökonomie in ihren wirtschaftsethischen Prämissen unterscheidet. Während Ökonomie in Parametern von Angebot und Nachfrage, von Knappheit und Effizienz ihre Wurzeln hat, liegt der Kern der Theologie in der Beschreibung der Beziehung Gottes zum Menschen. Auf die Markierung der daraus resultierenden Unterschiede und Gemeinsamkeiten ethischer Kategorien und Denkmuster muss sich eine Wirtschaftsethik aus protestantischer Perspektive beziehen, wenn sie dialogfähig sein und bleiben will.

2. These: Wirtschaftsethik ist nur in globaler Perspektive und mit eindeutig definierten Begrifflichkeiten sinnvoll.
Da sich Wirtschaft, anders als zu Zeiten des Imperialismus im 19. Jahrhundert, nicht mehr von einem nationalen Zentrum in eine politisch abhängige, koloniale Peripherie ausdehnt, kann sich christliche Theologie nicht auf die theologische Interpretation ökonomisch-ethischer Zusammenhänge innerhalb nationaler Grenzen beschränken. Eine Globalisierung theologischen Denkens meint hierbei einen theologischen Beitrag zur Entwicklung und Reflexion von ethischen Maßstäben in globalen Märkten. Mehr Gerechtigkeit und größere ökonomische Effizienz schließen sich dabei nicht aus, sofern sich Theologie und Ökonomie ihrer Kontextualität bewusst bleiben. Wirtschaftsethische Konzepte von Gemeinwohl und sozialer Gerechtigkeit – beides Begriffe, die, von der katholischen Soziallehre benutzt, mit ihren naturrechtlichen Wurzeln oftmals unkritisch von einer evangelischen Sozialethik rezipiert werden – sind für einen globalen Diskurs deshalb kaum weiterführend, weil mit ihnen in verschiedenen Regionen der Welt grundverschiedene Inhalte verbunden werden. An dieser Stelle liegt auch die *crux* des Tübinger »Weltethosprojektes« von Hans Küng, der einen minimalen ethischen

Konsens der Weltreligionen mit dem Ziel maximaler ethischer Spannbreite herzustellen versucht. Anders als beim Menschenrechtsbegriff liegen einem Konzept von »Gemeinwohl« oder vermeintlichen »Grundwerten« jedoch in Berlin und Bangalore zuweilen grundverschiedene Vorstellungen und Prämissen zugrunde. Auch geeignete wirtschaftsethische Begrifflichkeiten wie »Gerechtigkeit« oder »Menschenwürde« sind daher immer konkret auf ihre globale Anwendbarkeit hin zu überprüfen.

3. These: Individuell einforderbare Verantwortung und Haftung für das Handeln moralfähiger Individuen und nicht schwer eingrenzbare Begriffe wie »soziale Gerechtigkeit« oder »Gemeinwohl« gehören zu den *minima moralia* einer Wirtschaftsethik aus protestantischer Perspektive.

Zentral für eine solche Wirtschaftsethik ist der Begriff der individuell einforderbaren Verantwortung für das eigene Handeln. Denn moralfähig sind nur Individuen und keine Firmen. Nicht eine Bank XYZ ist »gut« oder »schlecht«, sondern die in ihrem Namen Handelnden. Protestantisch an dieser Position ist, dass man keine Institution zwischen sich und das eigene Handeln schalten kann. Zwar beeinflussen Institutionen wie Kirche, Firma oder Gesellschaft zuweilen massiv das menschliche Handeln. Wer in wirtschaftsethischem Bereich vor allem das Systemversagen betont und sich auf Befehlsnotstandsargumente beruft (»Ich habe nur gemacht, was mir Vorgesetzte / Kollegen aufgetragen haben.«), etwa im Zusammenhang der aktuellen Finanzkrise, der camoufliert konkretes menschliches Fehlverhalten als abstraktes Systemversagen oder als schicksalhaft unausweichliches Naturereignis.

4. These: Theologie eröffnet für die Ökonomie den Weg vom *homo oeconomicus* zum *homo integralis*, ein Weg, mit dem sich die Ökonomie – trotz oder wegen der Methoden-

diskussion um das *homo-oeconomicus*-Modell – nicht nur als Abstraktion zuweilen materiell schwertut.
Menschen sind gierig, irrational, altruistisch, fehlerhaft, großzügig. Und Theologie kann helfen zu erklären, warum sich Individuen verhalten, wie sie sich verhalten. Eine protestantische Wirtschaftsethik kann im Rekurs auf die anthropologischen *propria* theologischen Denkens den Menschen nicht engführend als *homo oeconomicus*, sondern als *homo integralis* beschreiben. Ethik aus christlicher Perspektive fordert vielfach kein anderes Verhalten als allgemeine Ethik, begründet aber menschliche Motivationen anders und versucht, den Menschen als *homo integralis* wahrzunehmen. Bereits im *homo-oeconomicus*-Modell müsste man daher eigentlich von einem *homo occidentalis oeconomicus axiomaticus* sprechen, da der Mensch durch Natur, Kultur, Geschichte, Sozialstruktur, globale Vernetzung und durch die schlichte Tatsache menschlicher Bedingtheit und Sterblichkeit geprägt wird. Eben diese Bedingtheit kann Theologie anthropologisch angemessener verorten helfen, als dies der Ökonomie seit David Ricardo gelungen ist. Geglückt ist die Synthese von Ethik und Ökonomie noch dem Moralphilosophen und Begründer der Wirtschaftswissenschaften, Adam Smith. Viele seiner Nachfolger belassen es dagegen meist beim expliziten bzw. impliziten Rekurs auf ein Modell vom *homo oeconomicus*, welcher ausschließlich vom zu maximierenden Eigennutz getrieben handelt. Dieses Menschbild der klassischen Ökonomie seit David Ricardo wurde neuerlich nicht nur von Entwicklungsökonomen als unrealistisch, ja irreführend kritisiert. An diesem Punkt kann eine theologische Wirtschaftsethik mit anthropologischem Schwerpunkt ihren Beitrag als *hermeneus*, als Dolmetscher, leisten. Sie kann im Verweis auf einen *homo integralis* mit der Fehlbarkeit und Korrumpierbarkeit des Individuums im wahrsten Sinne des Wortes »rechnen« helfen. Sie kann über Kant hinausgehend nicht nur fragen, *wie* Menschen

moralisch handeln sollen, sondern *warum* sie so handeln, wie sie handeln. Damit kann es ihr gelingen, menschliches Leben und ökonomisches Handeln nicht nur zu beschreiben, sondern auch zu deuten und damit letztlich zu verändern.

5. These: Wirtschaftsethische Ansätze sind konfessionell klar unterscheidbar und müssen besonders da voneinander abgegrenzt werden, wo naturrechtliche, systemische Verantwortung an die Stelle persönlicher Haftung tritt, die eben nicht vertretbar im Sinne eines Delegierens sein darf.
Wer neuere Verlautbarungen zu wirtschaftsethischen Fragen wie etwa die gemeinsamen Worte der Kirchen im Bereich Wirtschafts- und Sozialethik liest, der kann den Eindruck gewinnen, dass konfessionelle Unterschiede in diesem Bereich keine große Rolle mehr spielen. Dieser Eindruck ist nur auf den ersten Blick zutreffend: Eine konfessionell profilierte Wirtschaftsethik erscheint deswegen notwendig, weil die auf katholischer Seite vorgelegten wirtschafts- und sozialethischen Konzepte im Kern auf ein Naturrechtsverständnis rekurrieren, das von evangelischer Seite kaum geteilt werden kann. Fokus einer Wirtschaftsethik aus protestantischer Perspektive sollte vielmehr eine am einzelnen Menschen in seiner Beziehung zu Gott und der Welt orientierte, intervenierende Ethik sein. Während die katholische Soziallehre mit ihrem vielfach rezipierten Subsidiaritätsprinzip in Anknüpfung an Oswald von Nell-Breuning ihren substanziellen Beitrag bei der Konstituierung einer Sozialen Marktwirtschaft in der alten Bundesrepublik geleistet hat, steht ein solch substanzieller wie sichtbarer Beitrag von protestantischer Seite noch aus, obwohl gerade Protestanten weitgehend unbemerkt entscheidende Impulse zur Fundierung der Sozialen Marktwirtschaft geleistet haben, wie die Arbeiten von Günter Brakelmann und Traugott Jähnichen eindrucksvoll belegen.

6. These: **Der Versuch, Sozialethiken rein kollektiv auf die Verantwortung von Systemen und Institutionen aufzubauen, ist genauso zum Scheitern verurteilt wie eine individualethisch eng geführte Wirtschaftsethik. Denn der Mensch ist immer auch Teil von Systemen, Institutionen und seiner Umwelt, was ihn aber nicht von seiner persönlichen Verantwortung entbindet. Darum differenziert Luther deutlich zwischen Person und Amt und profiliert gleichzeitig den Begriff »Beruf« theologisch wie ethisch als Ausdruck menschlicher Würde und Verantwortung.**

Nicht ihre sozialpolitische Forderung, sondern ihre theologische Begründung macht sie zu einer theologischen Wirtschaftsethik. So kann eine Ethik aus protestantischer Perspektive gar nicht anders, als Perspektiven eines Menschenbildes vorauszusetzen, in dem der Einzelne als identifizierbarer Akteur stets als Geschöpf Gottes und nicht allein als *homo oeconomicus*, Ausbeuter oder Ausgebeuteter, Herr oder Knecht wahrgenommen wird, aber eben auch als Individuum für sein Handeln, gerade auch in seinem Beruf, haftbar und verantwortlich ist. Wenn das *proprium* einer protestantischen Wirtschaftsethik nicht in einer neuartigen ethischen Forderung, sondern in einer modifizierten Sicht auf Welt und Wirtschaft aus christlicher Perspektive bestehen soll, muss sie aber ihrerseits diese Welt auch so wahrnehmen, wie sie im 21. Jahrhundert tatsächlich ist. Der Begriff »Markt« – etymologisch entlehnt vom lateinischen *mercari*, Handel treiben – bezeichnet nicht mehr und nicht weniger als einen Ort für eine mittlerweile weltumspannende Aktivität, die von den jeweils an ihr Teilnehmenden bestimmt wird. Die konkreten Adressaten einer Wirtschaftsethik sind darum konkrete, für ihr Handeln verantwortliche Individuen und nicht abstrakte Märkte. Damit soll weder eine individualethische Wirtschaftsethik gegenüber einer Sozialethik propagiert werden, noch umgekehrt einem Verweis auf die Bedeutung der Institutionen und Systeme gerade in der Ökonomie widersprochen werden. Nur ist es wirtschaftsethisch unabdingbar, ein konkretes, ethisch zu reflektierendes Tun einem konkreten Akteur zuzuordnen und dort, wo dies nicht möglich scheint, genau nach den Gründen zu fragen. Denn sonst ist aus protestantischer Sicht – und nicht nur aus dieser – ethische Verantwortung für eigenes Handeln nicht einforderbar – und erst dieses individuell identifizierbare Handeln ist der Beginn jeder ethischen Reflexion im Sinne der Kant'schen Frage »Was soll *ich* tun« – denn diese heißt nicht etwa: »Was sollen *wir* tun?«

Teil I
Wirtschaft und Ethik aus Sicht der Theologie

> *»Sie wollen Wirtschaftsethik studieren?*
> *Dann entscheiden sie sich für das eine oder andere!«*
> KARL KRAUS

Der Bielefelder Soziologe Niklas Luhmann diagnostizierte eine jeder Form von Wirtschaftsethik innewohnende Krankheit namens »Appellitis«:

> Die Sache hat einen Namen: Wirtschaftsethik. Und ein Geheimnis, nämlich ihre Regeln. Aber meine Vermutung ist, dass sie zu der Sorte von Erscheinungen gehört wie auch die Staatsraison und die englische Küche, die in der Form eines Geheimnisses auftreten, weil sie geheim halten müssen, dass sie gar nicht existieren.[8]

Sollte Luhmann mit dieser Einschätzung Recht behalten, ginge der Wirtschaftsethik nicht weniger als ihr Gegenstand verloren. Denn wenn nach dem im Rekurs auf Alfred Sloan geprägten Diktum des Chicagoer Ökonomen Milton Friedman exklusiv gelten sollte: »*The business of business is business*«, dann folgen die Systeme »Markt«, »Wirtschaft« und »Ökonomie« im Sinne der Luhmann'schen Systemtheorie allein ihrer systemischen Eigenlogik und im Sinne Ludwig Wittgensteins ihren eigenen Sprachspielen, in denen für das System »Ethik« zumindest keine autonome Daseinsberechtigung bestünde. Derlei Sichtweisen helfen zu verstehen, warum das Verhältnis von Ökonomie und Ethik im 20. Jahrhundert oftmals durch ein »Entweder-Oder« bzw. durch eine non-existente Beziehung gekennzeichnet wurde. Dies mag umso bemerkenswerter für denjenigen erscheinen, der sich mit den moralphilosophischen Wurzeln der Ökonomie im 18. Jahrhundert beschäftigt. Dabei scheint der Anspruch von Ökonomie, die sich als Wissenschaft von der Philosophie/Ethik just zu dieser Zeit emanzipiert hat, relativ klar definierbar zu sein. Ihr Kern ist der effiziente Umgang mit knappen Ressourcen. Nobelpreisträger Paul A. Samuelson identifiziert dabei drei Grundfragen als Kern einer Wirtschaftsordnung:[9]

1. Was soll hergestellt werden und in welcher Menge?
2. Wie soll produziert werden?
3. Für wen soll produziert werden?

Mit anderen Worten: Quantität und Qualität der Produktion, effektiver Einsatz der drei wesentlichen Produktionsfaktoren Land, Arbeit und Kapital sowie die Ansprüche des Verbrauchers charakterisieren für Paul A. Samuelson eine Wirtschaftsordnung. Fraglich ist nun, wer die drei genannten Fragen wie beantwortet: der Staat und seine Institutionen, der Markt, die verschiedenen Marktteilnehmer, oder alle drei gemeinsam? Dabei ist zunächst zu definieren, was eine »Marktwirtschaft« ausmacht. Nach Erich Preisers Definition herrscht Marktwirtschaft dort,

> wo selbstverantwortliche Wirtschaftssubjekte aus eigenem Entschluß und in Durchführung eigener Wirtschaftspläne miteinander in Verbindung treten, um ihre Erzeugnisse auszutauschen, d.h. zu verkaufen und zu kaufen.[10]

Die ethische Qualität ökonomischen Handelns misst sich dabei nicht in erster Linie an ihrem institutionellen Rahmen oder ihrer politischen Intention, sondern zunächst an ihrem Ergebnis. Dabei ist Wirtschaftswachstum als Indikator für die Gesamtentwicklung eines Landes leichter messbar als etwa das Maß an Gerechtigkeit, das in einer Nationalökonomie oder in einem Betrieb herrscht. Der katholische Ethiker Dietmar Mieth schlägt daher zur Präzisierung vor, den Gerechtigkeitsbegriff in vierfacher Weise zu differenzieren: ethisch als Tugend, juristisch als Grundidee des Rechts, politisch-sozial als Grundverfassung des Sozialen und theologisch als religiöse Vorstellung.[11] Entscheidend für jede ethische Reflexion ist, ob man Gerechtigkeit proportional, d.h. als Maßstab bzw. als objektiven Vergleichspunkt eines Verhältnisses oder produktiv als Entwicklungsmöglichkeit auffasst, etwa als Ziel bei der Gestaltung einer Gesellschaftsordnung.[12] Wie lassen sich vor diesem Hintergrund messbares wirtschaftliches Wachstum und zuweilen diffuses menschliches Handeln mit dem notwendig unscharfen und materiell schwer definierbaren Maßstab der Gerechtigkeit zusammenbringen? Wer diese Frage klären möchte, muss zunächst erklären können, was Gerechtigkeit als Maßstab ökonomischen Handelns konkret bedeutet und wie dieser wirtschaftsethisch immer wieder bemühte Begriff der Gerechtigkeit theologisch-ethisch verstanden worden ist. Dies wiederum kann differenziert nur derjenige leisten, der in der Lage ist, das *proprium* einer theologischen Ethik zu beschreiben.

Ökonomie aus theologisch-ethischer Perspektive

Was unterscheidet eine theologische Ethik aus christlicher Perspektive von einer allgemeinen Ethik? Der evangelische Theologe Johannes Fischer benennt drei Merkmale:

> Es ist dies, was die theologische Ethik von aller sonstigen Ethik unterscheidet: dass sie dem christlichen Ethos verpflichtet ist. […] Erstens muss sie die dem christlichen Ethos eigentümliche Symbolisierung der Lebenswirklichkeit – Geist, Sünde, Freiheit usw. – in kritischer Auseinandersetzung mit anderen Auffassungen des Sittlichen gegenwärtigem Verstehen einschließen und in ihrem orientierenden Sinn verdeutlichen. Wie bereits angedeutet, ist diese Symbolisierung für das moderne Bewusstsein weithin verdunkelt, und so erfordert diese Aufgabe einige hermeneutische Anstrengung. Zweitens hat die theologische Ethik die Aufgabe, aktuelle ethische Fragen aus der Perspektive des christlichen Ethos zu beurteilen und nach Möglichkeit einer Entscheidung zuzuführen. Schließlich hat sie drittens die Aufgabe, dem, was aus der Perspektive des christlichen Ethos richtig und geboten ist, in der allgemeinen Ethik-Debatte Geltung zu verschaffen und auf seine institutionelle Verankerung – insbesondere mit den Mitteln des Rechts – hinzuwirken. Die theologische Ethik hat also das christliche Ethos auszulegen, sie hat es im Hinblick auf die ethischen Probleme der Gegenwart zu konkretisieren und sie muss sich zum öffentlichen Anwalt des christlichen Ethos machen […]. Die ersten beiden Aufgaben sind rein hermeneutischer Natur.[13]

Zunächst zur dritten Aufgabe einer theologischen Ethik unter besonderer Berücksichtigung der Wirtschaftsethik: Mithilfe des dritten Charakteristikums der öffentlichen Wirksamkeit einer theologischen Ethik wird klar, was die Stärke und enorme Wirkungskraft der katholischen Soziallehre historisch begründet hat und auch weiterhin ausmacht. Bedeutende Sozialenzykliken wie *Rerum Novarum* (1891), *Quadragesimo anno* (1931), *Laborem Exercens* (1981) oder *Centesismus Annus* (1991) sind weit über die katholische Kirche hinaus zu wesentlichen Referenztexten im Umgang mit sozialen und wirtschaftsethischen Fragen geworden. Der Grund dafür ist neben deren intellektueller und theologischer Durchdringung die Tatsache, dass dort verbindliche lehramtliche Aussagen einer Weltkirche zu ökonomischen und sozialen Themen gemacht werden. Wenn Ökonomen oder Politiker nach der Position der katholischen Kirche zur Sonntagsarbeit, zum Mindestlohn oder zur Rolle der Gewerkschaften fragen, so bekommen sie dort in jedem Fall eine klare Antwort, der sie zustimmen oder an der sie sich reiben können. Dies liegt vor allem am lehramtlichen Ursprung und an der naturrechtlichen Fundierung dieser kirchlichen Leittexte, die aufgrund ihrer normativen Voraussetzungen konkrete und streitbare Konsequenzen für jeden Einzelfall ableiten können. Im evangelischen Kontext wäre zum Beispiel eine Äußerung wie die von Joseph Kardinal Höffner bei der Herbstvollversammlung der Deutschen Bischofskonferenz im Jahr 1985 kaum denkbar, die im zentralen Kapitel die Planwirtschaft als »Gefährdung für die Würde des Menschen« und »Wurzel sozialen Unfriedens« bezeichnete.[14] So wirken die Antworten der katholischen Kirche klar, kontrovers und vor allem wenig weltfremd und sprengen damit kommunikative Endlosschleifen im Sinne eines schlussendlich nicht auflösbaren »Entweder-Oder«. Wenn Oswald von Nell-Breuning und andere Personalität, Subsidiarität und Solidarität als die drei Grundprinzipien katholischer Soziallehre im Verweis auf deren Spiegelbild in Gottes guter Schöpfung und im Rekurs auf Aristoteles ableiten, dann mag man im Einzelnen über die naturrechtlichen Prämissen eines Subsidiaritätsprinzips trefflich streiten. Unbestreitbar ist hingegen das Verdienst der katholische Soziallehre: Sie vermochte, ein geschlossenes, theologisch anspruchsvoll begründetes Modell zu entwickeln, dem es unter anderem gelungen ist, das geistige Fundament der Sozialen Marktwirtschaft der Bundesrepublik Deutschland über Jahrzehnte zu prägen.

In diesem dritten Bereich der theologischen Ethik, nämlich ihrer Anbindung an den allgemeinen ethischen und politischen Diskurs, tut sich eine theologische Ethik aus protestantischer Perspektive schon deshalb schwerer, weil sie sich zu ihrer Begründung nicht auf naturrechtliche Grundlagen stützen kann und will. Evangelische Ethik konnte sich in jedem Fall wesentlich schlechter öffentlich profilieren als die katholische Soziallehre, wobei der Grund nicht allein im Mangel an historischen oder theologischen Traditionen liegt. So weist Klaus Fitschen zu Recht darauf hin, dass auch evangelische Theologie mit der Inneren Mission, der Gründung des Evangelisch-Sozialen Kongresses oder der kirchlichen Diakonie schon im 19. Jahrhundert durchaus auf einen traditionsreichen inhaltlichen Zugang zur Aufarbeitung sozialer Fragen verweisen kann, den sie aber im Gemeinsamen Wort der Kirchen »Für eine Zukunft in Solidarität und Gerechtigkeit« von 1997 zu wenig berücksichtigt hat: »Vielleicht wäre auch ein wenig mehr historisches Selbstbewußtsein im Blick auf die sozialethischen Traditionen angebracht gewesen.«[15] Vor 200 Jahren hatte die katholische Kirche auch noch keine eigene Soziallehre, aber sie konnte eine solche über Enzykliken verbindlicher und vor allem einheitlicher entwickeln als die protestantische Seite. Dieses evangelische Kommunikationsdefizit ist kein bloßes Unterlassen im Bereich der Öffentlichkeitsarbeit, sondern ein materieller Mangel im Bereich theologischer Ethik, da bei ethischer Erkenntnis immer auch der Aspekt ihrer Vermittlung zu berücksichtigen ist.

So ist theologisch gesehen das aktuelle Verfassen von Positionspapieren zur globalen Marktwirtschaft oder die Mitarbeit der Kirchen in nationalen Ethikräten, Ethikkommissionen, Beiräten von Unternehmen o. ä. integraler Teil ihres ethischen Auftrags im Sinne der Definition Johannes Fischers. Genau diesem Wirksamkeitsdefizit speziell der evangelischen Sozialethik soll mit der vorliegenden Untersuchung in ihrer Konzentration auf den Bereich der angewandten Ethik entgegengewirkt werden. Dabei ist klar, dass etwas nur dann erfolgreich kommuniziert werden kann, wenn es zuvor einer theologischen Klärung zugeführt werden konnte. Denn eine theologische Position wird nicht durch ihren sozialpolitischen Charakter zu einer solchen, sondern allein durch ihre theologische Begründung. Wie aber sähe diese aus protestantischer Sicht aus? Was wären die theologischen Optionen, eine christliche Wirtschaftsethik aus protestantischer Perspektive zu formulieren?

1. Vier Optionen einer theologischen Wirtschaftsethik

Wie verhält es sich also mit den beiden anderen Charakteristika, die Fischer als wesentliche Kennzeichen einer theologischen Ethik beschreibt? Wie kann die vorliegende Wirtschaftsethik eine Ethik auf Grundlage des christlichen Ethos sein, die aus protestantischer Perspektive in aktuelle ethische Debatten einzugreifen vermag? Zur Beantwortung dieser Frage sollen im Folgenden vier Varianten, wie sich Theologie zum Thema Wirtschaft und Ethik verhalten könnte, dargestellt, erörtert und theologisch beurteilt werden.

Ersters wäre denkbar, dass sich Theologie vollständig aus ökonomischen Fragen heraushält im Verweis auf die »Eigengesetzlichkeit« der die Ökonomie bestimmenden wirtschaftlichen und politischen Ordnungen. Die theologische Begründung wäre dabei eine Lesart der Zwei-Reiche-Lehre, wie sie zwar nicht bei Luther, wohl aber bei den Neulutheranern des 19. und 20. Jahrhunderts zu finden ist.[16]

Die zweite Möglichkeit wäre eine theologische Sonderwirtschaftsethik. Eine theologische Ethik könnte biblisch-theologisch, im Verweis auf Heilige Schrift und kirchliche Tradition, speziell christliche Gebote im Bereich des Wirtschaftens postulieren und damit eine christliche Sonderethik konstruieren, die im Bereich des Wirtschaftslebens gelten soll. Denkbar wäre zum Beispiel im Rekurs auf Leviticus 25,35–37 eine Propagierung des kanonischen Zinsverbots, wie es durch Jahrhunderte kirchlicher Tradition hindurch praktiziert worden ist. Solche Regeln gibt es freilich nicht nur im Alten Testament. Bis heute wird das Bankwesen in vielen islamischen Ländern auf Grundlage spezieller Gebote der Scharia ökonomisch durchaus erfolgreich geordnet. 1 % aller *global banking assets* wird weltweit mit stark wachsender Tendenz nach islamischen Grundsätzen verwaltet.[17] Aufgrund des Zinsverbotes im Islam werden dort anstelle von Zinsen *commodity murabaha* eingesetzt, bei denen zwischen Bank und Kunden Güter oder Immobilien den Besitzer wechseln, wodurch die Bank erlaubte Profite statt Zinsen erwirtschaftet. Und im Ölgeschäft werden zunehmend *sukuks* eingesetzt, die Profite über ein Scharia-konformes Coupon-System abschöpfbar machen. Eine islamische Sonderwirtschaftsethik ist etwas grundlegend anderes als das in Europa und den Vereinigten Staaten zunehmend auch von religiösen Gruppen praktizierte *ethical banking*, bei dem mit erheblichen Wachstumsraten in »ethisch einwandfreien« Firmen, Umweltfonds und dergleichen investiert wird. Denn *ethical banking* akzeptiert dieselben internationalen Normen und gesetzlichen Auflagen wie das allgemeine Bankwesen und nutzt die zur Verfügung stehenden Finanzinstrumente einschließlich des Zinsnehmens.

Drittens wäre eine auf naturrechtlicher Basis begründete Ethik denkbar, wie sie die katholische Soziallehre vorschlägt und wie sie in der Lehre von den Schöpfungsordnungen von lutherischer Ethik traditionell praktiziert worden ist. Prinzipien der katholischen Soziallehre wie Subsidiarität oder Solidarität werden im Verweis auf Gottes schöpferisches Handeln und die von ihm geschaffenen natürlichen Ordnungen von der Ebene des Faktischen auf die Ebene des Normativen gehoben. Diesem ethischen Ansatz wird im weiteren Verlauf der Untersuchung noch besondere Aufmerksamkeit zuteil.

Viertens ist eine theologische Ethik auf Basis einer anthropologischen Hermeneutik denkbar, die ihre Aufgabe nicht in der Entwicklung einer Sonderwirtschaftsethik oder eigener normativer Handlungsanweisungen für Christen in globalen Märkten sieht, sondern für die die theologische Aufgabe einer Wirtschaftsethik vor allem eine Übersetzungsaufgabe ist. Das Ergebnis wird dabei keine Wirtschaftsethik auf Basis »des« christlichen Menschenbildes als statischer Größe sein, sondern vielmehr eine Beschreibung des Menschen als ethischen Akteur in der Wirtschaft aus der Sichtweise eines noch näher zu bestimmenden, christlichen Ethos.

Zunächst kurz zur Einschätzung der beiden ersten Optionen, die relativ schnell in Aporien hineinführen, sodass sie aus theologischer Sicht kaum haltbar erscheinen.

Wirtschaftsethik trotz »Eigengesetzlichkeit« der Ökonomie?

Wer der Ökonomie oder der Politik eine uneingeschränkte Eigengesetzlichkeit aus ordnungstheologischen Überlegungen einräumt, der gesteht in jedem Fall zu, dass Ökonomie und die sie regulierenden politischen Ordnungen einen bedeutenden Teil menschlichen Lebens ausmachen. Wenn aber im Zentrum christlicher Botschaft Christus als Gottes Zuspruch »mit gleichem Ernst auch Gottes kräftiger Anspruch auf unser ganzes Leben« ist, dann ist es schlechterdings undenkbar, wesentliche Teile dieses Lebens von dessen theologisch-ethischer Einordnung einfach abzukoppeln und in die Eigengesetzlichkeit zu entlassen. Nicht zufällig wurde gerade die 2. These der Barmer Theologischen Erklärung so prägend für die evangelische Ethik. Man muss kein Christ sein, um den Grund dafür zumindest nachvollziehen zu können: Der Mensch ist eben weit mehr als nur Marktteilnehmer oder *homo oeconomicus*, während das Wirtschaften zweifellos einen bedeutenden Teil menschlicher Existenz ausmacht, die unter der Maßgabe eines christlichen Ethos eingeordnet werden kann. Wenn theologische Ethik den Menschen in seiner ganzen Existenz wahrnehmen und den an ihn gerichteten Anspruch Gottes formulieren soll, kann sie Politik und Wirtschaft, Medizin und Technik als wesentliche Teile dieser Existenz nicht ignorieren oder gar proklamieren, dass sie zu diesen Kernbereichen des menschlichen Alltags nichts zu sagen hätte.

Wirtschaftsethik als Sonderwirtschaftsethik?

Zur zweiten Option einer religiösen Sonderwirtschaftsethik: Dem steht zunächst der empirische Befund entgegen, dass sich Christen zumindest als Marktteilnehmer den Gesetzen des Marktes nicht entziehen können. Durch den Gebrauch von Geld als einem universellen Zahlungsmittel, durch die Inanspruchnahme finanzieller und anderer ökonomischer Dienstleistungen ist der Einzelne in einen nach bestimmten Regeln funktionierenden ökonomischen Gesamtzusammenhang *de facto* zwangsläufig eingebunden. Zwar könnte man argumentieren, dass die Amish People oder andere religiöse Gruppen sich eben diesen Abhängigkeiten sehr effektiv entzogen hätten. Jedoch ist dies – wie all solche Beispiele zeigen – effektiv mit dem Rückzug aus der Welt verbunden, was in einer Welt globaler Märkte, in denen die allermeisten Christen wie alle anderen Bürger eingebunden sind, eine zunehmend weniger praktizierbare Option. Darüber hinaus richtet sich eine reformatorische Berufsethik gerade gegen jede Quasi-Sonderethik menschlicher Tätigkeit, indem sie herausstellt, dass der »Beruf« des Christen seine Berufung ist. Negativ gesagt: Aus Sicht theologischer Ethik ist das angemessene Verhalten eines Christen nicht an einen statuarischen, göttlichen Pflichtenkatalog gebunden, dem bedingungslos zu folgen wäre. Dagegen könnte man einwenden, dass Jesus selbst die Möglichkeit der Gesetzeserfüllung für den reichen Jüngling nur umso umfassender gemacht habe, wenn er neben der Befolgung der Gebote die Weggabe allen Besitzes von ihm fordert.[18] Gleichzeitig ist aber nur schwer zu bestreiten, dass es für Jesus von Nazaret eben nicht der Katalog von speziellen Zusatzgeboten zum Alten Testament, sondern letztlich die Liebe ist, die das Gesetz erfüllt. Die Aussage »Ich habe Gottes Willen in jeder Hinsicht erfüllt.«, ist aus der Perspektive eines christlichen Ethos vermessen. Freilich wurde sogar eine Verschärfung der Kasuistik in der Geschichte des Christentums von Anfang an praktiziert, etwa im Mönchtum, was aber an der Doppelbödigkeit der Begründung nichts änderte: Das ökonomische Ergebnis des mönchischen Ideals der Armut war, dass der einzelne Mönch zwar arm blieb, aber gut geführte Klöster zunehmend reicher wurden, was Luther u. a. zur Entwicklung seines weltlichen Berufsbegriffs veranlasste.

Der in der Wirtschaft tätige Christ ist aufgerufen, auch dort nicht den abstrakten Vorgang etwa von wirtschaftlicher Tätigkeit allein im Auge zu haben, sondern dabei immer auch dessen Rückwirkung auf den Nächsten zu beachten. Eine biblische Illustration wäre der Konflikt um den Verzehr von Götzenopferfleisch in 1. Kor 8,1–13. Hier wird ein Speisegebot aus dem allerengsten religiösen Bereich eingeschränkt aus Liebe zu den Schwachen im Glauben. In 1. Kor 8,12 f. heißt es: »Wenn ihr aber so sündigt an den Brüdern und verletzet ihr schwaches Gewissen, so sündigt ihr an Christus. Darum, wenn die Speise meinen Bruder zur Sünde verführt, wollte ich nimmermehr Fleisch essen, auf dass ich meinen Bruder nicht verführe.« Ausgangspunkt einer solchen Liebesethik ist, dass die Freiheit der Starken nicht zum Anstoß für die Schwachen werden darf (1. Kor 8,9). Im Umgang mit dem Nächsten hat in diesem Zusammenhang auch der Verweis auf den lutherischen Begriff der »Billigkeit« seinen Raum, der dem Mangel und der unzureichenden Spannweite allen menschlichen Normierens entgegenwirken will und auf den noch gesondert eingegangen werden soll. Die antikasuistische Botschaft Jesu (»Der Sabbat ist um des Menschen willen gemacht und nicht der Mensch um des Sabbats willen«) ist vor allem in ihrer Wirkungsgeschichte von Interesse, die im Fall von Mk 2,27 bis in die jüngste deutsche Verfassungsgeschichte hinein von großer Bedeutung war. Eben dieses Wort vom Sabbat wurde 1948 als Art. 1 Abs. 1 im Herrenchiemsee-Entwurf für das Grundgesetz in folgende Abwandlung umformuliert, die aber letztlich nicht in das Grundgesetz von 1949 aufgenommen wurde: »Der Staat ist um des Menschen willen da, nicht der Mensch um des Staates willen.«[19] Dies ist nur ein Beispiel, warum Ethik gut daran tut, sich stets mit der Wirkung biblischer Texte auseinanderzusetzen, ohne die viele Entwicklungen und Entscheidungen im juristischen wie auch ökonomischen Bereich kaum verstehbar sind. Gleichzeitig bleibt festzustellen, dass eine christliche Sonderwirtschaftsethik genauso weltfremd und problematisch wäre wie ein christliches Sonderrecht im säkularen Staat.

Wirtschaftsethik auf naturrechtlicher Grundlage?

Komplizierter verhält es sich mit einem naturrechtlichen Ansatz, wie er in der katholischen Soziallehre vertreten wird. Zunächst ist dabei zu beachten, dass die juristische Debatte um das Naturrecht spätestens seit Hugo Grotius oder auch die nach 1945 in der Bundesrepublik feststellbare »Naturrechtsrenaissance« als Antwort auf das Versagen von Recht und Gesetz im Nationalsozialismus als »juristischer Naturalismus« etwas in seinem Umfang und Anspruch anderes ist als eine auf dem Naturrechtsbegriff begründete Ordnungstheologie.[20] So stand in und nach den Nürnberger Prozessen konkret die Frage zur Debatte, nach welchen Normen man jene Täter behandeln sollte, die sich mit ihrem Handeln im Nationalsozialismus in den Grenzen des damals geltenden positiven Rechts bewegt hatten. Selbst in den Nürnberger Prozessen saß nicht abstrakt ein anonymes System vor Gericht, dessen Verbrechen über die Welt wie ein Naturereignis kamen. Es wurden benennbare, für ihr Handeln zur Verantwortung gezogene natürliche Personen verurteilt.

Im Schatten dieser Diskussion jenseits des Rechtspositivismus wuchs eine deutschsprachige Juristengeneration im sogenannten »katholischen Jahrzehnt« direkt nach dem Zweiten Weltkrieg heran, die im Verweis auf »natürliche Ordnungen« auch den Würde-, Familien- und Sittenbegriff naturrechtlich zu untermauern suchte. Diese Gegenbewegung zur positivistischen Rechtssetzung, die sich unter anderem auf die sogenannte Radbruch'sche Formel[21] berief, war jedoch weder von großer rechtsphilosophischer Durchsetzungskraft noch von

Dauer und führte auch zu keiner »Naturrechtsreform« des geltenden Verfassungsrechts. Gleichwohl ist das eigentlich Problematische an dieser juristischen »Naturrechtsrenaissance« strukturell der Problematik um den thomistischen Naturrechtsbegriff ähnlich.²² Dabei ist der thomistische Naturrechtsbegriff weit komplexer und bereits seit der Scholastik durch die Kritik und Weiterentwicklung durch Duns Scotus oder William von Ockham im stetigen Umbruch, was aber an dessen grundsätzlichem Fundament der natürlichen Schöpfung als entscheidender Erkenntnisgrundlage der menschlichen Vernunft bzw. des menschlichen Willens genauso wenig ändert wie an der bemerkenswerten Wirkungsgeschichte dieses Begriffs. Gleichzeitig ist mit dem evangelischen Ethiker Klaus Tanner im Rekurs auf Ernst Troeltsch schon einleitend zu warnen, dass das Naturrecht innerhalb der Theologie eben keine eindeutig greifbare Größe ist.²³ Gleichzeitig steht für Troeltsch fest:

> Die christliche Theorie des Naturrechts [...] ist als wissenschaftliche Lehre kläglich und konfus, aber als praktische Lehre von der höchsten kultur- und sozialgeschichtlichen Bedeutung, das eigentliche Kulturdogma der Kirche und als solches mindestens so wichtig wie das Trinitätsdogma und andere Hauptdogmen.²⁴

Emil Brunner kommt darum zu der Würdigung, dass es »das große Verdienst von Ernst Troeltsch [war], die Bedeutung der Naturrechtsfrage für das Verständnis der christlichen Soziallehren erkannt zu haben.«, schränkt aber dann auch gleich wieder ein, dass Troeltsch als »ein Outsider« des reformatorischen Glaubens »bei aller Scharfsichtigkeit auch Konfusion anrichten kann«.²⁵ In einer kulturtranszendenten Perspektive wird jedoch deutlich: Verweise auf »natürliche Sittengesetze« lassen Faktisches, nämlich Sitten und Gebräuche von der

Sklavenhaltung bis zum Zinsverbot, ohne weitere Begründung und Reflexion normativ erscheinen. Die Voraussetzungen für materiale Normativität werden dabei in jedem Einzelfall von Faktizität abgeleitet. So ist erklärbar, dass vieles, was in einer Gesellschaft über längere Zeit existent ist, als juristisch und ethisch gerechtfertigt angesehen wird im Verweis auf ein natürliches Recht. Nur ist dieses in einem anderen kulturellen Kontext oder in globalen Märkten womöglich gar nicht nachvollziehbar.

Bereits jetzt sollten die Chancen, aber auch die Probleme mit einer schöpfungstheologisch begründeten Wirtschaftsethik auf Basis »natürlicher Ordnungen« mit dem Anspruch überindividueller Gültigkeit auf der einen und einer rein biblisch hergeleiteten Ethik auf der anderen Seite hinreichend deutlich geworden sein. Oswald von Nell-Breuning benennt diesen konfessionellen Konflikt sehr offen:

> In dem Meinungswirrwarr um das Naturrecht handelt es sich nur zum Teil um echte sachliche Meinungsverschiedenheiten, zum weitaus größeren Teil vielmehr um Mißverständnisse […]. Von den sachlichen Meinungsverschiedenheiten ist (nur) eine *theologischer* Art; sie verläuft nicht zwischen den christlichen Bekenntnissen, sondern teilt die evangelischen Christen in zwei Gruppen, deren kleinere mit uns übereinstimmt, während die weitaus größere den gegenteiligen Standpunkt vertritt und folgerecht überhaupt eine christliche Sozial*lehre* (Sozialontologie) ablehnt und nur eine christliche (evangelische) Sozialethik (Sozial*de*ontologie) zuläßt. […] Nach der Meinung dieser großen evangelischen Mehrheit sind wir Menschen nach dem Sündenfall nicht mehr imstande, den Dingen selbst anzusehen oder von ihnen abzulesen, sondern könnten uns nur noch durch das Wort Gottes (Heilige Schrift) darüber *belehren lassen*, was gut oder böse, was Recht und was Unrecht ist.[26]

Solche Meinungsverschiedenheiten sind keineswegs nur rein konfessioneller Natur, so dass jede lutherisch profilierte Kritik an der katholischen Soziallehre fehl am Platze wäre. So haben zahlreiche Lutheraner nach Luther selbst das Luthertum mit dem Ausbau des Begriffs der »natürlichen Ordnungen« einen schweren Ballast durch die Jahrhunderte hindurchschleppen lassen und sind damit spätestens in den 1930er-Jahren in eine tiefe theologische Legitimitätskrise geraten.

Eine Schöpfungsordnung »etiamsi Deus non daretur« als Ausweg?

Die Theologie Luthers und die des Luthertums beschreiben zwei zuweilen sehr verschiedene Positionen. Luther gibt mit Blick auf weltliche Ordnungen schon früh die traditionelle Sakramentalisierung des Ehebegriffs auf und erklärt sie zum »weltlich Ding«, und dennoch waren es nicht die Protestanten, die das staatliche Personenstandsrecht und die Zivilstandsehe einführten. Erst die Französische Revolution vermochte dies politisch auf den Weg zu bringen, dann allerdings unter Beifall – jedenfalls der Protestanten. Dass der vom Nominalismus geprägte Luther bei der Rezeption des aristotelisch-thomistischen Natur- und Ordnungsbegriffs deutlich zurückhaltender war als viele der nach ihm kommenden lutherischen Theologen, wird bei der Analyse von Luthers Berufs- und Billigkeitsbegriffs noch diskutiert werden.[27] Auch die immer wieder zitierte Formel des *etiamsi Deus non daretur* als Wendepunkt zu einem vermeintlich säkularen Recht zeigt, dass Säkularisierung und Theologie nicht notwendigerweise zwei unvereinbare, sich widerstrebende Pole bildeten. So war es nicht etwa erst Hugo Grotius im 17. Jahrhundert, der mit dieser berühmten Formel und seinem Völkerrechtsverständnis zumindest faktisch eine Abkehr vom klassischen Naturrecht vollzogen hat.[28] Vielmehr findet sich eine vergleichbare Formulierung zuerst explizit bei Gregor von Rimini im 14. Jahrhundert.[29] Selbst Luther ist die Argumentationsfigur des *etiamsi Deus non daretur* alles andere als fremd.[30]

Wichtig ist dieser Hinweis auf die mittelalterlichen Wurzeln des Naturrechts, um nachvollziehen zu können, warum eine reformatorische Theologie durchaus eine theologische Lesart von Säkularisierung zulässt. So muss man Märkte nicht als »eigengesetzlich« begreifen, um ihnen ein Eigenrecht zugestehen zu können. Dabei kann christliche Identität durchaus bewahrt werden. Wer jedoch Ökonomie *etiamsi Deus non daretur* von allen anderen Lebensbereichen abkoppelt, der führt menschliche Existenz weit enger, als sie tatsächlich ist. Darum ist auch die hierarchische Konstruktion »Ethik vor Ökonomie« oder »Marktstandards vor ethischen Standards« kaum weiterführend.

Wer eine Wirtschaftsethik als Sozialleben hingegen rein naturrechtlich begründet, muss sich der Frage stellen, ob er nicht der von ihm selbst wahrgenommenen Faktizität ein unzulässiges Maß an Normativität abringt. Wer das Subsidiaritätsprinzip klassisch naturrechtlich zu begründen sucht, macht sich dabei implizit und sogar mit einem verfassungsrechtlich wünschenswerten Endergebnis – etwa in Art. 70 GG, der zunächst den Ländern und nicht dem Bund im Rahmen der konkurrierenden Gesetzgebung das Gesetzgebungsrecht verleiht – ein vertikal hierarchisierendes Verständnis gesellschaftlicher Ordnungen zu Eigen. Wie sonst ließe sich *a priori* und im Verweis auf schöpfungstheologische Ordnungen so selbstverständlich von »unteren« und »oberen« Einheiten in einer Gesellschaft reden? Warum ist »der Staat« die »größere Einheit« in einer Gesellschaft im Vergleich zum Individuum, wenn doch das Recht auf Privateigentum eines der stärksten subjektiven Rechte ist, die eine säkulare Rechtsordnung kennt? Eine solche naturrechtliche Sichtweise lässt sich juristisch wie wirtschaftsethisch kontrovers diskutieren, nur müssen alle Diskutanten die Voraussetzungen ihrer Position einander klar benennen – und die evangelische Kirche in ihrem Lob des Subsidiaritätsprinzips im *Gemeinsamen Wort der Kirchen* von 1997 erkennt bereits dessen theologische Problematik nicht.

Theologie kann sich also aus protestantischer Perspektive weder ganz aus der Ökonomie heraushalten, noch sollte sie versuchen, eine eigene Sonderwirtschaftsethik zu entwickeln, noch sollte sie mit einer naturrechtlich argumentierenden Sozialethik oder -lehre lokal oder global Ökonomie entweder zu stützen oder zu sanktionieren versuchen. Als vierte Möglichkeit bleibt nun noch, eine theologische Ethik aus protestantischer Perspektive zu begründen, die *anthropologisch-hermeneutisch* argumentiert. Was dies in der Praxis bedeuten kann, wird durch die ganze vorliegende Untersuchung hindurch immer wieder zirkulär anhand konkreter Beispiele entfaltet. Einleitend sind jedoch die Voraussetzungen und theologischen Grundannahmen eines solchen Ansatzes kurz darzustellen.

Theologische Ethik als hermeneutische Anthropologie aus protestantischer Perspektive

Wer akzeptiert, dass eine Wirtschaftsethik für globale Märkte auch für Nichtchristen rational nachvollziehbar und deren Schlussfolgerungen überprüfbar bleiben soll, der wird mit Ernst Troeltsch zunächst feststellen müssen, dass im Rekurs auf das Neue Testament allein keine konkreten sozialethischen Fragen abschließend lösbar sind. Eine biblisch-theologische Fundierung einer angewandten Wirtschaftsethik wird dann problematisch, wenn sie ein Monopol auf exklusive Lösung von ethischen Problemen beansprucht. So führt der Versuch einer direkten Übertragung biblischer Aussagen auf wirtschaftsethische Problemfälle auch aus ökonomischer Sicht schnell in Aporien. Ein Beispiel: Der ehemalige EKD-Ratsvorsitzende Wolfgang Huber erklärte auf einem Kongress christlicher Führungskräfte im Rekurs auf Mk 2,27: »Der Mensch ist nicht um der Wirtschaft willen da, sondern die Wirtschaft ist um des Menschen willen da.«[31] Dieser Satz ist genauso richtig und rhetorisch geschickt zugespitzt, wie er irreführend ist. Denn in diesem von Huber umgemünzten Jesuswort kommt der Mensch in seinem Verhältnis zu »der Wirtschaft« ökonomisch mindestens in zweifachem Bezug vor: Als Arbeitnehmer und als Käufer. Als Arbeitnehmer, der sich dem Arbeitsmarkt zur Verfügung stellt, hat er das Interesse, einen möglichst hohen Lohn für seine Arbeitsleistung zu erzielen. Als Käufer erwartet er gleichzeitig von »der Wirtschaft«, die von ihm nachgefragten Produkte möglichst billig anzubieten. Dass sich beide Anliegen nur schwer harmonisieren lassen und oft mit gravierenden Konsequenzen für die Praxis globalen Wirtschaftens sowie mit ruinösen Preiskämpfen und Lohndumping verbunden sind, bei denen der Mensch als Kunde gewinnt, aber gleichzeitig als Arbeitnehmer verliert, zeigt der Blick in das Warenangebot von Supermärkten. Einen Kasten Bier billiger anbieten zu können als einen Kasten Wasser, Waren im Preiskampf unter Einkaufspreis anzubieten oder Obst billiger vom anderen Ende der Welt einfliegen zu können, statt einheimisches Obst per Schiene/Lkw zu transportieren, hat gravierende Folgekosten. So werden nach Berechnungen des Bundes für Umwelt- und Naturschutz (BUND) für ein Kilo Weintrauben aus Südafrika derzeit über vier Liter Kerosin verflogen und knapp 10 Kilo CO_2 in die Atmosphäre abgegeben.[32] All dies stellt komplexe ethische Fragen an globales Wirtschaften wie auch an lokale Arbeitsplatzsicherung. Und solche ökonomisch/ökologisch-ethischen Dilemmata sind allein mit Verweis auf das Bibelwort zum Sabbat oder andere biblische Texte mit Wirtschaftsbezug, die aus einem naturalwirtschaftlichen Kontext stammen, für sich genommen zunächst nicht lösbar, auch wenn sie eine einfache Antwort suggerieren. In Mk 2,27 steht eben nicht, wie man das Wort vom Sabbat im Falle des obigen Beispiels lesen und interpretieren soll, obwohl doch Hubers Satz zumindest implizit nahelegt, Jesu Wort zur Bedeutung des Sabbat wäre auch wirtschaftsethisch übertragbar, denn es zeige eine Lösung auf in Gestalt einer Wirtschaft, »die für den Menschen da ist«. Bei genauerem Hinsehen ist dies aber hinsichtlich des beschriebenen Preis-/Lohndilemmas nicht der Fall.

Die Art und Weise, wie die Wirtschaft um des Menschen willen da ist oder da sein sollte, ist anders als zum Beispiel bei der Ausgangslage des Gleichnisses von den Arbeitern im Weinberg (Mt 20,1–16) ein bereits hochkomplexer ökonomischer Sachverhalt: Wann ist die Wirtschaft für den Menschen da? Bei welcher Arbeitslosenquote, bei welchem Mindestlohn, bei welchem Preis für einen Liter Milch ist wirtschaftliches Handeln »gerecht«? Und wie nachhaltig gestaltet sich die ökonomische Beziehung dieser Indikatoren einer Arbeitsmarktpolitik und einer Lohn- und Preisgestaltung untereinander? Ab welcher Höhe wäre ein Mindestlohn unmoralisch niedrig oder ein Managergehalt zu hoch? Fragen wie diese verdeutlichen, warum in der vorliegenden Untersuchung auch keine biblische Einleitung gewählt wurde, wie sie vor allem in evangelikalen Ethiken aus dem amerikanischen Bereich häufig auftaucht.[33] Anstelle einer deduktiven theologischen Grundlegung als Einstieg ist in dieser Untersuchung eine theologisch-ethische Analyse und Ortsbestimmung im Rahmen der Begriffsanalyse der Begriffe Gerechtigkeit, Gemeinwohl, Menschenwürde, Gleichheit gewählt worden, wobei die Ergebnisse in einer Fallstudie aus dem Bereich Finanzwirtschaft/Banken überprüft werden, was der gewählte Ansatz theologischer Anthropologie auf Basis individuell identifizierbarer, ethischer Verantwortung im konkreten Fall leisten kann. Theologische Wirtschaftsethik hat in dem hier vertretenen Ansatz vor allem die von Johannes Fischer erwähnte hermeneutische Aufgabe, ökonomisch Faktisches und ethisch Mögliches in einem Kreislauf theologisch-anthropologisch immer wieder neu in Beziehung zu setzen und am Ende im Rahmen einer Fallstudie zu überprüfen. Diese Veranschaulichung geschieht über die theologische Reflexion eines christlichen Verständnisses vom Menschen: Was glaubt er, worauf hofft er, wie lebt er, wie agiert er in seinem Beruf? Und dabei werden biblische Texte dort relevant, wo sie helfen, den Menschen in ökonomischen, politischen oder sonstigen Lebensbezügen besser zu verstehen. Was das konkret bedeutet, lässt sich exemplarisch am Beispiel der Erzählung vom reichen Jüngling zeigen: Für eine Wirtschaftsethik ist weniger von Interesse, ob der Gesprächspartner Jesu ein junger Mann war, wie Matthäus berichtet oder ein »Vorsteher«, von dem Lukas erzählt. Vor allem interessieren jene menschlichen Grundfragen, die sich in dieser Geschichte einem Christen ebenso erschließen wie möglicherweise auch einem Nichtchristen: Worauf vertraut dieser Reiche? Woran hängt er sein Herz? Und welche Perspektive verstellt ihm sein Reichtum? Dies sind gerade auch in der aktuellen Globalisierung wirtschaftsethisch äußerst relevante Fragen. Während Wolfgang Huber und andere die Bedeutung biblischer Impulse für ethisches Nachdenken stärker betont sehen möchten[34], ist etwa Martin Honecker skeptischer, ob solche biblisch-theologischen Impulse in Fragen angewandter Ethik unmittelbar weiterführen:

> Nach gängigem *evangelischem* [!] Verständnis ist Quelle sittlicher Erkenntnis für Christen allein die Heilige Schrift: sola scriptura. Nun wird man die Schrift aber nicht *unmittelbar* als Quelle theologischer Ethik beanspruchen können. Die Bibel ist kein Gesetzbuch. Historisch-kritische Exegese und hermeneutische Überlegungen zeigen, dass die biblischen Aussagen zuerst einmal in ihrem jeweiligen geschichtlichen Kontext zu

verstehen sind. Eine normative Funktion (einen usus normativus scripturae) können einzelne Bibelworte für die Ethik daher nicht beanspruchen. Die Bibel kann zwar sehr wohl Existenz erhellen, Leben deuten, Sinn erschließen, also Leben *verstehen* helfen. Sie hat dann eine illuminative, erhellende, illustrierende Bedeutung. Diese Existenzdeutung ist mit Hilfe von Erfahrungen in Normen, Lebensanweisungen umzusetzen. Quelle der Ethik ist freilich auch nicht die bloße Vernunft. Ethische Einsicht entspricht zunächst der Erfahrung. Auch Vernunft kann Erfahrung nicht herstellen oder ersetzen, wohl aber soll sie und kann sie diese sichten und kritisch prüfen.[35]

Wie auch immer man sich bei der Gewichtung am Ende entscheidet: Honeckers Beobachtung legt zudem eine generelle Differenz der ethischen Analyse in Fragen der angewandten Ethik im Vergleich zu Fragen der Fundamental- oder Metaethik nahe, die sich in der vorgelegten Wirtschaftsethik in ihrem Bemühen um die Nachvollziehbarkeit ihrer Ergebnisse auch in anderen Kulturräumen ausdrückt. Warum ist gerade dies im Bereich der angewandten Ethik eine besondere Herausforderung? Bei fast allen Fragen angewandter Ethik von der Medizin- und Bioethik über die Technikethik bis hin zur Wirtschaftsethik ist in den letzten Jahren und Jahrzehnten das Feld der Fachkompetenz gegenüber dem der ethischen Kompetenz fast unüberschaubar gewachsen. Dies ist solange verkraftbar, wie man bereit ist, mit Trutz Rendtorff zu akzeptieren, dass Ethik »eine Begleit- und keine Bescheidwissenschaft ist«.[36] Ethik sei »eine Steigerungsform von Theologie, weil sie in gesteigerter Weise die für jede Theologie elementare Frage nach der Grundstruktur unseres Wirklichkeitsverhältnisses thematisiert«.[37]

Ob man so weit geht wie Rendtorff, der der theologischen Ethik gegenüber der Dogmatik eine weitgehende Unabhängigkeit zugesteht, ist umstritten. Kaum bestreitbar ist jedoch, dass derjenige, der »Bescheidwissenschaften« kompetent begleiten möchte, zumindest vertiefte Kenntnis der Wirklichkeit der jeweiligen Bezugswissenschaft besitzen sollte. Klassische Ethik seit der Antike hat in der Regel jedermann bekannte Lebenssituationen beschrieben und beurteilt. Wie man sich in einer solchen Alltagssituation angemessen verhält, konnte man daher zumindest nachvollziehen. Beim obigen Beispiel zur Preisbildung von Obst in globalen Märkten oder aktuell diskutierten Fragen nach einem Mindestlohn reicht normales Alltagswissen im Bereich der Ökonomie jedoch nicht mehr aus, um zu einem wirklich fundierten ethischen Urteil darüber zu kommen, was ein Verhalten angemessen oder unangemessen erscheinen lässt. Oft ist gerade das vertiefte Verständnis der Fachzusammenhänge für Ethiker die eigentliche Hürde. Woran liegt das?

Ein einfaches Beispiel: Erkläre ich jemandem, wie ich das Hinterrad eines Fahrrads repariere, so wird er diese Reparatur vielleicht selbst nicht ausführen können. Er wird aber verstehen, was ich ihm erkläre, weil er sehen kann, was ich tue. Schraube ich dagegen als Experte einen Computer auf und erläutere anhand der Technik selbst die Herstellung von Mikrochips und deren Copyrightverletzungen im indischen IT-Markt, wird der Hörer in der Regel schon deshalb gar nicht folgen können, weil er noch nicht einmal sehen kann, wie ein Mikrochip funktioniert. Hier liegt einer der wesentlichen Gründe, warum gerade der einleitende Verweis auf biblische Quellen einer Wirtschaftsethik zuweilen weltfremd wirkt. Wir verfügen über Lebenserfahrungen aus dem Lebensvollzug, mit denen wir Realität erschließen. Ethischer Dissens entsteht aber meist dort, wo der Verweis auf direkten Lebensvollzug das eigentliche Problem nicht mehr angemessen zu erfassen vermag. Würde man wie etwa im Islam das individuelle Almosengeben zum zentralen religiösen Gebot erheben, käme es wie im Mittelalter ökonomisch zur unerwünschten Nebenwirkung, dass das Bettelwesen stabilisiert würde. Luther hat genau diesen Zusammenhang in seiner Kritik des Bettelwesens auch als Nichtökonom sogleich erkannt.[38]

Der Gott, den Jesus von Nazaret verkündigt, ist ein helfender Gott, aber hilft das, was die von ihm zur Freiheit befreiten Menschen tun, tatsächlich auch in der Praxis? Gleichzeitig ist eine genaue Exegese erhellend: So betont François Bovon mit Blick auf die Erzählung vom reichen Jüngling (Lk 18,18–27) generalisierend, dass gerade Lukas doch derjenige sei, »der den Reichtum stets verachtet«.[39] Dabei entgeht ihm allerdings an dieser Stelle, dass Jesus nur bei Lukas seine weiteren Worte an den Reichen persönlich richtet, während bei Markus (Mk 10,17–27) und Matthäus (Mt 19,16–26) für den Reichen jede direkte Chance zur Nachfolge Christi verloren ist, da er dort die Predigt Jesu nicht bis zum Ende hört, sondern niedergeschlagen davonzieht. Wirtschaftsethisch ist die Pointe für Christen wie auch Nichtchristen bemerkenswert: Nicht der Reichtum an sich wird hier verurteilt, sondern dessen Wirkung mit Blick auf die Nachfolge.

Darum betont Eduard Schweizer, dass Lukas auch »nie vom gefährlichen Reichtum, wohl aber von gefährdeten Reichen oder vom Reichsein« spricht.[40] Es geht in der Geschichte vom reichen Jüngling darum, die problematische Beziehung zwischen innerer Freiheit und irdischem Besitz aufzuzeigen, und zwar dann, wenn Besitz zur Fessel für die Verwirklichung innerer Überzeugungen und Haltungen wird. Wie beim Gleichnis vom Gastmahl (Lk 14,15–24) sind diejenigen, die nichts haben, zwar nicht besser, aber freier als die Reichen. Wenig weiter führt dabei der Versuch, aus exegetischen Bezügen direkte ökonomische Handlungsanweisungen ableiten zu wollen. Theologische Ethik fragt allgemeiner: Worauf hofft der Mensch? Was macht ihn frei? Was nützt es ihm, wenn er die Welt gewönne und nähme doch Schaden an seiner Seele? Aufgabe einer Wirtschaftsethik muss vielmehr sein, ein zu einseitiges Menschenbild der Ökonomie aus seiner speziellen protestantischen Perspektive auf eine breitere Basis zu stellen. Und geschieht dies dann ausgeprägt christologisch oder betont eschatologisch, so ist auch dies in einer globalen Wirtschaftsethik angemessen, solange die eigenen Interpretationsvoraussetzungen klar benannt werden. Auffällig ist nun, dass die zwei prägenden Wirtschaftsethiken im protestantischen Bereich, die von Georg Wünsch und Arthur Rich, ihre theologischen Wurzeln beide im religiösen Sozialismus haben. Die Ausführungen zur theologischen Anthropologie werden unter anderem zu zeigen haben, warum das kein Zufall ist.

Die Deutung von Wirklichkeit auf Grundlage der eigenen religiösen Perspektive ist notwendig, um die anthropologische Grundlegung von Ökonomie zu verbreitern. So lässt sich zeigen, was sich an der Sicht vom Menschen als Marktteilnehmer ändert, wenn man dessen Leben bewusst als von Gott geschenktes und endliches Leben begreift. Unter dieser Prämisse wäre die – pointiert christliche – Zentralaufgabe einer theologischen Wirtschaftsethik, Ökonomie und Wirtschaft so gestalten zu helfen, dass der Mensch als Marktteilnehmer wie in allen anderen Lebenszusammenhängen Mensch bleiben kann. Der christlichen Wirtschaftsethik geht es um die Verwirklichung eines Humanums in ökonomischen Zusammenhängen, welches für den Christen seinen Ursprung immer und zuerst in Christus selbst hat. Dabei sind Individualethik- und Sozialethik keine Alternativen, sondern sie ergänzen sich. Gleichzeitig ist es theologisch wichtig zu klären, wo Wirtschaftsethik ansetzt, ob nämlich beim einzelnen Menschen oder bei der Gemeinschaft. Das eine steht nicht in exklusivem Verhältnis zum anderen, aber:

> Gerade von der reformatorischen Rechtfertigungslehre her und der Differenzierung zwischen Person und Amt legt sich die Unterscheidung zwischen Individual- und Sozialethik also

zwingend nahe, wobei die Prävalenz eindeutig bei der Individualethik liegt. Denn sie reflektiert auf die Leitorientierung, die auch dem Engagement des Christen bezüglich der weltlichen Ordnungen zugrunde liegt und an der sie bemisst, *wie* diese zu erhalten und zu gestalten sind, nämlich im Sinne der Liebe.[41]

Liebe ist in diesem Zusammenhang keine Beschreibung des emotionalen Umgangs zweier Individuen, sondern aus reformatorischer Perspektive Ausdruck der gelebten Freiheit eines Christenmenschen. Vor diesem Hintergrund wird auch keine protestantische Wirtschaftsethik, sondern eine theologische Wirtschaftsethik aus protestantischer Perspektive vorgelegt, d.h. die Arbeit in ihrem theologisch-ethischen Argumentationsgang ist katholischen Christen genauso zugänglich wie evangelischen und allen anderen Christen so wie auch Menschen ohne religiösen Hintergrund. Johannes Fischers erstes Kriterium einer theologischen Ethik in Abgrenzung zur allgemeinen Ethik war, dass diese

> die dem christlichen Ethos eigentümliche Symbolisierung der Lebenswirklichkeit – Geist, Sünde, Freiheit usw. – in kritischer Auseinandersetzung mit anderen Auffassungen des Sittlichen gegenwärtigem Verstehen einschließen und in ihrem orientierenden Sinn verdeutlichen.[42]

Darum ist jede theologische Ethik für Fischer immer auch hermeneutische Ethik, die Grundfragen wie »Wo komme ich her?« oder »Woran hängt mein Herz?« zu ihrer Grundlage macht, da sie zum Menschsein integral dazugehören. Theologische Ethik als wissenschaftliche Disziplin kommt immer aus einem bestimmten und für Außenstehende zumindest bestimmbaren Horizont. Das Ernstnehmen dieser Kontextualisierung von theologischer Ethik ist wichtiger als jede standardisierte kirchliche Antwort auf die – ökonomisch übrigens hochkomplexe – Fragen nach der ethischen Vertretbarkeit eines Mindestlohns oder eines staatlichen Grundgehalts. Und eine so verstandene theologische Ethik hat eine pointierte Meinung dazu, was den Menschen als Geschöpf ausmacht, was menschliche Würde begründet und was Freiheit aus protestantischer Sicht für das Individuum ethisch bedeutet.

2. Globale Wirtschaftsethik auf Grundlage christlicher Schöpfungslehre und des Würdebegriffs

Ein zentraler Unterschied zwischen theologischer und allgemeiner Ethik wird im weiteren Verlauf der Untersuchung schon bei dem Begründungsversuch so grundlegender Begriffe wie »Menschenrechte« oder »Menschenwürde« deutlich. Diese lassen sich im Verweis auf den Menschen als Geschöpf und Ebenbild Gottes im biblischen Bezug (Gen 1,24 ff.) genauso überzeugend begründen wie auch rein stoisch-rational ohne religiöse Bezugnahme. Grundannahme dieser Untersuchung ist, dass Begründungen theologischer und allgemeiner Ethik sich ergänzen und befruchten können. Was das konkret heißt, soll einleitend am Beispiel des Würdebegriffs gezeigt werden, der paradigmatisch die Brücke zwischen Schöpfungstheologie und einer vernunftethischen Begründung schlagen kann und auf den im weiteren Verlauf der Analyse noch vertieft einzugehen ist.

Kritiker könnten behaupten, Menschenwürde im Verweis auf die Gottesebenbildlichkeit des Menschen könne niemals universale Geltung beanspruchen, da sich doch das Verständnis von Menschenwürde kulturell unterscheide. Angesichts der in einigen muslimisch geprägten Ländern üblichen Beschneidungspraktiken an jungen Mädchen oder dem Zwang einer chinesischen Ein-Kind- und Umsiedlungspolitik könne doch von einer universalen Vergleichbarkeit der Auffassungen von dem, was Menschenwürde beinhalte, keine Rede sein. Darum sei Menschenwürde zwar ein wichtiger ethischer Maßstab, aber eben kein universaler. Dem ist entgegenzusetzen, dass verschiedene Vorstellungen von Würde global differieren mögen, dass es aber letztlich gerade bei der Menschenwürde die Perspektive und nicht der absolute Schutzumfang (Art. 1 GG: »unantastbar«) ist, welche theologische Ethik von allgemeiner Ethik unterscheidet. Bei der Menschenwürde als Zuschreibungsbegriff geht es weltlich um Abwehrrechte und zwar derer, denen sie in der Geschichte immer wieder mit Gewalt vorenthalten wurden:

> Seine Eindeutigkeit erhielt dieser Begriff zunächst aus dem Faktum seiner Negation. Aus den massiven Angriffen staatlicher Gewalt auf Leben, Freiheit und Integrität ungezählter Menschen gewann die Menschenwürde eine unbestreitbare Evidenz.[43]

Entscheidend und aus christlicher Sicht unabdingbar ist, dass Menschenwürde (z. B. im Kant'schen Kontext) etwas kategorial anderes ist als eine kontingente inkulturierte Ethosform. Für theologische Ethik bedeutet das, dass sie im Verweis auf die Gottesebenbildlichkeit des Menschen zeigen muss, inwieweit dieser aus der Perspektive des christlichen Schöpfungsglaubens gewählte Zugang allgemeine Geltung beanspruchen kann.[44] Wenn von Gottesebenbildlichkeit gesprochen wird, dann ist das eine ganz bestimmte Art, die Universalität der Menschenwürde auszudrücken. Während allgemeine Ethik auf Grundlage des Gedankens des Vernunftbesitzes die individuelle Würde des Menschen begründet, sorgt sich theologische Ethik darüber hinaus vor allem auch um die Würde der in dieser Welt Benachteiligten als Gottes gleichberechtigten Geschöpfen und fordert diese öffentlich ein. Wie verhält es sich mit der Würde jener beschnittenen Mädchen, jener Parias, jener von Ehrenmord Bedrohten, deren Schicksal nach den jeweiligen kulturellen Maßstäben durchaus akzeptiert sein mag? Ist hier nicht auch Menschenwürde kulturell determiniert und eben nicht universal? Theologische Ethik fragt in diesen Fällen wohlgemerkt nicht danach, ob deren Würde im Sinne eines universalen Maßstabs überall garantiert werden kann, sondern ob der Maßstab der Würde universalisierbar ist. Warum ist diese Differenzierung zwischen »universal« und »universalisierbar« hier angebracht? Wer behauptet, dass dem universalen Begriff der Menschenwürde kulturell andere Lesarten von Würde gleichberechtigt entgegenstehen, der sollte aus christlicher Sicht zuallererst diejenigen zum Maßstab nehmen, deren Würde gewaltsam infrage gestellt wird. Die allermeisten beschnittenen Mädchen oder vom Ehrenmord Bedrohten wären vermutlich sehr froh, wenn Menschenwürde universal durchsetzbar wäre, ganz gleich wie der Würdebegriff in ihrer Gesellschaft kulturell belegt ist. Wie bei den allgemeinen Menschrechten bleibt die Universalisierbarkeit im Sinne von »Übersetzbarkeit« das entscheidende Kriterium. Der Inhaltskatalog dieser Menschenwürde mag dabei immer wieder infrage gestellt werden (Recht der Frau, Recht des Kindes) oder auslegbar sein (Todesstrafe), aber das Grundkonzept als solches ist zweifellos der Schlüsselbegriff eines globalen Gerechtigkeitsdiskurses. Begriffe wie »Gemeinwohl« sind im Vergleich dazu viel zu wenig eingrenzbar, als dass sie universalisierbar wären.

Anders verhält es sich mit dem Recht auf Freiheit oder Leben, das nicht etwa eine neokolonialistische Hinterlist ist, sondern ein Recht, das direkt aus der Universalisierbarkeit im Sinne von Übersetzbarkeit von Menschenwürde entspringt. Streitig ist in der Bioethik, wann und wo das »Menschsein« beginnt oder endet. Doch das wirtschaftsethische Thema hier ist ein anderes und liegt klarer: Christliche Theologie muss in jedem Fall auf die Einzigartigkeit eines jeden Menschen als Gottes Geschöpf verweisen und dabei immer betonen: »Was ihr getan habt einem von diesen meinen geringsten Brüdern, das habt ihr mir getan« (Mt 25,40b). Das ist der Ursprung der aus der Befreiungstheologie stammenden »Option für die Armen«, die auch innerhalb der katholischen Kirche nicht unumstritten war – womöglich wegen ihrer politischen und zu individualethischen Begründung. Dabei kritisiert die neuere katholische Moraltheologie nicht ohne eine gewisse Berechtigung die »undifferenziert euphorische Rezeption« des Gerechtigkeitskonzeptes von John Rawls und die daran anknüpfende »vorrangige Option für die Armen« seitens der evangelischen Ethik.[45] Dieses befreiungstheologisch geprägte Prinzip, wonach die Perspektive der Ärmsten das entscheidende Korrektiv von ökonomischem und politischem Handeln sein soll, kann jedoch, wenn es differenziert theologisch begründet wird, analog zur Universalisierbarkeit der Menschenwürde auf Basis der christlichen Schöpfungslehre von jedem Moslem oder Hindu nachvollzogen werden, ohne dass jene sich dabei die dogmatische Grundpositionen christlichen Glaubens zu eigen machen zu müssen: Hermeneutisch universalisierbar ist nämlich eine solche von der Bischofskonferenz der amerikanischen Bischöfe 1987 per Hirtenbrief eingeforderten »vorrangigen Option für die Armen«, sofern es ihr nicht zuerst und allein darum geht, operationalisierbare Regeln zu generieren, sondern die Augen zu öffnen für eine bestimmte Gruppe von Menschen und deren Ansprüche gegenüber dem Rest der Gesellschaft, durch die sich ein Gemeinwesen insgesamt zum Besseren verändern lässt.

Ob eine goldene Regel christlich, buddhistisch oder humanistisch interpretiert wird: Universalisierbar ist jedenfalls ihre Befolgung. Unterscheiden wird sich hingegen bei Christen, Buddhisten oder Humanisten an ihrem jeweiligen Ort und mit ihrer jeweiligen Perspektive die Motivation für die Befolgung der goldenen Regel. Denn das Geschaffensein des Menschen, der sich sein Leben nicht selbst verdienen kann, ist die Grundannahme christlicher Schöpfungstheologie, die auch von Nichtchristen wenn nicht geteilt, so doch in ihrer ethischen Konsequenz durchaus verstanden wie respektiert wird und so hermeneutisch einen legitimen Anknüpfungspunkt darstellt. Auf den Gedanken, dass Würde nicht verdient werden muss und kann, hat lutherische Theologie kein Monopol.

Bezüglich der Universalisierbarkeit des christlichen Ethos in einer säkularen Gesellschaft sei hier generell Folgendes angemerkt: Zuweilen steckt hinter dem Argument, ein von christlicher Seite vertretenes, global weitgehend anerkanntes Verständnis von Menschenwürde beziehungsweise auch Gerechtigkeit oder Fairness ohne exklusiv christlichen Schrift- oder Lehrbezug sei weniger theologisch fundiert oder akzeptabel, die unterschwellige Angst, dass es für den Rest der Welt auch ohne Gott geht. Die Sorge, dass Atheisten christliche Ethikmodelle einleuchten, ohne dass diese deren theologischen Bezug teilen oder dass einer so argumentierenden theologischen Ethik am Ende selbst die Christen weglaufen, dass sich also das Christentum durch zu intensive Auseinandersetzung im Bereich allgemeiner Ethik gemein und letztlich obsolet macht – all das kann auch eine Form des Unglaubens oder zumindest Ausdruck eines mangelnden christlichen Selbstbewusstseins sein. Atheismus konnte nur dort gesellschaftlich Akzeptanz erringen, wo er sich mit dem Humanismus verband. Hingegen würde umgekehrt wie bei der Einführung der Zivilehe oder der Feuerversicherung kaum ein Protestant bedauern, dass solche Institutionen keine christliche Errungenschaft, sondern das Verdienst einer kulturellen Säkularisierung sind. Ein künstlicher Konflikt zwischen allgemeiner und theologischer Ethik trägt in diesem Zusammenhang wie auch im Bereich der Wirtschaftsethik so wenig aus wie eine strikte Trennung zwischen Individual- und Sozialethik, da weder Theologie noch Ökonomie eine Deutungshoheit jenseits ihres eigenen wissenschaftlichen Fachs beanspruchen können. Gleichzeitig gibt es anders als beim Würdebegriff eine christliche Interpretation des Freiheits- oder Gerechtigkeitsbegriffs, die scheinbar konträr zum säkular-emanzipierten Verständnis von Freiheit läuft. Wie ist mit diesen Begrifflichkeiten dann aber überhaupt sinnvoll in einer globalen Wirtschaftsethik umzugehen?

3. Der protestantische Freiheitsbegriff

Johannes Fischer betont, dass die erste Aufgabe einer theologischen Ethik im Vergleich zur allgemeinen Ethik eine hermeneutische ist. Wenn eine hier vorgelegte Ethik in diesem Sinne vorgibt, eine protestantische Perspektive aufzuzeigen, dann ist die Frage, welches zentrale protestantische Element einer Theologie für eine Wirtschaftsethik bedeutsam wäre, das für das moderne Bewusstsein verdunkelt ist und der Übersetzung bedarf. Eingedenk der Tatsache, dass praktisch keine ökonomische, philosophische oder theologische Wirtschaftsethik ohne die Kernbegriffe »Freiheit« und »Gerechtigkeit« auszukommen vermag, ist die für Fischer zu übersetzende »eigentümliche Symbolisierung« theologisch-ethischer Begriffe am ehesten in der Rechtfertigungslehre zu suchen und zwar in Relation zu der Frage, was die Freiheit eines Christenmenschen ausmacht und trägt. Während die christliche Schöpfungstheologie als anthropologische Grundlage einer Wirtschaftsethik wie gezeigt durchaus von anderen Marktteilnehmern akzeptiert werden kann, ist dies bei Luthers Formel vom *homo simul totus iustus et peccator* als Grundlage seiner Rechtfertigungslehre auf den ersten Blick komplizierter. Von entscheidender anthropologischer Bedeutung ist diese Formel, weil sie eine theologische Ortsbestimmung desjenigen Akteurs vornimmt, der im Zentrum jeder Ethik steht: des Menschen.

Neben den vielfach diskutierten Kritikpunkten wie Luthers theologische Einordnung der Erbsünde oder der Verweis auf die Diskussion um Theozentrik/Anthropozentrik einer Rechtfertigungslehre ließe sich aus globaler Sicht vor allem kritisch fragen, wie eine durchaus umstrittene, konfessionelle Diskussion um den gerechtfertigten Sünder dazu verwendet werden kann, eine Wirtschaftsethik aus globaler Perspektive zu artikulieren. Schafft man dadurch am Ende nicht nur eine Spitze gegen die katholische Soziallehre und polarisiert eine Diskussion unnötig, die von Außenstehenden ohnehin nicht mehr verstanden wird? Eine Ausklammerung der Rechtfertigungslehre ist aber schon deshalb nicht möglich, weil sonst jede protestantische Begriffsbestimmung von Freiheit oder Gerechtigkeit unübersetzbar bliebe, was die besondere Bedeutung dieser Begriffe für das zu übersetzende christliche Ethos doch gerade konstituiert. Wenn Freiheit die Existenzform des Glaubens als Freiheit »von« der Welt und Freiheit »vor« der Welt ist, wie Wolfgang Huber betont, dann kann man ohne die Rechtfertigungslehre nicht über christliche Freiheit nachdenken.[46] Wie aber ist diese Rechtfertigungslehre in einer auf dem Freiheitsbegriff fußenden Wirtschaftsethik zu verorten, die einem *homo-oeconomicus*-Denken das Modell eines persönlich verantwortlichen *homo integralis* gegenüberstellt?

Zunächst ist zu betonen, dass der in diesem Buch benutzte Begriff des *homo integralis* nichts mit dem Status des Menschen vor dem Sündenfall zu tun hat. Übereinstimmend mit Luther wird davon ausgegangen, dass der Mensch zutiefst, *totus*, in seiner Selbstbezogenheit verstrickt ist. Luthers Sündenbegriff meint etwas fundamental Andersartiges als etwa Arnold Gehlens »Mängelwesen«. Anthropologisch gesehen beschreiben jedoch Luther wie auch später Gehlen den Urzustand des

Menschen negativ, während Ökonomie menschlichen Eigennutz bei Smith und polemisch in Mandevilles Bienenfabel sogar Gier und Selbstsucht durchaus positiv belegt. Wie kann dieser Befund einen theologisch-ökonomischen Diskurs befruchten? Der Mensch ist aus der Sicht Luthers – im Anschluss an die paulinische Theologie – *totus peccator*. Die Formel *simul peccator et iustus* verwendet Luther in seiner Römerbrief-Kommentierung aus dem Jahre 1515 im Zusammenhang mit der Exegese von Röm 4,7 f.[47] Zentral für Luther ist, dass Rechtfertigung kein einmaliges Ereignis darstellt. Der Mensch ist auch als *totus iustus* sein ganzes Leben hindurch auf Gottes Rechtfertigung angewiesen. Er ist lebenslang auf dem Weg und niemals »fertig«.[48] Und das ist nicht etwa eine formelhaft-oberflächliche »Der Weg ist das Ziel«-Rhetorik oder die Beschreibung einer allgemeinen Ambivalenz menschlicher Existenz, sondern die Rechtfertigung *sola gratia* und *sola fide* als *totus iustus* und *totus peccator* beschreibt als Seinsformel, was das Leben des Christenmenschen im Innersten und lebenslang prägt.

Für die Einleitung einer globalen Wirtschaftsethik aus protestantischer Sicht zentral scheint vor allem die Frage, was für einen Außenstehenden überhaupt als Kern dieser Formel wahrnehmbar ist: *Simul iustus et peccator* ist eine umfassende, fundamentale Beschreibung der Existenz des Christenmenschen in all seiner Ambivalenz. Zwar spricht man von einer Rechtfertigungs-«Lehre», aber es handelt sich vielmehr um ein Kriterium zur Beurteilung und Interpretation von Dogmen. Anders ließe sich ihre Sonderstellung in der evangelischen Kirche auch gar nicht sinnvoll begründen. Eberhard Jüngel betont in seiner Untersuchung über das *Evangelium der Rechtfertigung des Gottlosen als Zentrum des christlichen Glaubens* als Grundannahme, dass die Rechtfertigungslehre weit mehr ist als eine Lehre: sie ist die Art und Weise, wie wir unser Denken und Handeln vor Gott bestimmen, »sie ist theologische Erkenntnis- wie Realkategorie in einem.«[49] Dies heißt aber mit Blick auf *simul iustus et peccator* ethisch: Es geht um ein Kriterium, mit dem man bestimmte Handlungen in ihrer Angemessenheit beurteilen kann, nämlich danach, wie sie sich auf die Freiheit eines Christenmenschen und seines Umfelds auswirken. Das ist etwas sehr anderes als eine Lehre, aus der man ethische Regeln »ableiten« will. Mit anderen Worten: Eine Wirtschaftsethik aus protestantischer Perspektive hat gar keine andere Wahl, als über Gerechtigkeit in Parametern von der Freiheit eines Christenmenschen einschließlich dessen Rechtfertigung zu sprechen, da sie andernfalls den Menschen theologisch-anthropologisch nicht vollständig erfasst.

Und das führt direkt zur Notwendigkeit des Terminus *homo integralis* aus den Eingangsthesen dieser Untersuchung. Dieser meint das Gegenteil einer partiellen Sicht auf den Menschen. Den freien Menschen als *homo integralis* zu verstehen, beschreibt vielmehr eine Sicht, die alle Facetten des Menschseins zu integrieren versucht. Der enge Bezug zur Formel *simul iustus* liegt da, wo Menschen in all ihrer Ambivalenz und ihren Handlungen nicht nur im Erfolg, sondern auch im Scheitern – und dann eben zum Beispiel auch als Opfer globaler oder lokaler Ungerechtigkeit – wahrgenommen werden. Dabei geht es der hier zugrunde gelegten theologischen Wirtschaftsethik aus protestantischer Perspektive gerade darum, das schematische Denken in Markt- oder Planwirtschaft, in neoliberalen und keynesianischen Ansätzen aufzubrechen und den Menschen in einem möglichst umfassenden Rahmen zu beschreiben, in welchem er für sein Handeln verantwortlich gemacht wird, im Guten wie im Bösen. Und eben um einen solchen handelt es sich in Luthers Formel *simul iustus et peccator*: Von einem Menschen, der einmal rational und ein anderes Mal höchst unvernünftig handelt, der von seiner Kultur und Umwelt (Paul Tillich), seiner

Geschichte mit Gott bzw. Gottes mit ihm (Wolfhart Pannenberg) oder der Sinn- und Weltanschauungsfrage (Eilert Herms) genauso getrieben ist wie vom Streben nach Erfolg oder seiner persönlichen Eitelkeit, der jedoch bei all diesen in sich widersprüchlichen Betätigungen ein von Gott geliebtes und angenommenes – säkular ausgedrückt: mit Menschenwürde ausgestattetes – Geschöpf ist.

Unter diesen Prämissen wird eine solche theologische Ethik betonen, dass menschliches Handeln im Sinne Bonhoeffers immer vorletztes Handeln ist. Sie kann damit dem Menschen eine enorme Verantwortungslast von den Schultern nehmen, ihn im Sinne von Galater 5,1 innerlich und in der Folge äußerlich befreien. Mein tagtägliches Verhalten *coram mundo* ist es, was meine Mitbewerber am Markt primär interessiert. Diesem Verhalten kommt daher große Bedeutung zu; aber es ist eben doch ›vorletzte‹ Bedeutung. Denn gerade darum geht es in der Rechtfertigungslehre im Sinne Luthers: Aus meinen Werken lässt sich gerade nicht bestimmen, wer ich bin und auf welchem Fundament ich stehe. Dieses Bewusstsein der Rechtfertigung jenseits aller Werkgerechtigkeit *coram deo* allein durch Gottes und nicht mein eigenes rechtfertigendes Handeln befreit zur Freiheit meines Tuns. Wer das versteht, der fängt an zu begreifen, warum ein Christ handelt, wie er handelt, erspürt innere Motivation – ganz gleich ob in Märkten, in der Politik oder anderswo.

Um genau diesen inneren Antrieb aus der persönlichen Freiheitserfahrung heraus geht es in Galater 5,1. Aus ethischer Sicht ist diese Textstelle gerade für eine christliche Wirtschaftsethik so wegweisend, weil Paulus den Galatern, die sich mit Fragen der Notwendigkeit der Beschneidung und dem Verhältnis von Judenchristen und Heidenchristen auseinandersetzen, das Missverständnis auszureden versucht, das Christentum hänge an äußeren Formen und äußerer Gesetzlichkeit. Diese Botschaft ist implizit die Absage an jede christliche Sonderwirtschaftsethik: Denn weder das Einhalten des Zinsverbots noch besonderer Regeln macht einen zum besseren Christenmenschen. Vielmehr ist die innere Freiheit das, worauf es ankommt. Gottes Wirken in der Welt ist dann aber keine Absage an die Potenziale, die der Mensch durch die ihm geschenkte Freiheit hat. Im Gegenteil: Gott ist für den zur Freiheit befreiten Mensch immer Teil jeder Freiheitsbeziehung und gleichzeitig dessen Grundlage. Was bedeutet dies im Zusammenhang von Freiheit und Rechtfertigung im Sinne des *simul iustus et peccator* für eine christliche Sicht auf den Marktteilnehmer?

Erstens: Der Mensch kann sich seine Würde nicht verdienen.

Zweitens: Der Mensch handelt im Bonhoeffer'schen Sinne immer im Vorletzten und hat darum niemals das letzte Wort über andere Menschen oder sich selbst. Als Christenmensch widersteht er jedem ökonomischen, medizinischem oder sonstigem Machbarkeitswahn.

Drittens wird der Mensch vor jeder Form von Hybris gewarnt, sich zumindest als zweierlei nicht zu definieren: als grenzenlos und als ein perfektionierbarer *homo oeconomicus*.

Die Identität eines von Natur aus höchst fehlbaren und verführbaren Menschen schließt die Logik eines sich selbst konstituierenden Menschen aus, der versucht ist, seine Identität im Sinne eines »Ich bin, was ich aus mir mache« zu definieren. Der Mensch, auch wenn er sich noch so sehr den Bedürfnissen der Märkte anzupassen versucht, ist aus protestantischer Sicht mehr als ein stets leistungsbereiter *homo oeconomicus*. Ursprünglich strebte die Ökonomie diesen Zustand als abstraktes Modell auch gar nicht an, wie in Auseinandersetzung mit Adam Smith noch im Detail zu zeigen sein wird. Das hinter der Formel *simul iustus et peccator* zum Vorschein kommende, differenziertere Bild vom Menschen wird zumindest derjenige, der um menschliche Grenzen und die Gefahr der Vorstellung von universaler Machbarkeit weiß, durchaus nachvollziehen können – ob er nun Christ ist oder nicht. Interessieren wird ein solches Verständnis vom Menschen besonders jene Ökonomen, die gewohnt sind, menschliches Handeln abstrakt in Form von Modellen zu denken.

Eine fruchtbare Verbindung zur christlichen Theologie wird der Ökonom hingegen sofort bei der Betonung des Freiheitsbegriffs vermuten. Menschliche Freiheit bei Luther ist geschenkte Freiheit, während Freiheit gleichzeitig der Kernbegriff jeder liberalen Marktwirtschaft ist, die auf der Idee eines freien Marktes beruht, in den im Falle der Sozialen Marktwirtschaft der Staat nur dort interveniert, wo dieser Markt der Regulierung bedarf, um als freier Markt zu funktionieren. Ist aber eine so verstandene ökonomische Freiheit kompatibel mit Luthers Rechtfertigungs- und Freiheitsverständnis? Nicht, wenn Freiheit heißen soll: Ich kann machen, was ich will – etwa mit meinem Eigentum oder gar dem Leben anderer. Wolfgang Huber betont, dass Freiheit für den Christen mehr als ein Begriff oder ein Ziel ist. Seiner Freiheit, so betont Huber im Verweis auf Luther, wird der Mensch nicht durch seine eigenen Taten, sondern im Lichte seines Verhältnisses zu Gott gewiss.[50] Mit seinem »Zur Freiheit hat euch Christus befreit« in Galater 5,1 hat Paulus einen so verstandenen Freiheitsbegriff zum Ausweis christlicher Existenz gemacht. Welche Form von Freiheit meint Paulus an dieser Stelle? Innere Freiheit oder äußere Freiheit, die Freiheit des Einzelnen oder die des Gottesvolkes? Und wie verhält sich diese zu unserem heutigen Freiheitsverständnis? Zu Recht betont Michael Beintker die Differenzen zwischen unserem heutigen Freiheitsverständnis und dem von Luther und Paulus:

> Schon beim formalen Vergleich treten bemerkenswerte Unterschiede ins Blickfeld. Freiheit wurde dort als Gabe beschrieben, die wir in der Christusbindung empfangen. Jetzt

aber erscheint Freiheit als Resultat der revolutionären Tat sich autonom setzender Subjekte.⁵¹

Und wie die Strophe 2 der *Internationale* (»[…] Uns aus dem Elend zu erlösen, können wir nur selber tun«) aus Beintkers Sicht verdeutliche, verstehe sich der moderne Mensch stets als Akteur seiner eigenen Freiheitsgeschichte, während es bemerkenswerterweise doch eben jenes biblisch-reformatorische Zeugnis gewesen sei, dass die »Initialzündung« für die nachreformatorische »bürgerliche Verinnerlichung der Freiheit« geliefert habe, gerade weil sie sich auf die innere Freiheit als Schlüssel zum Umgang mit äußerer Knechtschaft konzentriert habe.⁵² Entsprechend erinnert Paulus die Galater im 5. Kapitel an ihre eigene Befreiung und warnt daher vor jedem Versuch, sich selbst zu rechtfertigen.

Freiheit versteht Paulus individuell in dem Sinne, dass sie jedem Einzelnen von Gott zugesprochen ist. Gleichzeitig macht er noch im selben Kapitel klar, dass diese von Gott geschenkte Freiheit auch immer bedeutet, »dass ihr durch die Freiheit nicht dem Fleisch Raum gebet, sondern durch die Liebe diene einer dem anderen« (Gal 5,13). Entscheidend ist hier vor allem die Reihenfolge: Es geht nicht um ein Konkurrenzverhältnis von Individual- und Sozialethik, denn die Freiheit des Einzelnen und der Gemeinschaft ist äußerlich kaum zu trennen. Aber eine Gemeinschaft ist nicht frei, in der der Einzelne nicht frei ist. Dem Einzelnen wird von Gott eine innere Freiheit zugesprochen, die ihn überhaupt erst in die Lage versetzt, das Potenzial dieser Freiheit zum Wohl anderer einzusetzen. Gott stiftet also eine Freiheit *zu* etwas, nämlich die Freiheit einander zu dienen, und er stiftet die Freiheit *von* etwas, nämlich von der Sünde. Indem Luther aber die innere Freiheit permanent zu etwas kategorial anderem macht als jede menschliche Freiheit, schafft er damit überhaupt erst eine – wenn auch spannungsvolle – Grundlage äußerer Freiheit. Im Rekurs auf Jüngel, der betont, dass christliche Freiheit genau darum allem menschlichen Streben nach Freiheitsrechten »mitten in der Zeit eine Ewigkeit voraus ist«[53], hebt Beintker hervor, dass der notwendige Konflikt zwischen der *libertas christiana* und der *libertas civilis* ein höchst fruchtbarer ist, wenn man »im Namen seiner Menschlichkeit« die Infragestellung menschlicher Emanzipation durch Luther und Paulus für den Menschen in seinem Streben nach äußerer Freiheit erfasst.[54]

Für Paulus wie für Luther kommt bei allen Differenzen die *libertas christiana* zuerst. In seinem Galaterkommentar von 1531 macht Luther in der Auslegung von Gal 5,1 unmissverständlich klar, dass es dort nicht zuerst um die Befreiung aus äußerer Gewalt geht, sondern um die Befreiung »vom ewigen Zorn Gottes«.[55] Ort dieser Befreiung ist für Luther das menschliche Gewissen. Luther ist somit für eine Wirtschaftsethik ganz unzeitgemäß und eben dadurch hochaktuell. Damit wäre nämlich die Schaffung freier Märkte nicht als menschliches Verdienst zu betonen, sondern die »innere Freiheit« der Marktteilnehmer wäre es, die die äußere Freiheit der Märkte tragen würde. Die Ortsbestimmung der inneren Freiheit mag dabei für Nichtchristen eine ganz andere sein, aber sie würden verstehen, dass rein äußerlich freie Märkte ohne eine innere Haltung der in ihnen Agierenden nicht lange äußerlich frei bleiben. Märkte sind keine Kollektive, sondern eine Ansammlung von Individuen. So denkt Luther die Beziehungen zwischen Menschen vor allem und zuerst individualethisch:

> Da Luther die Liebe personalethisch erläutert – also im Bezug von Person zu Person denkt –, bieten seine Aussagen nur verhältnismäßig wenige Anhaltspunkte, wie sich die Liebe über die Sozialität der Personen vermitteln läßt, wie sie sich authentisch transponieren läßt in den Handlungszusammenhang

menschlicher Kollektive und politischer Systeme. In welchem Sinn kann und darf hier von »love in structures« gesprochen werden?[56]

Im Bezug darauf lohnt eine kurze Überlegung zur Problematik des Begriffs der »strukturellen Sünde« (auch »soziale Sünde« genannt) insgesamt. Dieser Begriff hat seine Wurzeln in der südamerikanischen Befreiungstheologie, in deren Mittelpunkt das Bemühen steht, »die gegenwärtige, von Ungerechtigkeit gekennzeichnete Lage zu beseitigen und ein andere, freiere und menschlichere Gesellschaft zu schaffen«.[57] Die theologische Perspektive heißt hier gesellschaftliche und politische Umgestaltung, und eine Art der theologischen Diagnose ist es, »strukturelle Sünde« in einer ungerechten Gesellschaft als solche zu identifizieren.[58] Benachteiligung von bestimmten gesellschaftlichen Gruppen, Rassismus oder Apartheid wären Teil »struktureller Sünde«, gegen die sich die Befreiungstheologie wendet. Nicht zufällig wird dieser Sündenbegriff auch in der Wirtschaftsethik zur Differenzierung zwischen personal und strukturell Bösem von Arthur Rich aufgegriffen, um die Wirkmächtigkeit von Sünde in sozialen Systemen zu betonen, wie die Wirtschaft eines ist.[59]

So berechtigt das soziale Anliegen der katholischen Befreiungstheologie ist, so problematisch ist vor dem Hintergrund der Rechtfertigungslehre der Begriff »strukturelle Sünde«, weil er eine Hamartiologie schafft, die beim sozialen Verband ansetzt, um erst dann zum individuellen Sündenbegriff zu kommen. Luther geht den umgekehrten Weg: Freiheit, Rechtfertigung, Sünde oder Liebe sind zunächst höchstpersönlich und werden dann über ein daran angepasstes Verständnis von Gerechtigkeit oder Verantwortung auf sozialethische Fragen übertragen. Zwar können ungerechte soziale Verhältnisse analog zur Sünde im Sinne einer »Versündigung«, an »den

Armen« oder »der kommenden Generation« als Gruppe attestiert werden. Am Ende aber ist es der einzelne Mensch, der sündigt, und nicht die Struktur, die kein handelndes Subjekt sein kann.

Dieser Gedanke in Anknüpfung an Luther kann eine wichtige Brücke zur Ökonomie schlagen. Denn bei Themen wie Korruption ist nicht abstrakt eine Firma als *corporate structure* »gut« oder »böse«, sondern das die kritischen Entscheidungen treffende Personal ist individuell haftbar oder eben auch nicht. Aus der Sicht Luthers wäre Korruption oder die Ausbeutung anderer vor allem vor Gott und den Menschen zu verantwortende Tat der jeweils Ausbeutenden und nicht allein »strukturelle Sünde«. Freilich mag ein System, in dem ein derartiges Gefälle zwischen Arm und Reich, wie es in vielen südamerikanischen Ländern vorherrscht, strukturell problematisches, ökonomisches Handeln zu induzieren oder politische Institutionen systematisch zu korrumpieren. Wer es aber unterlässt, die jeweiligen Akteure hinter solchen Handlungen zu identifizieren, läuft Gefahr, ihr problematisches Handeln als naturgegeben zu beschreiben und damit zu verharmlosen. Individualethisch entscheidend bleibt dabei die Folge, dass sich der konkrete Ausbeuter oder Korrumpierte nicht länger hinter Strukturen verstecken kann, genauso wenig wie Strukturen sein persönliches Handeln rechtfertigen können. Diese Sicht stützt auch Papst Franziskus in *Evangelii Gaudium*, wenn er betont, dass es konkrete und keine namenlosen Kinder Gottes sind, die kapitalistischen Strukturen zum Opfer fallen:

> Ebenso wie das Gebot «du sollst nicht töten» eine deutliche Grenze setzt, um den Wert des menschlichen Lebens zu sichern, müssen wir heute ein «Nein zu einer Wirtschaft der Ausschliessung und der Disparität der Einkommen» sagen. Diese Wirtschaft tötet. Es ist unglaublich, dass es kein Aufsehen erregt, wenn ein alter Mann, der gezwungen ist, auf der

Strasse zu leben, erfriert, während eine Baisse um zwei Punkte in der Börse Schlagzeilen macht. Das ist Ausschliessung.[60]

Sicherlich sind unzumutbare soziale Verhältnisse schon deshalb zu bekämpfen, weil sie die in ihnen existierenden Individuen prägen, und das hat die Befreiungstheologie zumindest in der Diagnose richtig erkannt. Kollektivhaftung verwischt aber oftmals die Verantwortlichkeiten für solche Missstände. Sich und andere zu befreien, ist hingegen Aufgabe jedes zur Freiheit Befreiten. Dabei ist Freiheit qualitativ bestimmt, d. h. es geht um mehr als nur um die Möglichkeit zwischen verschiedenen Angeboten zu wählen, sondern darum, als Mensch frei zu sein und nicht von anderen bestimmt oder unterdrückt zu werden. Darauf geht Luther ein, wenn er in der »Freiheit eines Christenmenschen« davon spricht, dass der Christenmensch »ein freier Herr über alle Dinge und niemandem untertan« ist. Doch gleichzeitig ist der Christenmensch bei ihm auch »ein dienstbarer Knecht aller Dinge und jedermann untertan« ist.[61] Derselbe Mensch ist Herr und Knecht, wobei die Unterscheidung von »innerlichem« und »äußerlichem Menschen« an 2. Kor 4,16 anknüpft und Gal 5,17 als Gegensatz von Geist und Fleisch interpretiert wird.[62] Innerer und äußerer Mensch stehen dabei alles andere als beziehungslos nebeneinander, wie Wilhelm Gräb und Dietrich Korsch treffend betonen: »Die Bestimmtheit des inneren Menschen muß ausgedrückt werden in der Bestimmung des äußeren Menschen.«[63] Genau darum kann man mit Wilfried Härle theologisch zwischen formaler Freiheit als Entscheidungsfähigkeit und inhaltlicher Freiheit als »Übereinstimmung des Menschen mit seiner Bestimmung« differenzieren, wobei Galater 5,1 gerade die materielle Freiheit voraussetzt, wenn der Nachsatz des »Zur Freiheit hat euch Christus befreit!« lautet: »So steht nun fest und lasst euch nicht wieder das Joch der Knechtschaft auferlegen.«[64] Der Mensch ist dazu befreit, seiner

Bestimmung zu folgen. Tut er das nicht, verspielt er seine Freiheit – das ist die beinahe paradoxe Logik des Paulus-Wortes. Als Mensch bestimmt der Einzelne über die ihm von Gott geschenkte Freiheit, seine Bestimmung hingegen findet er aber nicht allein in sich selbst, sondern vor allem auch im Umgang mit anderen, sodass Freiheit immer auch ein kommunikativer, relationaler Prozess ist. Individualethik von Sozialethik zu trennen wäre daher genauso töricht, wie Individualethik in Sozialethik aufgehen zu lassen.

Aus der Frage »Was soll ich tun?« folgt immer auch das »Was sollen wir tun?«, aber in eben dieser Reihenfolge. Diese Grundprämisse testet die Arbeit im Rahmen einer Fallstudie am Beispiel eines unterkapitalisierten Bank- und Finanzwesens, das durch die Entscheidung identifizierbarer Individuen nicht »Opfer der Umstände«, sondern Opfer jener identifizierbaren Akteure als seiner eigenen Angestellten wurde, die als Individuen systemisch problematische Anreizstrukturen des Finanzsektors für sich zu nutzen verstanden. Diese Reihenfolge »Vom Individuum zum System« ist aus Sicht einer protestantischen Ethik so wichtig, weil sie die Freiheit wie auch die Verantwortung beim Einzelnen beginnen lässt, statt die Verantwortung folgenlos auf namenlose Systeme abzuwälzen oder sich über diese rechtfertigen zu wollen. Der Neutestamentler Udo Schnelle hebt hervor, dass der paulinische Freiheitsbegriff bei all seiner Uneinheitlichkeit doch immer ein »Partizipations- und Relationsbegriff« ist:

> Die Glaubenden und Getauften haben teil an der durch Christus erworbenen Freiheit, die ihre eigentliche Prägung erst im Verhältnis zum Mitchristen und zur christlichen Gemeinde gewinnt.[65]

Schnelle erwähnt freilich nicht, dass eine solche Prägung auch im Kontakt mit Nichtchristen möglich ist. Freiheit aus protestantischer Perspektive ist also nicht individualistisch, wohl aber individuell zu verstehen. Gleichzeitig wird sie in der Gemeinschaft verwirklicht. So verstanden hat sie eine soziale, aber eben keine (religiös) sozialistische Komponente. Freiheit ist im ökonomischen Sinne kein statischer, einmal empfangener Besitz, genau wie Rechtfertigung bei Luther kein statischer, sondern ein lebenslang dynamischer Prozess ist.

4. Ökonomie und Anthropologie in protestantischer Perspektive

Mit Max Scheler, Helmuth Plessner und Arnold Gehlen erlebte die moderne Anthropologie als eigenständige Wissenschaft, die aus biologischer, philosophischer, kultureller oder sozialwissenschaftlicher Perspektive nach der Natur des Menschen fragt, erst im 20. Jahrhundert ihre eigentliche Blüte. Ihre Grundfrage zielt auf die *differentia specifica*, also auf das, was den Menschen ausmacht und ihn vom Tier unterscheidet. Charakteristisch für die Anthropologie im 20. Jahrhundert ist aber auch, dass all ihre verschiedenen Ansatzpunkte zu keiner wirklich tragfähigen Antwort auf die Frage führten, was den Menschen denn nun eigentlich ausmache. So schreibt Arnold Gehlen in der Einleitung zu seinem grundlegenden Werk *Der Mensch*:

> Aber die Aufgabe, die ihm gestellt ist, die müßte mit seinem bloßen Dasein schon gegeben sein, also eben in seiner Bestimmtheit als »Mensch« liegen. Genau dies hat Nietzsche einmal gesehen, als er den Menschen »das noch nicht festgestellte Tier« nannte. Dieses Wort ist richtig und exakt doppel-

sinnig. Es meint erstens: es gibt noch keine Feststellung dessen, was eigentlich der Mensch ist, und zweitens: das Wesen Mensch ist irgendwie »unfertig«, nicht »festgerückt«. Beide Aussagen sind zutreffend und können übernommen werden. [...] Der Mensch ist ein Forschungsgebiet, auf dem auch heute noch eine unbestimmte Zahl ungesehener und unbenannter Phänomene sich feststellen läßt. Es ist erst das Thema »Geist«, welches eine metaphysische Stellungnahme herausfordert. Die hier auftretenden Probleme sind derartig verwickelt, vielschichtig und schwierig, dass jede vereinfachende Formel naiv wirkt.[66]

Es ist schnell erkennbar, wo mögliche anthropologisch-ethische Konfliktfelder liegen. Dort nämlich, wo die vierte Kant'sche Grundfrage der Philosophie »Was ist der Mensch?« für einen Teil, aber eben nicht für alle Menschen und Interessengruppen eindeutig beantwortet werden kann, was etwa in der Bio- und Medizinethik besonders problematisch werden kann, wenn Menschen nicht nur als Zweck an sich selbst, sondern als reines Mittel gebraucht werden – man denke an ethische Dilemmata im Bereich der Pflege. Mit der Emanzipation der Anthropologie als eigenständiger Disziplin ergab sich für die christliche Theologie eine neue Fragestellung, die sich beinahe analog für die Beschreibung des Verhältnisses von Theologie und Wirtschaftsethik bzw. Ökonomie generell stellt: Inwieweit sind anthropologische Ansätze, die von nicht theologischer Seite entwickelt werden, für Theologie relevant und umgekehrt? Warum ist es überhaupt für eine Wirtschaftsethik wichtig, sich vor der Beschäftigung mit konkreten ethischen Dilemmata über die Perspektiven eines Menschenbildes, das globaler Wirtschaftsethik zugrunde liegt, klar zu werden, und warum sollte das ein eigener Topos ausgerechnet für die Theologie sein? Eine erste Antwort auf diese Fragen gibt Eilert Herms, wenn er ausführt, dass

alle großen Theorien des Ethos und der Gesellschaft – von
Hume bis Hayek – ihre Basis in einer fundamentalen Anthropologie haben.[67]

Mit »fundamental« beschreibt Herms hier das, was den Menschen im Innersten ausmacht, ihn existenziell betrifft. Jedes ethische Konzept, das sich mit den Möglichkeitsbedingungen menschlichen Handelns konkret auseinandersetzen will, muss sich zunächst über das eigene Verständnis dessen, was menschliches Handeln bedeutet, klar werden. Wird nun von theologischer Seite der Anspruch erhoben, einen substanziellen Beitrag im Rahmen einer Wirtschaftsethik zu leisten, so sollte sich Theologie nicht die Rolle einer Revisionistin ökonomischer Theoriebildung anmaßen. Ihre Kernkompetenz – die Frage nach Gott und seinem Handeln am Menschen – impliziert nach ihrem eigenen Verständnis vielmehr immer auch die Frage »Was ist Mensch?«. Dies wiederum schließt die Suche nach den Grundbedingungen menschlicher Existenz und damit aus christlicher Sicht die Frage nach Gott notwendig ein.

So wie es verschiedene Vorstellungen davon gibt, was *das* christliche Menschenbild ausmacht, so gibt es im Protestantismus höchst unterschiedliche Auffassungen davon, ob, wo und wie Anthropologie dogmatisch und ethisch einzuordnen ist. Um jedoch eine theologische Anthropologie und Ökonomie in Beziehung zu setzen, ist vor allem erforderlich, aus der Perspektive des Glaubens heraus das Bild vom Menschen als Geschöpf zu konkretisieren, um einen wirklichen Beitrag zu ethischer Entscheidungsfindung liefern zu können. Darum muss es einer theologischen Anthropologie auch um mehr gehen, als nur ökonomische Erkenntnis aufzunehmen und theologisch zu justieren. Ihr Anliegen sollte es vielmehr sein, spezifisch christliche Aspekte des Bildes vom Menschen in eine multidisziplinäre Diskussion einzubringen, um gegebenenfalls trügerische Selbstgewissheiten als solche benennen zu können.

Gleichzeitig fragt theologische wie jede philosophische Anthropologie situationsbezogen immer wieder neu nach dem Kern des Humanum. Sie darf aber nicht nur ontologisch nach den Bestimmungsmerkmalen des Menschen suchen, sondern sollte existenziell nach dem Kern seiner Selbstgewissheit fragen. Theologische Anthropologie fragt nach dem, was den Menschen vor Gott zur Person werden lässt und untersucht menschliche Identität bewusst aus der Perspektive des Glaubens. Sie setzt dort an, wo nach Arnold Gehlen die human- oder naturwissenschaftliche Anthropologie ihre Grenzen erreicht.[68] Während Letztere den Menschen evolutionsbiologisch oder empirisch zu fassen versucht, kommt sie an einem entscheidenden Punkt nicht weiter. Wo dieser Punkt liegt, lässt sich am besten linguistisch veranschaulichen: Während man einem Menschen vorwerfen kann, er handle unmenschlich, wird man keinem Tier vorwerfen, es benehme sich »untierisch«. Offenbar gibt es etwas im Wesen des Menschen Liegendes, was ihn als Teil einer Gattung über seine biologischen Funktionen hinaus als »wahren Menschen« qualifiziert. Was dieses »Etwas« ist, lässt sich als Humanität beschreiben. Karl Barth stellt fest, dass der archetypische Mensch Christus selbst ist, der

> wirkliche Mensch [...] Jesus, der Mensch vor und für Gott; mit ihm ist es auch der in Jesus lebende und verborgene Mensch. Diesem im positiven Sinne Wirklichen kann ein herkömmlicher Entwurf mit seinen Tendenzen, zur Weltanschauung oder zum System zu geraten, nicht gerecht werden. Ihm ist in der Tat nur Nacherzählen angemessen.[69]

Jesus Christus als das eine Wort Gottes ist für Barth damit das einzige Erkenntnisprinzip der Theologie.[70] Aus diesem Grunde ist eine Trennung zwischen schöpferischem und erlösendem Handeln Gottes für ihn nicht denkbar:

> Die Idee einer abstrakten Existenz Gottes in seiner reinen Gottheit als Schöpfer und Weltregent und die Idee einer abstrakten Autorität auch seines Anspruchs als solcher [sic!] sind Elemente, die der biblischen Gotteserkenntnis fremd und die darum auch christlich nicht brauchbar sind. […] Und der eine Gott, sein eines Werk und Wort heißt – ob das den Menschen in den verschiedenen Zeiten und Räumen bekannt ist oder nicht – Jesus Christus […].[71]

Zur Person wird der Mensch, indem er als Individuum und als Gattung von Gott als sein »geschöpfliches Gegenüber« angesprochen wird. Seine Identität kann er dabei nur als von Gott angeredetes »Du« definieren.[72] Dieses individuelle, nicht kollektive Verhältnis ist es, was den freien Menschen letztlich ausmacht:

> Der Mensch ist dasjenige Wesen, das aufgrund eines unverwechselbaren Verhältnisses Gottes zu ihm ein Selbstverhältnis ist, in einem Weltverhältnis steht und ein Gottesverhältnis hat.[73]

Mit anderen Worten: Die Würde des Menschen ist aus christlicher Perspektive dadurch begründet, dass Gott seine Gemeinschaft will.[74] Anders als philosophische Anthropologie versucht eine so fundierte theologische Anthropologie, das Konzept humaner Personalität im Rahmen einer Wirklichkeit zu verstehen, die als Schöpfung Gottes wahrgenommen wird. Warum dabei die genaue Differenzierung zwischen der Person und dem, was diese Person tut, ihrem Wirken, so wichtig ist, darauf stützte schon Martin Luther seine Theologie der Rechtfertigung, um zu beschreiben, was den Menschen vor Gott ausmacht. Denn der Gegenstand dessen, was für den Reformator Theologie ist, ist schon im Kern ein anthropologischer, nämlich der sündige Mensch und sein Verhältnis zum rechtfertigenden Gott. Der Mensch lebt nach Luther in der permanenten Alternative, sein Herz an Gott oder die Götzen dieser Welt zu hängen.[75] Aus dieser Erkenntnis heraus kann der Mensch sein Leben gestalten, ob nun als Marktteilnehmer, Politiker, Mediziner oder Theologe. Luther geht in seiner Differenzierung zwischen Einsicht und Wollen davon aus, dass eine Entscheidung des Menschen zwischen *bona* und *mala* eine Gewissheit des für die Person Guten und damit gleichzeitig eine Gewissheit der Person über sich selbst voraussetzt.[76]

Die Suche nach Selbstgewissheit über den Endzweck menschlicher Existenz ist es, die für den Menschen konstitutiv ist. Luthers Leistung besteht darin, dass er die geschöpfliche Grundstruktur des Menschen in der Spannung zwischen Willensvermögen (*voluntas*) und Affekten/Emotionen identifiziert hat, durch die jene existenzielle Gewissheit geprägt wird, die den Menschen zur Person macht. Dieses anthropologische Grundmuster prägt immer auch Ethik, da das Gefühl des Angezogen- oder Abgestoßenseins determiniert, wie sich eine Person zu einer bestimmten ethischen Entscheidung verhält: Ob etwas als *bonum* oder *malum* beurteilt wird, hängt von der eigenen, existenziellen Selbstgewissheit ab über das, was für einen gut ist. Wer also dieses Urteil einer Person ändern will, muss deren Selbstgewissheit ändern. Nun gibt es Gewissheiten, die allein die weltlichen Lebenszusammenhänge des Menschen betreffen und jene, die sein Verhältnis zu Gott *coram deo* berühren. Und hierbei kommt für Luther nur die Alternative infrage, Gott oder einem Götzen liebend zu begegnen. Genau diese Alternative ist es, mit der Luther die paulinische Alternative des Lebens *kata pneuma* und *kata sarx* beschreibt. In dieser Spannung bewegt sich für ihn die strukturelle Verfasstheit des Menschen.[77] Ob Christ oder Nichtchrist, beide können nur auf der Basis dessen zielorientiert handeln, was Ludwig Wittgenstein als Prämisse der

Ethik »Gewissheiten« genannt hat. Diese anthropologische Grunderkenntnis ist für eine Wirtschaftsethik deshalb hilfreich, weil sie offen lässt, auf welche Gewissheiten Menschen im lutherischen Sinne vertrauen und ihr Herz hängen, aber gleichzeitig postuliert, dass menschliches Leben in all seinen Facetten, einschließlich der ökonomisch-ethischen, nicht ohne solche Gewissheiten auszukommen scheint. Ob Christ oder Nichtchrist: Der Mensch hängt sein Herz am Ende an etwas, und was dieses »Etwas« ist, steht und fällt mit jenen existenziellen Fragen, denen er in seinem Leben nachgeht und die seine Weltanschauung prägen. Theologische Anthropologie verhilft somit zur Erkenntnis, dass das Streben nach existenzieller Gewissheit jenseits aller erklärbaren Regeln menschlicher Interaktion immer Kern menschlicher Existenz ist und folglich auch Gegenstand jeder Ethik einschließlich der Wirtschaftsethik sein muss. Im Sinne Karl Rahners geht nämlich dem Menschen in seiner Selbsterfahrung als Person auf, dass er das »Wesen der Transzendenz« ist.[78] Seiner Personalität kann sich der Mensch aber nur in der Interaktion mit anderen bewusst werden. In seiner Endlichkeit ist es ihm möglich, alles infrage zu stellen, einschließlich seiner existenziellen Selbstgewissheit. Was Religion im Allgemeinen – und das Christentum im Besonderen – zum wirtschaftsethischen Diskurs etwa über Maßstäbe von Gerechtigkeit beitragen kann, ist daher immer angewandter und fundamentaler Natur zugleich. Christliche Theologie kann alle in Wirtschaft und Gesellschaft Tätigen, Christen und Nichtchristen, daran erinnern, dass Gerechtigkeit im Kontext menschlicher Existenz immer nur etwas Vorläufiges, Vorletztes ist und nur durch Individuen verwirklicht werden kann, die sich ihrer Talente, aber auch ihrer Grenzen und Fehler bewusst sind. Weder Christentum noch Judentum eignen sich dazu, auf ihrer Basis ökonomische Programme oder eine bestimmte politische Agenda zu rechtfertigen.[79]

Religion kann und darf ökonomische Theoriebildung nicht ersetzen, aber gerade Wirtschaftsethik kann und sollte Ökonomie hinsichtlich des ihrer jeweiligen Theoriebildung zugrunde liegenden Menschenbildes hinterfragen. Wird der Mensch im Markt noch angemessen als Geschöpf, als mit Würde ausgestattete Person oder nur als Instrument wahrgenommen? Das spezifisch Christliche einer solchen Wirtschaftsethik liegt also weniger in der von ihr aufgestellten ethischen Forderung als in ihrem Begründungszusammenhang und Deutungsmodell menschlicher Existenz innerhalb der göttlichen Schöpfung. Die bewusste Ausklammerung der religiösen Identität des Menschen und seiner existenziellen Suche nach Selbstgewissheit führt hingegen zu einer deterministischen Engführung ökonomischen Denkens.

Die Wurzeln der katholischen Soziallehre

Vor diesem Hintergrund sollen nun prägende Konzepte wirtschaftsethischen Nachdenkens christlicher wie säkular-ökonomischer Tradition einer genaueren Analyse unterzogen werden. Begonnen wird dabei mit einer Analyse der katholischen Soziallehre, da diese bis heute auch unter Ökonomen eine besondere Prägekraft zu entfalten vermochte – nicht nur im Rahmen der Einführung der Sozialen Marktwirtschaft. Die an einen geistesgeschichtlich bewanderten Zeitungsleser, einen amerikanischen Ökonomen und einen deutschen Studenten der Politikwissenschaft gerichtete Frage, worin sie den Beitrag der Kirchen und Religionen innerhalb der Ökonomie sehen und was ihnen zum Thema Wirtschaftsethik und Theologie einfällt, brachte in allen drei Fällen innerhalb meiner – zugegebenermaßen empirisch nicht repräsentativen – Umfrage ein eindeutiges Bild: Weder Georg Wünsch noch Arthur Rich, weder Peter Ulrich noch Karl Homann waren den drei Befragten ein Begriff. Von einer Denkschrift der Evangelischen Kirche in Deutschland zu Wirtschaftsfragen oder einem Gemeinsamen Sozialwort der Kirchen hatten sie nichts gehört. Was aber alle drei unabhängig voneinander – und zwar stets im Rekurs auf die Entwicklung der Sozialen Marktwirtschaft in der alten Bundesrepublik – hervorhoben, war die Bedeutung der katholischen Soziallehre. Auf Nachfrage quittierten sie die Nennung des Namens Oswald von Nell-Breuning mit zustimmend-wohlwollendem Nicken.

Ein von allen zufällig ausgewählten Probanden erwähnter Name war Max Weber und dessen These über die religiösen Wurzeln des Kapitalismus. Auf katholischer Seite die Soziallehre und auf protestantischer Seite Max Weber – das waren die übereinstimmenden Antworten. Worin liegt die besondere Bedeutung der katholischen Soziallehre und von Webers

Kapitalismusthese, dass ausgerechnet diese beiden von Nichttheologen als Kernbestand christlich-religiösen Nachdenkens über Wirtschaft identifiziert werden? Inwiefern determiniert das Subsidiaritätsprinzip oder der Weber'sche *Geist des Kapitalismus*, wie nachfolgende Generationen über Wirtschaftsethik denken?

Um diese Fragen beantworten zu können, ist es zunächst notwendig, ihre philosophie- bzw. theologiegeschichtlichen Wurzeln zu beschreiben. Dabei soll mit der katholischen Soziallehre begonnen werden, da deren Vertreter ökonomisches Denken in einem theologischen Gesamtkonzept ethisch reflektiert haben, wie es in dieser Abgeschlossenheit und Stringenz weder von theologischer noch von ökonomischer Seite bis heute geleistet werden konnte. Mit ihren Grundprinzipien der Personalität, Solidarität und Subsidiarität hat die katholische Soziallehre das bleibende Verdienst, die geistigen Grundlagen der Sozialen Marktwirtschaft geprägt und so den bundesdeutschen Wirtschafts- und Sozialstaat zu einem in der zweiten Hälfte des 20. Jahrhunderts weithin gepriesenen Erfolgsmodell gemacht zu haben. Aus welchen Quellen speist sich eine solche Soziallehre? Wo liegen ihre Chancen und ihre Schwächen?

1. Historische Wurzeln

Die katholische Soziallehre im programmatischen Sinne hat ihre Wurzeln in der aufkommenden Industrialisierung, die Mitte des 18. Jahrhunderts in England und danach auch auf dem Kontinent einsetzte und Europa mit einer Welle von Pauperisierung, Landflucht und vor allem städtischer Verelendung konfrontierte. Spätestens mit der Revolution von 1848 sahen sich die Kirchen in Deutschland genötigt, praktische Antworten auf die soziale Frage zu geben: Wilhelm Emmanuel

Freiherr von Ketteler, Adolph Kolping, Ludwig Windthorst oder Franz Hitze waren auf katholischer Seite vier der vielen Persönlichkeiten, die mit dem Aufbau der Caritas, der katholischen Sozialbewegung oder mit der Zentrumspartei den Ausgangspunkt solcher Antworten markiert haben. Und es war Wilhelm Emmanuel von Ketteler, der damalige Bischof von Mainz, welcher in seinem berühmt gewordenen Referat vor der Fuldaer Bischofskonferenz 1869 darauf verwies, dass Sozialreformen durch den Gesetzgeber schon deshalb unumgänglich seien, weil durch die bedrückende Situation der Industriearbeiter diesen »die Erfüllung der Christenpflicht moralisch unmöglich« gemacht werde.[80] Moralische Appelle verhallten aus von Kettelers Sicht ungehört, wenn diesen von kirchlicher Seite keine wirklichen Schritte hin zu gesellschaftlichen Veränderungen folgten. Damit befand sich der Bischof in ungewöhnlicher Gesellschaft: Er stand bezüglich der Gründung von Produktionsgemeinschaften mit Ferdinand Lasalle in privatem Briefkontakt und unterstützte die Gewerkschaftsbewegung, deren Hauptaufgabe er darin sah, die Arbeitnehmerschaft vor der isolierten Konkurrenzsituation am Arbeitsmarkt zu schützen. Der Bischof erkannte, dass jede ethische Forderung an Politik und Wirtschaft immer nur so gut sein konnte wie ihre Implementierung. Die lehramtliche Berücksichtigung sozialer Bemühungen erfolgte schließlich im Jahre 1891 mit der Enzyklika *Rerum novarum*, in der sich Leo XIII. mit der Arbeiterfrage, dem Bevölkerungswachstum, dem Kommunismus und Wirtschaftsliberalismus kritisch auseinandersetzte. Diese Enzyklika sollte eine beachtliche Wirkungsgeschichte entfalten. So nahm Johannes Paul II. seine Enzyklika *Centesimus annus* zum Anlass, *Rerum novarum* hundert Jahre später für die Gegenwart neu zu lesen und zu aktualisieren. 1931 erschien auf dem Höhepunkt der Weltwirtschaftskrise die Enzyklika *Quadragesimo anno*, in der sich Pius XI. mit dem Sozialstaat, dem Begriff der Subsidiarität und dem Eigentumsbegriff (privat vs. kollektiv) auseinandersetzt. Mit dieser Enzyklika wurden Solidarität, Subsidiarität und Personalität lehramtliche Grundlage dessen, was von Heinrich Pesch, Oswald von Nell-Breuning und anderen als katholische Soziallehre entworfen wurde und auch für den Aufbau der Sozialen Marktwirtschaft in Deutschland programmatisch bedeutsam werden sollte. Gleichzeitig weist Nikolaus Monzel darauf hin, dass beim konzeptionellen Nachdenken über katholische Soziallehre stets zu unterscheiden ist zwischen den Äußerungen des kirchlichen Lehramts und der Wissenschaft:

> Die Äußerungen des kirchlichen Lehramtes über die Beziehungen zwischen Religion und Gestaltung des irdischen Sozialebens zielen – ebenso wie die berühmter Politiker und Geschichtsphilosophen – unmittelbar auf die seelsorgerliche und erzieherische oder auf die politische *Praxis*. Sie zielen ferner fast ausschließlich auf den Zusammenhang von Sozialordnung und Christentum. Die *wissenschaftliche* Behandlung dieser Fragen erfordert jedoch ein weiteres Blickfeld. Das Christentum ist kein Modell für die Beziehungen zwischen Religion und irdischer Sozialordnung überhaupt. [...] Die kirchliche Lehrverkündigung (propositio ecclesiae) bildet die Grundlage der theologischen Soziallehre. Mit Hilfe der Philosophie und der natürlichen Sozialwissenschaften soll die von der Kirche unter seelsorgerlichen Gesichtspunkten verkündete Soziallehre begrifflich durchgearbeitet, vertieft und systematisiert werden.[81]

Während die katholische Soziallehre durch päpstliche Verlautbarungen, wissenschaftliche Veröffentlichungen und deren politische Umsetzung gesellschaftlich große Bedeutung erlangen konnte, gibt es im Protestantismus schon aufgrund des kirchlichen Amtsverständnisses keinen der katholischen Soziallehre vergleichbaren, theologisch-programmatischen

Versuch einer wirtschafts- und sozialethischen Lehre. Weit vor einer evangelischen Sozialethik als eigenständiger Disziplin versuchten jedoch Einzelpersönlichkeiten, wie Johann Hinrich Wichern mit der Inneren Mission nach 1848, eine eigene Antwort auf die soziale Frage im Wege eines christlich motivierten, sozialen Engagements zu geben. Das Rauhe Haus, Kaiserswerth, Neuendettelsau, die von Bodelschwingh'schen Anstalten, die Gründung des Evangelisch-Sozialen Kongresses als wissenschaftlich-gesellschaftspolitisches Forum des sozialen Protestantismus, in dem sich u. a. Adolf von Harnack, Wilhelm Herrmann, Ernst Troeltsch, Friedrich Naumann, Max Weber und Rudolf Sohm engagierten[82] – dies alles waren Meilensteine eines sozialpolitischen Engagements innerhalb des Protestantismus.[83] Dass sich jedoch evangelische Sozialethik mit der katholischen Soziallehre als Lehre im systematisch-theologischen Sinn – trotz vielfacher Übereinstimmungen in der Problemanalyse – ungleich schwerer tut, hat mit dem ordnungstheologischen Grundansatz der katholischen Soziallehre zu tun, den Heinrich Basilius Streithofen wie folgt definiert:

> Die katholische Soziallehre ist der Entwurf eines gesellschaftlichen Ordnungsbildes auf der Grundlage unveränderlicher ethischer Grundsätze.[84]

Mit einem solchen Verständnis gesellschaftlicher *ordines* als nur vermeintlich »unveränderlich« setzt sich die evangelische Theologie seit der Reformation aus guten Gründen vorsichtiger und kritischer auseinander: Welche Rolle spielt das Individuum vor Gott in einer Gesellschaftsordnung? Wer bestimmt deren Struktur und Hierarchie? Gibt es nur »ein gesellschaftliches Ordnungsbild« oder mehrere? Solche Fragen machen deutlich, dass die Perspektiven eines Menschenbildes im Protestantismus, so uneinheitlich diese auch sein mögen, eines der *propria* evangelischer Theologie sind, das sie vom katholischen, stärker bei natürlichen Ordnungen ansetzenden Denken unterscheidet. Entsprechend kritisch betrachtet die evangelische Theologie vor allem die ordnungstheologischen Wurzeln der katholischen Soziallehre, die das Verhältnis von Individuum und Gemeinschaft pointiert mit dem Schwerpunkt auf Letzterer beschreibt. Vor der Darstellung der inhaltlichen Prinzipien derselben ist aber zunächst die Frage nach ihren naturrechtlichen, antiken Quellen zu klären.

2. Aristoteles und die Gerechtigkeit

Zur Einordnung des Gerechtigkeitsbegriffs in der antiken Philosophie wählt Eberhard Jüngel dabei einen bemerkenswert simplen und gleichsam überzeugenden Einstieg mit der Frage: Warum verlangen Menschen überhaupt nach Gerechtigkeit? Warum wird dieser Begriff so zentral für die Gestaltung menschlicher Ordnungen? Platon versucht, diese Frage mit dem Verweis auf die »Sorge für die Seele« zu beantworten: Der Ort dieser Sorge ist die *polis*, in der der Mensch sein Wesen entfalten kann, sodass jedes Gemeinwesen zunächst ein vergrößertes Forum zur Entfaltung seiner Seele ist.[85] Dies ist der Grund, warum die Gerechtigkeit bei Platon neben den drei anderen Kardinaltugenden Klugheit, Tapferkeit und Besonnenheit sowohl dem individuellen als auch dem politischen Bereich zugeordnet wird. Aristoteles erhebt dabei die Gerechtigkeit zur höchsten Tugend, die er in seiner *Rhetorik* wie folgt definiert:

> Die Gerechtigkeit aber ist eine Tugend, durch die jeder das Seine erhält, und so, wie es das Gesetz [vorsieht]. Ungerechtigkeit aber ist das, wodurch man sich Fremdes aneignet, und zwar nicht, wie es das Gesetz [vorsieht].[86]

In seiner ökonomischen Theorie bilden Politik, Ethik und Ökonomik für Aristoteles in Familie und Staat eine Einheit.[87] Kern der aristotelischen Ethik ist das *eu sän* und die Frage, wie der Mensch für sich und mit anderen nach dem guten Leben streben kann. Um den Zusammenhang zwischen der Aristotelischen *koinonia* als Gemeinschaft der Haushalte, welche die Erreichung der *dikaiosyne* anstreben, und dem Aquin'schen Konzept des *bonum commune* verstehen zu können, muss man den Zusammenhang zwischen *oikonomia* und *polis* verstehen, wie von Aristoteles im Buch der *Politik* und in dem fünften Buch der *Nikomachischen Ethik* ausgeführt wird.[88] Ausgangspunkt ist dabei die hierarchische Struktur der *oikia*, des Haushalts oder der Familie, die der Befriedigung zweier fundamentaler Bedürfnisse dient: der Fortpflanzung und der Selbsterhaltung.[89] Aristoteles ist der Überzeugung, dass der Mensch am ehesten in der *polis* zur *eudaimonia* als höchstem Ziel menschlichen Daseins kommt. Aufgrund der höheren sozialen Komplexität der *polis* im Vergleich zur ländlichen oder dörflichen Existenz bedarf es in Ersterer einer strikten Trennung von gesellschaftlichen Funktionen. Diese notwendig arbeitsteilige Ausdifferenzierung wird in der *polis* von Institutionen geleistet, die trotz ihrer Teilautonomie in vollem Maße der politischen Kontrolle unterworfen sind. Der entscheidende Unterschied zur platonischen Vorstellung von gesellschaftlicher Ordnung ist der, dass Aristoteles der Familie als der kleineren Einheit subsidiär mehr Autonomie als den Institutionen der *polis* zubilligt.[90]

Aristoteles erkennt zwar die Bedeutung gesellschaftlicher und staatlicher Institutionen an, seine *Politik* ist aber keine Soziallehre. Aristoteles' Gedanken zur Ökonomie klingen für neuzeitliche Leser erstaunlich modern, da sie weit über die Grenzen einer Naturwirtschaft hinausgehen.[91] Zwar setzt Aristoteles, wie nach ihm auch Thomas von Aquin, die Existenz eines Gemeinwohls voraus, aber anders als Thomas bindet er seinen Ökonomiebegriff stärker ans Individuum, an die Familie und ihren Hausvorstand. Dabei dienen Haushaltsführung und Erwerb bei Aristoteles der Bedienung der menschlichen Grundbedürfnisse. Sie sind kein Selbstzweck. Die Kunst und Dienfunktion der *oikonomia* bewegt sich innerhalb des Rahmens von Familie und Gesellschaft, geht aber nicht darüber hinaus. Ökonomie hat bei Aristoteles keine Eigendynamik.[92] Dabei versteht Aristoteles den die *oikonomia* gestaltenden Menschen immer auch als *zoon politikon*: Im ersten Buch der *Politik* führt er aus, dass das menschliche Bestreben, sich in Gemeinschaften zusammenzuschließen, in der Natur angelegt sei:

> Dies ist nämlich im Gegensatz zu den andern Lebewesen dem Menschen eigentümlich, dass er allein die Wahrnehmung des Guten und Schlechten, des Gerechten und Ungerechten und so weiter besitzt. Die Gemeinschaft in diesen Dingen schafft das Haus und den Staat. Der Staat ist denn auch von Natur ursprünglicher als das Haus oder jeder Einzelne von uns. Denn das Ganze muß ursprünglicher sein als der Teil.[93]

Eben diese Stelle wird in der Scholastik häufig als Beleg dafür angeführt, dass schon bei Aristoteles das Gemeinwohl über das individuelle Wohl gestellt wird.[94] Zum Zwecke eines effektiven Wirtschaftens ist der *polis* ein möglichst hohes Maß an Autarkie zu sichern. Den Nachteil einer von der *polis* gelösten, eigendynamischen Erwerbswirtschaft führt Aristoteles dagegen deutlich vor Augen. Durch die Differenzierung von Tauschwert und Gebrauchswert sowie durch die Einführung des Geldes tendiert eine Gesellschaft eher zur Chrematistik.[95] Während *oikonomia* die naturalwirtschaftliche Erwerbskunst beschreibt, bezeichnet Chrematistik die Kunst des reinen Gelderwerbs. Chrematistik ist damit eine entartete Erwerbskunst, die in ihrer Ausprägung nur eine wachsende Plutokratie als Spielart der Oligarchie und damit eine entartete Form der Aristokratie fördert. Der Weg aus dieser ökonomischen Engführung führt über die Rückbesinnung auf eine recht verstandene *eudaimonia*, welche den Menschen Maß und Mitte des Erwerbs erkennen lässt und Güter nur als Mittel zur Erreichung der *eudaimonia* als dem Kernanliegen der *polis* und nicht als Ziel an sich begreift. Diese Kritik an der Chrematistik macht den aristotelischen Ansatz gerade in der wirtschaftsethischen Debatte um globale Gerechtigkeit hochaktuell, wenn z. B. die Gefahr der Bildung von Plutokratien durch mächtige Oligarchen oder die Monopolisierung von Macht als Gefahr für ein ganzes Staatswesen so deutlich wird, wie es momentan im Fall Russlands nach dem Zusammenbruch der Sowjetunion erkennbar ist.

Der aristotelische Gerechtigkeitsbegriff

In der *Nikomachischen Ethik* formuliert Aristoteles hinsichtlich des Gerechtigkeitsbegriffs folgende Grundüberzeugung: Das Einhalten der Gesetze sei kein natürlicher Instinkt, sondern Ausdruck einer Tugend, die Voraussetzung moralischen Handelns und gleichzeitig Ergebnis einer Gewohnheit ist. Der Tugendbegriff, zweigeteilt in ethische und dianoetische Tugenden, ist in der praktischen Philosophie des Aristoteles der Frage nach dem guten Leben zugeordnet. Dabei versteht Aristoteles etwas als Tugend, was um seiner selbst willen erstrebenswert ist, wobei er in der *Rhetorik* Gerechtigkeit im Frieden und Tapferkeit im Krieg als die höchsten Tugenden beschreibt, da sie anderen am nützlichsten sind.[96] Der Tugendbegriff verleiht der Tatsache Ausdruck, dass eben dieses individuelle Tätigsein qualifiziert geleistet werden muss. Das Tun des Guten, ob nun in Wirtschaft oder Politik, liegt genauso in der Wahl des Menschen wie das Tun des Schlechten. Das *proprium* des aristotelischen Gerechtigkeitsbegriffs ist, dass dieser eine Verhältnisbeschreibung der Menschen untereinander ermöglicht. Während der Mensch weise auch in der stillen Kammer sein kann, kann er gerecht nur im direkten Kontakt mit seinen Mitmenschen oder in der *polis* sein. Eben dies gibt der Gerechtigkeit im Vergleich zu den anderen, von Aristoteles identifizierten Tugenden eine besondere Qualität. Für die *polis*, die als Ausdruck des *koinion* mehr umfasst als nur individuelle Partikularinteressen, ist es unerlässlich, dass alle Bürger Recht und Gesetze akzeptieren. Nur so sind nämlich die Voraussetzungen geschaffen, dass es gerecht zugeht im Gemeinwesen. Für Aristoteles nimmt Gerechtigkeit unter den Tugenden deshalb einen besonderen Platz ein, weil sie eine Grundvoraussetzung für alle anderen Tugenden ist, ohne welche die Einhaltung von Gesetzen für ihn nicht denkbar ist. Gerecht bzw. ungerecht zu handeln hat trotz der Vieldeutigkeit des Begriffs *dikaiosyne* für ihn immer etwas mit Vorsatz im Sinne eines *dolus directus*, eines Wissens und Wollens zu tun.[97] Ungerecht sind in jedem Fall der Gesetzwidrige, der Unersättliche oder der Tyrann, während derjenige, der sich an die Gesetze hält, gerecht ist. Dabei hat Aristoteles über Gesetze, über deren Inhalt und Funktion folgende Vorstellung:

> Die Gesetze reden nun über alles und zielen entweder auf das, was allen gemeinsam zuträglich ist oder den Besten oder den Regierenden, und zwar entweder im Sinne der Tugend oder in einem andern derartigen Sinne. So nennen wir denn in einem Sinne gerecht, was in der staatlichen Gemeinschaft die Glückseligkeit (*eudaimonia*) und deren Teile hervorbringt und bewahrt.[98]

Aristoteles beschreibt das Gesetz als Grundlage von Gerechtigkeit, welche *eudaimonia* nicht nur für das Individuum, sondern für die Gemeinschaft insgesamt garantiert. Zum Begriff der Gleichheit kommt er, indem er das Gerechte mit dem

Begriff der Proportionalität verbindet und damit die Fundamente eines Konzepts der Verteilungsgerechtigkeit legt:

> Die Gerechtigkeit ist also jene Tugend, durch die der Gerechte sich für das Gerechte entscheidet und danach handelt und sich im Verhältnis zu anderen oder anderen im Verhältnis zueinander nicht so austeilt, dass er sich selbst vom Wünschbaren mehr, dem andern weniger gibt, und vom Schädlichen umgekehrt, sondern dass er nach der proportionalen Gleichheit verfährt, und dies auch bei anderen untereinander.[99]

Mit der Frage der proportional gerechten Verteilung problematisiert Aristoteles eine wirtschaftsethisch zentrale Fragestellung, deren Kern der Umgang mit Ressourcenknappheit ist. Da die Abläufe in Wirtschaft und Staat nicht ausschließlich gesetzlich zu regeln sind, führt Aristoteles den später von Luther rezipierten Terminus der Billigkeit (*epieikeia*) ein, der sich prinzipiell mit dem Gerechten deckt, aber als individualethischer Maßstab in Situationen heranzuziehen ist, die der Korrektur des gesetzlich Gerechten bedürfen.[100] Seinen Eingang ins deutsche Zivilrecht hat »Billigkeit« dann auch in Verbindung mit dem Begriff des »Rechtsgefühls aller billig und gerecht Denkenden« oder dem Prinzip von »Treu und Glauben« gefunden.[101] Billigkeit und Augenmaß sind bereits für Luther unverzichtbare Größen, um dem Dilemma zu begegnen, dass Gesetze oftmals nur den allgemeinen Fall regeln und deshalb im Detail und bei Rechtslücken der Ergänzung oder Analogie bedürfen. Nun ist die Wirtschaftsethik ein Bereich, in dem der Begriff »Billigkeit« eine entscheidende Rolle spielt, da viele Geschäftspraktiken oder Verteilungsmechanismen von Wohlstand durchaus legal, aber keineswegs billig und gerecht sind. Zu fragen ist daher, was der konkrete Maßstab von Billigkeit sein kann. Für Aristoteles ist die Antwort eindeutig: Maßstab in einer nach *eudaimonia* strebenden Gesellschaft ist das Gemeinwohl. Aristoteles hat dabei den geografisch begrenzten Raum einer griechischen *polis* vor Augen, während es Thomas von Aquin ist, der bei seiner Aristoteles-Rezeption den aristotelischen Gerechtigkeitsbegriffs theologisch erweitert.

3. Das Konzept von sozialer Gerechtigkeit und Gemeinwohl und deren Wurzeln bei Thomas von Aquin

Thomas von Aquin sieht in der Sicherstellung des *bonum commune* die zentrale Aufgabe des Staates zur Sicherung von Wohlstand und Frieden. Dabei interpretiert er Aristoteles dahingehend, dass das naturrechtlich verankerte Gemeinwohl dem individuellen Wohl vorauszuordnen ist.[102] Auf dieser Basis macht er den Gemeinwohlbegriff zum Maßstab seines Nachdenkens über Eigentum und Privatbesitz. Die spätere Kritik am Gemeinwohlbegriff der Scholastik entzündet sich an eben dieser Tatsache, dass Thomas von Aquin das Gemeinwohl über das individuelle Wohl stellt, indem er es naturrechtlich herleitet.[103] Das Problem dabei ist, eine Instanz zu identifizieren, die festlegt, was dem Gemeinwohl dienlich ist oder im öffentlichen Interesse liegt und was nicht.

In den göttlichen Plan für die Welt fügt sich für Thomas von Aquin die Gesellschaft, und in diese die Wirtschaft ein. Grundlage für die Sicherung des Gemeinwohls ist das Gesetz als »eine Sache der Vernunft«, wobei das Naturgesetz »eine Teilhabe am ewigen Gesetz« ist.[104] Über dem menschlichen Gesetz steht das ewige Gesetz als Gottes Plan sowie das natürliche Gesetz, welches die *participatio* der menschlichen Vernunft am ewigen Gesetz beschreibt und allgemeine Grundsätze des menschlichen Handelns umfasst.[105] Durch ein an vernünftigen Prinzipien orientiertes Handeln, das dem Menschen angeboren ist, spiegelt sich jenes dem Individuum eingegebene, natürliche Gesetz wider, das sich mit dem geoffenbarten Sittengesetz deckt und den Grundsätzen der praktischen Vernunft entspricht.[106]

Folgt man einem solchen Ansatz, werden ethische Weisungen und Maßstäbe nicht erworben, sondern sie sind im Menschen bereits angelegt. Auf Grundlage des von Thomas von Aquin vorausgesetzten, natürlichen Sittengesetzes ergibt sich eine »richtige«, d.h. dem ewigen Gesetz gemäße Gesellschafts- und Wirtschaftsordnung. Zentrales Prinzip einer solchen gottgemäßen und menschengerechten Wirtschaftsordnung ist dabei das Prinzip der Arbeitsteilung im ständischen System unter Akzeptanz von Privateigentum. Gleichzeitig ist Privateigentum in seinem Gebrauch fest an das *bonum commune* gebunden. Dabei ist Thomas von Aquin der Überzeugung, dass die moralische Qualität eines Individuums aufs Engste mit den Lebensbedingungen seiner Umgebung verknüpft ist.[107]

Auf das Aquin'sche Verständnis von Gerechtigkeit und Gemeinwohl stützt Oswald von Nell-Breuning dann den Begriff »soziale Gerechtigkeit«, den er von Heinrich Pesch übernommen hat.[108] Nell-Breuning arbeitete für Pius XI. an der Enzyklika *Quadragesimo anno* zu Zeiten der Weltwirtschaftskrise und war sich dabei, ähnlich wie Thomas von Aquin in seiner Zeit, der massiven Probleme sozialer und politischer Instabilität bewusst. Anliegen von Pius XI. in seiner Enzyklika war es, den Aquin'schen Gerechtigkeitsbegriff für seine Beschreibung der kritischen sozialen und politischen Lage in Europa nutzbar zu machen.[109] Durch die Moralität in der menschlichen Natur erwachse dem Individuum eine Verantwortung für das Gemeinwesen und dessen Institutionen, die nicht utopisch, sondern im Rahmen der sozialen und politischen Realitäten zu verändern sind. Oswald von Nell-Breuning formuliert dabei die Grundlage des Solidaritätsprinzips in Anlehnung an Kant wie folgt: »Handle so, wie es dir als Glied der Gemeinschaft angesichts der Bindung und Rückbindung, in der du mit ihr stehst, geziemt.«[110] Im Unterschied zu Thomas von Aquin tendiert von Nell-Breuning in seinen Vorarbeiten zu *Quadragesimo anno* dazu, soziale Gerechtigkeit stärker als Institution, als geistliches und intellektuelles Prinzip, als Recht und weniger als Tugend zu definieren.[111] Die Abgrenzung zwischen Gerechtigkeit als Tugend und als Recht wird im Werk von Nell-Breunings aber keineswegs einheitlich durchgehalten. Erhebt man soziale Gerechtigkeit zum Prinzip, setzt man sich von ökonomischer Seite der berechtigten Kritik Friedrich August von Hayeks und anderer aus, persönlichen Präferenzen den Status der Allgemeingültigkeit zu verleihen und sich so eines moralischen Imperialismus zu befleißigen. Dagegen setzt von Hayek als ethische Rechtfertigung des Wettbewerbsprinzips, dass dieser als Innovationswettbewerb nicht Ethik obsolet machen will, sondern im Gegenteil als freiheitliches Prinzip erst zur Geltung bringt.[112] Hingegen lähmt staatliche Intervention persönliche Innovation als Ausdruck gelebter Freiheit (»Freiheit zu«), was einen legitimen wie legalen Anspruch des Individuums konstituiert, vom Staat nur so wenig wie möglich in seiner Freiheitsgestaltung eingeschränkt zu werden (»Freiheit von«). Soziale Gerechtigkeit als abstrakt-kollektives Prinzip kann daher kaum als individualethischer Rechenschaftsmaßstab herangezogen werden und ist als Wortschöpfung damit so sinnvoll wie ein »moralischer Stein«, wie es Friedrich August von Hayek einmal ausgedrückt hat.[113]

Die katholische Sozialllehre versucht ihrerseits, im Rekurs auf Aristoteles einen solchen Vorwurf damit zu entkräften, dass sie den Einfluss der *polis* auf das Ethos des Individuums hervorhebt. So werde im Subsidiaritätsprinzip der Einfluss des Individuums auf gesellschaftliche Gestaltung herausgearbeitet, während die Formung freiwilliger gesellschaftlicher

Institutionen und Vereine das Individuum aus seiner Isolation zu befreien vermag.¹¹⁴ Ohne solche Institutionen seien die Arbeiter weiterhin in ihrer Vereinzelung »schutzlos der Unmenschlichkeit der Arbeitsherren und dem Eigennutz eines zügellosen Wettbewerbs ausgeliefert.«¹¹⁵ Ansatzpunkt Oswald von Nell-Breunings ist die individuelle Verantwortung für das Gemeinwohl, die er definiert als

> *necessitas boni communi*, das, was um des Gemeinwohls willen erforderlich ist, Grund und zugleich Grenze der Verpflichtungskraft aller die Gemeinschaft angehenden und ihr Leben regelnden Pflichten.¹¹⁶

Unter Anerkennung der Doppelbindung des Eigentums (individuell/sozial) wird das Verhältnis von Wirtschaft und Ethik in *Quadragesimo anno* wie folgt beschrieben:

> In der Tat, wenngleich Wirtschaft und Sittlichkeit jede in ihrem Bereich eigenständig sind, so geht es doch fehl, die Bereiche des Wirtschaftlichen und des Sittlichen derart auseinanderzureißen, dass jener außer alle Abhängigkeit von diesem tritt. Die sogenannten Wirtschaftsgesetze, aus dem Wesen der Sachgüter wie aus dem Geist-Leib-Wesen des Menschen erfließend, besagen nur etwas über das Verhältnis von Mittel und Zweck und zeigen so, welche Zielsetzungen auf wirtschaftlichem Gebiet möglich, welche nicht möglich sind. Aus der gleichen Sachgüterwelt sowie der Individual- und Sozial-Natur des Menschen entnimmt sodann die menschliche Vernunft mit voller Bestimmtheit das von Gott, dem Schöpfer, der Wirtschaft als Ganzem vorgesteckte Ziel.¹¹⁷

Ökonomie, Ethos und Gemeinwohl sind für Oswald von Nell-Breuning untrennbar. Genau in dieser Synthese erweist sich die eigentliche Stärke der katholischen Soziallehre, die gleichzeitig ihre Schwäche ausmacht. Durch den Begriff des *bonum commune* bewegt sie sich auf dem schmalen Grat der Plausibilität eines Gemeinwohlbegriffs. Die neuere katholische Theologie erkennt zunehmend die mit einer naturrechtlichen Herleitung solcher Begrifflichkeiten verbundenen Schwierigkeiten.[118] Zu verweisen ist in diesem Zusammenhang besonders auf die Dissertation von Joseph Kardinal Höffner, der als Theologe und Volkswirt im Rahmen seiner Auseinandersetzung mit dem Begriff »soziale Gerechtigkeit« auf dessen zunächst zögerliche Rezeption hingewiesen hat.[119]

So wird soziale Gerechtigkeit in der katholischen Soziallehre zur wichtigsten Norm für jedes wirtschaftliche und gesellschaftliche Tun und Verhalten.[120] In der Gegenwart wird der Begriff »soziale Gerechtigkeit« zuweilen als politischer Kampfbegriff verwendet. Problematisch war dieser Begriff immer dann, wenn bei seiner Verwendung nicht deutlich wurde, ob er als tugendethische Maxime oder als politisches Programm gemeint war, und ob er am Individuum angebunden oder kollektiv verstanden wurde.[121]

Anders als Arthur F. Utz und Joseph Kardinal Höffner, die eine auf einer Vorbildfunktion beruhende Handlungsethik als Umsetzungsmechanismus der sozialen Gerechtigkeit vorschlagen, gestehen Gustav Gundlach und Oswald von Nell-Breuning zu, dass sich trotz der Unbestimmtheit von verwandten Begriffen wie »sozialer Gerechtigkeit« oder »Gemeinwohl« deren inhaltlicher Gehalt dynamisch dem Wachstum oder dem Abstieg einer Gesellschaft anpassen kann.[122] Da aber auch dabei unklar bleibt, wie sich das Individuum in der Gesellschaft zum Einsatz für ein solches abstraktes, schwer definierbares Gemeinwohl bewegen lassen sollte, entgeht der Begriff am Ende nicht der Kritik durch Friedrich August von Hayek. Dieser war immer der Meinung, dass es sich bei dem Begriff »soziale Gerechtigkeit« um »das verwirrendste Wort in unserem gesamten moralischen und politischen Wortschatz« und ein »Wieselwort« handle.[123] So wie einem Wiesel nachgesagt wird, Eier aussaugen zu können, ohne äußerlich sichtbare Spuren an denselben zu hinterlassen, zeichnen sich Wieselwörter dadurch aus, dass sie den Worten, welchen sie vorangestellt werden, ihren Inhalt nehmen, obwohl sie diese äußerlich unverändert lassen. Anders als Walter Eucken interpretiert von Hayek daher Gerechtigkeit auf der Ebene individueller Handlungsethik, da zentrale Steuerung individuellen Wohls in der Geschichte der Ökonomie oft zum Scheitern verurteilt gewesen sei. Und Niklas Luhmann betont hinsichtlich der Frage, wer gesellschaftliches Handeln vorantreibe, dass Personen zu konkret und gesellschaftliche Werte zu abstrakt seien, um gesellschaftliche Systeme zu ändern. Dies vollzieht sich im Sinne der Luhmann'schen Systemtheorie eher auf der Mittelebene der Institutionen, Rollen und Programme.[124] Schon bei der Rezeption Luthers wird jedoch deutlich, dass sich jeder Gerechtigkeitsbegriff am Individuum und dessen Würde messen lassen muss, wenn er über den Kontext einer spezifischen gesellschaftlichen Gruppe hinaus allgemeine Anerkennung finden will.

4. Katholische Soziallehre als Wirtschaftsethik?

Die katholische Soziallehre benötigt den modernen Terminus »Wirtschaftsethik« zunächst nicht. Ihr ordnungstheologisches Verständnis wird in folgender Definition ihrer Aufgabe besonders deutlich:

> Die Wirtschaftsethik hat die Aufgabe, das Spannungsverhältnis, das sich aus dem Streben nach weitgehender Verwirklichung des ökonomischen Prinzips und aus der Ehrfurcht vor dem Menschen, vor der unabdingbaren Würde der Persön-

lichkeit als Träger geistiger Werte ergibt, zu regulieren, d. h. jene Richtlinien aufzustellen, die bei der praktischen Verwirklichung theoretisch gewonnener Erkenntnisse immer dann den Vorrang haben müssen, wenn sie die personale Würde des Menschen tangieren. Es ist die Aufgabe aller im Wirtschaftsprozess Tätigen, dafür zu sorgen, dass das allgemeingültige, für alle Zeiten und für jeden Ort verbindliche Ordnungsbild der menschlichen Gesellschaft verwirklicht wird [...]. Letztlich scheint aber gerade dieser Zwang zur Ordnung und die Verpflichtung, die außerwirtschaftlichen Werte zu honorieren, zur Folge zu haben, dass die Gültigkeit außerwirtschaftlicher Werte im wirtschaftlichen Geschehen immer wieder, wenn auch mit unterschiedlicher Intensität, bestritten werde.[125]

Diese Definition des ordnungstheologischen Beitrags zu einer Wirtschaftsethik ist auf zweierlei Weise bezeichnend: So wird Menschenwürde zum Maßstab, der – wie später gezeigt wird – von protestantischer Seite explizit aufgegriffen und weiterentwickelt wird. Gleichzeitig werden Prämissen hinsichtlich »verbindlicher Ordnungsbilder« formuliert, die von protestantischer Seite nicht uneingeschränkt geteilt werden können. Wirtschaftsethische Fragen sind in der katholischen Soziallehre Teil der Ordnungstheologie. Der konzeptionelle Schwerpunkt katholischer Soziallehre als expliziter »Lehre« liegt darauf, das Lehramt der katholischen Kirche mit Blick auf sozialethische Fragen zu untermauern und ihm auf gesellschaftlicher Ebene zur Wirksamkeit zu verhelfen. Den Begriff »katholische Soziallehre« definiert von Nell-Breuning in diesem Zusammenhang als

> eine explikative oder normative *Lehre*, eine Ontologie oder Deontologie vom Menschen als gesellschaftlichem Wesen und von der menschlichen Gesellschaft als solcher, die vom Papst

oder von den Bischöfen vorgelegt und von den katholischen Fachgelehrten wissenschaftlich vertieft und weiter ausgebaut wird [...].[126]

Katholisch ist sie also aufgrund ihrer lehramtlichen Herkunft. Wirtschaftliches Handeln sichert dem Individuum als Persönlichkeit eine materielle Grundlage, um die von Gott geschenkte Freiheit zu gestalten.

Drei Hauptströmungen innerhalb der katholischen Soziallehre sind dabei identifizierbar:

1. Eine Frontstellung gegen Liberalismus und Sozialismus im Rekurs auf den Ultramontanismus
2. Der Bezug auf den berufsständischen Aufbau von Staat und Gesellschaft
3. Die Neuscholastik im Rekurs auf klassisches Naturrecht.

Drei Hauptprinzipien machen den Kern der Soziallehre aus:

1. Personalität
2. Solidarität
3. Subsidiarität

Personalität

Das Personalitätsprinzip ist in der katholischen Soziallehre eng mit dem Begriff der Menschenwürde verbunden und wurde 1961 von Johannes XXIII. als das Fundament kirchlicher Soziallehre benannt. In der Ausfüllung des Personalitätsbegriffs geht es Oswald von Nell-Breuning nicht um Arbeit als Selbstzweck, sondern um die Sicherstellung eines Mindestmaßes an Freiheit und Selbstverantwortung für den Menschen, besonders in seiner Rolle als Arbeitnehmer. Mit Blick auf das Naturrecht wollte von Nell-Breuning zu Zeiten von

Quadragesimo anno nicht mehr von Wesenheiten sprechen, sondern – da Christus für alle Menschen gestorben ist – von den Dingen, die für den Menschen konstitutiv sein müssen.[127] Bezüglich des seit der Nachkriegszeit schwelenden und im Zweiten Vatikanischen Konzil ausgetragenen Streits um die Veränderlichkeit eben dieses Naturrechts gesteht von Nell-Breuning zu, dass menschliche Erkenntnis immer nur bruchstückhaft ist. Einteilungen des Naturrechts (primär/sekundär; prä-/postlapsarisch) können daher nur Anwendungen ein und desselben Naturrechts sein. Der Streit um das »Wesen« des Kapitalismus bzw. des Kommunismus oder um das Eigentum als naturrechtliche Institution sei daher »Dreschen von leerem Stroh«.[128] Ziel jeder Soziallehre und Ethik müsse vielmehr die Klärung der Frage sein, was für ein selbstverantwortliches Handeln des Menschen unentbehrlich sei. Stellungnahmen wie diese verdeutlichen, wie sehr sich sogar führende Vertreter der katholischen Soziallehre von dem ordnungstheologischen Verständnis von *Quadragesimo anno* wegbewegt haben. So gesteht Oswald von Nell-Breuning bei der Auseinandersetzung mit dem Begriff »Mitbestimmung« zu, dass dabei von katholischer Seite vielfach übersehen werde, dass die Allgemeinheit nichts weiter sei als eine Gruppe konkreter Individuen. Als individuell begangene Tat wird etwa ein Delikt wie Steuerhinterziehung aus von Nell-Breunings Sicht zur »Gewissensangelegenheit erster Ordnung«.[129] Bereits hier wird durch die Stärkung des Personalitätsprinzips und damit des Individuums eine Relativierung früherer naturrechtlicher Ordnungsvorstellungen deutlich. Im Zentrum steht bei Oswald von Nell-Breuning der Begriff der Menschenwürde, der seinen Ursprung jedoch nicht im Menschen oder in dessen Vernunftbegabung, sondern in dessen Gottesebenbildlichkeit hat. Wegen der Unvollkommenheit des Menschen bedarf es gleichzeitig einer gesellschaftlichen Ordnung, in die auch dessen ökonomischen Aktivitäten einzubinden ist.

Solidarität

Der Begriff *Solidarität* wurde im Nachkriegsdeutschland als einer der drei Zentralbegriffe des Godesberger Programms (»Freiheit, Gerechtigkeit, Solidarität«) der Sozialdemokratischen Partei Deutschlands (SPD) aus dem Jahre 1959 populär. Er bildete die Grundlage der »solidarischen Gemeinschaft«.[130] Christofer Frey versucht in Anknüpfung an Max Scheler, den Solidaritätsbegriff vom Gerechtigkeitsbegriff dadurch abzugrenzen, dass Solidarität im Sinne von *fraternité* den personalen Bezug in den Mittelpunkt stelle, aber anders als Gerechtigkeit keinen vertraglichen oder an Zumessungskriterien orientierten Charakter habe.[131] Dieser personale Charakter ist es, der Solidarität nicht nur zum Kampfbegriff der Arbeiterbewegung, sondern auch zum Kernprinzip der katholischen Soziallehre werden ließ. Letztere setzt Solidarität in Bezug zu den Begriffen »Gemeinhaftung« und »Gemeinwohl«.[132] Solidarität und Gemeinwohl haben in der katholischen Soziallehre ihren gemeinsamen Ursprung in der Überzeugung, dass dem Menschen neben seiner Individualität gleichzeitig von Natur aus eine Gemeinschaftsbezogenheit innewohnt.[133] Von christlichen Sozialethikern als »soziologische Version des Gebots der Nächstenliebe« charakterisiert, dient das Solidaritätsprinzip dazu, Spaltungen in einer Gesellschaft fundamental und nicht nur legalistisch zu bekämpfen, indem das Individuum eine Verpflichtung zur Solidarität gegenüber der Gemeinschaft trifft, die nicht nur juristischer, sondern vor allem auch ethischer Natur ist.[134] Oswald von Nell-Breuning versteht in Anknüpfung an Heinrich Pesch den Gemeinwohlbegriff in der Weise, dass jeder Einzelne im Sinne einer Gesamthaftung für die Verpflichtungen der Gemeinschaft in Anspruch genommen werden kann. Ausgangspunkt des Solidaritätsprinzips ist aus Peschs Sicht »die tatsächliche wechselseitige Abhängigkeit des Menschen«, die alle Lebenssphären durchzieht.[135]

Solidarische Verbundenheit, die auf den gerechten Ausgleich von Belastungen zielt, wird so zu einem der Kernprinzipien menschlichen Zusammenlebens. Solidarismus behandelt anders als Individualismus und Kollektivismus Gemeinschaft und Individuum auf derselben Stufe. Wurzel des Solidarismus ist neben dem normativen Anspruch eines Sollensprinzips ein Seinsprinzip, unter den von Nell-Breuning und Pesch die Tatsache subsumieren, dass die Gemeinschaft an das Befinden der einzelnen Glieder gebunden ist. Auf dem Solidaritätsprinzip fußt nicht nur der Staat oder das Unternehmen als Verbund von Personen, auch das Eigentum als solches steht in der Wechselwirkung von sozialer und individueller Funktion. Besondere Bedeutung gewinnt Solidarität als das einende Band arbeitender Menschen, was Johannes Paul II. in seiner dritten Enzyklika *Laborem exercens* deutlich macht, wenn er vor der Trennung von Arbeit und Kapital warnt, die nur zu einem erhöhten Maß an Proletarisierung innerhalb der Arbeiterschaft und zu mehr Materialismus führe. Daher ermutigt er die Arbeiter zu mehr Solidarität untereinander, um gemeinsam die Verbindung von Arbeit und personaler Würde besser einfordern zu können und neu zu entdecken.[136] Eine Arbeitsstelle ist dabei weit mehr als die Möglichkeit zum Broterwerb, sondern sie ist der Ort, an dem der Mensch einen substanziellen Teil seines Tages verbringt. So werden die Begriffe Arbeit und Würde über den Solidaritätsbegriff und Personalitätsbegriff miteinander verbunden.

Subsidiarität

Abgeleitet vom lateinischen *subsidium* als Hilfeleistung/Verpflichtung wird das Subsidiaritätsprinzip in der katholischen Soziallehre als »positive, aufbauende Intervention der Gesellschaft in den Handlungsbereich des einzelnen« verstanden, wobei auch hier das Kernproblem darin besteht, die Grenzen eines solchen Eingriffs zu definieren.[137] Während das Solidaritätsprinzip ein Struktur- und Ordnungsprinzip ist, beschreibt das Subsidiaritätsprinzip ein Zuständigkeitsprinzip. Der Staat als größere Gemeinschaft soll sich nur derjenigen Aufgaben annehmen, die von den kleineren Einheiten nicht zu bewältigen sind.[138] Die Bedeutung dieses Prinzips im Bereich der Rechtsprechung betonte das Bundesverfassungsgericht im Jahre 1967 in seinem Grundsatzurteil zum Sozialstaatsprinzip und zur Subsidiarität innerhalb der kommunalen Selbstverwaltung.[139] Innerhalb der katholischen Soziallehre taucht das Subsidiaritätsprinzip lehramtlich im Jahre 1931 in *Quadragesimo anno* auf, wo es heißt:

> […] wie dasjenige, was der Einzelmensch aus eigener Initiative und mit seinen eigenen Kräften leisten kann, ihm nicht entzogen und der Gesellschaftstätigkeit zugewiesen werden darf, so verstößt es gegen die Gerechtigkeit, das, was die kleineren und untergeordneten Gemeinwesen leisten und zum guten Ende führen können, für die weitere und übergeordnete Gemeinschaft in Anspruch zu nehmen; zugleich ist es überaus nachteilig und verwirrt die ganze Gesellschaftsordnung. Jedwede Gesellschaftstätigkeit ist ja ihrem Wesen und Begriff nach subsidiär; sie soll die Glieder des Sozialkörpers unterstützen, darf sie aber niemals zerschlagen oder aufsaugen.[140]

So wie die kleinere Gemeinschaft und der Einzelne vor dem willkürlichen Zugriff der Gemeinschaft oder des Staates geschützt werden sollen, so wird die größere Einheit im Sinne des Subsidiaritätsprinzips dort Hilfe leisten, wo die kleinere Einheit ihr Ziel allein nicht erreichen kann. Weithin rezipiert wurde das Subsidiaritätsprinzip auch im juristischen Bereich und hier in erster Linie mit Blick auf den Eigentumsbegriff aus Art. 14 GG im Zusammenhang mit der Sozialpflichtigkeit des Eigentums.[141] Der Staat gibt den gesetzlichen Rahmen vor, wie mit Eigentum zu verfahren ist, und wird lediglich tätig, wenn ein Eigentümer seinen aus dem Eigentum erwachsenden Pflichten nicht nachkommt. Darüber hinaus findet das Subsidiaritätsprinzip seinen Niederschlag im Bundesstaatsprinzip in Art. 20 GG. Juristisch wird das Subsidiaritätsprinzip definiert als »die vorrangige Erfüllung öffentlicher Aufgaben durch freie Leistungen aus der Gesellschaft vor den Veranstaltungen des Staates«.[142] In ökonomischer Hinsicht findet das Subsidiaritätsprinzip seinen Ausdruck in Ludwig Erhards und Alfred Müller-Armacks Konzept der Sozialen Marktwirtschaft bis hin zum Staatsvertrag zur Wirtschafts-, Währungs- und Sozialunion:

(1.) Wirtschaftliche Leistungen sollen vorrangig privatwirtschaftlich und im Wettbewerb erbracht werden.
(2.) Die Vertragsfreiheit wird gewährleistet. In die Freiheit der wirtschaftlichen Betätigung darf nur so wenig wie möglich eingegriffen werden.[143]

In der deutschen Nachkriegssituation wurde die politische Diskussion um das Subsidiaritätsprinzip zuweilen auf die Frage nach der Begründung des Wohlfahrtsstaates und die Wurzeln der Sozialen Marktwirtschaft verengt. Trotzdem wird das Subsidiaritätsprinzip in erster Linie als Fundament für die politische Gestaltung der Wirtschaftsordnung in der alten Bundesrepublik gewertet, wobei es der katholischen Kirche gelang, nicht nur einen philosophisch-theologischen, sondern auch einen politisch-gestaltenden Beitrag zur Fundierung des Sozialstaates westdeutscher Prägung bis hinein in die Gewerkschaftsbewegung und die Finanzpolitik der alten Bundesrepublik zu leisten.[144] Wenn dabei zuweilen der Eindruck entsteht, Subsidiarität und katholische Soziallehre seien deutsche Spezifika, so ist dieser Eindruck zu korrigieren: Dass der Fokus der internationalen Debatte um die Anwendbarkeit der katholischen Soziallehre als gesellschaftlichem Gestaltungsmittel weit über Deutschland hinausgeht, zeigte die Forderung von Johannes Paul II. im Rahmen der Bischofskonferenz von Puebla (1979), welche die Bedeutung der Familie als kleinster Einheit der Gesellschaft betont.[145] Bei allem theologischen Dissens liegt die Stärke der katholischen Soziallehre im permanenten Drängen auf Umsetzung der Prinzipien von Personalität, Solidarität und Subsidiarität. Der Protestantismus hingegen zeichnet sich dadurch aus, Soziologen wie Max Weber oder Ernst Troeltsch hervorzubringen, die die Wurzeln des Kapitalismus erklären. *Den Kapitalismus umbiegen*, so der Titel eines Buches von Oswald von Nell-Breuning, das aber fiel der evangelischen Kirche und Theologie in den letzten hundert Jahren deutlich schwerer als der katholischen Seite. Warum?

Evangelische Wirtschaftsethik und ihre reformatorischen Grundlagen

Wenn Hugo Schmitt Mitte der 1970er-Jahre feststellte,

> Die scharfe Trennung zwischen Reich Gottes und Reich der Welt, die sich im Anschluss an Luthers Zwei-Reiche-Lehre im Protestantismus entwickelte, und der im Wesen der evangelischen Theologie tief verwurzelte Individualismus haben in der Vergangenheit die Fragen um Wirtschaft und Gesellschaft weitgehend aus dem Blickfeld der evangelischen Theologie ausgeschlossen,[146]

so ist die darin zum Ausdruck kommende Wahrnehmung zutreffend. Wie kommt es aber, dass sich evangelische Wirtschaftsethik in der akademischen und öffentlichen Diskussion weniger profilieren konnte als die katholische Soziallehre? Bevor man überhaupt von »Wirtschaftsethik« als theologischer Disziplin zu Beginn des 20. Jahrhundert mit Verweis auf Ernst Troeltsch oder Georg Wünsch sprechen kann, ist zunächst zu klären, in welcher Form sich der Protestantismus mit Fragen der Wirtschaft auseinandergesetzt hat. Selten wird in diesem Zusammenhang bei Martin Luther angesetzt, dessen anthropologischer Grundansatz bereits in Umrissen skizziert wurde. Luther wird zwar durchaus ein Interesse an gesellschaftlicher Ordnung und politischer Ethik, aber nur ein geringes Interesse an der Rolle von Wirtschaft und Handel für den Bereich weltlicher Gerechtigkeit attestiert.[147] Ob dem tatsächlich so ist, oder ob Luther nicht doch für eine evangelische Wirtschaftsethik im globalen Kontext herangezogen werden kann, soll im Folgenden genauer untersucht werden.

1. Wirtschaft, Ethik und Beruf bei Luther

Die Verbindung von Wirtschaft und Ethik war bisher kein Kernthema der Luther-Forschung. So betont Georg Wünsch in seiner *Evangelischen Wirtschaftsethik* aus dem Jahr 1927, dass Luthers Stellungnahmen zur gesellschaftlichen Ordnung und zur Obrigkeitsfrage erheblich stärkere Nachwirkungen gehabt hätten als seine Ausführungen zu Wirtschaftsfragen. Dies führt Wünsch darauf zurück, dass Melanchthon, »der ja zunächst die Gedanken Luthers der Theologie der Nachfolger vermittelte, für die Wirtschaftsethik kein positives Interesse zeigte [...]«.[148] Bei näherem Hinsehen zeigt sich aber, dass Luther sich durchaus und pointiert mit wirtschaftsethisch relevanten Fragen auseinandersetzt:

> Divitiae. Divitiae ist das allergeringste ding auff erden, das kleineste donum, das Gott einem menschen geben kan. Was ist es ad verbum Dei? Ja, was ist es noch ad dona corporis et pulchritudinem? Quid ad dona animi? Noch thut man so darnach! Materialis, formalis, efficiens, finalis ist nicht gutt daran. Drumb gibet unser Herrgott gemeiniglich divitias den groben eselln, den er sonst nichts gan.[149]

Luthers Geringschätzung des Reichtums hat seine Wurzel darin, dass er diesen niemals getrennt von christlicher Lebensführung sehen mochte. Die neuzeitliche Trennung von Ethik und Ökonomie war dem Reformator genauso fremd wie noch zwei Jahrhunderte später Adam Smith. Fragen nach der Ethik wirtschaftlichen Handelns interessieren Luther nur insofern, als diese den Alltag eines christlichen Lebens bestimmen, das sich auf Marktplätzen genauso abspielt wie in Parlamenten, an Werkbänken oder im Gottesdienst. Fragen hinsichtlich Wirtschaft, Geldwesen und Handel sind daher immer eng an der menschlichen Wirklichkeit orientierte Fragen weltlicher Gerechtigkeit. In diesem Kontext wird Gerechtigkeit auch für Luther zum entscheidenden Maßstab ökonomischen Handelns, wobei weltliche Gerechtigkeit für ihn nur insoweit Teil göttlicher Gerechtigkeit ist, als derjenige, der Letztere durch Glauben erfahren hat, nach weltlicher Gerechtigkeit und einer gerechten Wirtschaftsordnung ganz selbstverständlich trachten wird. Nur in diesem Sinne kann überhaupt von einer lutherischen »Wirtschaftsethik« *per se* gesprochen werden, die keine systematische Abhandlung, sondern allenfalls angewandte Ethik ist. Für ein umfassendes Verständnis des lutherischen Denkens ist es zunächst notwendig, sich den historischen und gesellschaftlichen Rahmen zu vergegenwärtigen, der den Augustinermönch in Wittenberg zu Anfang des 16. Jahrhunderts geprägt hat.[150] Luther war in einer von aufstrebendem Handwerkswesen, von Naturalwirtschaft und Feudalherrschaft geprägten Gesellschaft aufgewachsen. Anders als Genf war die Umgebung Wittenbergs kein zentraler Handels- und Finanzplatz, auch wenn es durch den im thüringischen-sächsischen Raum erstarkenden Bergbau im 16. Jahrhundert zu enormen Preisanstiegen bei Nahrungsmitteln gekommen war, mit denen die Preis-Lohn-Relation nicht einmal annähernd Schritt halten konnte.[151] Die drei maßgeblichen Produktionsfaktoren in einer Volkswirtschaft – Boden, Arbeitskraft, Kapital – waren stark monopolisiert. Der in Simonie und Ablass verstrickte Klerus spielte eine zentrale Rolle im politischen wie im Wirtschaftsleben. Entsprechend ist Luthers kritische Positionierung zu ökonomischen Fragen einzuordnen, wie etwa sein entschiedenes Eintreten gegen Preisdiktate oder gegen Wucher und Preisverzerrungen durch Monopole. In seiner Schrift *Von Kauffshandlung und Wucher* (1524) stellt der Reformator dennoch klar,

> [...] das keuffen und verkeuffen eyn nottig ding ist, [...]: Es sind Gottes gaben, die er aus der erden gibt und unter die men-

schen teylet. Aber der auslendische kauffs handel, der aus Kalikut [Kalkutta] und Indien und der gleychen wahr her bringt […] sollt nicht zu gelassen werden, wo wyr eyn regiment und fursten hetten.¹⁵²

Luther argumentiert in einer Welt autarker Subsistenzwirtschaft, in der global agierende Finanzinstitute und internationaler Handel noch wenig Platz haben. Einen »gerechten Preis«, der dem Verkäufer zusteht, befürwortet Luther, belegt diesen aber gleichzeitig mit dem Korrektiv des Begriffs der Billigkeit:

> Es sollt nicht so heyssen ›Ich mag meyne wahr so theur geben, als ich kan oder wil‹, Sondern also ›Ich mag meyne wahr so theur geben, als ich soll odder alls recht und billich ist.‹¹⁵³

In heutigen Zeiten von massiven Verstößen gegen das Wettbewerbs- und Kartellrecht, von Bilanzmanipulationen und gesetzwidrigem Geschäftsgebaren wirkt Luthers Kritik am Wirtschaftsgebaren von Handelsgesellschaften höchst aktuell:

> Von den [Handels] Gesellschafften sollt ich wol viel sagen. Aber es ist alles grundlos und bodelos mit eyttel geytz und unrecht, Das nichts dran zufinden ist, das mit gutem gewissen zu handeln sey. Denn wer ist so grob, der nicht sihet, wie die gesellschafften nicht anders sind denn eyttel rechte Monopolia? Wilche auf die weltliche heydenische rechte verbieten als eyn offensichtlich schedlich ding aller wellt, ich will des goetlichen rechts und Christlichs gesetz schweygen. Denn sie haben alle wahr unter yhren henden, und machens damit wie sie wollen, und treyben on alle schew die obberuerten stuck, das sie steygern odder nyddrigen nach yhrem gefallen, und drucken und verderben alle geringe kauffleute, gleich wie der hecht die kleyne fisch ym wasser, gerade alls weren sie Herrn

uber Gottes Creaturen und frey von allen gesetzen des glaubens und der liebe.¹⁵⁴

So erklärt Luther mit seiner These hinsichtlich Preisabsprachen bei Handelsgesellschaften etwa die hohen Preise für Safran und andere Gewürze. Auch wenn seine Position aus makroökonomischer Sicht zumindest als antiquiert gelten muss, so erklärt sich doch dadurch, warum er das Augenmerk bei seinen Überlegungen zur Wirtschaft auf die Funktionsfähigkeit agrarischer Märkte lenkt, auf die seine Zeitgenossen existenziell angewiesen waren, die aber im 16. Jahrhundert nicht immer gewährleistet war.¹⁵⁵ Der Reformator akzeptiert, dass es ein Naturrecht gibt, welches durch das Gewissen oder das *dictamen naturalis rationis* erkannt wird.¹⁵⁶ Gleichzeitig ist er sich der Vielschichtigkeit und Problematik des Naturrechtsbegriffs durchaus bewusst, wenn er feststellt: »*[...] de lege nature multa fabulamur*«.¹⁵⁷

Gerade bei Wirtschaftsfragen ist für Luther in erster Linie nicht der Naturrechtsbegriff, sondern Gottes Gerechtigkeit in deren Rückwirkung auf den einzelnen Menschen als Marktteilnehmer die entscheidende Bezugsgröße. Anders als noch bei Thomas von Aquin ist Luthers Maßstab gemäß seiner Rechtfertigungslehre auch in Wirtschaftsfragen der einzelne Mensch vor Gott. Auch wenn Luther noch im scholastischen Ordnungsdenken verwurzelt ist, so emanzipiert er sich doch davon insoweit, als er wirtschaftsethische Fragen primär der Verantwortlichkeit des Individuums zuordnet und erst sekundär auf die Konsequenzen ökonomisch unlauteren Handelns für das Gemeinwesen eingeht. Der im Wirtschaftsleben betrügerisch oder arglistig Handelnde schadet nach Luthers Ansicht nicht nur der Gesellschaft oder seinem Nächsten, sondern zuallererst sich selbst, und zwar vor allem in seinem Verhältnis zu Gott. So stellt Luther in der Monopolfrage zunächst die Konsequenzen von Wucher und Monopolbildung für den einzelnen Marktteilnehmer mit Blick auf das siebte Gebot »Du sollst nicht stehlen« dar, bevor er auf den daraus erwachsenden volkswirtschaftlichen Schaden für die Gemeinschaft eingeht. Auch Luthers Überlegungen zur Preisgestaltung orientieren sich vornehmlich an dem siebten Gebot und dem Doppelgebot der Liebe, was die rücksichtslose Suche nach dem eigenen Vorteil verbietet und sich mit den Zielen moderner Börsenaufsicht durchaus in Einklang bringen lässt. Äußerst modern erscheint auch seine Theorie vom »gerechten Preis«, den er nicht, wie nach ihm Adam Smith, gemäß Angebot und Nachfrage definiert, sondern durchaus modern unter Einbeziehung von drei Faktoren beschreibt: Aufwand, Kosten und Risiko des Kaufmanns.[158] Damit hebt sich Luther bewusst von der Forderung nach völlig freier Preisgestaltung ab.

Der Berufsbegriff bei Luther

Vor diesem Hintergrund ist auch Luthers Berufsethik einzuordnen: Bekanntlich ist die besondere Verbindung von Beruf und Stand ihr *proprium*. Max Weber geht in seiner *Protestantischen Ethik* sogar so weit, die »sittliche Qualifizierung des weltlichen Berufslebens« als »eine der folgenschwersten Leistungen der Reformation und also speziell Luthers« zu bezeichnen.[159] Luther versteht die berufliche Pflichterfüllung als wichtige Form christlicher Lebensführung. Max Weber verweist auf den Wechsel in Luthers Denken, der in der Kontrastierung zur mönchischen Askese die weltliche Berufsausübung zu Rechtfertigungslehre in Beziehung setzt.[160] Während Adam Smith betont, dass der Mensch nicht aus Gutmütigkeit oder Nächstenliebe, sondern zunächst aus Eigeninteresse zum Wohle aller arbeitet, arbeitet er bei Luther zur Ehre Gottes. Dabei ist der Mensch »zur arbeit geboren, wie der Vogel zu fligen«.[161] Arbeit als *remedium peccati* ist Teil der göttlichen Ordnung, in die man sich einzuordnen habe. Aus wirtschaftsethischer Sicht ist entscheidend, dass Luther dem Begriff »Arbeit« das Wort »Beruf« wenn nicht zugeordnet, so doch die Verbindung beider hervorhebt. Der Mensch ist *sola fide* und *sola gratia* dazu berufen, einen Beruf auszuüben, ohne damit einen Anspruch auf Rechtfertigung durch Werke ableiten zu können.[162] Als Gerechtfertigter übt er seinen Beruf zur Ehre Gottes aus. Der Beruf wird damit nicht religiös aufgewertet, aber durchaus religiös für den Einzelnen als Geschöpf Gottes qualifiziert.

Der unmittelbare Bezug auf das Wort »Beruf« im Sinne von Berufung findet sich bei Luther erst im Jahre 1522 in einer Predigt in der Kirchenpostille, auch wenn er bereits 1519 mit der Leipziger Disputation die Grundsätze seines Berufsgedankens in Abgrenzung zum Selbstverständnis des Mönchtums als falsch verstandene »Werkerei« entwickelt hat.[163] Was sich nach Luther mit großer Folgewirkung für das Entstehen des modernen Kapitalismus vollzieht, ist eine Säkularisierung bzw. Entsakramentalisierung der *vocatio*, die im Mittelalter die dem geistlichen Stand vorbehaltene *vocatio dei* war.[164] Für den Reformator sind nicht alle Berufe gleich, sondern sie besitzen ein unterschiedliches Gefahrenpotenzial für das Heil des Menschen. Eine besonders mit dem Unternehmertum verbundene Gefahr sieht Luther darin, dass der daraus resultierende wirtschaftliche Erfolg am Ende als eigenes Verdienst und nicht mehr als Ausdruck göttlicher Gnade gesehen wird. Luther treibt dabei ähnlich wie Thomas von Aquin die Sorge um, dass die Anhäufung von Eigentum und beruflicher Erfolg den Blick weg von Gott und vom Nächsten hin zum eigenen Verdienst lenken könnten.[165]

Der Begriff der Billigkeit bei Luther

Anders als der im rechtfertigungstheologischen Sinne verwandte Begriff »gerecht« versteht Luther diesen in ökonomischen Fragen auf Grundlage des Maßstabes einer quasi arithmetisch zu ermittelnden »Billigkeit«, die die Voraussetzung für weltliche Gerechtigkeit und für ein funktionierendes Zusammenleben schafft. So ist es billig und gerecht, dass ein Kaufmann auf seine Kosten kommt, ohne seinen Nächsten zu übervorteilen. Luther benutzt den Begriff »Billigkeit« arithmetisch in dem Sinne, dass Gleiches gleich und Ungleiches entsprechend ungleich zu behandeln ist. Während Billigkeit aus der Sicht des Individuums beurteilt wird, greift Luther bei der Frage, wie das Individuum erkennen könne, was billig sei, auf naturrechtliche Grundgedanken der Scholastik zurück.[166] Er geht davon aus, dass Gott trotz aller Verderbnis im Menschen diesem zumindest einen Kompass hinterlässt, der ihn Recht von Unrecht unterscheiden lässt. Dieser Kompass bewegt sich innerhalb der goldenen Regel: »Denn die natur leret, wie die liebe thut, das ich thun soll, was ich myr wollt gethan haben.«[167] Die Billigkeit als Grundlage und nicht als *addendum* des geschriebenen Gesetzes leitet sich dann für Luther aus der Vernunft ab. Billigkeit versteht der Reformator als Kompass des Menschen, welcher ihm ermöglicht, das in seinem Herzen geschriebene Recht ins Bewusstsein zu heben und kodifizierbar zu machen.[168]

Nobert Friedrich kommt in der *Theologischen Realenzyklopädie* zu der Einschätzung: »Die Behandlung wirtschaftlicher Fragen spielt bei Luther jedoch eine untergeordnete Rolle.«[169] Insgesamt erscheint Luther bei ethischen Fragen, die die Wirtschaft betreffen, aber keineswegs so weltfremd oder »sehr rückständig«, wie ihm dies Georg Wünsch etwa hinsichtlich seiner Haltung zur Zinsfrage und zur Produktivität des Kapitals unterstellt.[170] Vielmehr zeigt sich in Luthers detaillierten

Stellungnahmen zur Monopolbildung, zum Wucher oder zur Legitimität des Zinsnehmens, dass er über ökonomische Entwicklungen seiner Zeit genau im Bilde war, was eher Karl Holls Eindruck bestätigt, dass es gerade auch wirtschaftliche Fragen waren, die Luther »am tiefsten« bewegten.[171] So zeigen sich etwa bei der ethischen Reflexion des Zinsbegriffs, den Luther, wie in *An die Pfarrherrn wider den Wucher zu predigen, Vermahnung* (1540) ausgeführt, in erster Linie als Wucher- und Konsumtivkredit versteht, die Grenzen der Übertragbarkeit von Luthers Positionen auf moderne Finanzmärkte.[172] In diesen sind Zinsen eine entscheidende Voraussetzung für die Funktionsfähigkeit einer dynamischen Wirtschaft (Joseph A. Schumpeter) und für die Liquidität von Märkten (John Maynard Keynes).

Luther hingegen beurteilt das Zinsnehmen kritisch innerhalb des agrarisch geprägten Umfelds, in dem er selbst lebt. Dies gilt es im Hinblick auf dessen Positionierung zu beachten, was jedoch nichts an der grundsätzlichen Bedeutung seiner Ausführungen zum Berufs- und Gerechtigkeitsbegriff ändert. Luther äußert sich bestimmten Wirtschaftspraktiken gegenüber kritisch, wenn sie dem einzelnen Menschen das ihm Zustehende verwehren, da es dem Individuum, das Mangel und Not leidet, schwerer fällt, Christus, und damit die göttliche Gerechtigkeit, zu erkennen. Gleichzeitig sind Individualität und Sozialität, und zwar »Sozialität aus Freiheit«, wie Wolfgang Huber betont, gleichen Ursprungs, denn sie sind »im Leben und Sterben Christi« begründet.[173] Luther kann also weder als Advokat einer egoistischen Interpretation protestantischer Freiheit noch als Begründer einer eigenen protestantischen Soziallehre herangezogen werden. Sein Bezugspunkt ist Christus selbst und eben nicht die Gesellschaft. Der einzelne Mensch erfährt Freiheit allein durch das rechtfertigende und befreiende Wort Gottes. Eben dieses Wort befreit, wie Jürgen Moltmann es ausdrückt, nach reformatorischem Verständnis alle, die daran glauben, »vom Zwang zum Bösen, vom Gesetz der Selbstrechtfertigung und von der Angst vor dem Tode«, und zwar jeden Einzelnen als Geschöpf Gottes, das unmittelbaren Zugang zu Gottes Gnade hat.[174] So wie die Gemeinschaft den Einzelnen nicht verdammen kann, kann sie ihn auch nicht rechtfertigen:

> Die Idee des Protestantismus ist die moderne, bürgerliche und menschheitliche Gestalt des evangelischen Glaubens. Das Prinzip und das Recht der Subjektivität stehen im Vordergrund: die persönliche Glaubensentscheidung, die eigene Überzeugung, die individuelle Gewissensentscheidung, die Verantwortung für das eigene Leben.[175]

Damit ist klar, warum Luther keine Soziallehre verfassen kann oder will: In Luthers Zwei-Reiche bzw. Zwei-Regimentenlehre gehören Wirtschaft und Staat in den Bereich der Welterhaltung, während Gott und Kirche dem Bereich der Welterlösung zugeordnet werden. Luther gesteht im Rahmen dieser Welterhaltung der Wirtschaft eine Kernkompetenz im Rahmen der effizienten Erfüllung der ihr gestellten Aufgaben zu, macht aber deutlich, dass Wirtschaft oder der Erwerb von Reichtum niemals Selbstzweck sein dürfen. Wirtschaftliche Aktivität geschieht für Luther um der Menschen willen.

2. Wirtschaft und Prädestination bei Calvin

Im merkantilen, von Flüchtlingen überfüllten Genf ist Johannes Calvin direkter mit ökonomisch-ethischen Fragestellungen befasst als Luther im verhältnismäßig dünn besiedelten Wittenberg. Ähnlich wie bei Luther darf man auch bei Calvin nicht erwarten, eine systematische Wirtschaftsethik vorzufinden. Soziale Reformprogramme waren nicht das eigentliche

Ziel reformatorischen Denkens, sondern die Erlösung des Menschen stand im Zentrum, wobei Wirtschaft für Calvin eines von mehreren der von Gott gegebenen Bewährungsfelder menschlicher Existenz ist.[176] Dies bedeutet aber keinesfalls, dass Calvin an wirtschaftsethischen Fragen nur beiläufig interessiert war: Im Jahre 1544 gelang es ihm zum Beispiel, den Rat der Stadt Genf zu einer Kapitalsubvention für den Bau einer Tuch- und Samtweberei zu gewinnen.[177] Auch auf die Entwicklung des typografischen Gewerbes übte er aktiv Einfluss aus und machte Genf durch seine Veröffentlichungen zu einem Zentrum des Druckgewerbes. Seine Äußerungen zu ökonomischen Fragen sind aber, wie schon bei Luther, untrennbar mit seiner Theologie verknüpft. Dies gilt es bei der Einordnung von Max Webers religionssoziologischer Rezeption calvinistischer Theologie zu bedenken. Sämtliche klassischen wirtschaftsethischen Themen wie Ethik der Arbeit und des Berufs, Eigentumsbegriff, Zins und Wucher, gerechter Preis und Ethos des Unternehmers werden von Calvin aufgegriffen.[178] Wirtschaft und Handel sind für ihn ein Feld der sittlichen Bewährung als integraler Teil menschlichen Handelns und damit integraler Teil von Gottes Schöpfung. So hat alles Geschehen auf Erden letztlich nur einen Sinn: die Verherrlichung Gottes.[179] Beruf und Gewerbe sind für Calvin ein zentraler Ort dieser Verherrlichung. Entscheidend für die Rolle des Individuums in der Ökonomie ist Calvins Verständnis von Privateigentum. In der *Institutio* erläutert er dessen Bedeutung bezeichnenderweise in seiner Kommentierung des Gebotes »Du sollst nicht stehlen« und verbindet es mit der Frage nach weltlicher Gerechtigkeit:

> Der Zweck [dieses Gebotes] ist hier: Gott ist jede Ungerechtigkeit zuwider, und deshalb sollen wir jedem geben, was ihm gehört. Der Hauptinhalt ist also: Wir sollen nicht nach fremdem Gut trachten, sondern im Gegenteil jedem zur Erhaltung

des Seinen getreulich Hilfe leisten. Wir müssen ja doch bedenken: was ein Mensch besitzt, das hat er nicht von irgendeinem Zufallsgeschick, sondern durch Zuteilung Gottes, des Herrn aller Dinge; [...]

Diesem Gebot werden wir also dann Folge leisten, wenn wir uns mit unserem Besitzstand zufrieden geben und nur ehrenhaften und erlaubten Gewinn erstreben, nicht mit Unrecht reich zu werden trachten, uns auch nicht bemühen, dem Nächsten sein Gut zu entreißen, um dadurch selber den Gewinn zu haben [...]. Und wenn wir es mit treulosen und betrügerischen Leuten zu tun haben, so sollen wir lieber unser Gut daransetzen, als mit ihnen in Wettbewerb zu treten. Aber das nicht allein: Sehen wir den anderen in Not, so sollen wir an seinen Schwierigkeiten Anteil nehmen und ihm in seinem Mangel mit unserem Hab und Gut beispringen.[180]

All dies zeigt, dass man Calvin wirtschaftsethisch engführt, wenn man ihn ausschließlich als »Vater des kapitalistischen Geistes« identifiziert, denn Webers These ist die einer nicht intentionalen Folge. Calvin geht es nicht um Effizienz oder Märkte *per se*, sondern um Gott und den Menschen, ein Verhältnis, das allerdings in der Folge nicht ohne ökonomische Rückwirkungen bleibt. Ethisch ist Calvin an dieser Stelle kompromisslos: Wenn man sich aktuell die Frage stellt, ob man mit kriminellen Individuen und korrupten Regimen Handel treiben darf, ohne sich dabei am daraus resultierenden Elend oder der zu erwartenden Ungleichverteilung mitschuldig zu machen, so gibt Calvin darauf eine klare Antwort in Form des obigen Zitats: Wer mit einem Unrechtsregime handelt, macht sich eindeutig am daraus resultierenden Unrecht mitschuldig. Seine ständisch geprägte Berufs- und Obrigkeitsethik bindet der Genfer Reformator daher an die Beantwortung der Frage, wie der Mensch vor Gott treten soll:

Er [Gott] sieht auch die harten und unmenschlichen Gesetze, mit denen der Mächtigere den Schwachen bedrängt und zugrunde richtet.[181] [...]

Endlich soll jeder darauf achten, was er in seinem Beruf zu tun schuldig ist, und dann das Erforderliche getreulich erfüllen. So soll denn das Volk alle, die ihm vorstehen, in Ehren halten, ihr Herrschen mit Willigkeit ertragen, den Gesetzen und Befehlen gehorsam sein und keinen Dienst verweigern, den es mit Gottes Hilfe leisten kann. Andererseits soll die Obrigkeit für das Wohl des Volkes sorgen, den öffentlichen Frieden aufrechterhalten, die Guten schützen und die Bösen im Zaum halten, kurz alles in dem Bewußtsein regieren, daß sie ja selbst einst Gott für ihre Amtsführung Rechenschaft geben muß![182]

Auch hinsichtlich der Bedeutung menschlicher Arbeit nicht nur für das Gemeinwesen, sondern auch für den Einzelnen findet Calvin deutliche Worte: Während »Arbeit in der gottgebundenen Freiheit, Freiheit in der berufsmäßig begrenzten Arbeit gewährleistet«, drückt der Müßiggang »Menschen herunter auf die niedrigste Stufe des nutzlosen Schmarotzertums, das mit seiner Zeitvergeudung dem Räubertum gleichkommt.«[183] Vor diesem Hintergrund muss auch die Obrigkeit, die für Sicherheit und Stabilität zu sorgen hat, ein Interesse daran haben, möglichst alle Menschen in Lohn und Brot zu halten. Gleichzeitig erkennt Calvin sehr wohl die Grenzen der Obrigkeit und ihrer Gesetzgebung, die oftmals von den persönlichen Interessen der Mächtigeren und Stärkeren bestimmt werden. Der weltliche Staat besteht nach Ansicht des Genfer Reformators als »gnädige Anordnung Gottes«.[184] Aber auch hier ist sich Calvin der Grenzen und Schwächen der menschlichen Akteure zutiefst bewusst. Wie bei Luther kommt es auch bei Calvin zu einer deutlichen Kritik bezüglich der Konzentration von Wohlstand in einer Hand.[185] Der Mensch muss vor Gott als Individuum seine Gelüste, zu denen im ökonomischen Bereich vor allem die Gier zählt, verantworten. Jeder Mensch muss sich zügeln lernen, und dabei waren viele Calvinisten und Puritaner sichtbar erfolgreich:

> Konsequente »innerweltliche Askese« habe vielmehr erst der von Calvin geprägte reformierte Protestantismus und hier insbesondere der Puritanismus gelehrt, […] dass die aus der Lehre von der doppelten Prädestination resultierende elementare Unsicherheit des reformierten Frommen über seinen Gnadenstand äußerst starke psychische Antriebe zu einem streng asketischen, triebkontrollierten und auf Kapitalakkumulation gerichteten Habitus vermittelte. Da ökonomischer Erfolg als ein äußeres Zeichen des Erwähltseins durch Gott galt, richteten sich alle Energien des puritanischen Frommen darauf, anstelle von Luxuskonsumtion und Hingabe an die Vergnügungen dieser Welt die erarbeiteten Kapitalien für erneute, gesteigerte Kapitalakkumulation zu thesaurieren.[186]

Auch wenn zwischen Calvin und dem Calvinismus zu differenzieren ist, so entsteht doch die besondere Dynamik im Streben nach Gerechtigkeit im Sinne der Prädestinationslehre dadurch, dass eben nur ein kleinerer Teil der Menschen erwählt ist und sich zu Lebzeiten niemand seiner Erwählung sicher sein kann. Das Wirtschaftsleben ist einer der Bereiche gesellschaftlichen Lebens, in dem man sich dieser Erwählung besonders greifbar versichern kann. Gleichzeitig ist Gerechtigkeit im geistlichen Sinn die durch das Evangelium geschenkte Gerechtigkeit Christi, die alle weltlichen Kategorien des Gesetzes sprengt. Gerechtigkeit hat hier stärker als bei Luther ein legalistisches, aber auch ein jeden weltlichen Gerechtigkeitsbegriff sprengendes Element, das in Christus selbst seinen Ursprung hat. Georg Wünsch weist darauf hin, dass es erhebliche Auswirkungen auch auf das ökonomische Denken habe, wenn Calvin über den Heiligkeitsgedanken das Reich einer sehr bedingten Welt deutlicher als Luther vom Reich Gottes abgrenze.[187] Durch die größere Entfernung der Welt zu Gott wird für Calvin das Streben nach Heiligung durch Gehorsam gerade in den weltlichen Zusammenhängen des Wirtschaftslebens möglich. Bei der Gestaltung von Handel und Wirtschaft interessiert Calvin sich weniger für die Frage nach der gerechten Wirtschafts- und Gesellschaftsordnung, sondern vielmehr dafür, wie es dem im Wirtschaftsleben involvierten Individuum möglich ist, sich in seiner diesseitigen Tätigkeit der Heiligung zu versichern.

Entscheidend für die Wirkungsgeschichte seines wirtschaftsethischen Denkens ist die Rezeption Calvins im englischen Methodismus und im amerikanischen Puritanismus. So weist John Wesley in seiner vielbeachteten Predigt *The Use of Money* auf die Bedeutung finanzieller Mittel für seine wachsende Glaubensgemeinschaft durchaus in theologischer und nicht nur ökonomischer Dimension hin. Drei Handlungsanweisungen gibt John Wesley dabei in Bezug auf den Umgang mit Geld mit auf den Weg: »Erwirb, so viel du kannst! Spare, so viel du kannst! Gib, so viel du kannst!« Beim Erwerb macht John Wesley jedoch drei Einschränkungen: Der Erwerb darf weder der Gesundheit noch der Seele schaden und darf den Nächsten nicht übervorteilen.[188] Erworbenes Geld ist zunächst für die Familie bzw. karitativ einzusetzen, und der es Erwirtschaftende sollte sich stets fragen, ob sein Motiv zum Erwerb der Mehrung von Gottes Ehre oder nur zur Mehrung von persönlichem Profit dient. Bei den puritanischen Interpretationen des Calvin'schen Denkens überrascht es dann später wenig, wenn im merkantil-religiös geprägten Umfeld Neuenglands wirtschaftlicher Erfolg im Alltag immer auch aus religiöser Perspektive eingeordnet wird und sich so ein Gesellschaftsverständnis ausbildet, bei dem sich der Einzelne den Unwägbarkeiten der Neuen Welt gegenübersieht, in welcher er sich nicht nur integrieren, sondern durchsetzen muss. Besonders aufschlussreich sind in diesem Zusammenhang die Beobachtungen über das puritanische Staatsverständnis aus dem Blickwinkel eines europäischen Amerikareisenden, des späteren französischen Außenministers Alexis de Tocqueville (1805–1859):

> Thus religious zeal is perpetually warmed in the United States by the fires of patriotism. These men do not act exclusively from a consideration of a future life; eternity is only one motive of their devotion to the cause. If you converse with these missionaries of Christian civilization, you will be surprised to hear them speak so often of the goods of this world [...].[189]

Bei Aussagen wie diesen wird klar, warum das puritanische Gesellschafts- und Staatsverständnis nicht vom äußerst weltlichen Pragmatismus des von Gott erwählten Individuums zu trennen ist. Dass der Ausdruck »*In God we trust*« auf den Zahlungsmitteln der Vereinigten Staaten erscheint, ist bis heute ein im wörtlichen Sinne wirtschaftsethischer und im Alltagsleben manifester Ausdruck dieses Zusammenhangs. Reichtum wird bei den Puritanern stärker individuell als Ausdruck göttlicher Segnung verstanden. Schon für Calvin konnte es am Ende nicht primär darum gehen, einer ohnehin verderbten Welt in ihrer gegebenen Gestalt mehr Ordnung und Struktur zu verleihen, sondern ihm ist wichtig, wirtschaftlichen Erfolg als Mittel der Beschreibung des Verhältnisses von Gott und Individuum einzuordnen. Besonders geeignet ist dieses Mittel wegen seiner Sichtbarkeit, und zwar nicht im ostentativen, sondern im asketischen Sinne. Auch die Erkenntnis von Gottes Handeln in der Geschichte oder durch Menschen ist dabei für Calvin durchaus möglich, besitzt aber einen erheblichen Interpretationsspielraum. Für Calvin spielt der leichter messbare wirtschaftliche Erfolg bei Gottes Gnadenwahl eine pointiertere Rolle als bei Luther. Das Verhältnis von Erwählung und Verantwortlichkeit entspricht bei Calvin dem Verhältnis von Prädestination und menschlichem Handeln.[190] Da jede wirtschaftliche Tätigkeit des Einzelnen zur Ehre Gottes geschehen soll, geht es Calvin nicht um weltimmanente Verherrlichung von Wirtschaft und Handel, die dem Menschen lediglich ein von Gott gewolltes, innerweltliches Betätigungsfeld bieten, sondern vielmehr um Gehorsam und Bestätigung menschlicher Erwählung. Dadurch erklären sich die individuelle Dynamik und der von Max Weber mit Blick auf die spätere calvinistische Berufsethik benutzte Begriff der »innerweltlichen Askese«.[191] Charakteristisch daran ist, dass er die Besonderheit des von Calvin vertretenen Gedankens der Bewährung im Beruf und in der Welt erfasst und gleichzeitig eine Absage an moderne Tendenzen zur Verabsolutierung von Wirtschaft und zur Ökonomisierung aller Lebensbereiche enthält. Calvins Wirtschaftsethik ist damit alles andere als ökonomistisch, da er den Markt lediglich als Ort christlicher Bewährung und nicht als zweckorientiertes Vehikel zur Anhäufung von Reichtümern betrachtet. Entsprechend trägt der Berufsbegriff bei Calvin stärker den Aspekt der Askese als der Erfüllung in sich.[192]

Wie verhält sich diese Sichtweise zu Luthers Berufsverständnis? Eine der zentralen Textstellen zum Berufsbegriff bei Luther ist 1. Kor 7,20. In der Interpretation dieser Stelle übersetzt Luther *vocatio externa* als Stand, in welchem der Mensch zu bleiben habe.[193] Die Veränderung dieser ständischen Gliederung würde den Christ in seinem Seelenheil nicht voranbringen. Wie früher der Mönch, soll jeder Gläubige seine *vocatio externa* auf die *vocatio spiritualis* übertragen.[194] Eine rein weltliche Berufsrollenidentität im modernen Sinne war Luthers Sache nicht. Ihm schwebte eine auf die *vocatio spiritualis* hin ausgerichtete, möglichst vorbildliche Ausübung von *vocatio* und *officium* vor. Auch für Calvin ist der Beruf nicht primär Mittel zur Selbstverwirklichung, sondern lediglich ein asketisch und möglichst erfolgreich auszufüllendes Feld der Bewährung. Der Genfer Reformator nimmt die wirtschaftlichen Aktivitäten einer Gesellschaft schlicht als gegeben zur Kenntnis. Dem naturrechtlichen Zugang zu Wirtschaft und Ordnung setzt Calvin einen »realistisch-praktischen Gottesgehorsam« entgegen.[195] Ausdruck dieses Gottgehorsams ist dann die bis in den amerikanischen Puritanismus hinein zu beobachtende ausgeprägte Tendenz des karitativen Gebens an Arme und Bedürftige eben nicht nur als gutes Werk, sondern als sukzessive Manifestation der Karität religiös Erwählter. Stärker als bei Luther wird dem freien Unternehmertum bei Calvin ausdrücklich ein hoher Stellenwert eingeräumt, weil in diesem Berufszweig die Möglichkeit sichtbarer Bewährung über messbaren Erfolg des eigenen Gewerbes nicht als Selbstzweck, sondern als großzügiger und individuell sichtbarer Ausdruck der Gnade Gottes besonders groß ist. Gleichzeitig hebt Karl Holl hervor, dass Calvin in Würdigung individueller Leistungen die traditionellen Standesunterschiede mildern wollte und keineswegs Steigbügelhalter eines säkularen, zur Ungerechtigkeit und Härte neigenden plutokratischen Ständesystems war.[196] Diese Einschätzung deckt sich mit dem in Calvins *Institutio* formulierten Anliegen:

> Herrenleute sollen aber auch ihre Dienstleute nicht eigensinnig und stolz behandeln, ihnen auch nicht mit Härte oder mit Geringschätzung begegnen; sie sollen vielmehr anerkennen, daß die Dienstleute ihre Brüder sind, ihre Mitknechte vor dem himmlischen Herrn, die sich untereinander lieben und menschlich behandeln sollen. Auf diese Weise kann denn jeder einzelne leicht finden, was er in seinem Stand und an seinem Platze dem Nächsten schuldig ist; und dann soll er seine Schuldigkeit auch tun.[197]

Ganz im Sinne moderner Unternehmensethik hebt Calvin das Prinzip individueller Verantwortlichkeit unter Vermeidung der Ausnutzung von Autoritäts- oder Abhängigkeitsverhältnissen hervor. Er begreift den Menschen ausdrücklich als *animal natura sociale*, »als auf Gemeinschaft angelegtes Wesen« mit »natürlichem Trieb dazu, diese Gemeinschaft zu erhalten und zu fördern.«[198] Dadurch kann er annehmen, dass in jedem Menschen ein Sinn für Ordnung und Gesetze angelegt ist. Anders als Luther und Zwingli ist er zusammen mit dem Zürcher Reformator Heinrich Bullinger einer der ersten Theologen, der die aristotelische These der natürlichen Unfruchtbarkeit des Geldes ablehnt und in seiner Schrift *De l'Usure* zwischen ehrlichem Zins für ein Produktivdarlehen und Wucherzins unterscheidet. So ist für Calvin die Festsetzung der Zinssätze nicht Sache des Einzelnen, sondern der Gesellschaft als Ganzes.[199] Calvins Eintreten für das Gewähren von Produktivdarlehen hat seine Wurzeln in seiner Straßburger Zeit, wo ihm die Voraussetzungen einer Geldwirtschaft zur Ermöglichung kommerziellen Lebens täglich vor Augen geführt wurden.[200] Calvins Einschränkung, im Verweis auf das bereits von Luther vertretene Prinzip der Billigkeit (*ex aequitate*) Zins zu nehmen, aber keinen Zins von Bedürftigen zu verlangen oder wenn dadurch der wirtschaftliche Ruin des Zinsnehmers droht, erinnert bereits an die modernen Regeln der Finanzwirtschaft, wie sie bis ins neue Verbraucherkreditgesetz (VerbrKG) ihren Eingang gefunden haben.[201] In der Diskussion um das spezielle Problem des Zinsnehmens wird darüber hinaus deutlich, wie Calvin Gemeinschaft und damit auch den Gemeinwohlbegriff einordnet. So wird Wucher nicht abstrakt als gesellschaftlicher Missstand, sondern konkret als persönlicher Diebstahl beurteilt. Wirtschaft begreift Calvin immer nur als einen Ort individueller Bewährung vor Gott in einer korrupten Welt.

Wirtschaft, Ethik und der protestantische Geist des Kapitalismus: Max Weber und Ernst Troeltsch

1. Max Weber und das Protestantische im Kapitalismus

Kronzeuge des Zusammenhangs zwischen modernem Kapitalismus und christlichem Denken ist der bereits mehrfach erwähnte Max Weber, jener 1864 in Erfurt geborene, aus einer wohlhabenden lutherischen Familie von Geschäftsleuten stammende Mitbegründer der modernen (Religions-)Soziologie. Als 1894 nach Freiburg im Breisgau berufener Professor der Nationalökonomie war Weber mit volkswirtschaftlichen Fragestellungen aufs Engste vertraut: In seinem Aufsatz *Wissenschaft als Beruf* bezeichnete sich der im römischen Recht promovierte Weber auch selbst als »Nationalökonom«.[202] Ein Leitmotiv seiner Arbeit ist die Auseinandersetzung mit den geistigen Wurzeln des modernen Kapitalismus. Von besonderem Interesse ist dabei Webers Analyse der Wechselwirkung von Religion und Wirtschaft. Ihm geht es nicht allein darum, wie sich Christen als ökonomische Akteure verhalten, sondern um die grundlegendere Frage, was genau in christlichen und anderen religiösen Lebensformen wie etwa dem Konfuzianismus und Hinduismus das wirtschaftliches Handeln beeinflusst und geprägt hat. Das methodisch Bahnbrechende ist, dass Weber damit in seiner Analyse theologischer, religionssoziologischer und historischer Zusammenhänge von Wirtschaft, Religion und Gesellschaft der Ökonomie etwas über die Genese ihres eigenen Denkens und ihres eigenen Rationalitätsverständnisses vermitteln konnte.

Diesen Ansatz verfolgt auch die vorliegende, auf der theologischen Anthropologie basierende Untersuchung, in der es weniger darum geht, allein Christen etwas über ihr Verhalten in ökonomischen Zusammenhängen zu vermitteln, als vielmehr Ökonomen eine Rückmeldung zur deren Wahrnehmung von menschlicher und gesellschaftlicher Wirklichkeit zu geben. Genau zu verstehen, wie Max Weber methodisch diesem ambitionierten Anspruch gerecht wird, kann für die Erstellung einer Wirtschaftsethik aus christlicher Perspektive daher von großer Bedeutung sein.

In seiner *Protestantischen Ethik* (1904/05) und in *Wirtschaft und Gesellschaft* (1913) zeigte Weber bereits zu Anfang des 20. Jahrhunderts die großen Verbindungslinien zwischen Gesellschaft, Wirtschaft und Religion auf. Er charakterisiert dabei die Entwicklungen der Gegenwart durch die Begriffe »Rationalisierung« und »Bürokratisierung«. Beide sind das Ergebnis einer zunehmend funktionalen Ausdifferenzierung der Gesellschaft in Nationalökonomie, Staat, Kultur, Wissenschaft und Familie als kleinster gesellschaftlicher Einheit. Webers persönlicher Bezugspunkt ist die kapitalistische Gesellschaft des Deutschen Reichs und das Berliner Großbürgertum, das zumeist kulturprotestantisch und monarchistisch geprägt war. In seiner *Protestantischen Ethik* sucht Weber nach den ideellen Wurzeln eines Kapitalismus, wie er ihm in der Ausprägung seiner Zeit begegnet.[203] Hugh Trevor-Roper fasst Webers zentrale These mit dem Satz zusammen, dass die protestantische Ethik in ihrer calvinistischen Form den Geist geprägt habe, der ursächlich für das Entstehen des modernen industriellen Kapitalismus war.[204]

Dass Weber wegen seiner Kategorisierungen, seiner verallgemeinernden Darstellung ethischer Konzepte und einer unklaren Begriffsbildung vielfach kritisiert wurde, ist ausführlich untersucht worden.[205] Dies ändert jedoch nichts daran, dass Webers Kapitalismusthese von Soziologen, Theologen und Ökonomen als Prämisse weithin rezipiert wurde und so zur Grundlage zahlreicher ökonomischer und wirtschaftsethischer Entwürfe geworden ist. Zuzustimmen ist dem von Joseph Ratzinger formulierten Eindruck, dass Max Weber Karl Marx dahingehend auf den Kopf gestellt habe, dass für Weber nicht mehr das Sein das Bewusstsein, sondern umgekehrt das religiöse Bewusstsein in hohem Maße Wirtschaftsordnungen als Teil des Seins prägte.[206]

Der Zusammenhang von Wirtschaft und Ethik wird für Max Weber in dem Moment relevant, in dem das Streben nach Effizienz und Wettbewerb ethische Fragen beim Austragen der damit verbundenen Konkurrenz- und Verteilungskämpfe aufwirft. Wirtschaft im 21. Jahrhundert wird in erster Linie von ökonomischen Interessen und nicht mehr von religiösen Lebensformen bestimmt. Dennoch ist spätestens seit Weber nur schwer zu bestreiten, dass christliches und vor allem reformatorisches Denken eine wichtige Voraussetzung für den Siegeszug von Kapitalismus und Industrialisierung in Europa und besonders auch in den Vereinigten Staaten war. Dabei macht Weber jedoch anders als viele seiner Zitatoren deutlich, dass die Reformation nicht als sozioökonomisches Reformprogramm antrat, sondern dass das Nachdenken über wirtschaftsethische Fragen und eine den Kapitalismus fördernde Lebensform nur Nebenprodukt des protestantischen Bemühens war, den Menschen in seiner Beziehung zu Gott konsequent ins Zentrum der individuellen Glaubens- bzw. Lebenspraxis zu stellen. Nur unter dieser Prämisse erklärt sich etwa Webers Bemühen, individuellen Glauben mit persönlicher Berufswahl und Berufsausübung in Beziehung zu setzen. Arbeit zu verrichten ist schon für Calvin Ausdruck des Nutzens der eigenen Talente, die dem Menschen aus göttlicher Gnade zum Geschenk gegeben werden, weswegen effiziente Lebensführung der angemessene Ausdruck der Wertschätzung und Kostbarkeit dieser Geschenke ist.

Unter diesem Aspekt interessiert sich Max Weber darum auch stärker für Calvins Theologie als für die Luthers, wenn er als Soziologe die zunehmende Emanzipation und Eigendynamik eines säkularen Kapitalismus zu erklären versucht. Weber schreibt dem Calvinismus zu, in seiner lebensweltlichen Umsetzung von Calvins Theologie die Grundlagen für die Entstehung des neuzeitlichen Kapitalismus geschaffen zu haben. Für Weber bedeutete die konsequente Indienstnahme aller gesellschaftlichen Lebensbereiche als Mittel zur Sicherung der *gloria dei* eine Methodisierung der kulturellen Lebensäußerungen – deren »Rationalisierung«.[207]

Während Max Weber mit seinen empirisch unterlegten Analysen zu den konfessionellen Unterschieden in Ausbildungsniveau und Berufsverständnis vielfach von ökonomischer Seite als Autorität zitiert wird, erhebt sich von theologischer Seite durchaus Kritik. So wird der direkte Zusammenhang zwischen der Prädestinationslehre und dem Aufstieg des Kapitalismus zumindest insoweit bestritten, als Calvin selbst nicht behauptet habe, aus dem wirtschaftlichen Erfolg direkt die eigene Erwählung ablesen zu können.[208] In Calvins Prädestinationslehre würden weder Erwählung noch Verwerfung mit dem Verdienstgedanken in Beziehung gesetzt oder gar durch letzteren bestimmt.[209] Erwählung ist aus Sicht Calvins stets und aufs Engste an Christus gebunden und soteriologisch verankert. Ein aus dieser Erkenntnis resultierender Lebensstil, der nun wiederum Weber besonders interessiert, sei lediglich eine Folgeerscheinung. Calvin selbst beschreibt die Bedeutung von innerweltlicher Askese in seiner Auslegung von 1. Korinther 15,19 folgendermaßen:

> Zweitens leben die Gläubigen nicht in üppiger Pracht und stolzer Sicherheit; selbst wenn ihnen Reichtum und allerlei Güter zufallen, können sie die Welt nicht genießen wie die Gottlosen, sondern sind unruhig um ihr Heil und seufzen in der Erkenntnis ihres schwachen Gewissens, weil sie sich nach der Offenbarung des ewigen Lebens sehnen. Die Ungläubigen

aber können sich ohne Rückhalt in den Taumel der irdischen Freuden stürzen.[210]

Dieser Askesegedanke ist später besonders für den Puritanismus prägend. Auch der Aktivitätsgedanke in Bezug auf den Glauben findet sich bereits früh im Denken des Genfer Reformators.[211] Entscheidend ist aber, dass es Max Weber eben nicht um eine theologische Analyse der Grundlagen einer christlichen Wirtschaftsethik ging, sondern um die Konsequenzen religiöser Lebensformen für wirtschaftliche Aktivität. Während sich der Kapitalismus am Ende vom Christentum entfernt, so steckt doch reformatorisches Denken seinen historischen Rahmen ab. Weber interessieren vor allem die ökonomischen und politischen Konsequenzen einer bestimmten religiösen Prägung. Dass er für seine generalisierende Beschreibung etwa der ökonomischen Auswirkungen des Prädestinationsgedankens in seiner *Protestantischen Ethik* kritisiert wurde, schadete seiner Reputation wenig. Im Gegenteil: Wenn Webers Kritiker bemerken, dass es sich bei dessen Beschreibung eines puritanischen Berufsethos um wirklichkeitsfremde Konstruktionen von innerweltlicher Askese und kapitalistischem Geist handelt, so erklärt sich damit gleichzeitig die Ursache für die enorme Wirkungskraft der Weber'schen Thesen: Er kategorisiert und konfessionalisiert individuelles Verhalten und spitzt seine Thesen dadurch zu.[212] Ihm geht es in erster Linie um den Nachweis religionssoziologischer Wirkungszusammenhänge sowie um das Markieren von Tendenzen.

Wichtiger als Calvins theologische Nuancierung ist für Weber die Rezeption seines Denkens. So geht Weber als Soziologe der Frage nach, wie es kommt, dass ausgerechnet ökonomisch besonders entwickelte Gegenden der Welt (Neuengland, Schweiz, Schottland, Niederlande) und in ihnen gerade die aufsteigenden bürgerlichen Mittelklassen mit ihrer anerzogenen Haltung zum ökonomischen Rationalismus neigten und damit wirtschaftlich höchst erfolgreich waren.²¹³ Bei seinem Anliegen, soziologische Grundströmungen aufzuzeigen, findet Weber dann auch von theologischer Seite Unterstützung, etwa bei Karl Holl:

> In der neuen Welt ist die Verbindung zwischen Calvinismus und kapitalistischem Betrieb eine noch engere geworden. Daß der Calvinismus dabei nicht nur die Vorteile einer sich unaufhaltsam ausbreitenden Wirtschaftsform genoß, sondern seinerseits den Geist des Kapitalismus wesentlich beeinflußte, hat neuerdings Max Weber gezeigt. Damit man jedoch dieses Moment innerhalb des ganzen richtig einschätze, ist es nötig, sich gleichzeitig daran zu erinnern, wie stark der Calvinismus das soziale Interesse betätigt hat. [...] Selbst das »mammonistische« Amerika verleugnet den calvinisch-sozialen Geist nicht vollständig. Wenn dort dem Volksbewußtsein der Satz fest eingeprägt ist, daß der Reichgewordene der Gesamtheit Stiftungen für öffentliche Zwecke schuldet, so rührt dieser vornehme Zug im amerikanischen Charakter zuletzt von Calvin her.²¹⁴

Holl stimmt mit dem Grundgedanken Webers überein, dass besonders die Kultur des Spendens calvinistische Wurzeln hat. Jede theologische Überhöhung des Kapitalismus liege dem vor Monopolen und Wucher warnenden Calvin fern, auch wenn seit Mitte des 17. Jahrhunderts »calvinistische Sekundärtugenden« von Ordnung, Fleiß, Selbstzucht und innerweltlicher Askese ihre bürgerliche Ummünzung in wirtschaftlichen Erfolg erfahren und in genau diesem Sinne weniger Calvin als den Calvinismus zu der von Max Weber beschriebenen Wurzel des neuzeitlichen Kapitalismus machen.²¹⁵ In der *Protestantischen Ethik* bemüht sich Weber empirisch um den Beleg, dass es Phänomene wie privater

Kapitalbesitz, Unternehmertum, Ausbildung der Arbeiterschaft sowie die verstärkte Wahl technischer und kaufmännischer Berufe sind, die ihre Wurzeln im aufkommenden Protestantismus haben. In diesem Zusammenhang führt er an, dass zu seiner Zeit fast doppelt so viele Protestanten wie Katholiken Realgymnasien besuchten und Protestanten bei der Berufswahl stärker zu technischen und naturwissenschaftlichen Berufen neigten.[216] Grund für die unterschiedliche Berufswahl sowie der daraus resultierenden ökonomischen Unterschiede zwischen den Konfessionen kann aus Webers Sicht nicht allein ein abstraktes historisch-theologisches Profil der Konfessionen sein. Eine »anerzogene geistige Eigenart« und eine »religiöse Atmosphäre der Heimat und des Elternhauses« müssen hinzukommen. Die geistige Eigenart ist also auch ein Produkt der theologischen Genese und Weltanschauung. Christentum ist für Weber immer und vor allem auch Lebensform mit der Familie als deren Kern. Wirtschaftshistorisch gibt es bemerkenswerte Beispiele des von Weber beschriebenen, pietistischen Archetypus des protestantischen Pionierunternehmers wie Franz Haniel (I.) oder die in Wuppertal-Barmen ansässige Familie von Friedrich Engels, die mit den im Eisengeschäft tätigen Haniels weitläufig verwandt war. Wie wirkmächtig in diesen Familien ein solch protestantisch-pietistischer Geist, den Max Weber beschreibt, war, belegt ein Brief von Friedrich Engels senior an einen Freund über die Radikalität seines Sohnes, des späteren Mitstreiters von Karl Marx:

> Mit ihm streiten will ich nicht, denn dies würde nur zur Hartnäckigkeit führen und erbittern. Seine Bekehrung muss von oben kommen. Er hat, wie ich bestimmt weiß, bei der Confirmation fromme Regungen gehabt, und ich bin der Zuversicht, dass ein Mensch, der einmal die Kraft des Wortes Gottes an seinem Herzen erfahren hat, auf die Dauer nicht mit den faden

neuen Systemen ausreichen wird. Er wird aber vielleicht einen herben Weg durchmachen müssen, ehe er von seiner stolzen Höhe herunter und sein Herz in Demuth unter die gewaltige Hand Gottes bringen muss.[217]

Solche Aussagen des bergischen Unternehmers Friedrich Engels senior bestätigen eindrucksvoll die Weber'sche Grundthese über die Wirkmächtigkeit des Protestantismus innerhalb des Unternehmertums. Gleichzeitig erscheinen die von Max Weber mit Blick auf dieses Milieu angeführten Kausalketten zuweilen zu geradlinig, was man bei der Lektüre stets berücksichtigen sollte. Calvinistische Ethik prägte den *Geist des Kapitalismus* aus Sicht Webers nicht als abstrakte Lehre oder als Ethik einer christlichen Gemeinschaft, sondern durch das individuelle Verhalten der einzelnen Gläubigen – wie der bereits erwähnten puritanischen Siedler in Neuengland, die nicht als homogene Gruppe, sondern vor allem als einzelne Familienverbände auftraten. Für die Identifikation der Wurzeln des kapitalistischen Geistes interessiert Weber lutherische Berufsethik im Vergleich zur calvinistischen Berufsethik deshalb nur bedingt, weil seiner Ansicht nach Luther eher einen traditionalistischen Berufsbegriff vertritt, in welchem der Beruf »hingenommen« wird.[218] Dagegen betont Calvin stärker den Gedanken, dass die Berufsarbeit eine wichtige, von Gott gestellte Aufgabe ist. Die Reformation könne aus der Sicht Webers das Verdienst beanspruchen, von einem Berufsverständnis der rein außerweltlichen, religiösen Prämie für innerweltliche, berufliche Arbeit wegzukommen. Für die Etablierung der Wirtschaftsethik als selbstständiger Disziplin erlangt Weber zentrale Bedeutung, weil man durch seinen Ansatz die Möglichkeiten und Grenzen wirtschaftlichen Handelns gerade auch für Nichttheologen deutlich machen und gleichzeitig Ökonomie zu religiöser Ethik in Beziehung setzen kann. In seiner *Wirtschaftsethik der Weltreligionen* definiert er, was er unter einer »Wirtschaftsethik der Religionen« konkret versteht:

> Nicht die ethische Theorie theologischer Kompendien, die nur als ein (unter Umständen allerdings wichtiges) Erkenntnismittel dient, sondern die in den psychologischen und pragmatischen Zusammenhängen der Religionen gegründeten *praktischen Antriebe zum Handeln* sind das, was in Betracht kommt.[219]

Diese Weber'sche Definition ist der eingangs erwähnten Stellungnahme von John Kenneth Galbraith aus unserem Interview (2003) sehr ähnlich, in der Galbraith die Aufgabe einer theologischen Wirtschaftsethik klar umrissen hat. Kein Buchwissen steht im Zentrum der Wirtschaftsethik, sondern das Aufzeigen von »praktischen Antrieben zum Handeln«. Gleichzeitig gilt: Je konkreter eine Wirtschaftsethik wird, desto komplexer, vielschichtiger und auch angreifbarer wird sie. Max Weber selbst weist dabei auf ein wichtiges *Caveat* hin, dass nämlich scheinbar ähnliche ökonomische Organisationsformen oft ganz verschiedene Wirtschaftsethiken als Grundlage haben, wenn man zum Beispiel den ökonomischen Erfolg Asiens und Europas vergleicht. Noch deutlicher als in der *Protestantischen Ethik* betont Weber in der *Wirtschaftsethik der Weltreligionen*, dass die Zusammenhänge von Wirtschaft und Ethik nicht nur religiös determiniert, sondern immer auch ein Produkt ihrer politisch-kulturellen Umwelt und historischen Genese sind. In diesem Zusammenhang beschreibt er die Bedingtheit und damit die Grenzen wirtschaftsethischen Nachdenkens wie folgt:

> Eine Wirtschaftsethik ist keine einfache »Funktion« wirtschaftlicher Organisationsformen, ebensowenig wie sie umgekehrt diese eindeutig aus sich heraus prägt. Keine Wirtschafts-

ethik ist jemals nur religiös determiniert gewesen. Sie besitzt selbstverständlich ein im höchsten Maß durch wirtschaftsgeographische und geschichtliche Gegebenheiten bestimmtes Maß von reiner Eigengesetzlichkeit gegenüber allen durch religiöse oder andere (in diesem Sinn:) »innerliche« Momente bedingten Einstellungen des Menschen zur Welt. Aber allerdings: Zu den Determinanten der Wirtschaftsethik gehört als eine – wohlgemerkt: nur *eine* – auch die religiöse Bestimmtheit der Lebensführung. Diese selbst aber ist natürlich wiederum innerhalb gegebener geographischer, politischer, sozialer, nationaler Grenzen durch ökonomische und politische Momente tief beeinflußt. Es wäre ein Steuern ins Uferlose, wollte man diese Abhängigkeiten in allen ihren Einzelheiten vorführen.[220]

Mit der Erwähnung der wirtschaftsgeografischen neben den historischen Determinanten als Grundlage einer Wirtschaftsethik ist Max Weber seiner Zeit weit voraus. Bezüglich der Grenzen wirtschaftsethischen Nachdenkens erscheint Weber in seiner Wirtschaftsethik differenzierter als in der *Protestantischen Ethik und dem Geist des Kapitalismus*. Während er in Letzterer noch ziemlich geradlinig die asketische Lebensführung im Puritanismus als entscheidenden Faktor für die Entstehung des modernen Kapitalismus identifiziert, akzeptiert er in seiner *Wirtschaftsethik der Weltreligionen*, dass Religion eine wichtige, aber eben nur eine Determinante bei der Suche nach den Wurzeln und Motivationen wirtschaftlichen Handelns ist. Dieses höhere Maß an Differenziertheit mag damit zusammenhängen, dass er sich bei seinen Studien zum Hinduismus und Konfuzianismus mit einer größeren Fülle und Komplexität der Begründungszusammenhänge religiös motivierten und ökonomischen Handelns konfrontiert sah. Was Weber in seiner *Wirtschaftsethik der Weltreligionen* unternimmt, ist der Versuch, nicht etwa einen programmatischen Entwurf oder eine durchgehende These wie im *Geist des Kapitalismus* vorzulegen, sondern religionsgeografisch geordnete Kausalketten hinsichtlich des Zusammenhangs von Wirtschaft und Ethik in verschiedenen Kulturen zu beschreiben.

Max Weber hat für eine protestantische Wirtschaftsethik eine entscheidende Grundlage geschaffen. In seiner religionssoziologischen Analyse weist er nämlich nach, warum es nicht die präreformatorischen Ordnungen, sondern die reformatorischen Strömungen waren, die entscheidenden Einfluss auf die Entwicklung des modernen Kapitalismus ausgeübt haben. Wirtschaftsethisches Nachdenken hat für Max Weber seine Wurzeln nicht in institutionellen Ordnungen, sondern vor allem in der inneren Haltung von Menschen gegenüber ihrer Umwelt. Daher kann Wirtschaftsethik aus protestantischer Perspektive niemals Unterfunktion einer Ordnungstheologie sein, sondern sie wird wie Max Weber selbst versuchen, *hermeneus* zwischen Religion, Wirtschaft und Gesellschaft zu sein. Theologische Anthropologie kann dabei betonen, dass es letztlich von den Individuen und ihren Überzeugungen abhängt, welche wirtschaftlichen, politischen oder persönlichen Entscheidungen sie treffen. Max Webers bleibendes Verdienst liegt darin, all diese Zusammenhänge als Erster erfasst, strukturiert und aus soziologischer Perspektive beschrieben zu haben.

2. Die Wirtschaftsethik im Ansatz von Ernst Troeltsch

Neben Max Weber ist Ernst Troeltsch auf protestantischer Seite einer der wenigen, die sich mit wirtschaftsethischen Fragen schon im frühen 20. Jahrhundert beschäftigt haben. Troeltschs Anliegen ist es dabei, die soziologische Perspektive theologisch zu integrieren. Sein Hauptinteresse gilt der

Frage, wie sich das Christentum angesichts zunehmender Säkularisierung von Gesellschaft, Bildung und Kultur definieren und einordnen lässt. Ausgehend von seiner Differenzierung zwischen Kirche und Sekte ordnet er beide verschiedenen Ethiktypen zu, nämlich der Kirche eine weltbejahende natürliche Ethik und der Sekte eine radikalisierte Konventikelethik. Für den Theologen Troeltsch stellt sich dabei, anders als für Weber, unterschwellig immer auch die Frage, wie christliche Ethik weiterhin ihren Einfluss in einer säkularisierten Welt geltend machen kann, statt immer mehr an den Rand gedrängt zu werden. Diese Frage war für die christlichen Kirchen am Anfang des 20. Jahrhunderts aktueller denn je. Darum fragt sich Troeltsch grundsätzlich, wie sich christliche Ethik, Ökonomie und Gesellschaft gegenseitig befruchten können.

Wolfhart Pannenberg betont, dass das Verdienst von Troeltsch, besonders in seinem Werk *Die Soziallehren der christlichen Kirchen und Gruppen*, vor allem darin liegt, dass er anstelle des wünschenswerten den tatsächlichen Einfluss des Christentums auf weltliche Anschauungen über Arbeit, Besitz, Stand, Beruf oder Familie klar benennt und damit auch Nichtchristen einen wirklichen Zugang zu den Perspektiven christlicher Bilder vom Menschen ermöglicht.[221] Auf Basis seiner Analyse gelingt es Troeltsch aufzuzeigen, wo Christen in der Kirchengeschichte hinsichtlich der Gestaltung eines friedlichen Miteinanders versagt haben, ohne zu proklamieren, dass das Neue Testament ein bestimmtes soziales oder politisches Programm vorschreibt. Schon Friedrich Naumann erkannte als politisch aktiver Christ, dass »die Bibel kein sozialpolitisches Programm enthalte, und daß es auch nicht Sache der Kirche sei, ein solches auszuarbeiten«.[222] In seinen Aufsätzen zum Thema »Was heißt Christlich-Sozial?« (1894/96) stellte er fest:

> Jesus Christus ist kein Philosoph und kein Staatsmann, kein Physiker und kein Nationalökonom, und weil er weder das eine noch das andere ist, erwarten wir von ihm auch nicht, daß er ein System oder eine Art Politik oder eine Erkenntnistheorie oder ein volkswirtschaftliches Lehrbuch in der Hand habe. Jesus bringt nicht Resultate und Methoden, sondern er lebt, und eben sein Leben ist die Offenbarung Gottes. […] Jesus stellt sich seinen ärmsten Brüdern gleich. […] Vom Standpunkte Jesu wollen wir das ganze Eigentum betrachten. Jesus ist aus ethischen Gründen radikaler Gegner der Kapitalansammlung: »Ihr sollt Euch nicht Schätze sammeln auf Erden!« Der antimammonistische Zug ist charakteristisch für das ganze Denken Jesu: »Ihr könnt nicht Gott dienen und dem Mammon.« Hier muß man hassen oder lieben.[223]

Ausgehend von den Evangelien fasst Troeltsch deren zentrale Lehren zum Thema Wirtschaft und Arbeit als die »Scheu vor dem seelengefährlichen Reichtum« und als die Einsicht zusammen, dass »Gott durch Arbeit jeden seinen Unterhalt finden lasse und daß im Falle der Not überall die Liebe helfen könne […]«.[224] Bis hinein ins Mittelalter würden mit Ausnahme der empirischen Ethik des Aristoteles Wirtschaft und Besitz lediglich vom Standpunkt des Konsums aus beurteilt, während Besitz als Grundlage produktiver Kräfte zur Wohlfahrt einer Gesellschaft beitrage und die »Abhängigkeit ethisch-geistiger Werte von der sozialen und wirtschaftlichen Organisation« eine Transferleistung der Moderne sei.[225] Anzeichen dafür ergeben sich nach Ansicht von Troeltsch bereits in der thomistischen Sozialphilosophie, die anders als die aristotelische Handel und Gewerbe dem Landbau vorziehe und die mittelalterliche Stadt mit ihrem Friedensprinzip, ihrer schützenden Verwaltung und ihrem Grundprinzip der freien Arbeit als den »eigentlichen Boden für die christlichen Ideale« bezeichnet.[226]

Daneben identifiziert Troeltsch einige Elemente lutherischer »Wirtschaftsethik«. Ausgehend von der Säkularisierung des Besitzes der toten Hand sowie aufgrund der Erosion der »wirtschaftlichen Oberleitung [sic!] der Kirche« wird Wirtschaft mit der Reformation immer stärker der weltlichen Gewalt übereignet. Arbeit bekommt gleichzeitig als *remedium peccati* eine theologische Dimension und wird ähnlich wie die Ehe mit asketischer Bedeutung belegt. Der Dienst und Eigentumserwerb innerhalb der verschiedenen Stände wird zum »Spielraum der Nächstenliebe«.[227] Pflichtgemäße Arbeit im eigenen Stand entspreche eher der Förderung des Gesamtwohls als eine den Bettel fördernde Karität oder individueller Müßiggang. Arbeitspflicht löse korrumpierende Werkheiligkeit ab. Kommt es zu Exzessen wie Korruption oder dem maßlosen Streben nach Reichtum, müsse die Obrigkeit intervenieren. Ernst Troeltsch identifiziert in Luthers Auseinandersetzung mit Wirtschaft und Handel die eigentümliche »Doppelheit« einer Bejahung des Besitzes als Teil der göttlichen Schöpfungsgabe auf der einen und einer Kritik der sozialen Konsequenzen einer weltlich-fürstlich dominierten Wirtschaftsordnung auf der anderen Seite.

Für Troeltsch selbst können sich christliche Sittlichkeit und Humanität nur innerweltlich begegnen, und zwar auf dem Weg des Kompromisses. Ethik sei dabei nichts anderes als eine Kette solcher Kompromisse. Hinsichtlich seiner *Soziallehren* grenzt sich Troeltsch nur bezüglich des Gegenstandes seiner Untersuchung klar von Weber ab. Während Weber durch die Zusammenfassung des religiös-ethischen mit dem wirtschaftlichen und sozialen Element anstrebt, »einen großen kulturgeschichtlichen Zusammenhang« aufzuzeigen und zu erklären, lag Troeltsch daran, Max Webers Erkenntnis aufzunehmen, aber nicht, um etwas über Wirtschaft, sondern um etwas zur gegenwärtigen Rolle und Aufgabe der Christen in ihrer jeweiligen Gesellschaft zu sagen. Hinsichtlich des Verständnisses von Arbeit als gottgewollter Berufsbetätigung identifiziert Troeltsch auch bei Calvin eine durchaus antimammonistische Haltung. Troeltsch stellt dabei klar, dass auch für Calvin Armut den christlichen Tugenden näher sei als Reichtum.[228]

Einen Sonderweg schlug Calvin dann aber, geprägt durch die Erfahrungen in Genf, dahingehend ein, dass er die Konsequenzen geldwirtschaftlich-merkantiler Tätigkeit zum Gegenstand seiner ethischen Überlegungen machte. Der höhere Ertrag des kaufmännischen Geschäfts gegenüber landwirtschaftlichem Einkommen aus Grund und Boden war für ihn selbstverständlich. Durch die Überschaubarkeit und Bürgerlichkeit des Genfer Kapitalismus konnte sich eine vom Wirtschaftsleben geprägte Gesellschaftsform schnell als Testfall calvinistischer Ethik bewähren. Wirtschaftliche Prosperität wurde mit Fragen der Verteilungsgerechtigkeit verbunden, was calvinistischer Wirtschaftsethik ein hohes Maß an Aktualität verleiht. Einschränkung des Luxus führt in der Regel zur erhöhten Kapitalbildung, mehr Kapital führt zu höherer Arbeitsleistung, Produktivität und Gewinn, wobei Letzterer im Sinne der Prädestinationslehre Bestätigung göttlicher Erwählung ist, zu dem also, was Weber als calvinistisch geprägte »Wirtschaftsgesinnung« beschreibt. Wichtig ist dabei für Troeltsch, dass diese Gesinnung als durchaus christliche Gesinnung verstanden wurde.

Zu dieser christlichen Gesinnung setzt Troeltsch dann die »klassische ökonomische Theorie seit Adam Smith« in betonten Kontrast.[229] Kapitalismus im Sinne Calvins habe religiöse Triebfedern und sei verwurzelt in der Gemeinde, während Adam Smith und seine Schüler die Wurzeln des Kapitalismus im individualistischen, »rein hedonistischen« und damit zutiefst weltlichen Sinn im Wege persönlicher Nutzenmaximierung rekonstruiert hätten. Dass Troeltsch damit Adam Smith als Autor nicht nur von *Wealth of Nations*, sondern auch der *Theory of Moral Sentiments* zumindest unvollständig interpretiert und damit unzulässig verkürzt, wird später noch anhand der entsprechenden Primärquellenkritik bei Smith zu zeigen sein.

Adam Smith einen radikalen Individualismus zu unterstellen, wird dem schottischen Moralphilosophen jedoch in keinem Fall gerecht. Am Ende kommt Troeltsch dennoch zu der zutreffenden Schlussfolgerung, dass wirtschaftliche Unternehmungen und christliches Denken spätestens seit Calvin für Protestanten durchaus vereinbar sind. Dies geschieht nicht etwa deshalb, weil der Calvinismus weniger kritisch gegenüber den Prämissen ökonomischen Denkens wäre. Vielmehr sind in der calvinistischen Ethik mit Prädestinationlehre und Voluntarismus immer auch der Bewährungsgedanke und weltliche Askese zugunsten produktiver Tätigkeit als Elemente enthalten, die wirtschaftlich-produktive Tätigkeit eher fördern als agrarisch-feudale Gesellschaftsstrukturen. Gleichzeitig sollte die Forderung nach menschenwürdigem und menschengerechtem Wirtschaften durch das Prärogativ des doppelten Liebesgebotes allen christlichen Wirtschaftsethiken innewohnen.

Die Einführung und Behandlung der Wirtschaftsethik in Ernst Troeltschs *Soziallehren der christlichen Kirchen und Gruppen* steht dabei unter folgendem Leitgedanken: Im Prozess der Wiederherstellung einer verloren gegangenen Kontinuität zwischen Urchristentum und moderner Welt sind solche Fragen, die beide Epochen beschäftigen, keine von außen an den christlichen Glauben herangetragenen Probleme, sondern, wie im Fall der Wirtschaftsethik, Themengebiete, die sich kontinuierlich und historisch entwickeln und verändern. Wirtschaftsethik wird für Troeltsch zu einem zentralen Thema christlichen Denkens, als sich zusätzlich zu einer naturalwirtschaftlich geprägten europäischen Gesellschaft eine städtisch-industrielle Gesellschaft bildet, in welcher Arbeit, Erwerb und

Produktivität eine ganz neue Bedeutung erhalten. Bei der Darstellung der theologischen Interpretation veränderter gesellschaftlicher Umstände ist es ein zentrales Anliegen von Ernst Troeltsch, Ursprünge und Verbindungslinien der Interpretationen durch verschiedene christliche Gruppierungen aufzuzeigen und sie gleichzeitig in die Kontinuität christlichen Denkens zu stellen. Demnach unterscheiden sich zwar die thomistische, lutherische und calvinistische Beurteilung ökonomischer Aktivität, sie greifen aber alle auf biblische Quellen zurück.

Was für Troeltsch ihre Unterschiede am ehesten erklärt, ist der historische *locus* ihrer Vertreter. So interessiert Troeltsch vor allem die weitere Rezeption Calvins im neuenglischen Kontext in seinem Schema von Kirche und Sekte. Von Genf zu den Puritanern bis hin zu den puritanischen Sekten, wie den Quäkern, fanden die Gedanken von Arbeitsdisziplin und radikaler Askese erhebliche Verbreitung und etablierten sich zunehmend in »kleinbürgerlich-kapitalistischen« Strukturen, wie man sie heute ganz ähnlich in den ökonomisch erfolgreichen und stark wachsenden Gemeinden der Pfingstbewegung in Südamerika findet, die Peter L. Berger im Detail analysiert hat.[230] Dieser Prozess werde dadurch beschleunigt, dass ein am Markt erfolgreich tätiger, freier Christenmensch als »Rentmeister Gottes« erfolgreich die Gottesgaben verwaltet und mehrt, sodass sich sein gesellschaftlicher Einfluss erhöht.[231] Durch den Vorsehungsgedanken

> ist der asketische Protestantismus einer liberalen und demokratischen Staatsauffassung ohne Gleichmacherei geneigt, schiebt den Staat überhaupt gerne auf den Bereich des Unvermeidlichen zurück […].[232]

Klassenunterschiede weichen auf, und eine bürgerliche Mittelschicht wächst mit einer beträchtlichen, von religiösen

Wurzeln gelösten Eigendynamik. Troeltsch ist es gelungen, diese religiösen Wurzeln des Kapitalismus zu beschreiben und gleichzeitig die spätere Emanzipation der industrialisierten Gesellschaft von jenen Wurzeln in systematischer Form nicht nur seiner eigenen Gesellschaft, sondern, anders als Weber, auch den Kirchen mit Verweis auf ihre eigene Entwicklungsgeschichte vor Augen zu führen. Dass für Troeltsch die Herausforderung einer Wirtschaftsethik aber nicht nur im Weber'schen Sinne religionssoziologisch sein kann, sondern zutiefst theologisch sein muss, hat er im Schlusswort von *Religion und Wirtschaft* (1913) noch einmal betont:

> Der moderne Wirtschaftsmensch hat keine religiöse Heimat mehr, mit der er innerlich harmonierte und die seinen Gefühlen und Hoffnungen einen festen Halt böte, und es ist sicherlich eine der entscheidenden Zukunftsfragen, ob und wie er eine solche geistige Heimat wieder wird finden können. Wir können uns nicht verbergen, daß wir heute keine wirkliche Antwort auf diese Frage haben. Es ist die große Aufgabe der Ethiker, Philosophen und Theologen, sie zu suchen und zu finden, und sie werden auch hier vermutlich nur Antworten finden, die nicht aus der reinen Idee konstruiert sind, sondern aus einer in der Praxis schon begonnen Verwebung von Religion und Wirtschaft hervorgehen.[233]

In Zeiten, in denen vor einer zunehmenden Ökonomisierung der Gesellschaft gewarnt wird, könnte Troeltschs Beschreibung aktueller nicht sein. Während Ökonomie nach Effizienz strebt, fragt Theologie nach Letztbegründung, und da der Mensch als *homo integralis* das Streben nach beidem in sich trägt, wäre es ein Fehler, ökonomische Fragen von theologisch-ethischen abzukoppeln.

Konfessionelle Wirtschaftsethik im 21. Jahrhundert – *Quo vadis?*[234]

Vor dem Hintergrund der dargestellten ideengeschichtlichen Fundamente haben sich auf katholischer sowie evangelischer Seite Beiträge über wirtschaftsethische Fragestellungen weiterentwickelt. Wie stellen sich diese konfessionellen Wirtschaftsethiken heute unter den Bedingungen der Gegenwart dar? Mit anderen Worten geht es um die grundsätzliche Frage nach dem *Quo vadis*. Wer die Frage nach dem »Soll« beantworten möchte, scheint gut beraten, die Frage nach dem »Ist« zuzuspitzen. Der Sozialethiker Wolfgang Nethöfel führt dazu in fast konfrontativer Abgrenzung aus:

Diese scheinbare Elendsgestalt protestantischer Wirtschaftsethik erhält ihre Umrisse vor der eindrucksvollen Hintergrundgestalt katholischer Soziallehre. Ein David steht vor Goliath – doch der erweist sich bei näherem Hinsehen als Riese auf tönernen Füßen, unkenntlich im breiten Schatten des Naturrechts. Die lebendige Auseinandersetzung mit biblischen Quellen steuert hier nichts; im Alltagsgeschäft vernünftiger wirtschaftspolitischer Orientierung kann der Bezug auf die christliche Tradition gelegentlich überhaupt institutionell dem Moraltheologen zugewiesen werden. Das Naturrechtsparadigma, das dennoch und stattdessen von und vor dem Lehramt in Geltung gehalten wird, ist noch weniger kopplungsfähig an neuzeitliche Theorie- und Modellbildung. […] Die Auslegungspraxis des Naturrechts verfiel nach der Wesens- der Vernunftspekulation und dann je länger, desto mehr einem Positivismus, den die Naturwissenschaften längst hinter sich gelassen haben. […] Was faktisch als »natürliche« gute Ordnung des Ökonomischen propagiert wird, ist nicht mehr durch das Paradigma des Naturrechts gesteuert, kaum diszipliniert, sondern erweist sich als reiner Dezisionismus einer rechtlich und sozial sanktionierenden Institution.[235]

Auf evangelischer Seite sei fundierte Wirtschaftsethik praktisch nicht existent, so Wolfgang Nethöfel, auf der katholischen Seite hingegen durch den Naturrechtsbezug für die Moderne nur schwer rezipierbar. Den Anschluss an die wissenschaftlichen Fachdiskurse der Moderne verloren zu haben ist das eigentliche Versagen, was Nethöfel der theologischen Ethik beider Konfession zu Recht vorwirft.[236] Hat darum konfessionelle Wirtschaftsethik, die ideengeschichtlich – wie dargelegt – auf den Schultern von Riesen steht, aber derzeit im wirtschaftsethischen Diskurs kaum vernehmbar ist, auch künftig einen eigenständigen Beitrag zu liefern und, wenn ja, welchen?

Wendet man das von Trutz Rendtorff formulierte Diktum, dass Ethik »Begleitwissen« und kein »Bescheidwissen« zur Verfügung stelle,[237] konsequent auf das Feld der Wirtschaftsethik an, dann könnte die evangelische Theologie, so sie willens und vor allem in der Lage ist, sich der Ökonomie als deren Begleitwissenschaft auf Augenhöhe zu stellen, beinahe ideal aufgestellt sein, um einen Beitrag in der wirtschaftsethischen Debatte zu leisten, der den fundamentalethischen Dissens von Karl Homann und Peter Ulrich mit ihrer Anwendung im Mikrobereich zu vermitteln und anthropologisch weiterzuentwickeln vermag. Denn anders als die Wirtschaftswissenschaften stellt theologische Reflexion die heuristisch-semantische wie inhaltlich-anthropologische Kompetenz zur Verfügung, um sich sachgerecht mit ethischen wie anthropologischen Kernthemen zu Fragen von Gerechtigkeit, Gemeinwohl und Menschenwürde auseinanderzusetzen. Denn sie versucht nicht nur zu verstehen, wie Menschen handeln, sondern warum diese so handeln, wie sie handeln. Andererseits hat sie historisch wie konfessionell unter Beweis gestellt, dass sie sich den Wirtschaftswissenschaften methodisch wie ideengeschichtlich erfolgreicher zu nähern vermag, als dies vielen ökonomischen Nachfolgern des Moralphilosophen Adam Smith zu gelingen scheint.

Wer sich fragt, warum die katholische Soziallehre mit Protagonisten wie Oswald von Nell-Breuning oder Joseph Kardinal Höffner die Soziale Marktwirtschaft in ihrer Entstehungsgeschichte nicht nur zu begleiten, sondern substanziell zu prägen vermochte, der konnte beim Blick auf die von ihnen vorgestellten Konzepte sofort feststellen, dass die genannten Theologen ausgebildete Ökonomen bzw. Mathematiker waren, bei denen sich eine Schere zwischen Begleit- und Bescheidwissenschaft kaum aufzutun vermochte. Hinzu kam, dass deren wissenschaftliche Beratung zu Fragen von Subsidiarität und Solidarität auf ökonomisch fruchtbaren Boden fiel. So wie Alfred Müller-Armack und zahlreiche seiner Mitstreiter genug von Theologie verstanden, um Soziale Marktwirtschaft als Wirtschaftsstil auf der von ihm vertretenen christlichen Perspektive vom Menschen zu fundieren,[238] so begründeten auch andere Väter der Sozialen Marktwirtschaft wie Walter Eucken oder Ludwig Erhard das Konzept dahingehend ethisch, dass sie jeder von Menschen bestimmten Wettbewerbsordnung immer auch eine ethische Qualität beimaßen. Selbst Friedrich August von Hayek würde an dieser Stelle zustimmen. Es bedurfte darum keiner von außen kommenden Wirtschaftsethik, um das ethische Fundament der Sozialen Marktwirtschaft auf dem Prinzip der Reziprozität, der Subsidiarität, der Solidarität und auf dem Primat der Würde des Einzelnen und dennoch wettbewerbsorientiert zu verankern, da diese vier Pfeiler ihrerseits theologisch fundierbar, bereits existent und anschlussfähig waren. So waren Gewerkschaften nicht nur eine politische, sondern aus Sicht Nell-Breunings immer auch eine ethisch zentrale Größe mit der Aufgabe, ein bestehendes, systembedingtes Machtgefälle zwischen Arbeitgebern und Arbeitnehmern auszugleichen. Dies sollte später für den Aufbau der Sozialen Marktwirtschaft in Deutschland programmatisch bedeutsam werden.

Auch Protestanten hatten an diesem Aufbau entscheidenden Anteil, wie die Arbeiten von Günter Brakelmann und Traugott Jähnichen eindrucksvoll nachweisen.[239] Dies wäre jedoch ein Anteil, der naturgemäß aus keiner evangelischen Soziallehre heraus generiert wurde. Entsprechend nüchtern stellt sich der Befund auf protestantischer Seite aktuell dar: Ob des fehlenden Lehramtes kann es keine »evangelische Soziallehre« geben, sondern nur eine Sozialethik, was freilich nicht bedeutet, dass keine prägende Wirtschafts- und Sozialethik betrieben worden wäre. Zwar legte etwa Karl Barth keine eigene Wirtschaftsethik vor, er beschäftigte sich aber intensiv mit Ernst Troeltschs *Soziallehren* und las die *Gewerkschaftliche Rundschau* bis hin zur Zeitschrift *Textilarbeiter*, verbunden mit dem Bedauern, »daß ich mich auf der Universität u. auch in Genf so wenig um diese Dinge gekümmert habe«.[240] Die Ergebnisse seiner Überlegungen fasste Barth in einer mit reichem Datenmaterial unterlegten Materialsammlung zur Arbeiterfrage bereits 1913/14 zusammen. Das Bemerkenswerte an Barths Ausarbeitung ist die Tatsache, dass er trotz aller Kritik an der Ausbeutung des modernen Industriearbeiters in Anknüpfung an seine Lektüre nationalökonomischer Literatur Heinrich Herkners Differenzierung aufgreift, dass nicht nur Arbeiter, sondern auch Unternehmer verschiedene Formen von Risiken treffen, die beide in anerkennenswerter Weise zu tragen bereit sind:

Der Arbeiter engagiert im Arb[eits]vertrag seine Person, der Unternehmer engagiert (u. riskiert!) seine Sachen [...]. Natürlich: *gute* Arbeiter werden unter diesen Nachteilen des A[rbeits-]V[ertrags] nicht leiden, die Unternehmer haben ein

Interesse daran, sie zu halten u. gut zu halten[,] während *schlechte* Arbeiter für den Unternehmer Risiko u. Verlust bedeuten.[241]

Entscheidend für die Einordnung wirtschaftsethischer Fragen ins Barth'sche Denken ist jedoch die Beobachtung, dass Arbeit, Wirtschaft und Beruf in der *Kirchlichen Dogmatik* in erster Linie immer in ihrer Anbindung an menschliche Existenz vor Gott betrachtet werden. Barth ist weniger an den Rückwirkungen von Arbeit auf Wirtschaft und Gesellschaft interessiert als an den Auswirkungen und Rückwirkungen des Berufes und des Eigentums auf das Verhältnis des Menschen zu Gott.[242] So wird verständlich, warum nach Ansicht des Verfassers der ersten explizit evangelischen Wirtschaftsethik, Georg Wünsch, vonseiten der dialektischen Theologie keine systematische Wirtschaftsethik erwartet werden konnte. Darum unternimmt Wünsch als christlicher Sozialethiker zunächst 1925 in seinem Aufsatz *Religion und Wirtschaft* in Anknüpfung an den gleichnamigen Aufsatz von Ernst Troeltsch und zwei Jahre später in seiner *Evangelischen Wirtschaftsethik* den Versuch, eine pointiert wertphilosophisch unterlegte Beziehungsbeschreibung von Wirtschaft und Gesellschaft zu verfassen.[243] Während der später für Heidegger so problematische Begriff des »Wertes« für Wünsch noch eine zentrale Rolle einnimmt, kommt der Begriff »Gerechtigkeit« im Sachregister seiner *Evangelischen Wirtschaftsethik* gar nicht vor. Wünsch geht es methodisch vielmehr darum,

> Teile eines großen Themas zu bewältigen, vor dem der Protestantismus immer wieder zurückgeschreckt ist in dem Gefühl der Unzulänglichkeit, beide Sachgebiete, Religion und Wirtschaft, zu einer einheitlichen sittlichen Zielsetzung zusammenzudrängen.[244]

Die Krise der Wertphilosophie in der zweiten Hälfte des 20. Jahrhunderts führte jedoch dazu, dass erst in den 1980er-Jahren die nächste große Wirtschaftsethik des vom religiösen Sozialisten Leonhard Ragaz geprägten Arthur Rich vorgelegt wurde, wodurch das Thema in der evangelischen Ethik in der Folge bei Martin Honecker, Trutz Rendtorff, Karl-Wilhelm Dahm oder Eilert Herms präsent wurde, wobei Letzterer seine Wissenschaft spezifisch als Anbieterin von Orientierungswissen auf Grundlage einer theologischen Gesellschaftstheorie wirtschaftsethisch profilieren will.[245]

Arthur Richs Bestreben war es, den Begriff des »Menschengerechten« ins Zentrum seines Denkens zu rücken. Auf Grundlage dieses Begriffs sei es möglich, Christen und Nichtchristen über Ökonomie ins Gespräch zu bringen. Mit seiner Wirtschaftsethik in zwei Bänden legte Rich sechzig Jahre nach Georg Wünsch die zweite, prononciert evangelische Wirtschaftsethik vor, ohne allerdings wie Wünsch das Attribut »evangelisch« im Titel zu verwenden. Im ersten Band beschäftigt sich Rich, den Faden Wünschs wieder aufnehmend, mit der methodischen Grundlegung einer Wirtschaftsethik aus protestantischer Perspektive, während er im zweiten Band sein Konzept des »Lebensdienlichen« und des »Sachgemäßen« auf wirtschaftsethische Sachfragen anwendet – von der Wahl einer menschengerechten Wirtschaftsordnung bis hin zu einer möglichst humanen Gestaltung des Welthandels.[246] Für Rich ist Wirtschaftsethik keine Tugend- oder Wertelehre, sondern ein Spezialfach der Sozialethik, welches sich mit der Beschaffenheit und der ethischen Einordnung und Bewertung von ökonomischen Strukturen und Institutionen auseinandersetzt. Das »Sachgemäße« und das »Menschengerechte« werden dabei als Leitbegriffe und Maßstab seiner Wirtschaftsethik eingeführt.[247] Nach Richs prägender Arbeit und deren theologischen Ablegern in den 1970er- und 1980er-Jahren folgt in den 1990er-Jahren Günther

Meckenstocks Wirtschaftsethik, die das Thema als Gesamtdarstellung in Form einer theologisch-ideengeschichtlichen Auseinandersetzung mit den Wirtschaftswissenschaften in einer makroökonomisch rezipierbaren Weise aufgreift.[248]

Im Vergleich zum eingangs beschriebenen wirtschaftsethischen Schulstreit innerhalb der Ökonomie und einer lehramtlich-naturrechtlich unterlegten katholischen Soziallehre fallen protestantischerseits bemerkenswerte Parallelen, aber auch signifikante Unterschiede auf: Komplette Wirtschaftsethiken werden nur wenige vorgelegt, die ihrerseits nur bedingt ökonomisch rezipiert werden. Nach den Gesamtentwürfen eines Arthur Rich oder Günther Meckenstock folgten in den 1990er- und 2000er-Jahren Aufsätze und Sammelbände, von Eilert Herms oder Wolfgang Huber,[249] zu einzelnen wirtschaftsethisch relevanten Themen, aber fast keine Gesamtdarstellungen. Mit einer Ausnahme: Protestantisch geprägte, sozialethische Beiträge finden sich profiliert auch in dem 1999 von der Görres-Gesellschaft in vier Bänden herausgegebenen *Handbuch der Wirtschaftsethik* wieder, das jedoch bewusst den Charakter eines Nachschlagewerks und Kompendiums hat, das Schulen und deren Positionen abbildet, aber keine neuen Positionen schafft.[250] Dennoch spiegelt das protestantische Profil der Wirtschaftsethik die vermeintliche Zerfaserung der ökonomischen Wirtschaftsethik in den 1990er-Jahren, allerdings mit dem Unterschied, dass jeder »Schulstreit« protestantischerseits systematisch gewollt und erwartbar ist, denn »*die* protestantische Wirtschaftsethik« gibt es nicht, sie kann es nicht geben, da diese zwar genauso wertphilosophisch wie naturrechtlich, religiös sozialistisch oder auch utilitaristisch unterlegt werden kann, aber aufgrund des fehlenden Lehramts niemals verbindlich in eine Richtung. Da das Naturrecht aus evangelischer Sicht den selben Status wie andere ethische Theorien hat, kann es nur dann einbezogen werden, wenn es sich als plausibel erweist.

Theologische Reflexion zu den Denkschriften der EKD

Wie aber kann umgekehrt evangelische Wirtschaftsethik an Profil verlieren, wenn die Zahl der Denkschriften zu wirtschaftsethischen Themen steigt? Die Antwort gibt eine theologische Analyse solcher kirchlichen Stellungnahmen/ Sozialworte der Jahre 1997, 2008 und 2014. Denn bemerkenswerterweise werden die offenkundigen Stärken der katholischen Soziallehre, nämlich deren Eindeutigkeit in den lehramtlich autorisierten Ergebnissen sowie deren gesellschaftliche Debatten prägenden Begrifflichkeiten wie »Subsidiarität«, scheinbar vorbehaltlos geteilt, ohne auf evangelischer Seite zu bemerken, welche normativen und anthropologischen Konzepte einer darauf fußenden »Social-Lehre« zugrunde liegen.[251] Als Beispiel dafür mag die Genese des in seiner Intention positiv zu bewertenden, wenn auch außerhalb der Kirchen kaum rezipierten Papiers des Rates der EKD gelten, das 1997 zusammen mit der Deutschen Bischofskonferenz als gemeinsames Wort der Kirchen zur wirtschaftlichen und sozialen Lage in Deutschland unter dem Titel *Für eine Zukunft in Solidarität und Gerechtigkeit* veröffentlicht wurde.[252]

In diesem Papier werden »Perspektiven und Impulse aus dem christlichen Glauben« bei der Gestaltung von Wirtschaft und Gesellschaft benannt.[253] Nach der Betonung des doppelten Liebesgebotes und der vorrangigen Option für Arme und Benachteiligte in der biblischen Überlieferung nehmen die Kirchen zum Gerechtigkeitsbegriff Stellung, um danach zum Subsidiaritäts- und Solidaritätsprinzip zu kommen.[254] Dargelegt wird im Wesentlichen das aristotelisch-thomistische Verständnis des Gerechtigkeitsbegriffs, ohne ein solches Verständnis allerdings konfessionell zu differenzieren. Zudem setzt man sich weniger sozialethisch als sozialpolitisch mit Problemen wie Massenarbeitslosigkeit, Mindestlohn oder der Struktur sozialer Sicherungssysteme in Deutschland auseinander. So gesehen handelt es sich um eine so anspruchsvolle wie im konkreten Fall theologisch problematische Gratwanderung. Denn zum einen sollten EKD-Denkschriften vermeiden, durch die unkritische Reflexion naturrechtlich unterlegter Begrifflichkeiten die Orientierung am biblisch-reformatorischen Verständnis des Menschen zu verlieren.[255] Zum anderen sind ökonomisch kaum fundierte Appelle und normative Handlungsempfehlungen an Politik und Wirtschaft mit Vorsicht zu gebrauchen, wollen sie sich nicht der Kritik der mangelnden Sachkenntnis aussetzen und dadurch selbst entwerten.

Ein Beispiel, bei dem der Inhalt hinreichend mit den Vertretern des zu begleitenden Anwendungsbereichs, also Unternehmern wie Ökonomen, abgestimmt wurde, aber das Problem in der Kommunikation nach innen sich als bemerkenswert schwierig erweist, ist die sogenannte »Unternehmerdenkschrift« der EKD[256] aus dem Jahre 2008, die im Kontext der damaligen Bremer Synode vom Ratsvorsitzenden und in der Folge von Heinrich Bedford-Strohm gegen das Papier »Frieden mit dem Kapital?« verteidigt werden musste.[257] Einer von zahlreichen Vorwürfen darin lautete, die Denkschrift sei das »Dokument einer neoliberalen Wende der EKD, die sich der mächtigsten Klasse des herrschenden Systems anbiedere.«[258] Infrage gestellt wird dabei so Grundsätzliches wie die Bejahung unternehmerischen Handelns als unverzichtbare Produktivkraft einer Gesellschaft und das System der Marktwirtschaft insgesamt. Dass dies so kontrovers innerhalb einer EKD-Synode diskutiert wird, erklärt gleichzeitig, warum derlei Diskurse außerhalb kirchlicher Räume als kaum rezipierbar erscheinen.

Defizitär erscheint umgekehrt die systematisch-theologische Profilierung einer Wirtschaftsethik, während die katholische Soziallehre auch im Lichte der 2009 veröffentlichten Enzyklika *Caritas in veritate* nach wie vor selbsterklärt und umfänglich auf dem Fundament des Naturrechts fußt.²⁵⁹ Evangelische Wirtschaftsethik vermag zwar wirtschaftsethische Studien mit akademisch ausgewiesenen Mittelpositionen vorzulegen²⁶⁰, aber anders als die katholische Seite keine eigenen protestantisch profilierten Entwürfe, wie der weithin unkenntliche evangelische Beitrag im Gemeinsamen Papier aus dem Jahre 1997 belegt. So formuliert Wolfgang Nethöfel:

> Das ist vielleicht noch die freundliche Version. Man könnte härter erzählen von den desaströsen Folgen eines sich blähenden Provinzialismus. Die Mischung von Ignoranz und Arroganz ist heute noch ablesbar an der Ausblendung ganzer Wirklichkeitsbereiche im theologischen Mainstream, vom Ausfall ganzer Nachwuchsgenerationen für die kontinuierliche Bearbeitung neuer materialethischer Themenfelder auf internationalem Niveau. Es wäre auch zu erzählen von den korrespondierenden Verdrängungen, Verzerrungen und Verschiebungen, die das auf der anderen Seite produziert hat, […] von der jedenfalls hierzulande weit verbreiteten theoretischen Rückständigkeit einer ganzen theologischen Zwischengeneration, nicht nur im Umgang mit ökonomischen Theorien, sondern auch im eigenen theologischen Paradigma […].²⁶¹

Wie aber kann angesichts dieses Befundes eine protestantische Wirtschaftsethik künftig aussehen, die das schafft, was ihr selbst auch zu vermeintlich goldenen Zeiten Arthur Richs nur bedingt gelungen ist – nämlich außerhalb evangelischer Theologie wahrgenommen und aktiv rezipiert zu werden? Was wären ihr *proprium* und ihre theologische Mitte? Als anthropologische »Begleitwissenschaft« im Rendtorff'schen Sinne Ökonomie aus christlicher Perspektivität wissenschaftlich zu strukturieren – was als Aufgabenbeschreibung selbstverständlich klingt, ist es nicht. Ein aktuelles Beispiel: Im jüngsten Gemeinsamen Wort der EKD und der Deutschen Bischofskonferenz »Gemeinsame Verantwortung für eine gerechte Gesellschaft« (Februar 2014) fällt bereits einleitend sprachlich auf, dass dort »das Kapital global agiert«, als sei diesem eine Moralfähigkeit inhärent.[262] So allgemein wie pauschal wird danach konstatiert, »die christliche Wirtschaftsethik« habe stets kritisiert, dass wirtschaftliche Aktivität kein Selbstzweck sei. Inhaltlich ist dies sicherlich so richtig wie von verschiedenster Seite immerfort wiederholt worden ist (»Der Markt ist für den Menschen da und nicht umgekehrt.«). Nur wird mit einer solchen Formulierung theologisch insinuiert, es gäbe eine solche »christliche Wirtschaftsethik« als einheitliche, überkonfessionelle Entität oder eine einheitliche kirchliche Lehrmeinung zu wirtschaftsethischen Themen, was freilich nicht der Fall ist.

So wie die politischen Meinungen zum Renteneintrittsalter oder Mindestlohn divergieren, so tun dies in einer Kirche ohne verbindliches Lehramt naturgemäß auch die theologischen Positionen dazu – eine Pluralität, die das Papier aus protestantischer Sicht nicht abbildet, wenn Aussagen zum Renteneintrittsalter einerseits verbindlich oder gar einseitig getroffen werden, es aber andererseits an theologischen Begründungen dafür konkret fehlt, aus dogmatischer Sicht fehlen muss. Ein Beispiel: Ein Managergehalt wird nicht dadurch kategorisch gerecht oder ungerecht, dass es zehn-, hundert- oder dreihundertmal so hoch angesetzt wird wie das Gehalt eines einfachen Angestellten, sondern dass es eine erbrachte Leistung in Form einer monetären Gegenleistung angemessen remuneriert oder nicht – und erst so die Begründung zu liefern vermag, wie statt eines Bonus auch ein Malus wirtschaftsethisch legitim sein kann. Dieses Defizit, solch konkrete Forderungen nach Limitierung der Managerbesoldung oder umgekehrt nach einem Mindestlohn als Ausdruck der Würde von Arbeit nicht hinreichend theologisch fundieren zu können, durchzieht das Gemeinsame Sozialwort der Kirchen

(2014). Stattdessen werden dort als wesentliche Auslöser der Finanzmarktkrise »Maßlosigkeit«, »bis ins Kriminelle gesteigerte Selbstherrlichkeit« und »Gier« identifiziert.[263]

Dass anthropologisch die Annahme mindestens fragwürdig erscheint, ein Jakob Fugger sei mehr oder weniger gierig, maßlos oder selbstherrlich gewesen als heutige Marktakteure, bedarf historisch keiner näheren Erläuterung. Jedoch ist der ökonomisch zentrale Punkt vielmehr der, dass einem unter anderem von Martin Luther massiv kritisierte Fugger und früheren Generationen im Vergleich zur heutigen Finanzwirtschaft schlicht die Hebelungsmöglichkeiten fehlten, um mit ihren Geschäften ganze Volkswirtschaften zu gefährden. Jakob Fuggers im Vergleich zu modernen Banken enorm hohe, vom Rohstoffabbau gespeiste Eigenkapitalquote aus seinen Minen in Ungarn und Tirol bedeutete immer auch ein Mehr an persönlicher Haftung. Die Konsequenz: Wer eigenes Geld riskiert, agiert in aller Regel vorsichtiger. Eben dies und nicht ein unterschiedliches Maß an Gier unterscheidet ökonomisch einen Bankier von einem Banker, während »das Kapital« ohne haftbare Akteure genauso wenig moralfähig ist, wie es *die* christliche Wirtschaftsethik oder *die* kirchliche Position zu Bankenregulierung, Mindestlohn oder Renteneinstiegsalter geben kann, wie gemeinsame Sozialworte der Kirchen in Deutschland (1997 wie 2014) überkonfessionell zu suggerieren scheinen. Denn eine wirtschaftsethische Position aus christlicher Perspektive wird nicht durch ihre soziopolitischen Forderungen, sondern primär durch ihre theologische Fundierung zu einer solchen. Hier ist das Gemeinsame Papier der Kirchen aus dem Jahr 2014 noch deutlich dünner als sein Vorgänger aus dem Jahre 1997: So finden sich 2014 im Abschnitt »Orientierung aus christlicher Verantwortung« kaum fünf Seiten mit pauschalen Verweisen auf das Gebot der Nächstenliebe, auf die Bergpredigt und die »Option für die Armen«.[264]

Protestantische Alternative: Ein anthropologisch-hermeneutischer Zugang

Was aber wäre die Alternative? Wie eine solche pointiert theologische Begründung in einem explizit kirchlichen, kapitalismuskritischeren Papier (»Diese Wirtschaft tötet«) gelingen kann, zeigt ein Blick in das klar südamerikanisch kontextualisierte, aber theologisch weit anspruchsvollere Sendschreiben *Evangelii Gaudium* von Papst Franziskus, der im ausführlichen Rekurs auf die naturrechtlich-scholastischen Grundlagen der katholischen Soziallehre durchgehend eine biblisch-theologische Begründung für seine Aussagen zu formulieren vermag, um sie erst dann mit konkreten Forderungen zu verbinden.[265] Auch wenn sich Franziskus an eine andere Leserschaft wendet: Für evangelische Theologie problematisch bleibt jedenfalls die den katholischen Positionen zugrunde liegende naturrechtliche Fundierung, wie das Eingangszitat von Nethöfel hinreichend verdeutlicht.

Was aber macht dann eine protestantische Wirtschaftsethik konkret protestantisch? Weder kann es ihr lehramtlicher Anspruch noch ihre Uniformität sein. Protestantisch wird diese, indem sie ethische Grundfragen theologisch strukturiert, wie etwa die Beobachtung, dass es abstrakt keine Systemverantwortung und damit keine Haftung geben kann, da »die Deutsche Bank« oder »die Bundesrepublik« genauso wenig moralfähig sind wie »das Kapital« oder »die Klasse der Arbeiter und Bauern«, sondern nur die in ihr und für sie auftretenden natürlichen Personen. Dabei ist die dahinter liegende Systemfrage hochrelevant, nur kann man Systeme in der Regel nicht auf Anklagebänke setzen, sondern nur deren Vertreter.

Wenn nun die aktuelle Bankenkrise von einigen Beobachtern als großes systemisches Scheitern fast wie ein Naturereignis kommentiert wird, wäre die spezifisch protestantische Kritik vor dem Hintergrund ihres Freiheits- und Berufsbegriffs die, individuell zurechenbare Handlungen nicht als Ergebnis naturgegebener Strukturen zu interpretieren und kollektiv zu nivellieren, sondern aus einer spezifisch christlichen Perspektivität der Wirklichkeit heraus die Bankenkrise als individuell verantwortbar bzw. unverantwortlich zu beschreiben. Auch wird protestantische Wirtschaftsethik keinen lehramtlich verbindlichen Anspruch erheben können oder wollen. Protestantisch an einer so verstandenen Wirtschaftsethik wäre letztlich ihre Anthropologie, und genau damit kann sie sich von einem Schulstreit wie im Fall Homann-Ulrich fundamentalethisch genauso abheben wie von jeder kleinteiligen Unternehmensethik als degradierter Teilbereich des Controlling oder auch von unternehmerischen CSR-Katalogen aus einer rein deskriptiven Betrachterperspektive ohne hinreichend fundamentalethische Fundierung. Sie wird auch nicht der Versuchung erliegen, »*das* christliche Menschenbild«, »*die* christliche Wirtschaftsethik« oder im Sinne Georg Wünschs pauschal gar eine Hierarchisierung »*der* christlichen Werte« zu propagieren, sondern vor allem eines anstreben: Sie wird der Ökonomie und den an den Märkten agierenden Individuen und Gruppen vermitteln, dass es verschiedene Perspektiven auf Marktteilnehmer gibt, von denen ihre, die christliche, eine ist, die ermöglichen kann, Menschen in Märkten als individuelle, ethisch verantwortliche Akteure zu betrachten. Sie wird Legitimität jenseits der Frage nach reiner Legalität zu begründen versuchen: Reicht es etwa, wenn ein Kaufmann nach Strafgesetzbuch ehrlich ist, oder darf man von ihm erwarten, ehrbar zu sein, d. h. hält er nur die Gesetze ein, oder beurteilt er sein individuelles Handeln nach dessen ethischer Qualität?

Protestantisch wäre an dieser Stelle zudem der unzweideutig formulierte Hinweis, dass der einzelne Akteur im Rahmen seiner Freiheitsausübung stets eine Verantwortung trägt, die er nicht an »die Märkte« abstrakt delegieren oder auf Sachzwänge von »Spielregeln«, Gesetzen oder Befehlsnotständen abwälzen kann. »Zur Freiheit hat uns Christus befreit« (Galater 5,1): Zur Freiheit eines Christenmenschen gehört die Bereitschaft, jene undelegierbare Verantwortung für das eigene Handeln zu übernehmen. Aufgabe einer auf einem so verstandenen freiheitlichen Fundament basierenden protestantischen Wirtschaftsethik wäre es also all denjenigen, die sich mit den diesem zugrunde liegenden, fundamentalethischen Fragen beschäftigen, zu kommunizieren, dass kein System und keine Institution / Markt / Gesellschaft / Staat diese individuelle Verantwortung kollektiv übernehmen kann oder darf. Gerade die beschriebene Komplexität der aktuellen Probleme an den Finanzmärkten wie die Krise des Naturrechts, die nicht einfach »universale Sittengesetze« zu postulieren, geschweige denn durchzusetzen vermag, sondern diese Positionen allgemein plausibel machen sollte, führt zu einer der zentralen Aufgaben theologischer Wirtschaftsethik: nämlich aufzuzeigen, unter welchen Bedingungen Menschen verantwortliche Marktteilnehmer sein können und sollen. Im Ergebnis werden dies nur Marktbedingungen sein, die das Wohl der anderen Teilnehmer als Nächsten im Blick haben, die gerecht und fair sind, die andere und besonders die schwächsten Marktteilnehmer nicht übervorteilen. Und die kommuniziert, dass es nicht »das Unternehmen« oder »der Fiskus« sein kann, der sich abstrakt unfair verhält oder Regeln von *good governance* verletzt, sondern dass nur die für das Unternehmen oder den Staat konkret handelnden Akteure moralfähig sind.

Von der »appellativen« zur »intervenierenden« Wirtschaftsethik

Eine solche Perspektive bereichert auch den von ökonomischer Seite angestrengten aktuellen wirtschaftsethischen Diskurs, weil sie vor kurzsichtigen Reduzierungen eines Bildes vom Menschen als reinem Nutzenmaximier und Effizienzkalkulator zu warnen vermag. Verkürzte ökonomische Menschenbilder sind dahingehend nicht »realistisch«, während der Mensch in biblischer Perspektive als Geschöpf Gottes immer durch ein »Mehr« konstituiert ist. In der anthropologischen Reflexion konkreter Unternehmenszusammenhänge muss sie ihre Qualität erweisen. Sie muss, um es auf einen Begriff zu bringen, »intervenierende Ethik« sein, die ökonomisch genauso fundiert werden muss wie theologisch. Damit wird eine klare Abgrenzung zu rein appellativen Äußerungen mancher kirchlicher Stellungnahmen vorgenommen. Angestrebt wird die wirtschaftsethische Reflexionstiefe der katholischen Soziallehre, allerdings mit den erwähnten ordnungstheologischen und anthropologischen *propria* einer Ethik, die ohne kirchliches Lehramt oder den vorrangingen Diskurs auf die brüchigen Fundamente des Naturrechts auskommt und individualethisch ansetzt, statt abstrakt auf »das System«, »die Regeln«, »den Staat« oder »die Firma« zu verweisen.

Was ist denn der entscheidende Grund dafür, dass angewandte Ethik und theologische Ethik sich immer fremder zu werden scheinen, und warum bemerkt man das in der Bioethik, der Technikethik oder in einer globalen Wirtschaftsethik eher als bei fundamental- oder metaethischen Fragen? Hier greift das, was in dieser Untersuchung als »intervenierende Ethik« entwickelt wird. Intervenierende Ethik ist eine Ethik, die sich bemüht, ökonomische, politische oder medizinische Zusammenhänge, deren logische Strukturen, Entwicklungen und aktuellen Stand zu erfassen, bevor sie zu ethischen Appellen kommt. Natürlich hat jede Ethik immer auch ein appellatives Element, da sie Wirklichkeit letztlich verändern möchte. Doch vielfach wird das Appellieren vor das Analysieren von Wirklichkeit gestellt, und jene Ethikansätze, die dieser Versuchung erliegen, werden im vorliegenden Buch als »appellative Ethiken« beschrieben. In der Wirtschaftsethik wären das solche Ethiken wie die von Ulrich Duchrow, die zum

»richtigen Wirtschaften« aufrufen und sofort moralisierend appellieren, ohne die oftmals sehr komplexen Zusammenhänge der Bezugswissenschaft erfasst zu haben.²⁶⁶

Moralisieren ist dabei das Gegenteil ethischer Reflexion, da Moralisierer über andere urteilen möchten, während Ethiker bemüht sind, systematisch zu verstehen. Der dem freien Christenmenschen mitgegebene Auftrag, die Potenziale der ihm geschenkten Freiheit zum Wohl anderer zu nutzen, ist das, was eine Wirtschaftsethik aus protestantischer Perspektive darum letztlich immer auch appellierend einfordert – als intervenierende Ethik, die ökonomische Verantwortung individuell zu identifizieren und im Rückgriff auf ihr protestantisches Freiheitsverständnis einzufordern vermag. Und dieses ist eben nicht immer deckungsgleich mit dem systemischen Freiheitsverständnis eines Marktes, der Werte schafft, aber eben auch Ungerechtigkeiten. Systeme und Strukturen sind wichtig, aber weder moralfähig noch anklagbar.

Was eine »appellative« Ethik, wie sie Ulrich Duchrow und andere entwerfen, so problematisch macht, illustriert Ernst-Wolfgang Böckenförde an der Problematik einer »appellativen politischen Theologie«, deren Dilemma sich im Kern mit jeder appellativen Wirtschaftsethik deckt: Eine appellative Ethik oder Theologie beschreibt nicht nur die Begründung, sondern »die Ausformung des glaubensmotivierten politisch-sozialen Engagements der Christen, zielt unmittelbar auf Aktion.«²⁵⁷ Statt im Detail zuerst nach theologischer Begründung zu suchen, zielt eine solche »appellative« Theologie für Böckenförde »unmittelbar auf Aktion«. Und eben dieses »unmittelbar« ist es, was eine appellative von einer intervenierenden Ethik unterscheidet. An das Verantwortungsbewusstsein von Handelnden zu appellieren ist aus kategorischer Sicht etwas anderes als der vermeintlich christliche Appell »Führt einen Mindestlohn in Höhe von x Euro ein« oder »Kappt die Managergehälter um y Prozent« oder »Führt die Tobin-

Steuer ein!«.[268] Intervenierend ist hingegen eine Ethik, die sich in die Bezugswissenschaft eindenkt und ihre Rationalität zunächst selbst nachzuvollziehen versucht, bevor sie diese kritisiert. *Inter-venieren* kann nur derjenige, der zunächst gelernt hat, zu *kon-venieren* und mit dem anderen ein Stück zu gehen, oder der zumindest einen realistischen Eindruck hat, wie der Weg des anderen aussieht, von dem er einen Kurswechsel oder sogar eine Umkehr erwartet. Erst dann kann er die Rationalität und vermeintliche »Sachzwänge« (vgl. Peter Ulrich), etwa die der Ökonomie, infrage stellen. Dem liegt die Erfahrung zugrunde, dass manche Ökonomen ihre Wissenschaft in dem Sinne für »wertfrei« erachten, dass sie jede ethische Intervention von außen bereits als Zumutung empfinden. Die Fiktion einer wertneutralen Wissenschaft kann nur jedoch derjenige kritisieren, der deren Rationalität wissenschaftlich erarbeitet und sie mit der eigenen Sicht vom Menschen kontrastiert hat. Nur so kann christliche Theologie mit ihrer spezifischen Sichtweise des Freiheitsbegriffs wirklich dazu beitragen, gesellschaftliche Fehlentwicklungen nachhaltig zu korrigieren, statt deren Existenz anzuprangern, ohne die tieferen Gründe für entsprechende Missstände zu verstehen. Es geht um hermeneutisches Verstehen. Erst wer diese Arbeit bewältigt hat, kann legitim intervenieren, Chancengerechtigkeit und Fairness einfordern. Eine so verstandene Wirtschaftsethik aus protestantischer Perspektive will damit ein »dritter«, kategorisch anderer Weg sein zwischen den Extremen eines neoliberal-individualistischen und eines kollektiv-sozialistischen Freiheitsverständnisses, ohne damit hermeneutisch eine neue ökonomische Ordnungstheologie begründen zu wollen. Einen solchen »dritten« Weg im letzteren Sinne hat auch die katholische Soziallehre zu beschreiten versucht. Dabei hat sie jedoch ihren Schwerpunkt nicht auf die Rechtfertigung, sondern die Natur des Menschen gelegt – mit allen damit zusammenhängenden Stärken und Problemen.

Gegen jeden individualethisch konstruierten protestantischen Ansatz kann man den Vorwurf erheben, dass er gerade wegen der Vielzahl protestantischer Positionen – anders als die katholische Seite – nichts Einheitliches oder lehramtlich Verbindliches sagen könne. Das ist im Kern so erwartbar wie theologisch gewollt: Es gibt sie nicht, »*die* protestantische Sicht« zum Euro, zur Legitimität des Investmentbanking oder irgendeinem Freihandelsabkommen. Aus protestantischer Sicht sind Strukturen und Systeme so wichtig wie die hinter ihnen stehenden Individuen, d. h. jene Strukturen sind »gut« oder »gerecht«, die Marktteilnehmern die Übernahme von Verantwortung zum Wohl ihrer Mitmenschen ermöglichen. Das Beispiel Investmentbanking zeigt, wie Individuen alle denkbaren Strukturen in einem Geschäftsfeld beinahe im Alleingang zum individuellen Nutzen und auf Kosten anderer manipulieren konnten und damit neue, ungerechte Strukturen im Bankwesen schafften, die zu Übervorteilung, Unrecht und folglich Unfreiheit führten, weil einzelne Akteure strukturelle Anreize zum bewusst riskanten Umgang mit dem Geld anderer Leute schafften. Die daraus resultierenden Krisen sind keine Naturereignisse, sondern von Menschen gemacht. Das zu erkennen, zu beschreiben und wirtschaftsethisch zu strukturieren wäre eine evangelische wie ökonomisch anschlussfähige Sicht der Dinge. Protestantisch wird sie in ihrer Außenwirkung, indem sie im Geiste der Speyrer *protestatio* von 1529 um die politische wie ökonomische Dimension ihres Glaubens genau weiß: Für ihre Glaubensüberzeugungen mitten in der Welt einzutreten und notfalls auch bis zur Spitze von Staat und Gesellschaft öffentlich zu protestieren, gab den »Protestanten« nach den Reichstagen von Speyer und Augsburg schließlich ihren Namen.

Wie geht man vor dem Hintergrund dieser Aussage damit um, dass die Mehrheit der Marktteilnehmer weltweit keine Christen sind, aber keinesfalls als Adressaten einer Wirtschaftsethik aus christlicher Perspektive ausgeklammert werden dürfen? Die Begründung wirtschaftsethischer Maßstäbe unterscheidet Christen und Nichtchristen, die Maßstäbe selbst werden sich aber erstaunlich oft überschneiden. Genau diese Gemeinsamkeiten gilt es, unter deutlicher Benennung der eigenen, geistigen und geistlichen Wurzeln zu identifizieren und für die Herstellung von Gerechtigkeit im Sinne von individueller Chancengerechtigkeit national wie global nutzbar zu machen – in Märkten, die im 21. Jahrhundert nicht mehr an nationale Grenzen gebunden sind, und in theologischen Stellungnahmen, die diesem Anspruch theologisch wie ökonomisch gerecht werden und diesen nach außen zu kommunizieren vermögen. Hier können die Protestanten von Papst Franziskus und *Evangelii Gaudium* lernen: Kommunizierbar ist auch in der Wirtschaftsethik nur, was begrifflich klar oder zumindest theologisch (er)klärbar ist.

Teil II
Wirtschaftsethische Begrifflichkeiten

> *»Aber er hat ja gar nichts an!«,*
> *sagte endlich ein kleines Kind.*
> Hans Christian Andersen,
> *Des Kaisers neue Kleider*

Begrifflichkeiten einer Wirtschaftsethik unter den Bedingungen der Globalisierung aus theologisch-ethischer Sicht

Am Menschenbild entscheidet sich laut Oswald von Nell-Breuning die Sozialethik und damit auch die Wirtschaftsethik: Nach dem theologiegeschichtlichen Überblick über die Entwicklung der Wirtschaftsethik als eigenständiger Teildisziplin innerhalb von Ethik und Theologie sollte deutlich geworden sein: Eine Wirtschaftsethik mit globaler Perspektive wird stärker ein Verständnis von Gerechtigkeit im Sinne von Chancengerechtigkeit und dem lutherischen Verständnis von Billigkeit vermitteln und weniger versuchen, der Ökonomie ein am Gemeinwohlbegriff orientiertes, naturrechtlich geprägtes Ordnungskonzept überzustülpen. Luther selbst wählt den am individuellen Ermessen orientierten Begriff der »Billigkeit«, um zu verdeutlichen, dass der Mensch immer als Einzelner vor Gott steht, während er vor den Menschen nach eigenem Ermessen, nach bestem Wissen und Gewissen Entscheidungen treffen muss. Eine Wirtschaftsethik aus protestantischer Perspektive wird daher vom Individuum zum Gemeinschaftsbegriff kommen und nicht umgekehrt. Sehr deutlich definiert Emil Brunner als Nichtlutheraner in seinen Ausführungen zu den »Normen der Wirtschaft« die evangelische Position hinsichtlich eines Gemeinschaftsbegriffs, der auf dem Konzept von Gleichheit beruht:

> Das egalisierende Naturrecht gehört nicht in die Welt der Bibel, sondern in den Zusammenhang des stoischen Rationalismus. Schöpfung bedeutet nun einmal – ganz abgesehen von der Sünde – unbegreifliche Ungleichheit, Unberechenbarkeit. Der egalitäre Gedanke entsteht nicht aus der Verehrung des Schöpfers, sondern aus dem Willen, dem Schöpfer vorzuschreiben, wie es sein müßte, aus dem Gedanken, daß der Schöpfer allen dasselbe schulde. Darum, weil er der Schöpfungsordnung widerspricht, wirkt er auch lebenszerstörend. Gleichmacherei ist Ertötung der wirtschaftlichen Lebendigkeit. Aber damit ist keine Rechtfertigung der jeweils gegebenen Ungleichheit durch den Schöpfungsgedanken gemeint; denn an ihr ist immer auch – und in welchem Maße! – die Sünde beteiligt. Die je faktisch vorhandene Ungleichheit ist jederzeit vor allem das Produkt egoistischer Ausnützung von Vorteilen, des brutalen Willens der Stärkeren und Skrupellosen […], und es ist kein Zufall, daß im Zeitalter und im Land des manchesterlichen Kapitalismus Darwins Theorie vom *survival of the fittest* ausgedacht wurde. Wo die Volksgemeinschaft das wirtschaftliche Leben sich selbst überläßt, zeigt es mit Notwendigkeit die Züge dieses rücksichtslosesten Kampfes ums Dasein.[269]

Seine Würde und Einmaligkeit bezieht der Mensch nicht aus der Gesellschaft, sondern allein dadurch, dass er als Ebenbild Gottes geschaffen wurde. Trutz Rendtorff weist pointiert darauf hin, dass Begriffe ihre Geschichte haben, und dass diese Geschichte im Fall des Subsidiaritätsprinzips eindeutig auf einen naturrechtlich fundierten Ordnungsbegriff gestützt ist. Dahinter stand das Verlangen, sich gegen einen aufkommenden Individualismus zu wenden, ein Gedanke, der nach 1945 in der Konzipierung der Sozialen Marktwirtschaft aufgegriffen und stark rezipiert wurde.[270] Dabei nimmt Rendtorff eine wichtige begriffliche Klärung vor: Versteht man das Subsidiaritätsprinzip als Beschreibung des Verteilungsmechanismus von Aufgaben in bereits bestehenden, homogenen Gemeinschaften, wird mit diesem Prinzip ein »Stück guter Ordnung« formuliert.[271] Interpretiert man es allerdings als »Medium eines pointierten Neuordnungswillens« im Sinne eines dynamischen Prinzips mit dem Ziel, eine Gesellschaft ordnungspolitisch neu zu gestalten, ist ein so verstandenes Prinzip nicht nur aus protestantischer Perspektive problematisch. Evangelische Theologie muss aus Sicht Rendtorffs für eine »personalistische« Interpretation des Subsidiaritätsprinzips eintreten, da der Personenbegriff immer die Möglichkeit der individuellen Entscheidung einschließt.[272] Protestantisch ist eine solche Position insofern, als sie den christlichen Auftrag in modernen Gesellschaften eben nicht mit, sondern gegenüber dem Staat und seinen Institutionen definiert. Dies bedeutet keine zwangsläufige Opposition zur katholischen Soziallehre, macht aber deutlich, dass sich christliche und weltliche Ordnungen zuweilen nicht decken. Trutz Rendtorff bedient sich dabei des Ausdrucks »weltliche Christenheit«, um ein für die protestantische Tradition wesentliches Merkmal christlicher Existenz in der Gesellschaft zu beschreiben:

> Christliches Handeln und Leben ist nach evangelischem Verständnis niemals mit dem ausdrücklichen Handeln und Leben von Kirche und Gemeinde voll erfasst, sondern vollzieht sich durchaus legitim und sachgemäß in den Vermittlungszusammenhängen von Staat und Gesellschaft.[273]

»Weltliche Christenheit« verwirklicht sich dabei immer konkret durch das Handeln von Individuen statt in »Mammutprogrammen christlicher Weltverantwortung«, was die Fallstudie zum Investmentbanking am Ende dieses Buches illustriert. Umgekehrt gilt, dass nicht Kirchen als abstrakte Entitäten ethische Probleme lösen, sondern die in ihnen zusammengeschlossenen Christen:

> Die Selbstverständlichkeit, mit der die christliche Überlieferung und die Welt des Christentums in die engen Kanäle kirchlich bestimmter Organisation und Aktion geschleust und so der Allgemeinheit streitig gemacht wird, ist Ausfluß dieser Unsicherheit [in der Einschätzung der geschichtlichen Welt der Neuzeit]. Sie erneut in Frage zu stellen, ist ein notwendiger Schritt der Besinnung.[274]

Nun kann es kein Anliegen evangelischer Theologie sein, die Kritik am Subsidiaritätsprinzip als Anlass zum Aufreißen konfessioneller Gräben zu nehmen. Dennoch sollte sich jede protestantische Ethik, die in sozialethischen Fragen auf das Subsidiaritätsprinzip zurückgreift, stets darüber im Klaren sein, dass dessen naturrechtliche Herleitung dem protestantischen Verständnis des Menschen vor Gott nicht in vollem Maße entspricht. Auch das Verständnis von dem, was »Gemeinwohl« beinhaltet, unterscheidet sich in Ghana und Großbritannien weit mehr als etwa das Verständnis von Menschenwürde oder Menschenrechten in beiden Ländern. Das Problem einer eigenständigen »Evangelischen Soziallehre« deutet sich bereits in der problematischen Wahl der Titulatur an. Evangelische Theologie hat »Sozialethiken« und bewusst keine »Soziallehren« hervorgebracht.[275] Dies gilt es auch bei der Lektüre eines gemeinsamen Kirchenwortes *Für eine Zukunft in Solidarität und Gerechtigkeit (1997)* hinsichtlich der Rezeption des Begriffs »soziale Gerechtigkeit« zu berücksichtigen. Soziale Gerechtigkeit im Sinne der katholischen Soziallehre ist eine »Gemeinwohlgerechtigkeit«, die als »Tugend« verstanden wird und alles das, was zum Gemeinwesen gehört, zum Gegenstand hat.[276] Individuelle »Tugend« und allgemeines »Prinzip« werden dabei nicht stringent unterschieden. Zu

Unklarheiten führt dies bei der Frage, wie soziale Gerechtigkeit zu definieren und am Ende faktisch durchzusetzen bzw. langfristig sicherzustellen ist. Wer genau trägt die Verantwortung für eine solche Durchsetzung? Bezüglich der Verwirklichung sozialer Gerechtigkeit heißt es im gemeinsamen Wort der Kirchen:

> In dem Begriff der sozialen Gerechtigkeit drückt sich aus, daß soziale Ordnungen wandelbar und in die gemeinsame moralische Verantwortung der Menschen gelegt sind. Zur Verwirklichung von Gerechtigkeit gehört es daher, daß alle Glieder der Gesellschaft an der Gestaltung von gerechten Beziehungen und Verhältnissen teilhaben und in der Lage sind, ihren eigenen Gemeinwohlbeitrag zu leisten.[277]

Nach evangelischem Verständnis wird sich der freie Christenmensch schon aufgrund des Doppelgebots der Liebe immer und überall um Gerechtigkeit bemühen, ob nun innerhalb oder außerhalb der eigenen Gesellschaft, ob nun auf der Suche nach sozialer, politischer oder familiärer Gerechtigkeit. Hinzu kommt stets die individuelle Verantwortlichkeit vor Gott, woran sich jedes menschliche Handeln messen lassen muss. Albert Schweitzer, selbst »durch und durch Individualist, d. h. nicht nur von Natur, sondern auch aufgrund von Erfahrung und Denken der geborene und verschworene Gegner alles [sic!] Kollektivismus«[278] war, drückt diesen Zusammenhang wie folgt aus:

> Der Mensch darf niemals aufhören, Mensch zu sein. In aller Tätigkeit darfst du nie unpersönliche Energie, Ausführungsorgan irgendeiner Sache, Beauftragter der Gesellschaft sein, sondern du mußt dich in allem mit deiner persönlichen Sittlichkeit auseinandersetzen, so unbequem, so verwirrend es für dich ist, und versuchen, in allem, was du tun musst, nach der

Menschlichkeit zu verfahren und die Verantwortung für das Los, das du einem anderen Menschen bereitest, zu tragen.²⁷⁹

Weltliche Gerechtigkeit ist nach evangelischem Verständnis genauso im Einzelnen verankert wie Verantwortung für das Wohl des Nächsten, und beide sind Ausgangspunkt jeder evangelischen Wirtschaftsethik. Die Probleme mit einem Verständnis von Gesellschaften und Organisationen als kollektiven Gebilden fasst Albert Schweitzer aus der Perspektive der angewandten Ethik wie folgt zusammen:

> Waren nicht viele Organisationen, die wir der Not der Zeit zu begegnen geschaffen hatten, fast wie leerlaufende Mühlen? Jede Organisation, die auf Wohltätigkeit gerichteten inbegriffen, ist auf die Dauer nur soviel wert, als sich tüchtige Menschenenergien in ihr betätigen, denn persönliche Initiative, die vielgestaltig anpassungsfähige Kraft der Einzelnen, ist die Einheit, aus der sich jede wirkliche Leistung aufbaut.²⁸⁰

Albert Schweitzer bindet also den Einsatz für Gesellschaft und damit implizit auch die Bemühung um das Wohl aller nicht abstrakt an die Gesellschaft, sondern konkret ans Individuum als ihrem Konstitutivum. Der Mensch darf nie aus der Verantwortung für sein persönliches Handeln entlassen werden, auch wenn er im scheinbaren Interesse seiner Firma, seiner Gesellschaft oder seines Staates gehandelt haben mag. Keine Ordnungsvorstellung, kein Gemeinwohlpostulat und kein ökonomischer Sachzwang entlassen den einzelnen Menschen aus dieser moralischen Verantwortung für sein Handeln. »Du bist nichts, dein Volk ist alles« ist das Gegenteil von individueller, ethischer Verantwortung. Mit der Prämisse des stets individualethisch verantwortlichen Menschen als Geschöpf und Ebenbild Gottes kann Theologie einen substanziellen Beitrag zu einer Wirtschaftsethik unter den Bedingungen der Globalisierung leisten. Dabei stellt sich erneut die Frage, die auch an die EKD-Denkschriften und die katholische Soziallehre zu richten ist: Unter Benutzung welcher Begrifflichkeiten ist ein solcher Beitrag möglich und sinnvoll? Die vorliegende Untersuchung will im Folgenden die Tauglichkeit der Begriffe Gerechtigkeit, Menschenwürde, Nächstenliebe, Gleichheit, Anstand sowie den Wertbegriff für eine Wirtschaftsethik aus protestantischer Perspektive überprüfen.

1. Die Rawls'sche Gerechtigkeitstheorie als Grundlage einer Wirtschaftsethik aus christlicher Perspektive

Gerechtigkeit impliziert zunächst die Bereitschaft, jedem das Seine zu geben. Von theologischer Seite wird in diesem Zusammenhang darauf aufmerksam gemacht, dass nach dem Sündenfall kein Mensch, sondern nur Gott allein wisse, was jedem das Seine sei.[281] Mit dieser Antwort gibt sich John Rawls im Rekurs auf Immanuel Kant und die Utilitaristen jedoch nicht zufrieden. Statt einfach das utilitaristische Prinzip des »größten Glücks für die größte Zahl« ohne Eingrenzung wieder aufzunehmen, definiert John Rawls einen eigenen Maßstab dafür, wie Gerechtigkeit global sichergestellt werden kann. Dabei geht Rawls von einem Gesellschaftsbegriff aus, der gerade auch unter Ökonomen deshalb viel Zustimmung findet, weil der Harvarder Philosoph den Begriff des Interesses soziologisch anwendbar zu machen sucht. Für Rawls gründen sich Gesellschaften auf soziale Kooperationen zum gegenseitigen Vorteil. Zur Beschreibung dessen, was eine Gesellschaft zu einer gerechten Gesellschaft, einer *just society*, macht, benutzt Rawls als metaphorisches Denkmodell des menschlichen Urzustandes den *veil of ignorance*, einen Schleier des Nichtwissens. Hinter diesem befinden sich alle Menschen mit der Aufgabe, die Grundsätze gerechter Verteilung in einer Gesellschaft auszuhandeln. Dabei stellt sich ihnen folgende Frage: Welche Gerechtigkeitsgrundsätze würden Menschen, die in einem solchen moralischen Urzustand leben und nicht wissen, welcher Generation, Klasse, Partei, welcher wirtschaftlichen, religiösen oder politischen Gruppe sie künftig angehören würden, für ihre Gesellschaft wählen? Rawls geht davon aus, dass sich Menschen in diesem Urzustand auf zwei Grundsätze als Basis für die Sicherstellung gesellschaftlicher Gerechtigkeit einigen würden:

> First Principle
> Each person is to have an equal right to the most extensive total system of basic liberties compatible with a similar system of liberty for all.
>
> Second Principle
> Social and economic inequalities are to be arranged so that they are both:
> (a) to the greatest benefit of the least advantaged [...] and
> (b) attached to offices and positions open to all under conditions of fair equality of opportunity.[282]

Entscheidend für Rawls wie auch für diese Wirtschaftsethik ist der untrennbare Zusammenhang des ersten und des zweiten Prinzips. Zum einen würden die Menschen im Rawls'schen Modell als Kernelement der *justice as fairness* festschreiben, dass alle Beteiligten mit gleichen Grundrechten und Freiheiten ausgestattet sind. Zum anderen wären Ungleichverteilungen nur dann gerechtfertigt, wenn sie zum größtmöglichen Vorteil der am wenigsten begünstigten Mitglieder der Gesellschaft getroffen werden.[283] Nach dem ersten Rawls'schen Prinzip, dem *opportunity principle*, welches die Maximierung der individuellen Freiheit zum Ziel hat, müsste es für alle Mitglieder einer Gesellschaft einen fairen und transparenten Zugang zu gesellschaftlichen Ressourcen geben, was den chancengerechten Zugang zu Ämtern, Bildung oder gesellschaftlichen Positionen für Menschen mit vergleichbaren Begabungen einschließt. Nach dem *difference principle*, dem Differenzprinzip als dem zweiten Rawls'schen Prinzip, werden gesellschaftliche und ökonomische Ungleichheiten nur dann als »gerecht« charakterisiert und akzeptiert, wenn damit die Chancen der am schlechtesten Gestellten verbessert werden. Dieses *difference principle* ist dabei stets mit dem *opportunity principle* als einem auf Chancengerechtigkeit beruhenden Prinzip zu verbinden.[284] Auf der Basis einer solchen *fair equality of opportunity* fußt am Ende Rawls Verständnis von *justice as fairness*.[285] Dabei ist der Begriff »Chancengerechtigkeit« dem der »Chancengleichheit« deshalb vorzuziehen, weil Menschen in ihren Anlagen nicht gleich sind und dennoch mehr als nur ein Recht auf formale Chancengleichheit im Sinne gleicher Rechte auf vorteilhafte soziale Positionen haben sollten. Mit *fair equality of opportunity* meint Rawls tatsächliche, faire Chancen in dem Sinne, dass Menschen mit ähnlichen Fähigkeiten Anspruch auf ähnliche Chancen haben sollen.

Rawls' Kritiker setzen verstärkt beim *difference principle* an, das ökonomische und soziale Ungleichheiten zu lösen versucht.[286] Dabei wurde vor allem die Frage, wie John Rawls die ungleich verteilten, menschlichen Talente und Möglichkeiten in sein Modell der *justice as fairness* einordnet, von Robert Nozick und anderen vermehrt aufgeworfen.[287] So eröffnet das *difference principle* einen Konflikt zwischen Gleichheit auf der einen sowie Freiheit und freiem ökonomischem Wettbewerb auf der anderen Seite: Warum sollte ein Mensch, der sich auf der am wenigsten begünstigten Seite der Gesellschaft befindet, überhaupt arbeiten und sich abmühen, wenn ihm etwa in einem Wohlfahrtsstaat jeder Anreiz zur Verbesserung seiner Position genommen wird? Rawls ist jedoch weit von der Idee eines allumfassenden Wohlfahrtsstaates entfernt. Ihm geht es nicht um die Lösung eines wohlfahrtsökonomischen Problems, sondern darum, sein Prinzip der *justice as fairness* als an den Bedürfnissen des Individuums in einer möglichst freien und fairen Gesellschaft orientiertes, universelles Prinzip zu begründen.[288] Sein Ziel ist eine möglichst schonende Integration des Eigeninteresses der Bürger in eine freiheitlich organisierte Gesellschaft. Dabei ordnet er seine Gerechtigkeitstheorie als Vertragstheorie ein, die sich auf freie und allseitige Zustimmung stützt.[289] Die Wurzeln seiner *Theory of Justice* liegen sowohl im ethischen, politischen als auch im ökonomischen Bereich: Die Struktur des Rawls'schen Urzustands ist ethisch konstruiert, wobei die Menschen als Subjekte dieses Urzustands auf Basis ökonomischer Rationalität ihre Entscheidungen treffen. Das Gerechte und das Gute stehen bei Rawls in einer zuweilen spannungsreichen Beziehung, wobei dem Gerechten stets der Vorrang eingeräumt wird. Das Gute als das Rationale wird vom Gerechten als dem Vernünftigen umrahmt.[290] Zu Recht betont Michael Schramm, dass der Begriff des Gerechten einen konstitutiven Beitrag zum Entwurf einer moralisch und ökonomisch akzeptablen Gesellschaftsordnung leisten kann, in der Ethik und Ökonomie gleichberechtigt jeweils ihren eigenen Beitrag einbringen.[291] Das Problem ist jedoch, dass eine eigenständige Ethik in einer Ökonomik auf alleiniger Basis materieller Produktivität keinen Raum mehr hat.

Eine weitere Schwierigkeit beim Rawlsschen Ansatz sind die nationalstaatlichen Grenzen, an die sein Konzept stößt. Hier liegt ein entscheidendes Manko der *Theory of Justice*, da die drückenden Probleme im Bereich Gerechtigkeit zunehmend trans- und international auftreten, Rawls aber die Frage nach der Gerechtigkeit *zwischen* Gesellschaften zunächst nicht aufwirft.[292] Bei der Entwicklung seiner *Theory of Justice* geht er von autonomen und souveränen Gesellschaften aus, während die Welt des 21. Jahrhunderts immer stärker vernetzt und interdependent ist. Verantwortlichkeiten reicherer gegenüber ärmeren Nationen räumt Rawls erst in *The Law of Peoples* ein, verbindet diese zwischenstaatliche Dimension aber nicht konkret genug mit der Ebene des einzelnen Bürgers im Nationalstaat.[293] So hätten *well-ordered people* gegenüber *burdened societies* die abstrakte Verpflichtung zur kollektiven Hilfeleistung, um Letztere ebenfalls zu *well-ordered societies* zu machen, was aber individualethische Entscheidungen nicht ersetzt. Rawls entwickelt sein Konzept von *burdened societies* in einem Regelwerk *for a vanished Westphalian system*.[294] Die trans- und internationale Verteilung von Chancen und Gütern als Kernproblem der Globalisierung wird von ihm in den 1980er-Jahren noch nicht problematisiert, während sich gerade *failed states* dadurch auszeichnen, eben nicht mehr in das »Westfälische Modell« souveräner Staaten von 1648 zu passen, weswegen auch die Rawls'sche *Theory of Justice* nicht voll auf den globalen Kontext übertragbar ist. Rawls bedenkt bei seiner zuweilen etwas zu legalistisch anmutenden Forderung nach Chancengerechtigkeit nämlich zu wenig, dass Gesellschaft nicht allein von Regeln, sondern mindestens ebenso von Mitmenschlichkeit als *civil society*, als eine Zivilgesellschaft im Sinne Robert Putnams, zusammengehalten wird.[295] In einer *civil society* ist daher Religion immer auch Teil politischer und ökonomischer Kultur sowie Ausdruck der religiösen Dimension menschlicher Existenz. *Civil religion* als »derjenige Teil der politischen Kultur, in dem es um Sinn- und Letztbegründungsfragen geht«, ist dabei in Nordamerika erheblich präsenter als in Europa.[296] Mit der Suche des politisch bzw. wirtschaftlich handelnden Individuums nach Sinn und Letztbegründung sollte jede Gesellschaft im doppelten Sinne »rechnen«, statt die damit verbundenen Energien und Talente, die zum Nutzen aller eingesetzt werden könnten, brachliegen zu lassen.

Aus Sicht einer protestantischen Wirtschaftsethik ist der Rawls'sche Ansatz darum in einem wichtigen Punkt theologisch erweiterbar.[297] John Rawls nimmt in seiner Gerechtigkeitstheorie den Menschen als *homo religiosus* im Herms'schen Sinne gar nicht wahr. Er konstruiert zwar einen juristisch-ethischen Rahmen für seine Gerechtigkeitstheorie, grenzt sie aber deutlich von religiösen und metaphysischen Wahrnehmungsformen ab. Rawls, der ursprünglich selbst Geistlicher der Episcopalian Church als amerikanischer Ableger der Anglikaner werden wollte, lässt damit ein von Max Weber in der *Wirtschaftsethik der Weltreligionen* beschriebenes, religiöses Potenzial des Menschen brach liegen, indem er menschliche Existenz und menschliches Streben nach Gerechtigkeit nur innerweltlich und folglich nur begrenzt verortet. Der von Rawls postulierte, gesellschaftliche Urzustand, *the original position*, ist für ihn kein religiöser, wie er am Ende seiner *Theory of Justice* ausführt:

> Thus to see our place in society from the perspective of this position is to see it *sub specie aeternitatis*: it is to regard the human situation not only from all social but also from all temporal points of view. The perspective of eternity is not a perspective from a certain place beyond the world, nor the point of view of a transcendent being; rather it is a certain form of thought and feeling that rational persons can adopt within the world.[298]

Rawls' Theorie ist durchaus in der Lage, die Frage zu beantworten, wie sich Menschen als Marktteilnehmer und rational begabte Wesen verhalten. Was Rawls jedoch offen lässt, ist die Frage, warum Menschen überhaupt ethische Aspekte in ihr Denken und Handeln einbeziehen. Menschen handeln aus den verschiedensten rationalen und irrationalen Motiven. Diese zu erklären und dabei religiöse wie nicht religiöse Handlungsmuster von Menschen als globalen Marktteilnehmern mit einzubeziehen, die Brücke von einem ethischen Konzept zu dessen Implementierung zu schlagen, ist eine zentrale Aufgabe einer Wirtschaftsethik. Ethik aus christlicher Perspektive fordert dabei vielfach kein anderes Verhalten als allgemeine Ethik, begründet aber menschliche Motivationen auf die ihr eigene Art, indem sie versucht, den Menschen als *homo integralis* wahrzunehmen, der ein Konglomerat aus *zoon politikon*, *homo oeconomicus* und *homo religiosus* ist. Zahlreiche Ökonomen gestehen dabei zu, dass man eigentlich von einem *homo occidentalis oeconomicus axiomaticus* sprechen müsste, da der Mensch durch Natur, Kultur, Geschichte, Politik, Sozialstruktur, Philosophie, Religion und der schlichten Tatsache seines Menschseins einschließlich der damit verbundenen Bedingtheit und Sterblichkeit geprägt wird.[299] Eben diese Axiome kann eine theologische Anthropologie und die aus ihr resultierende Ethik besser verorten, als dies der Ökonomie seit David Ricardo gelungen ist. Zusätzlich kann sie daran erinnern, dass das Rawls'sche Modell vom menschlichen Urzustand ein entscheidendes Defizit mit jedem *homo-oeconomicus*-Modell teilt: Am Ende ist es eben nicht mehr und nicht weniger als ein statisches Modell, und Menschen handeln oftmals anders, als ökonomische Modelle oder philosophische Konzepte dies vorhersagen und abbilden können.

Die *Theory of Justice* und dabei besonders das Rawls'sche Differenzprinzip, nach dem Gerechtigkeit in einer Gesellschaft aus der Perspektive ihrer schwächsten Glieder beurteilt wird, ist von zentraler Bedeutung für jeden theologischen Beitrag zur Wirtschaftsethik: So rational nachvollziehbar jedoch das Differenzprinzip im Konzept des *veil of ignorance* ist, so wenig zwingend erscheinen die Gründe, dieses Konzept auch tatsächlich umzusetzen, wenn man die den Menschen bewegenden existenziellen Fragen, seine Suche nach Selbstgewissheit oder das bereichernde Gefühl, als Individuum und

Geschöpf Gutes tun zu wollen, nicht in die Überlegungen einbezieht. Jedes utilitaristische Modell kann dies nur bis zu einem gewissen Grad, während ein *homo-integralis*-Modell mit dem Menschen, so wie er ist, rechnen wird, ohne Letzteren religiös, ökonomisch oder politisch zu verabsolutieren. Angewandte theologische Ethik kann eher, als dies dem Philosophen Rawls möglich war, zu einer wichtigen Vermittlerin werden: Etwa in einer Weise, wie es das Hirtenwort der katholischen Bischöfe der USA aus dem Jahre 1986 versucht, welches sich ähnlich wie Papst Franziskus apostolisches Sendschreiben *Evangelii Gaudium* deutlich von der katholische Soziallehre europäischer Prägung dadurch abhebt, dass es den Armen konkret und prioritär Ansprüche zuspricht. Dies erinnert stark an die individuellen *least privileged* in Rawls Konzept einer *justice as fairness*, denn auch dort werden wie bei Papst Franziskus die Armen zum wichtigsten Maßstab allen ethischen Handelns – notfalls auch zu Lasten der Freiheit des Marktes.

2. Gleichheit und Gleichberechtigung

Bereits durch die Modifizierung des Begriffs »Chancengleichheit« in »Chancengerechtigkeit« wurde deutlich, wie behutsam man aus ethischer Sicht mit dem Gleichheitsbegriff umgehen sollte. Menschen können zwar gleiche Rechte und die gleiche Würde haben, aber das macht sie noch nicht gleich: Ein 2,10 Meter großer Basketballer hat zumindest statistisch bessere Chancen als ein 1,50 Meter großer Werfer, mit diesem Sport sein Geld zu verdienen. Talente sind unterschiedlich verteilt. Mit Blick auf das Rawls'sche Verständnis von *equality* ist daher fraglich, ob der Gleichheitsbegriff als taugliches Kriterium für das wirtschaftsethische Denken in einer Welt verwendet werden kann, die sich dadurch auszeichnet, dass Ressourcen und Möglichkeiten global zunehmend ungleich verteilt sind.

Zu Recht führt der Ökonom Gunnar Myrdal, der als Kritiker der Vorstellung einer unsichtbaren Hand des Marktes ausgerechnet zusammen mit Friedrich August von Hayek 1974 den Nobelpreis erhielt, jedoch aus, dass Gerechtigkeit als Gleichheit schon immer ein großes Thema religiösen Nachdenkens war.[300] So hat Gott alle Menschen nach seinem Ebenbild erschaffen, und zwar mit unterschiedlichen Talenten und Möglichkeiten. In der Philosophie erlangt der Begriff der Gleichheit bei der Diskussion um politische Rechte dann im 17. und 18. Jahrhundert große Bedeutung, während das Streben nach Gleichheit erst im 19. und 20. Jahrhundert zum Topos der Ökonomie wird.[301] Die Forderung nach Gleichheit richtet sich dort in erster Linie auf ein höheres Maß an Verteilungsgerechtigkeit. Während man umgangssprachlich »Gleichheit« mit dem Motto der Französischen Revolution und dem Erstarken des Marxismus nach 1848 in Verbindung bringt, erscheint der Begriff »Gleichberechtigung« als ein moderner, juristisch belegter Terminus. Berechtigung meint dabei die Möglichkeit, ein Recht zu gebrauchen, was eine entsprechende Festlegung bzw. Kodifizierung von Rechten voraussetzt. In politischen Diskussionen taucht der Begriff immer wieder auf, und zwar oftmals im Zusammenhang mit Fragen der Gleichberechtigung von Frau und Mann, bei Fragen politischer Gleichberechtigung, im Zusammenhang mit Chancengerechtigkeit oder bei der Emanzipation von Minderheiten.

Warum bemühen Rawls oder das amerikanische Hirtenwort den Begriff der Gleichberechtigung im Sinne von Fairness und nicht einfach den der Gleichheit? »Gleich-Berechtigung« erweitert den Begriff der Gleichheit dahingehend, dass Gleichheit mit dem juristischen Terminus der Berechtigung verbunden und damit konkretisiert wird, während gerade im

19. Jahrhundert Gleichheit oft als größter Feind der Freiheit empfunden wurde. Emil Brunner betont in diesem Zusammenhang, dass das christliche Prinzip der Gerechtigkeit nicht Gleichheit, sondern nur Ausgleich heißen kann.[302] Ungleichheit im Besitz ergibt sich allein schon durch ein unterschiedliches Maß an Tüchtigkeit und durch eine verschiedene Verteilung von Talenten. Mündige Bürger mögen zwar nicht als Menschen mit gleichen Talenten und vergleichbaren ökonomischen Möglichkeiten geboren werden, wohl aber mit gleichen Rechten. Mit der Französischen Revolution gewann das Ideal gesellschaftlicher Gleichheit (*égalité*) konkrete Relevanz. Individuen sollen als Staatsbürger (*citoyen*) gleich vor dem Gesetz sein, aber auch gegen politische und soziale Ungleichheit wurde vor den Toren der Bastille aufbegehrt. Weniger weitgehend wurden in der Nationalversammlung in der Frankfurter Paulskirche die Diskussionen um soziale Gleichheit geführt und auf das beschränkt, was man im Rahmen einer Rechtsordnung garantieren konnte: die Sicherstellung der Gleichheit vor dem Gesetz. Tatsächlich dauerte es dann noch knapp siebzig Jahre, bis das Dreiklassenwahlrecht in Preußen im Jahre 1918 endgültig abgeschafft wurde.

Der aufbrechende Konflikt zwischen rechtlicher Gleichstellung und sozioökonomischer Ungleichheit war es dann auch, der dem modernen Begriff der Gleichberechtigung zum Durchbruch verhalf. Karl Marx sprach das Problem gezielt an, dass dem Individuum als *citoyen* Gleichheit im Sinne von rechtlicher Gleichberechtigung zugestanden wird, während das Verhältnis der Angehörigen der Bourgeoisie zum Proletariat ein immer größeres Maß an ökonomischer Ungleichheit auszeichnet. Ungleichheit könne vielleicht in der Sphäre des Rechts nominell beseitigt werden, nicht aber in der Sphäre ökonomischer Lebensumstände innerhalb der kapitalistischen Gesellschaft. In der Folge vermieden zunehmend auch bürgerliche Demokraten den Begriff der Gleichheit und ersetzten ihn durch »Gleichberechtigung«. Die Emanzipationsbewegung greift den Begriff der Gleichberechtigung Ende des 19. Jahrhunderts auf, um ihre konkreten Ziele, die rechtliche Gleichstellung der Frau, hervorzuheben. Der abstraktere Gleichheitsbegriff tritt damit stärker in den Hintergrund.

In der Gegenwart bedient man sich einer Vielzahl von Formulierungen, um konkreten Bestrebungen zur Herstellung rechtlicher oder politischer Gleichheit Ausdruck zu verleihen: Gleicher Lohn für gleiche Arbeit, Gleichberechtigung der Geschlechter oder Chancengerechtigkeit sind die entsprechenden Schlagwörter. Sie knüpfen an Art. 3 GG an, wonach Gleiches gleich und Ungleiches entsprechend ungleich zu behandeln ist. Eine der zentralen Aufgaben eines Rechtsstaates ist es, dafür zu sorgen, dass Gleichberechtigung von Mann und Frau, von Kranken und Gesunden, von Jung und Alt auf allen Ebenen auch institutionell garantiert und verwirklicht wird. Was der Staat als Sozialstaat zwar fördern, aber nicht garantieren kann, ist soziale und ökonomische Angleichung der Lebensstandards. Hier enden die Möglichkeiten eines Rechtsstaates, für den es genau dann nicht zuträglich ist, ein Recht auf einen Arbeitsplatz konstitutionell festzuschreiben, wenn niemand für dessen Umsetzung rechtlich haftbar gemacht werden kann. Darum scheint die Ersetzung des Gleichheitsbegriffs durch den Begriff »Gleichberechtigung« in einer Wirtschaftsethik sinnvoll, die deutlich machen sollte, dass Menschen nicht gleich sind, aber als Bürger eines Landes gleiche Rechte und als Individuen das gleiche Maß an Menschenwürde besitzen.

3. Menschenwürde und Menschenrechte

Der Begriff der Menschenwürde ist in anderen Bereichen der Ethik, besonders in der Bio- und Medizinethik, ein oftmals bemühter und auch kontroverser Begriff.[303] Gerade im medizinischen Bereich ist vor allem chronologisch die Frage strittig, ab wann und wie lange ein Mensch ein Mensch mit zu schützender Würde ist.

In der Wirtschaftsethik liegen die Dinge anders: Dass Kinderarbeit, gesundheitliche Schädigung von Arbeitnehmern oder ein Ausschluss von großen Teilen der Weltbevölkerung von den Welt- und damit von Arbeitsmärkten Menschen in ihrer Würde verletzen kann, scheint unumstritten. Sucht man nach Definitionen zum Begriff der Menschenwürde, dann findet man innerhalb der Ökonomie relativ wenig, was für eine Wirtschaftsethik konkret weiterführend wäre. Zieht man jedoch den Begriff der *dignitas* heran, so wie er bei Cicero gebraucht wird, so stellt man fest, dass der Stoiker damit nicht nur »Würde« im Sinne von gesellschaftlichem Status oder einer besonders wertvollen, ethischen Haltung meint, sondern dass Würde immer auch mit dem Menschen als Spiegel der Natur und als Spiegel des Göttlichen zu tun hat, was an die Gottesebenbildlichkeit als Quelle der menschlichen Würde in der jüdisch-christlichen Tradition erinnert.

Was heißt es aber aus wirtschaftlicher Sicht, wenn ein Gesetzgeber proklamiert, dass die Würde des Menschen – ob nun als Rechtssubjekt oder Arbeitnehmer – *unantastbar* ist? Menschenwürde kann zunächst egalisierend gebraucht werden, indem allen Menschen ein unverfügbares Maß an Menschenwürde zugesprochen wird. Im 18. und 19. Jahrhundert erhält der Begriff der Menschenwürde zunehmend den Charakter einer politischen Forderung und wird schließlich mit der Allgemeinen Erklärung der Menschenrechte im Jahre 1948 rechtlich kodifiziert. Im ersten Artikel dieser Erklärung, welcher klar als Synthese der amerikanisch-puritanischen und der französisch-säkularen Tradition erkennbar ist, heißt es: »Alle Menschen sind frei und gleich an Würde und Rechten geboren. Sie sind mit Vernunft und Gewissen begabt und sollen einander im Geiste der Brüderlichkeit begegnen.« Die Menschenrechte wie auch die Grundrechte des Deutschen Grundgesetzes haben ihren Ausgangspunkt im Schutz der Menschenwürde, wobei Verfassungsrechtler wie Ingo von Münch und Philip Kunig darauf verweisen, dass »Menschenwürde« ein juristisch belegter Terminus ist, während sich im allgemeinen Begriff der Würde

> Erkenntnisse und Bewertungen über den Menschen, seine Rolle in Staat und Gesellschaft, ja den Sinn seiner Existenz, welche Philosophie und Theologie, sodann die modernen Sozialwissenschaften formuliert haben,[304]

bündeln. Gemeint ist damit, dass Menschenwürde zwar rechtlich einforderbar ist, aber inhaltlich-materiell nicht nur juristisch, sondern auch philosophisch, theologisch und politisch gefüllt werden kann und muss. Hierbei bestätigt sich erneut das Diktum des ehemaligen Verfassungsrichters Ernst-Wolfgang Böckenförde, dass der freiheitliche, säkularisierte Staat von Voraussetzungen lebt, die er selbst nicht garantieren kann.[305] Der Staat sichert seinen Bürgern Freiheitsrechte und schützt deren Würde, ohne die Gewähr dafür übernehmen zu können, dass die Bürger diese Rechte auch ausüben und zum Wohl aller wahrnehmen. Böckenförde billigt den Kirchen und Religionsgemeinschaften eine wichtige Rolle in der Gesellschaft zu, denn religiöser Glaube vermittelt aus seiner Sicht jene inneren Antriebe und Bindungskräfte, die eine intakte Gesellschaft letztlich zusammenhält, weil es diese Kräfte sind, welche das der Freiheit innewohnende, kreative Gestaltungspotenzial im Menschen wecken. Die Möglichkeit der individuellen Einforderbarkeit einer menschenwürdigen Behandlung ist es, die den Begriff der Menschenwürde als Grundprämisse der Existenz von Menschenrechten für eine Ethik im Allgemeinen und eine Wirtschaftsethik im Besonderen geeignet erscheinen lässt. Denn durch globale Märkte und Investitionsmöglichkeiten wurde das Konzept staatlicher Souveränität und Autonomie keinesfalls gestärkt, sodass es in Zeiten der Globalisierung noch stärker ethischer und rechtlicher Autorität jenseits von Staatsgrenzen bedarf, da globale Märkte anders als Polizeistaaten nur schwer kontrollierbar sind. Moralische Autorität erwerben Staaten etwa durch die Einhaltung der Menschenrechte oder durch den nachweisbaren Kampf gegen Korruption (zum Beispiel im Zusammenwirken mit *NGO*s wie *Transparency International* oder *Amnesty International*) sowie durch ein möglichst hohes Maß an Transparenz und politischer Stabilität. Recht und Ethik bleiben jedoch zwei verschiedene Größen. Menschenrechte

> geben keine Antwort auf die Frage nach dem Sinn des Lebens, Leidens und Sterbens. Sie enthalten keine umfassenden Weisungen für die rechte Lebensführung als Individuum und in der Gemeinschaft. Sie bieten keine Riten und Symbole, durch die Menschen – über die politisch-rechtliche Gleichberechtigung hinaus – einander Achtung bezeugen und Verbundenheit oder auch Differenz zum Ausdruck bringen können.[306]

Die individuelle Würde eines jeden Menschen als justiziabler Begriff und damit als Grundlage von Menschenrechten war bereits seit dem 16. Jahrhundert anerkannt, auch wenn es dann von 1789 bis zur Allgemeinen Erklärung der Menschenrechte noch ein weiter Weg war.[307] Völkerrechtlich lässt sich das Verhältnis von Menschenrechten und Menschenwürde wie folgt bestimmen:

> Das ethische Prinzip der Menschenwürde fungiert im Erfahrungsraum der Moderne als kritisches Korrektiv staatlicher Machtausübung. Am Ende des 20. Jahrhunderts kommt es darauf an, die Geltung der Menschenrechte als Handlungsnorm der internationalen Staatengemeinschaft durchzusetzen.[308]

Menschenwürde wird hier als ethischer Auftrag begriffen, lässt sich dabei weniger als normativ begründetes Prinzip denn als auf Erfahrung beruhendes Recht verstehen.[309] Was Gemeinwohl oder soziale Gerechtigkeit konkret bedeuten und wozu sie berechtigen, ist kaum universalisierbar, während Menschenwürde in Berufung auf die Menschenrechtscharta global und individuell durchaus einforderbar ist. Die Forderung einer christlichen Ethik, die Würde aller Menschen unabhängig von Herkunft, Sprache oder Rasse zu achten, deckt sich mit dem Anliegen der Allgemeinen Erklärung der Menschenrechte von 1948:

> Recognition of the inherent dignity and of the equal and inalienable rights of all members of the human family is the foundation of freedom, justice and peace in the world.

Der besondere Beitrag der Theologie ist nun der, einen Begriff inhaltlich zu füllen, den der Gesetzgeber nur voraussetzt, ohne ihn materiell genau zu definieren:

> Wer Menschenwürde definieren will, knüpft an die Frage an, was denn das spezifische Wesen des Menschen ausmacht. Das Grundgesetz selbst setzt die Würde des Menschen ohne nähere Erläuterung voraus.[310]

Entscheidend ist dabei aus protestantischer Sicht, dass dem Menschen als Gottes Ebenbild seine Würde von Gott gegeben und ihm unabhängig von seinen Verdiensten von außen zugesprochen ist. Dabei sind es die Erkenntnis der Unvollkommenheit des Menschen und damit der Welt sowie die Tatsache, dass sich Gott der Welt nicht abstrakt, sondern konkret in Gestalt eines Menschen offenbart hat, die die Ethik für Christen immer zur Ethik der individuellen ethischen Tat und Gott zum lebendigen Gott machen. Genau damit hebt sich das Christentum von anderen Religionen ab, ohne sie übertrumpfen zu wollen.[311] Menschenwürde als abstraktes juristisches Konzept bleibt ohne ethisch-religiöse Erfahrung oder Verbindung zu tatsächlichem Handeln hohl. Dagegen macht die Kompetenz, etwas zur existenziellen Suche des Menschen nach letzten Wahrheiten sagen zu können, das christliche Verständnis von Menschenwürde zum *proprium* einer theologischen Wirtschaftsethik, die sich weniger in ihren Forderungen als in den Perspektiven ihres Menschenbildes von anderen Wirtschaftsethiken unterscheidet.

Menschenwürde als Ausdruck der Gottesebenbildlichkeit des Menschen korreliert dabei durchaus mit aktuellen philosophischen Definitionsversuchen dieses Begriffs: So vertritt Avishai Margalit den Ansatz, dass der Begriff »Würde« wie auch der Begriff »Anstand« als Begriffe mit Empfindungsgehalt, die eine systematische Verbindung von Gefühl und Vernunft herstellen, als Maßstab für die Gestaltung einer »anständigen« Gesellschaft besser geeignet sind als juristisch besetzte Termini wie bei Rawls. Für Margalit ist eine nach Rawls'schen Kriterien gerechte Gesellschaft denkbar, die aber deshalb nicht anständig ist, weil sie die in ihr lebenden Menschen nicht anerkennt. In Zeiten, in denen in Deutschland oder Frankreich über Integration von Immigranten gestritten wird, könnte der Ansatz Margalits kaum aktueller sein. Für Margalit ist der Empfindungsgehalt, der in einem Begriff wie »Anstand« zum Ausdruck kommt, in dem Sinne »realistischer«, als er global leichter nachvollzogen und geteilt werden kann, um so zu einem Sachgehalt, statt zu einem illusorischen oder ideologischen Appell zu führen.[312]

Grundproblem ist die Frage, was eine »anständige« Gesellschaft ausmacht. Dies beantwortet Margalit wie folgt: »Eine Gesellschaft ist dann anständig, wenn ihre Institutionen die Menschen nicht demütigen.«[313] Ökonomie ist dabei Teil dieser gesellschaftlichen Institutionen. Margalit wählt den Begriff »Würde«, weil er überzeugt ist, dass kein Staat und keine Wirtschaft dauerhaft hochgesteckten ethischen Ansprüchen gerecht werden können, wohl aber der Grundforderung, Menschen »anständig« zu behandeln, d.h. ihre individuelle Würde anzuerkennen. Rechte allein reichen nicht, um Anstand zu bewahren, da auch eine Gesellschaft, die die Rechte von Menschen achtet, diese entwürdigen kann.

Neben der Achtung der Menschenwürde gehören unverzichtbar zu den Grundpfeilern einer freiheitlich demokratischen Gesellschaft: die Achtung vor dem Individuum als Grundlage von Gleichheit vor dem Gesetz sowie Verantwortlichkeit und Freiheit als Ausdruck der Autonomie des Menschen, Gerechtigkeit und Herrschaft des Rechts als Prävention gegen jede Verabsolutierung von Ansprüchen Einzelner, Solidarität – im Verhältnis der Generationen auch als Nachhaltigkeit zu übersetzen, die auf den gerechten Ausgleich von Belastungen zielt – sowie Toleranz, Rücksichtnahme und Mäßigung. Wirtschaftsethik unter den Bedingungen der Globalisierung hat mit den Menschenrechten einen Grundstandard, auf den sich Marktteilnehmer weltweit berufen können. Mit Art. 1 GG wird die Wahrung der Menschenwürde Teil und gleichzeitig Grundlage eines individuellen Abwehrrechts gegen den Staat.[314] Danach hat jeder Mensch als »Zweck an sich selbst« und als selbstverantwortliche Persönlichkeit Anspruch auf Sicherheit, rechtliche Gleichheit als Bedingung der Wahrung von Menschenwürde sowie auf Schutz von Identität und Integrität.[315] All dies sind Kriterien, die in Märkten wie in einer Gesellschaft als Ganzer überprüfbar und einklagbar sein sollten und gleichzeitig einen anwendungsbezogenen Maßstab für eine Wirtschaftsethik bieten können. Der Begriff der Menschenwürde hilft dabei sicherzustellen, dass der Mensch nicht entpersonalisiert, ökonomisiert und damit seiner Humanität beraubt wird, weder vom Staat, noch in Wirtschaft und Gesellschaft.

4. Soziale Gerechtigkeit und Gemeinwohl

Nachdem sich das Rawls'sche Konzept der *justice as fairness* einschließlich einer vorrangigen »Option für die Armen« sowie Menschenwürde und Gleichberechtigung als geeignete *minima moralia* beim Versuch der Entwicklung einer Wirtschaftsethik unter den Bedingungen der Globalisierung bewährt haben, sollen noch einmal unabhängig vom bereits unternommenen, begriffshistorischen Durchgang die beiden häufig verwendeten Kernbegriffe »soziale Gerechtigkeit« und »Gemeinwohl« beleuchtet werden. Wie bereits in der Analyse zu den Begrifflichkeiten der katholischen Soziallehre ausgeführt, fehlt dem Begriff »soziale Gerechtigkeit« im Gegensatz zum Rawls'schen Konzept der *justice as fairness* eine konkrete Anbindung ans Individuum, etwa über den Tugendbegriff. Wie schon Friedrich August von Hayek ausgeführt hat, ist der Begriff der sozialen Gerechtigkeit damit so sinnvoll wie der Begriff »moralischer Stein«, während der Gemeinwohlbegriff ebenfalls an seiner Unbestimmbarkeit im globalen Vergleich krankt.[316]

Das Gemeinwohl, definiert als die Summe des Wohls der in einer Gesellschaft zusammengeschlossenen Individuen, ist als Bezugspunkt einer Sozialethik durchaus denkbar, aber ebenfalls nur schwer eingrenzbar oder einklagbar. Während man individuelle Chancengerechtigkeit z. B. über das Gleichbehandlungsgebot aus Art. 3 GG überprüfen kann, fällt es ungleich schwerer, einer Person oder Institution die Verletzung des Gemeinwohls nachzuweisen. So betont Oswald von Nell-Breuning, dass die katholische Soziallehre in ihrem Konzept einer »Gemeinwohl-Gerechtigkeit«, einer *iustitia socialis*, mehr fordert, als das Einhalten positiver Normen und Gesetze. Sie erweitert die Verantwortung des Gemeinschaftsmitglieds auf alles, »was um der Gemeinschaft willen zu tun oder zu lassen erforderlich ist«.[317] Gemeinwohl hat für Oswald von Nell-Breuning, der die Begriffe »soziale Gerechtigkeit« und »Gemeinwohl« synonym verwendet, gegenüber dem Wohl des Individuums keinen absoluten, wohl aber einen relativen Vorrang: »Nicht in allen, wohl aber in sehr vielen Stücken haben wir das Gemeinwohl unserm Einzelwohl vorzuziehen.«[318] Ein so verstandener Gemeinwohlbegriff hat in der katholischen Soziallehre eine deutlich eschatologische Komponente:

> Gemeinwohl ist der Inbegriff alles dessen, was an Voraussetzungen oder Vorbedingungen einer Gesellschaft (Gemeinschaft) erfüllt sein muß, damit jedes ihrer Glieder durch fleißiges Regen seiner Kräfte zunächst sein zeitliches (irdisches, diesseitiges) und zuletzt auch sein ewiges (jenseitiges, übernatürliches) Wohl erreichen kann.[319]

Das Problem bei dieser Art der theologischen Rezeption sozialethischer Konzepte ist oftmals, dass ein bestimmtes Ordnungsverständnis in einem gemeinsamen kirchlichen Wort rezipiert wird, ohne dessen Prämissen und Begrifflichkeiten theologisch ausreichend zu hinterfragen. Durch die Anknüpfung an das Konzept der *justice as fairness* wird ein solches naturrechtlich fundiertes Gesellschaftskonzept mit einem am Individuum und seiner Vernunft orientierten Gerechtigkeitsbegriff verbunden, wie beim gemeinsamen Wort der Kirchen von 1997 gezeigt. Das Ergebnis sind zwei grundverschiedene theologische Ansätze in einem Papier: Entweder ist Gerechtigkeit nach katholischem Verständnis eindeutig am Begriff des *bonum commune* und an einer »Idee der Gerechtigkeit als Ordnungsprinzip« orientiert[320] – wie im gemeinsamen Wort der Kirchen zitiert – oder über die Herstellung individueller Chancengerechtigkeit zu begründen. Eine Entscheidung zwischen beiden Begründungsansätzen ist für eine evangelische und katholische Sozialethik in der Konsequenz deshalb unumgänglich, weil die Wahl der Alternative das inhaltliche Profil der jeweiligen Sozialehre oder Wirtschaftsethik entscheidend verändert.

Soll es um eine ordnungstheologisch begründete Soziallehre gehen oder um eine Wirtschaftsethik auf Grundlage einer evangelisch-theologischen Anthropologie? Ist Gerechtigkeit in einer Wirtschaftsethik individuelle Tugend oder »Idee eines Ordnungsprinzips«? Letzteres ist aus evangelischer Sicht nur schwer begründbar, da Institutionen nicht moralisch handeln und verantwortlich gemacht werden können, sondern letztlich nur die in ihnen agierenden Menschen.

Die oft damit verbundene Absicht, durch Betonung der Gemeinschaftsinteressen in besonderem Maße »sozial« sein zu wollen, erreicht das genaue Gegenteil, wenn sie dem einzelnen Menschen immer weniger Verantwortung zutraut und zubilligt. Am Ende dieser Begriffsanalyse halten aus protestantischer Sicht lediglich der an Chancengerechtigkeit und vergleichbaren Zugangsmöglichkeiten orientierte Gerechtigkeitsbegriff einschließlich einer vorrangigen »Option für die Armen« sowie der Begriff der Menschenwürde als Maßstäbe wirtschaftsethischen Nachdenkens stand, wobei eine auf diesen Begriffen basierende Wirtschaftsethik aus christlicher Perspektive immer unter dem Doppelgebot der Liebe steht. Die Analyse eines zentralen Begriffs der Ökonomie und gleichsam der Ethik steht jedoch noch aus: die Einordnung des Wertbegriffs.

5. Der Wertbegriff

Vielfach begegnet man in wirtschaftsethischen Modellen, theologischen Aufsätzen oder politischen Grundsatzprogrammen dem Terminus »Grundwerte«, wenn zuvor auf Gemeinwohl- oder Gerechtigkeitsmodelle verwiesen wurde.[322] Im Rekurs auf John Stuart Mill (1806–1873) ist zunächst zu betonen, dass der Wertbegriff kein inhärent theologischer, sondern ein ökonomischer Begriff ist und dort schon früh mit der Doppelbedeutung des Gebrauchs- und des Tauschwertes belegt wurde.[323] So hat ein goldener Käfig einen hohen Tauschwert und einen niedrigen Gebrauchswert. Der Preis eines Gutes ist sein Wert in Geld, während der Wert eines Gutes seiner allgemeinen Kaufkraft entspricht, wobei Mill darauf hinweist, dass das Wort »Wert« ohne Zusatz in der Nationalökonomie immer Tauschwert oder mit Adam Smith *exchangeable value* meint.[324] Auch Oswald von Nell-Breuning bemüht ausgiebig den Wertbegriff, um über Grundwerte als Gegenpol zu politischen Programmen »Richtpunkte« einer Soziallehre zu identifizieren, die der Politik voranleuchten.[325] Er stellt fest:

> Soviel dürfte außer Zweifel stehen: Der nicht wertneutrale, aber weltanschaulich pluralistische Staat findet in seiner Bevölkerung oder seinem Staatsvolk (vielleicht auch in der Gesamtmenschheit) einen Bestand an Wertüberzeugungen vor, die von verschwindenden Ausnahmen abgesehen allgemein als einsichtig und einleuchtend, als schlechthin richtig, ja als gar nicht anders möglich angesehen werden und sich insgesamt zu einer sinnhaften Wertewelt zusammenfügen, nach der sich ein sinnvolles Einzelleben, vor allem aber auch ein menschliches

Zusammenleben gestalten läßt, ohne daß damit über den letzten und tiefsten Sinn des Lebens – sei es des einzelnen, sei es der Gemeinschaft – überhaupt etwas oder erst gar etwas Abschließendes gesagt zu sein braucht.[326]

Ein solcher Grundbestand von Wertüberzeugungen konstituiert für Oswald von Nell-Breuning das, worauf sich der Staat als Institution gegenüber dem Staatsvolk als »Gesinnungsgemeinschaft« stützt.[327] Gemeinwohl und »gesellschaftlicher Wertbestand« sind dabei aufs Engste verbunden:

> Das Gemeinwohl ist die allseitige Verwirklichung der Gerechtigkeit als Erfüllung der Ansprüche der Gesellschaftsglieder und Gesellschaftsgruppen auf ihren verhältnismäßigen Anteil (ihr suum) an dem im Gesellschaftsprozeß sich bildenden geistigen und wirtschaftlichen Wertbestand. [...] Das Gemeinwohl ist die dem natureigenen Zweck einer Gemeinschaft gemäße, allen ihren Gliedern die Vollentfaltung ermöglichende Wertwirklichkeit. [...] Das Gemeinwohl ist die durch gesellschaftliche Verbundenheit bedingte größtmögliche, der Bestimmung der Menschennatur zugeordnete Glückserfüllung der Gesellschaftsglieder in ihrer größten Zahl.[328]

Hier wird eine doppelte Kollektivierung des Wertbegriffs vorgenommen: Zum einen kollektiviert Johannes Messner den Wertbegriff im Verweis auf das Naturrecht, zum anderen kollektiviert er den im Individuum verwurzelten römischen Rechtsgrundsatz des *suum cuique tribuere*.[329] Gerechtigkeit bedeutete aber schon für den römischen Juristen Ulpian (170–228 n. Chr.) den festen und dauerhaften Willen, nicht nur einem Staat, sondern vor allem auch jedem Einzelnen sein Recht zuteilwerden zu lassen. Aus evangelischer Sicht ist dem mit Eberhard Jüngel hinzuzufügen, dass der christliche Glaube nicht an der Formulierung eigener Werte, sondern »penetrant an der *Wahrheit* des Lebens interessiert« ist.[330] Aus Jüngels Sicht erweist sich der Wahrheitsbegriff für christliche Ethik brauchbarer als der Wertbegriff, da Werte, so sie über eine bestimmte Zahl von Personen Macht gewonnen haben, dazu tendieren, sich zum Alleinherrscher des ganzen menschlichen Ethos aufzuschwingen.[331] Für eben diesen Zusammenhang hatte bereits Nicolai Hartmann den Begriff der »Tyrannei der Werte« geprägt.[332] Wenn aber der Wertbegriff ursprünglich ein ökonomischer ist, wie kommt es dann, dass er sich Ende des 19. Jahrhunderts und Anfang des 20. Jahrhunderts besonders in den nicht ökonomischen Wissenschaften und speziell in Theologie und Philosophie zunehmender Beliebtheit erfreute? Um zu klären, wie weit sich der Wertbegriff überhaupt als Grundpfeiler einer Wirtschaftsethik im 21. Jahrhundert eignet, ist zunächst seine Begriffsgeschichte zu untersuchen.

Die Bedeutung des Wertbegriffs in der Ethik [333]

Beim Wertbegriff geht es zentral um zweierlei: Werte werden bestimmt als die zum Subjekt gewendete Seite des Zwecks menschlicher Handlungen und insofern als Teil der teleologischen Struktur des Handelns. Diese grundlegende Bedeutung der Werte für die Praxis rechtfertigt ein spezifisches Interesse an ihrer Thematisierung im Bereich von Wirtschaft und Gesellschaft. Gleichzeitig soll gezeigt werden, dass Werte als empirisch aufweisbare, kontingente Entitäten das Geltungsproblem nicht lösen können. Die Grundthese ist dabei folgende: Vom Sein der Werte führt kein Weg zum Sollen. Eine Wirtschaftsethik sollte deshalb nicht durch einen wie auch immer gearteten Wertbegriff, sondern anthropologisch begründet werden. Im gegenwärtigen Gebrauch des Wertbegriffs lassen sich zwei gegenläufige Tendenzen ausmachen. In der Alltagssprache sind Werte etwas dem subjektiven Schätzen

Entsprungenes: Ein Wert bedeutet etwas für mich, ist für mich wertvoll. Dabei hängen die jeweiligen Werte eng mit der eigenen Lebensgeschichte und der jeweiligen Gesellschafts- und Wirtschaftsordnung zusammen. »Wie viel ist das wert?« bedeutet in der Regel: »Was kostet es wirklich?« Der Wert eines Liters Wasser ist für einen Verdurstenden um ein Vielfaches höher als für einen Hallenbadbesitzer. Und entsprach der »Wert« von Manhattan jenen 60 Gulden, dem Gegenwert von weniger als 100 US-Dollar, die Peter Minuit im Jahre 1626 den indianischen Ureinwohnern im Namen der Niederländischen Westindien-Kompanie für die Insel bezahlt haben soll?

Fordert man hingegen die Besinnung auf »Grundwerte«, so sollen Werte gerade nicht individuell und frei definierbar sein, sondern als Kanon von Werten oder Wertekatalog eine Gruppe, eine Partei, eine Gesellschaft, ein Land oder gar die Welt einen. Geläufig ist auch das Paar »Werte und Normen«, was zeigt, dass die beiden unterschieden, aber dennoch als nahe zusammengehörig betrachtet werden. Dem ist zunächst entgegenzusetzen, dass der Wert einer Sache zunächst individuell bestimmt wird, während Normen und Gesetze für alle unter ihnen Lebenden gelten. Man kann sagen, dass die in einem gesellschaftlichen Wettbewerb sich durchsetzenden Werte am Ende durchaus Grundlage von Normen und Gesetzen werden können. Daher sind Normen ohne Werte nicht vorstellbar, während Werte, die nicht zu Normen werden, sehr wohl denkbar sind. Wenn nun öffentlich etwa die stärkere Besinnung auf bestimmte Werte im Bereich der *corporate governance*, der Börsenaufsicht oder bei der Offenlegung der Gehälter von Politikern und Wirtschaftsführern gefordert wird, geht man offenbar davon aus, dass ein appellativ eingeforderter Wert wie »Transparenz« an sich wertvoll und wünschenswert ist. Der umgekehrte Gedanke steht hinter der Klage über einen zunehmenden »Werteverlust«, was einen eigenen Anspruch auf die individuelle Vorzugswürdigkeit bestimmter Wertungen suggeriert. Ein ähnliches Phänomen lässt sich in der Rechtsprechung beobachten, wenn wie selbstverständlich das positive Recht durch Bezug auf Werte oder auf »das Anstandsgefühl aller billig und gerecht Denkenden« fundiert wird.[334] In der philosophischen Diskussion begegnet der Wertbegriff heute dagegen oft unverhohlener Skepsis:

> Die Werte [...] nehmen eine prekäre Zwischenstellung zwischen Sein und Sollen, Fakten und Normen ein; man hat ihnen, um sie nicht dem Relativismus des subjektiven Wertens gänzlich zu überlassen, ein eigenes »Sein« zugesprochen, das sich aber vom Sein des übrigen Seienden unterscheiden muß. Genau dies ist der Grund für die »Halbheiten« der Wertphilosophie, die schlimmer sind als das Nichts und seine Philosophie – der Nihilismus.[335]

Die Philosophie der letzten fünfzig Jahre hat sich diese Meinung weitgehend zu eigen gemacht, nachdem in den fünfzig vorangegangenen Jahren der Begriff des Wertes einer der Leitbegriffe philosophischen Denkens in Deutschland gewesen war. Die von Herbert Schnädelbach zum Ausdruck gebrachte philosophische Abstinenz dürfte ein Grund dafür sein, dass heute andernorts und in durchaus widersprüchlicher Weise öffentlich von Werten fabuliert wird.

Historische Orientierung

Nach allgemeiner Überzeugung ist der Begriff »Wert« bis zur Mitte des 19. Jahrhunderts primär in der Nationalökonomie angesiedelt. Aus dieser wurde er von der Philosophie in einer ihrer akuten Krisensituationen rezipiert. Verantwortlich für die Rezeption des Wertbegriffs war in erster Linie Hermann Lotze.[336] Es ist immer wieder behauptet worden, der Rückgriff gerade zu dieser Zeit auf einen Begriff aus der Nationalökonomie sei verräterisch und zeige die zunehmende Ökonomisierung des Denkens unter den Bedingungen des Kapitalismus.[337] Sieht man von dieser ideologiekritischen Fragerichtung ab, dann ist klar, dass der Vorzug des Wertbegriffs gegenüber dem traditionelleren Begriff des Guten vor allem darin bestand, dass er eine bestimmte Art Anspruch *nicht* erhob: Werte beanspruchten keine Existenz innerhalb der Objektwelt. Während Max Scheler und andere auf der Suche nach ewig geltenden Werten waren, war es Friedrich Nietzsche, der die »Umwertung aller Werte« verlangte, eine Forderung, deren Voraussetzung offensichtlich die Veränderlichkeit und radikale Kontingenz der Werte ist. Dabei hatte der Wertbegriff Nietzsches tendenziell eine emanzipatorische Pointe: Aus dem Aufweis von Werten sollte nicht gefolgert werden, dass diese objektiv vorgegeben und daher verbindlich sind. Vielmehr sollte dieser Aufweis dazu führen, den Geltungsanspruch der Werte kritisch zu befragen und nötigenfalls pointiert abzuweisen. Aus diesem Grund kann aus Nietzsches Sicht eine Theorie, welche die Ewigkeit der Werte behaupten wollte, nur Ideologie sein, ein Versuch, Menschen von etwas abzuhalten, was für die Verwirklichung ihrer Möglichkeiten von erheblicher Bedeutung ist. Seine Kritik führt Nietzsche zur Frage nach dem Ursprung und der Entstehung der Werte:

> Sprechen wir sie aus, diese neue Forderung: wir haben eine Kritik der moralischen Werte nöthig, der Werth dieser Werthe ist selbst erst einmal in Frage zu stellen – und dazu thut eine Kenntniss der Bedingungen und Umstände noth, aus denen sie gewachsen, unter denen sie sich entwickelt und verschoben haben.[338]

Gerade durch seine Kritik am Wertbegriff hat Nietzsche der Untersuchung des Wertphänomens einen Impuls gegeben, der weit über die konkrete Bedeutung seines eigenen Versuchs, auf diese Frage zu antworten, hinausreicht. Nur im Gegenzug gegen eine »natürliche« Wertsetzung wird aus Nietzsches Sicht das Perverse der später erfolgten Erfindung der Moral verständlich:

> nämlich: die Elenden sind allein die Guten, die Armen, Ohnmächtigen, Niedrigen, sind allein die Guten, die Leidenden, Entbehrenden, Kranken, Hässlichen sind auch die einzig Frommen, die einzig Gottseligen, für sie allein giebt es Seligkeit […].[339]

Die gesamte Geschichte der Ethik, die für Nietzsche im Wesentlichen auf die sokratisch-platonische Tradition einerseits, die jüdisch-christliche andererseits zurückgeht, stehe unter diesem Vorzeichen. Habe man das erkannt, könne es nicht mehr um eine neue Ethik oder eine Reformation der Moralvorstellungen, sondern es müsse um ihre Abschaffung gehen, wobei der anzustrebende Zustand »Jenseits von Gut und Böse« liegen müsse. Der Versuch, von Werten so zu sprechen, als handle es sich bei ihrer Geltung um ein unbestreitbares Faktum, muss unter einem generellen Ideologieverdacht stehen, weil er von dieser Tatsache absieht oder absehen will. Dies gilt umso mehr, als der Versuch der neben Nietzsche am Wertbegriff arbeitenden Philosophen, absolut geltende Werte zu entwickeln, sich als philosophisch unhaltbar erwiesen hat.

Nietzsches Arbeit hat dementsprechend in drei Richtungen Impulse gegeben: erstens zur empirischen Weiterarbeit an Ursprung und Entstehung der Werte, zunächst vor allem bei Max Weber; zweitens zu einem erneuten Versuch einer philosophischen Wertlehre bei Max Scheler; drittens zu einer radikalen Kritik an der philosophischen und anderweitigen Verwendung des Wertbegriffs bei Martin Heidegger und anderen. Scheler hat selbst den Versuch unternommen, den Wertbegriff zum Fundament einer materialen Ethik zu machen.[340] Eine solche Werteethik ist ein zu monumentales Unterfangen, als dass sie hier umfassend gewürdigt werden könnte. Sie muss jedoch erwähnt werden, weil Schelers Behandlung des Wertbegriffs weitreichende und über den Bereich der Philosophie hinausreichende Folgen hat, wie etwa für die Wirtschaftsethik von Georg Wünsch. Im Anschluss an Scheler hat die katholische Moraltheologie den Begriff des Wertes unter ganz bestimmten Bedingungen rezipiert, auch in ihrer Soziallehre und im Gemeinwohlbegriff. Gleichzeitig ist auch die rechtswissenschaftliche Aufnahme der Wertterminologie durch Scheler entscheidend beeinflusst.

Worum also geht es Scheler? Um sein Anliegen zu verstehen, ist es hilfreich, sich zu vergegenwärtigen, dass Schelers Arbeit sich nicht nur in intensiver Auseinandersetzung mit Nietzsche, sondern auch im betonten Kontrast zur Philosophie Kants und des Neukantianismus vollzog. So war der Wertbegriff des Neukantianismus als eine Art Korrektiv zum Positivismus konzipiert worden. An eine solche Konstruktion lassen sich kritische Fragen stellen: Erreicht man mit einem solchen Dualismus jemals das angestrebte Ziel, die Verteidigung des Humanum gegen einen reduktionistischen Positivismus? Was für ein Menschenbild ergibt sich? Offensichtlich ein dualistisches, bei dem das »natürliche« und das »intelligible« Element scharf getrennt sind. Würde eine Wirtschaftsethik auf dem Wertbegriff beruhen, dann ist man vielleicht nicht überrascht, dass früher oder später die Frage nach dem Status der Werte aufgeworfen wird.

Das geschieht bei Scheler auch, und er beantwortet diese Frage radikal, und zwar noch über die Neukantianer hinausgehend. Letztere hatten davon gesprochen, dass Werte gerade nichts Seiendes sind, dass sie zwar absolut und ewig gelten, aber nicht irgendwie anders existieren. Eine solche transzendentale, nicht ontologische Realität von Werten würde aber für Scheler nicht weiterführen. Für ihn, wie auch für den an ihn anknüpfenden Nicolai Hartmann ist es vielmehr zwingend notwendig, Werten wieder ein Sein zuzuschreiben, sie also zu Entitäten einer metaphysischen Konstruktion zu machen. Dieses Sein der Werte soll sich allerdings vom realen Sein des existierenden Wirklichen als ein ideales Ansichsein unterscheiden, wobei phänomenologisch erschlossene Werte in eine angeblich *a priori* bestehende Hierarchie gebracht werden, und auch von Letzterer wurde behauptet, sie erschließe sich intuitiv und damit immer individuell. Dieser letzte Schritt hat Schelers Werttheorie diskreditiert, da mit individuellen Gefühlen schwer normative Ethiken zu entwickeln sind. Während jedoch Schelers Wertphilosophie bei den Philosophen seit dem Zweiten Weltkrieg wenig Beachtung fand, übte seine Theorie durchaus Einfluss auf die katholische Soziallehre aus. Hier versuchte man, allerdings nicht ganz in Schelers Sinn, den Wertbegriff dem traditionellen ethischen Begriff des Guten anzugleichen und so in die Naturrechtstradition einzufügen. Dort hat er inzwischen einen festen Platz erhalten. So liest man in der sechsten Auflage des *Staatslexikons* der Görres-Gesellschaft zum Stichwort »Wert«:

> Das Gelten der Werte bezieht seine Kraft gerade daraus, daß der Wert, der freilich nur im objektiven und subjektiven Wirklichen wirklich wird, sich zwar vor aller Aktualisierung, aber dennoch real der Aktualisierung anbietet und diese Aktualisierung fordert. […] Die Wirklichkeit […] zeigt sich bei allem Seienden also in der ihr eigentümlichen gestuften Vollkommenheit, die als Güte (bonitas) oder Wert bezeichnet werden kann.[341]

Ganz anders fasst Martin Heidegger seine Diagnose in den Worten zusammen: Der »Wert und das Werthafte« seien »zum positiven Ersatz für das Metaphysische« geworden.[342] Natürlich hängt Heideggers Kritik an der Wertphilosophie zentral mit seinen eigenen philosophischen Einsichten zusammen, die hier im Einzelnen nicht zur Debatte stehen. Heidegger hat jedenfalls erkannt, dass der Anspruch der Wertphilosophie, ein Reich von objektiv geltenden Werten auf einer verschwommenen ontologischen Grundlage zu konstruieren, fehlschlagen musste. Dennoch ist klar, dass die Frage nach den Werten mehr umfasst als das Problem ihrer Geltung. Auch wenn durch den immensen Einfluss Heideggers auf das philosophische Denken der folgenden Generation – verstärkt durch analoge Argumentationen seines entschiedenen Gegners Theodor W. Adorno – die Frage nach den Werten weitgehend aus der Philosophie verbannt wurde, lässt sich nicht verkennen, dass die so geäußerte Kritik doch nur einen bestimmten Aspekt des Problems trifft. Eingedenk dessen, wie häufig in der öffentlichen Diskussion der Verlust von »Werten« in Wirtschaft und Politik beklagt und die Rückbesinnung auf »Grundwerte« gefordert wird, erklärt sich auch die Ausführlichkeit der Analyse des Wertbegriffs im Vergleich zu den übrigen Begrifflichkeiten dieser Wirtschaftsethik. Was jedoch bei aller Kritik am Wertbegriff im Rahmen einer Wirtschaftsethik bedacht werden muss, kann aus dem bisher Beobachteten so zusammengefasst werden: Wertungen spielen in vielen Bereichen unseres Lebens eine bedeutende Rolle, was den Bereich der Ökonomie einschließt. Es wird dabei praktisch immer vorausgesetzt, dass Wertungen nicht willkürlich vorgenommen werden, sondern eine intersubjektive Geltung besitzen, aufgrund derer sie von mehr oder weniger großen Menschengruppen anerkannt werden. Diese Tatsache bleibt bestehen, auch wenn das weitergehende Ziel der Wertphilosophie im Sinne Schelers, nämlich die Etablierung ewiger Werte, als gescheitert zu gelten hat. Hilfreicher erscheint dagegen ein Verständnis von Werten, das diese als lebensweltlich eingebettet betrachtet. Darüber hinaus dürfte der historische Überblick die Wurzeln der heutigen, stark divergierenden Verwendung des Wertbegriffs klargemacht haben. Für eine theologische Rezeption des Wertbegriffs spielen im Wesentlichen zwei Resultate der Begriffsgeschichte eine Rolle: zum einen die radikale Kritik der Wertphilosophie durch Heidegger, zum anderen die Anknüpfung an die materiale Wertethik Schelers. Eine Vermittlung dieser beiden Positionen dürfte daher dazu beitragen, eine Polarisierung des Wertbegriffs in einer Wirtschaftsethik zu überwinden und gleichzeitig vorsichtig und bewusst mit dem Wertbegriff umzugehen.

Kann der Rekurs auf Werte das in vielen Bereichen der heutigen Gesellschaft wie auch der Ökonomie drängende Problem der Geltung von Normen und Grundsätzen angemessen lösen? Das bislang erreichte Resultat lässt nur eine Antwort auf diese Frage zu: Eine solche Beanspruchung der Werte ist illegitim. Sie wäre nämlich nur dann berechtigt, wenn es sich hätte zeigen lassen, dass eine allgemein nachvollziehbare, philosophische Reflexion die absolute Geltung idealer Werte belegen kann. Mit diesem Ergebnis wird nun freilich nicht einem ethischen Relativismus das Wort geredet. Dass es im ethischen Bereich Normen gibt, ja selbst dass bestimmte Werte faktisch normative Geltung haben, soll im Gegenteil nicht bestritten werden. Nur kann der normative Status von Geltungsansprüchen in keinem Fall daraus resultieren, dass diese Werte gar »Grund-Werte« sind. Vielmehr scheint es so zu sein, dass zunächst einmal ein Wert so gut oder schlecht ist wie ein anderer, und dass die Präferenz für den einen oder anderen ihre Wurzeln stets im wertenden Subjekt hat. Dieser Tatsache wird von der allgemeinen Ethik auch Rechnung getragen, die anerkennt, dass sich von einem Sein niemals auf ein Sollen schließen lässt. Auf der Ebene der Werte lässt sich jedoch feststellen, dass Menschen faktisch für ihr Handeln bestimmte Präferenzen setzen, dass sie meinen, auf bestimmte Weise handeln zu sollen. Normative Ethiken argumentieren dagegen heute meist utilitaristisch, diskurstheoretisch oder kantianisch.[343]

Der Wert des Wertbegriffs

Dennoch hat der aus der Ökonomie entstammende Wertbegriff durchaus sein Recht, insofern er »das Inkommensurable kommensurabel« macht, sodass »ganz verschiedenartige Güter, Ziele, Ideale und Interessen […] vergleichbar und kompromissfähig werden«.[344] Wenn er aber darüber hinaus im Sinne Martin Heideggers zum positivistischen Ersatz für das Metaphysische wird, dann kommt es zu eben jener von Nicolai Hartmann beschriebenen »Tyrannei der Werte«. Hilfreich ist an dieser Stelle die Diskursethik: Nach Ansicht von Jürgen Habermas komme Normen eine »allgemeine Verbindlichkeit«, Werten dagegen nur eine »spezielle Vorzugswürdigkeit« zu.[345] Daraus folgt, dass es bei einer Arbeit mit und am Wertbegriff notwendig und möglich ist, vom idealen Geltungsanspruch der Werte abzugehen. Die Erkenntnis, dass Werte von bestimmten Gruppen geteilte Präferenzen sind, muss nicht zu einem ethischen Relativismus oder einem Rechtspositivismus führen. Sie kann vielmehr zu der Forderung führen, den Normendiskurs auf andere Weise zu führen, gerade auch im Bereich der Wirtschaftsethik und Ökonomie. Insofern lässt die Unterscheidung von Werten und Normen dennoch den Schluss zu, dass Werte- und Normendiskurs immer aufeinander bezogen bleiben müssen. Denn Werte bedürfen verpflichtender Normen zu ihrer Kontrolle und zeigen andererseits, wie und warum Menschen sich in ihrem Handeln tatsächlich an bestimmte Regeln binden. Normen wiederum können menschliches Handeln nicht stiften, wohl aber kontrollieren, regulieren und an einem vernünftigen Maßstab messen.

An dieser Stelle kann auf einen hilfreichen Definitionsversuch des Wertbegriffs durch den Erziehungswissenschaftler Hartmut von Hentig verwiesen werden, den dieser in seinem Buch *Ach, die Werte!* aufstellt: Werte (Wahrheit, Schönheit, Gerechtigkeit) sind für von Hentig Ideen, die wir bestimmten Dingen bzw. Gütern zuschreiben. Sie sind nicht Eigenschaften dieser Dinge oder Verhältnisse und auch keine eigenen »Wesenheiten« (Hermann Lotze), die ein für sich bestehendes »Reich der Werte« (Nicolai Hartmann) bilden. Sie werden von uns definiert, aber nicht erfunden, nicht durch eine Ethik konstituiert, sondern durch diese geklärt, begründet, bestätigt, in eine Rangfolge gebracht; sie können auch nicht von uns abgeschafft, sondern allenfalls verleugnet werden.[346] Werte haben ihre Wurzel im wertenden Subjekt, das sie allerdings nicht »erfindet«, sondern anerkennt. Die Tatsache, dass und wie Werte im menschlichen Leben eine Rolle spielen, ist dadurch determiniert, dass der Mensch ein kommunizierendes Wesen ist, wobei auch die Entstehung der Werte ein kommunikativer Vorgang ist. Unser Handeln ist, bevor wir noch anfangen, selbst darüber zu reflektieren, durch unsere Einbettung in soziale Institutionen, durch Erziehung und Nachahmung von Vorbildern u. ä. bestimmt. Auf dieser Ebene werden auch unsere Werte weitgehend prädeterminiert.

Was sind vor diesem Hintergrund die Möglichkeiten und Grenzen des Wertbegriffs im Bereich der Wirtschaftsethik? Grenzen treten dort zutage, wo man versucht, Werte als Normen für die Lösung des Geltungsproblems, zum Beispiel von bestimmten Wirtschaftstheorien und -ordnungen, zu beanspruchen. Das können sie nicht. Werte sind daher von Normen, die genau diesen Zweck erfüllen müssen, zu trennen. Normen dienen zu entscheiden, ob eine Handlung richtig oder falsch ist. Werte orientieren darüber, ob sie mehr oder weniger vorteilhaft, besser oder schlechter ist. Der Wertbegriff entfaltet hingegen dort seine Möglichkeiten, wo man vom präskriptiven Bereich auf den deskriptiven übergeht. Wenn man also nicht mehr die Frage bedenkt: »Was soll ich tun?«, sondern: »Warum tue ich, was ich tue?«, stellt sich heraus, dass den Werten als der zum Subjekt gewendeten Seite der Zwecke in diesem Bereich faktisch sogar eine große Bedeutung zukommt.

Das Evangelium als »wertlose Wahrheit« und die Werte im Leben der Christen

Die bisherige Analyse des Wertbegriffs hat sich bewusst nicht auf eine kirchlich-theologische Perspektive beschränkt, sondern ist zunächst von der philosophischen Kritik des Wertbegriffs ausgegangen. Wechselt man jetzt die Perspektive und betrachtet die sich ergebenden Schlussfolgerungen aus kirchlicher und theologischer Sicht, stellt sich die Frage natürlich ganz anders. Jetzt muss gefragt werden: Kann es theologisch verantwortet werden, den beschriebenen Beitrag des Wertbegriffs in eine Wirtschaftsethik zu inkorporieren, und – angenommen man antwortet prinzipiell bejahend – wie genau muss dieser Beitrag beschaffen sein, um mit dem kirchlichen Selbstverständnis vereinbar zu sein?[347] Dabei wird ein spezifisches Dilemma deutlich, in dem sich Kirche und Theologie in einer solchen Situation befinden. Sie sollen auf ein gesellschaftliches Interesse reagieren und gleichzeitig dieses Interesse formen. Lassen sie sich auf diesen Diskurs ein, geraten sie leicht in die Gefahr, für sich selbst, für ihr eigenes Selbstverständnis einen rein funktionalen Religionsbegriff der Religionssoziologie zu übernehmen – mit fatalen Folgen. Denn eine Funktion von Religion mag es geben, wenn sie die *raison d'être* des christlichen Glaubens und der Kirche wäre. Dann hätten nämlich alte und neue Religionskritiker recht, die Religion als eine nützliche oder schädliche Erfindung des Menschen reduzieren wollen. Theologie wäre dann eine Ideologie, die zur Verschleierung der wahren Ursachen der Religion dient. Verweigern Kirche und Theologie sich andererseits kategorisch diesem an sie herangetragenen Anliegen der Teilnahme an der Diskussion um Werte, geraten sie fast zwangsläufig in die Gefahr gesellschaftlicher Isolation mit ebenso problematischen Folgen. Denn wenn die christliche Botschaft, das Evangelium, und der christliche Glaube mit dem Anspruch auftreten, eine das ganze Leben beanspruchende und verändernde Kraft zu sein, dann ist es doch schlechterdings unmöglich, dass aus dieser Perspektive zu so entscheidenden Fragen wie der nach den Werten oder auch der Wirtschaftsethik insgesamt gar nichts zu sagen wäre.

Kirche und Theologie müssen sich auf dieses gesellschaftliche Anliegen einlassen. Sie müssen es kritisch prüfen, um gegebenenfalls mit ihren eigenen Worten sagen zu können, warum und auf welche Weise es mit ihrer Aufgabe und ihrem Selbstverständnis vereinbar ist, ihren Beitrag zur Wertorientierung zu leisten. Es ist selbstverständlich, dass sie dabei zunächst genau ausloten, worin präzise der Beitrag bestehen kann und soll. Für das hier zu treffende theologische und wirtschaftsethische Urteil ist maßgeblich die genaue Zuspitzung, die die Frage nach Werten in der Wirtschaft durch die voranstehenden Erörterungen gewonnen hat. Hat man das im Blick, dann scheint klar, dass die hier zu verhandelnde Frage sich auf die religiöse Praxis, theologisch gesprochen, auf das christliche Leben in Wirtschaft und Gesellschaft bezieht.

Die Grundstruktur evangelischer Theologie ist dadurch bestimmt, dass die Begegnung mit der Wahrheit des Evangeliums uns als Individuen vor Gott zu einer radikalen Freiheit verhilft, die es uns erst ermöglicht, den Zwangscharakter aller Bindungen und Verpflichtungen und Bedingtheiten unseres Lebens zu durchschauen. Macht man sich dies klar, dann ist es verständlich, im Grunde unvermeidlich, dass Theologen von der »wertlosen Wahrheit« des Evangeliums sprechen, genau wie Eberhard Jüngel das tut, und dass sie sich unter dieser Prämisse für Ethik interessieren. Wenn die Theologie die für den Christen grundlegende Erfahrung des Glaubens als eine Begegnung mit der Wahrheit des Evangeliums und insofern als eine Erfahrung von Befreiung deutet, muss sie zu einer im Wortsinn radikalen Kritik der Werte kommen, statt von Wirtschaft und Gesellschaft »Grundwerte« einzufordern. Sie muss es, aber sie vermag es auch, denn im Selbstverständnis des Christen ist es eben nur diese individuelle Erfahrung, die zu einer derart grundstürzenden Uminterpretation der sie umgebenden Welt befähigt.

Dennoch haben Werte in einer protestantischen Wirtschaftsethik ihren Platz: So betont Martin Honecker in Anerkennung aller mit dem Wertbegriff verbundenen Schwierigkeiten, dass Werte als »Orientierungsmaßstäbe« weiterhin in einer theologischen Ethik von Bedeutung sind.[348] Die Erfahrung des Glaubens ermöglicht Befreiung, sie entlässt den Christen aber nicht aus der Verantwortung für menschliches Handeln. Er lebt natürlich weiter, er handelt weiter und insofern spielen *nolens volens* auch Werte für ihn, solange er lebt und damit ständig Wertungen zu treffen hat, ihre entscheidende Rolle. Der Christ kann also gar nicht dem Reich der Werte gänzlich entgehen, und die Theologie darf deshalb auch nicht so tun, als wäre mit der, wenn man so will, Krise der Werte in der Erfahrung des Glaubens, in der Begegnung mit dem Evangelium das Wertproblem für den Christen endgültig gelöst. Sie muss vielmehr weiterfragen, was denn nun diese Erfahrung für das weitere Leben des Christen und Nichtchristen speziell für ihren weiteren Umgang mit Werten bedeutet.

Evangelische Theologie hat gelegentlich die Tendenz, sich dieser Frage praktisch zu entziehen, und zwar unter Verweis auf Luthers Formel vom Christen als *simul iustus et peccator*.

Das heiße doch, so wird häufig argumentiert, dass sich an dem grundsätzlichen Problem nichts ändere. Dass auch der Christ ganz Sünder, *totus peccator*, ist, bedeute eben, dass für die theologische Kritik am menschlichen Handeln die Frage »Christ oder Nichtchrist?« praktisch belanglos wird. Insofern gelte für die »Werte der Christen« einfach das generell über Werte Gesagte, und es gebe keinen Grund, dazu nochmals separat Stellung zu nehmen. Es ist leicht einzusehen, dass eine solche Interpretation des *simul iustus et peccator* die wahre Einsicht, die hinter dieser Formel steckt, verfehlt. Denn wenn es so wäre, dann besäße der christliche Glaube überhaupt keine Relevanz für das tatsächlich von Christen gelebte Leben. Der Glaubende kehrt zu seinem früheren Leben zurück, und alles geht weiter, als sei nichts geschehen.

Was aber tut nun der Christ, der die Erfahrung einer solchen Befreiung macht oder gemacht hat? Wie handelt er? Wie wertet er, als Mensch und als Marktteilnehmer? Er handelt auch weiterhin, er kehrt mit neuer Energie in den unterbrochenen Lebenszusammenhang zurück. Insofern er fortfährt zu handeln, wertet er auch weiterhin. Er wird manche Handlungen weiter so verrichten, wie er sie bisher verrichtet hat, und andere nicht. Er wird – ob als Marktteilnehmer, Unternehmer oder Familienvater – manche Dinge jetzt tun, die er früher nicht getan hat oder nie getan hätte. Er wird jedoch nicht morgens aufwachen und sich vornehmen, ab heute besonders wertbewusst zu handeln. Er wird sich nicht verpflichtet fühlen, alles anders zu machen, aber er wird in sich die Kraft und die Gelassenheit verspüren, an bestimmten Stellen anders zu handeln, als er es bislang konnte oder wollte. Achtet man auf die Wertstruktur seiner jeweiligen Handlungen, dann wird sich dort ein analoges Bild ergeben. Einige Werte bleiben konstant, andere ändern sich, gelegentlich ändert sich die Präferenz für den einen oder anderen Wert. Der Christ nimmt also keine »Umwertung aller Werte« in dem Sinn vor, dass er alles bisherige verwirft und sich dessen Gegenteil in den Arm wirft. Er besitzt die Freiheit, an manchem Herkömmlichen festzuhalten und anderes abzulegen. Dennoch wird derjenige, der die beschriebene Erfahrung gemacht hat, meinen, etwas gänzlich Neues habe begonnen. Denn er tut, was er tut, aus einem ganz anderen Antrieb. Er weiß jetzt besser als vorher, warum er tut, was er tut. Er hat eine ungekannte Souveränität gegenüber seinen Handlungen und eben auch den in diesen verwirklichten Werten erlangt. Die Freiheit eines Christenmenschen gibt ihm das Kriterium zum Werten, und in diesem Sinn kann man das Resultat der Glaubenserfahrung durchaus als eine »Umwertung der Werte« bezeichnen, und zwar diametral entgegengesetzt zu Nietzsches Interpretation. Durch einen von außen erfahrenen Anspruch erhält das, was vorher eigengesetzlich um Vorrang kämpfte, seinen Maßstab. Die Werte des Glaubenden werden also nicht zwangsläufig andere sein, sie werden jedoch anders interpretiert. Sie sind von dem Zwang entlastet, ihre eigene Geltung verbürgen zu müssen.

Fragt man jedoch weiter, welche Werte konkret der Christ annimmt und welche er ablehnt, ergibt sich ein ambivalentes Ergebnis. Denn während die empirisch arbeitenden Humanwissenschaften, vor allem die Religionssoziologie, es zur Evidenz erhoben haben, dass die Handlungs- und Wertstrukturen der Glieder einer Religionsgemeinschaft bestimmte Ähnlichkeiten aufweisen, dass es insofern sehr wohl typisch christliche und sogar typisch protestantische Werte gibt, kann die evangelische Theologie diese Beobachtung aus ihrer Sicht nicht nachvollziehen. Das hat seinen Grund darin, dass aus theologischer Sicht das Handeln des Glaubenden im strengen Sinn frei, d.h. nicht durch Gesetze oder Werte irgendwelcher Art determiniert ist. Der Mensch, der sich von Gott gerechtfertigt weiß, *simul iustus et peccator*, weiß seine Freiheit zu nutzen, Gutes zu tun jenseits aller Werkgerechtigkeit. Es bedarf dabei keiner von außen kommenden Werte. Gleichzeitig wird in der theologischen Reflexion deutlich, dass die beschriebene Dialektik von Kritik und Begründung der Werte im Glauben nicht ein punktuelles Erlebnis – etwa eine Bekehrung – ist, sondern dass diese Struktur das gesamte christliche Leben prägt. Genau darum ist es sinnvoll, wenn Christen im öffentlichen Diskurs nicht abstrakt von »Werten«, sondern konkret von »Wertvorstellungen«, die Menschen entwickelt haben, sprechen und diese positiv bei Fragen der Identitätsstiftung aufnehmen. Hinsichtlich einer möglichen Synthese von christlicher Moral und ökonomischer Vernunft spricht auch Wolfgang Huber im wirtschaftsethischen Zusammenhang betont von »Wertorientierung« statt von »Werten«:

> Die Herausforderungen der Gegenwart bieten Anlass dazu, Wertorientierung und wirtschaftliches Denken wieder so miteinander zu verbinden, wie dies die Gründergestalten der Sozialen Marktwirtschaft getan haben.[349]

Wenn man von der identitätsstiftenden Bedeutung der Religion spricht, dann muss dies aus theologischer Sicht für den evangelischen Glauben im Sinne einer prinzipiellen Offenheit und Freiheit mit den das Leben bestimmenden Wertstrukturen interpretiert werden. Die Kirchen können nicht als Verwalter eines Schatzes von Werten auftreten, an dem die Gesellschaft nur durch ihre Vermittlung teilhat. Im Gegenteil, sie können und müssen den Anspruch der Werte auf normative Geltung, wenn er denn erhoben wird, kritisieren. Gleichzeitig aber können sie vermitteln, in welcher Weise im Glauben gegründete Werte Teil unseres Lebens sein und es lebenswerter machen können. Nur geschieht dies am Ende bei einer Wertorientierung wie gezeigt durch individuelle Prägung und nicht kollektiv. Nur ist diese individuelle gerade nicht relativistisch, da sich Wertvorstellungen in Kirchen, Schulen und vor allem Familien bilden. Nur wird der bestimmte Wertentscheidungen Treffende nicht nur in der Wirtschaftsethik, sondern im Extremfall auch im Strafrecht individuell für sein Handeln verantwortlich gemacht.

6. Anstand [350]

Wer eine Wirtschaftsethik »Anständig Geld verdienen?« titelt und ob der Doppelbödigkeit mit einem Fragezeichen abschließt, der muss mit einem Ausrufezeichen rechtfertigen können, warum er diesen nicht unproblematischen Begriff »Anstand« in einer protestantischen Wirtschaftsethik einführt. Problematisch deshalb, weil die Analyse des wirtschaftsethisch zentralen Wertbegriffs gerade ergeben hat, dass es das Individuum ist, das subjektive Werte durch eigene Wertorientierung in Abstimmung mit anderen zu Normen machen kann. Wir alle werten ständig und individuell, ohne dass es einen festen Bestand an abrufbaren »Grundwerten« gäbe. Wir werten aufgrund persönlicher Wertorientierungen, die uns seit Kindertagen prägen.

Beim Begriff Anstand ist es umgekehrt: Nicht der Einzelne bewertet, wie man »anständig« Geld verdient, sondern unsere Umwelt wertet – und dennoch gilt Anstand paradoxerweise selbst als zentraler gesellschaftlicher Wert. Dies ist im Übrigen ein weiterer Beleg dafür, wie wenig sinnvoll es ist, eine Ethik in festen Schablonen von Sozialethik oder Individualethik, von systemisch-ökonomistischer oder integrierter Wirtschaftsethik zu zwängen, da die Übergänge fließend sind. Ethisch konstant bleibt die natürliche Person, die moralfähig und haftbar ist, auch wenn Unternehmensstrafrecht oder Systemtheorie dies anders bewerten. Der Begriff Anstand ist darum wirtschaftsethisch so interessant, weil er an ein solches moralfähiges Individuum angelegt wird, aber eben nicht von ihm selbst, sondern von außen. Ähnlich wie der Wertbegriff ist »Anstand«

ein Terminus, der schnell und mit wachsender Beliebtheit von den wirtschaftlich wie politisch Handelnden im Munde geführt wird, ohne dass dabei stets klar ist, was eigentlich aus deren Sicht der Maßstab ihres Anstandsgefühls ist. Ist Anstand ein so vages wie rein individuelles Gefühl oder eine klar definierbare ethische Maxime oder gar beides? Zur Klärung dieser Frage soll im Folgenden zunächst diskutiert werden, was das Wort »Anstand« überhaupt bedeutet, um dann zu analysieren, ob und was dieser Begriff für eine wirtschaftsethische Diskussion austragen kann. »Anständig Geld verdienen« – geht das überhaupt? Und was folgt aus der immer wiederkehrenden Debatte um den Anstandsbegriff für unternehmerisches Handeln?

Zur Problematik des Anstandsbegriffs

Wer sich mit der Etymologie des Anstandsbegriffs beschäftigt, der merkt schnell, worin dessen Attraktivität und gleichzeitig die ihm innewohnende Problematik liegt: Der Begriff lässt sich darum schwer fassen, weil er bereits semantisch auf zwei verschiedenen Ebenen lokalisierbar ist. Im Lateinischen beschreibt das Wort *decor* einerseits das, was viele im Deutschen mit dem Wort »Anstand« beschreiben würden: Wie bei der »Anstandsdame« hat Anstand oftmals etwas mit Benehmen und dessen Wahrnehmung aus der Perspektive anderer zu tun. Anders als persönliche Sittlichkeit, die sich mit inneren Überzeugungen befasst, wird Anstand zunächst und vor allem von außen taxiert. Genau das bezeichnet das lateinische Äquivalent *decor*, Anstand: Das tun, was sich gehört, was sich ziemt oder schickt. Damit verwandt ist das Substantiv *decus*, was den äußeren Schmuck, die Zierde meint. Die Einschätzung dessen, was sich gehört, geschieht dabei nicht primär in einem *forum internum* vor den eigenen moralischen Ansprüchen oder dem eigenen Gewissen, sondern sie wird in erster Linie extern, durch andere geprägt und beurteilt. Auf dieser ersten Ebene ist Anstand gerade kein kategorischer »Wert an sich«, kein »moralisches Gesetz in mir« oder dergleichen. Darum beurteilt zumindest der frühe Kant den Anstandsbegriff auch durchaus kritisch, wie Dieter Thomä treffend ausführt.

Andererseits gebrauchen viele Menschen den Begriff »Anstand« in ihrem Alltag deckungsgleich mit »ethischer Anspruch« oder »Sittlichkeit«. Und hier liegt das Problem: Der Terminus »Sittlichkeit« im Sinne eines fundierten ethischen Maßstabs fußt gerade nicht auf äußeren Einschätzungen oder Moden, sondern auf inneren Überzeugungen. Albert Schweitzer bringt dieses Moment des Innerlichen, des *forum internum* beim Sittlichkeitsbegriff – und dieser ist für ihn weit mehr als Anstand – bemerkenswert klar auf den Punkt, wenn er darauf besteht, dass sich jeder Mensch mit seiner »persönlichen Sittlichkeit auseinandersetzen [muss], so unbequem, so verwirrend es für dich ist«.[351] Sittlichkeit versteht Schweitzer in diesem Zusammenhang als etwas Höchstpersönliches, durch niemanden und keine Institution Vertretbares, so wie der Schluss des Ehebunds oder die Übergabe einer Beamtenurkunde Rechtsakte sind, bei denen man sich nicht vertreten lassen kann.

Umgekehrt ist es beim Anstand: Hier wird das Urteil darüber, was einem als anständig oder unanständig gelte, von unserer Umwelt gefällt. Und nicht nur Philosophen ist der Anstandsbegriff darum suspekt – auch andere Disziplinen begegnen ihm als wissenschaftlich schwer greifbarem Begriff mit Skepsis, wie etwa die Rechtswissenschaften: Auch für Juristen ist »Anstand« nur schwer fassbar und darum nur eingeschränkt justiziabel. So hält Helmut Haberstrumpf in seiner Dissertation zum Anstandsbegriff diesen juristisch für eine »Leerformel, weil es auf die Auffassung der Gerichte ankommt, auf welche Sachverhalte oder Gegenstände sie Anwendung finden soll«.[352] Und eine dem Anstandsbegriff zugrunde liegende, soziale Norm lasse sich in diesem Zusammenhang lediglich definieren als »kollektiv befolgtes, erwartetes, sanktioniertes und legitimiertes Verhaltensmodell.«[353] Im geltenden Recht erfolgt die Beurteilung dessen, was anständig ist und den guten Sitten als dem »Rechtsgefühl aller billig und gerecht Denkenden«[354] entspricht, regelmäßig von außen, und zwar im Wege eines durch die Rechtsprechung ausgeübten Ermessens. Umgekehrt ist eine Leistung allein aus einer Anstandspflicht oder einem Anstandsgefühl heraus im zivilrechtlichen Sinne eine Leistung ohne Rechtsgrund – *decor*, das also, was sich ziemt oder gehört, aber eben nicht mehr. Daraus allerdings zu folgern, »Anstand« sei eine reine Äußerlichkeit, die allein mit Takt, Sitten oder Benehmen zu tun habe und weniger mit tiefen Überzeugungen, wäre bestenfalls stark verkürzt und hinsichtlich des umfänglichen Alltagsgebrauchs des Anstandsbegriffs sogar grundfalsch, denn viele Menschen sprechen in einem Atemzug von »Anstand, Sitten und Moral«, ohne diese zu differenzieren. Das Problem der fehlenden Differenzierung wird drastisch klar, wenn man sich ein Beispiel vor Augen führt, bei dem der Anstandsbegriff vollständig pervertiert wurde. So betonte Heinrich Himmler in seiner Rede vor Gauleitern in Posen im Oktober 1943:

> Von euch werden die meisten wissen, was es heißt, wenn 100 Leichen beisammen liegen, wenn 500 da liegen oder wenn 1000 da liegen. Dies durchgehalten zu haben, und dabei – abgesehen von Ausnahmen menschlicher Schwächen – *anständig geblieben zu sein*, das hat uns hart gemacht. Dies ist ein niemals geschriebenes und niemals zu schreibendes Ruhmesblatt unserer Geschichte [...].[355]

In dieser an Perfidität kaum zu überbietenden Verwendung wird die semantische Doppelbödigkeit des Anstandsbegriffs deutlich: Zum einen beschreibt Himmler hier ein äußeres Handeln, nämlich eine Art und Weise des Tötens, wie sie sich für SS-Leute zieme. Nur lässt sich dies selbst in diesem Zitat nicht von der inneren Haltung der Täter hinsichtlich der Beurteilung ihrer Gräueltaten trennen. Denn aus Himmlers Sicht bewahrt der idealtypische SS-Mann in seinem Tun äußerlich die Haltung, während er gleichzeitig innerlich die Motivation und die nationalsozialistische Ideologie hinter dem Morden uneingeschränkt teilt. Anstand und Ethos laufen bei Himmlers Verwendung des Anstandsbegriffs untrennbar ineinander. Selbst die Leichenberge Unschuldiger vermögen nicht, die Haltung, den Anstand, die guten Sitten, den Blick für das, was sich ziemt, zu trüben – so versteht Himmler hier offenbar den Anstandsbegriff. Den Anstand als äußeren Wert oder Verhaltenskodex, der in der bürgerlichen Zivilisation gilt, instrumentalisiert er dazu, das Tötungsverbot als existenzielle Norm dieser Zivilisation aufzuheben und damit sich selbst im Dienste dieser Zivilisation stehend aufzuwerten.[356]

An diesem Extrembeispiel wird die Problematik des Anstandsbegriff nochmals wie in einem Brennglas sichtbar: Aus ethischer oder juristischer Sicht ist das Wort »Anstand« nur schwer greifbar und zudem höchst wandelbar, da sein Maßstab primär auf die Außenperspektive zielt – dasjenige also, was sich nach dem herrschenden Gesellschaftsbild, politischen System oder Zeitgeist mehr oder weniger ziemt, und zwar bis zu dem Punkt, dass offensichtlich selbst der Reichsführer der SS in seinem *forum internum* wie *externum* ein klares Gefühl dafür zu haben glaubt, was im Angesicht von Leichenbergen anständig ist.[357]

Diese Pervertierung zeigt die Problematik des Anstandsbegriffs insgesamt, macht ihn aber keinesfalls obsolet, im Gegenteil: Die Vermittlung eines Anstandsgefühl, eines Gefühls dafür, was man tut oder besser lässt, ist ein wesentlicher Gegenstand von Erziehung und vielfacher Kompass menschlichen Alltagshandelns. Darum verbinden auch viele Menschen mit dem Anstandsbegriff weniger eine intellektuelle Leistung, als eine innere Haltung, ein tief empfundenes Gefühl für das, was man tut, was wiederum auf den Kern der eigenen Identität zielt und darum so wirkmächtig ist. Aus diesem Grund sind Ethos, Sittlichkeit, Werte und Anstand für viele Menschen in ihrem Alltag deckungsgleich und laufen begrifflich ineinander. Wenn Anstand jedoch allein mit den Erwartungen anderer oder der Umwelt verbunden und legitimiert wird, wird er aus ethischer Sicht vor dem eigenen *forum internum* umso begründungsbedürftiger, wie das Himmler-Zitat als extremes Beispiel zeigt. Aktuell erlebt der Anstandsbegriff im öffentlichen Diskurs seine Konjunktur besonders aufgrund von Krisenzeiten als Zeitabschnitten, in denen die eigene Identität infrage gestellt wird: Die ihn im Wirtschaftsleben oder der Politik Verwendenden haben meist eine so klare wie individuelle Vorstellung davon, wie man auf anständige oder unanständige Weise sein Geld verdient, Politik macht oder Arbeitnehmer behandelt.

Die Frage ist nun: Wie ist mit dieser Disparität sinnvoll umzugehen, dass ein Anstandsbegriff, der an der Einschätzung anderer oder zuweilen an der Mode unterworfenen Benimmregeln hängt, sich selbst aushöhlt, während ein intuitiver, moralisch aufgeladener Anstandsbegriff wenig begründungsfähig, sogar höchst inhuman sein kann? Denn wenn sich allein am eigenen Anstandsbegriff oder Rechtsgefühl determiniere, was man tue oder besser lasse, dann wird Recht allzu schnell, was dem Volke nützt. Diese Dichotomie ändert aber nichts an der Beliebtheit des Anstandsbegriffs *per se*. Warum ist das so? Gerade in Zeiten von Globalisierung, Beschleunigung, Entgrenzung und einer damit verbundenen Orientierungssuche angesichts eines steigenden Maßes an Unübersichtlichkeit gewinnt der Anstandsbegriff an Bedeutung, weil er zu einer ethischen Qualifizierung menschlichen Handelns herangezogen wird. In diesem Sinne ist Anstand sehr wohl eine ethische Kategorie, wenn man die Prämisse akzeptiert, dass Ethik mit menschlichem Handeln zu tun hat: Moralfähig sind nur individuelle Akteure.

Es gehört zu unserem Menschsein, dass wir werten, dass wir andere Menschen und ihr Handeln beurteilen, und zwar durchaus in sehr persönlichen Kategorien wie gut oder schlecht, moralisch oder unmoralisch, oder eben auch anständig oder tugendhaft. Natürliche Personen belegen wir dann mit Attributen wie zum Beispiel tüchtig, mutig oder ehrlich. Kaum jemand käme darum auf den Gedanken, ein Unternehmen *per se* als »ehrlich« oder »tugendhaft« zu bezeichnen. Strittig ist hingegen die Frage, wer beurteilt oder beurteilen darf/sollte, ob ein Mensch anständig, tugendhaft oder ethisch einwandfrei ist. Angesichts einer zunehmenden Konvergenz der Welt könnte man auch fragen: »Höhlt es den Anstand, der es offenbar schon schwer genug hat auf dieser Erde, nicht weiter aus, wenn er hier so und dort anders verstanden wird?«[358] Einige Anhänger des Anstands- oder Wertbegriffs mögen nun einwerfen: »Was anständig ist, das spürt man doch sofort und intuitiv.« Oder: »Die eigenen Wertmaßstäbe und die eigenen Anstandsvorstellungen zeigen und bewähren sich letztlich nur im eigenen Tun.« Diejenigen, die eine solche Ansicht vertreten, wären philosophisch keineswegs in schlechter Gesellschaft, wie bei der Analyse der Positionen Max Schelers oder Nicolai Hartmanns gezeigt wurde. Das Problem beim Anstandsbegriff ist nun, dass man durch das Urteil anderer allzu schnell zu einem »unanständigen« oder im schlimmsten Fall »unwerten« Menschen wird.

Wie aber geht man mit diesem Dilemma um? Zunächst ist zu erkennen, dass Anstand im Besonderen und Werte im Allgemeinen nichts Kollektiv-Statisches sind. Anders als Normen oder Gesetze, die allgemeinverbindlich sein und für alle gleich gelten sollen, bestimmt sich der Wert einer Sache zunächst individuell aus Sicht des Wertenden. Wertungen werden durch die gemeinsame Teilhabe an einer Wirtschafts- oder Staatsordnung auch selten willkürlich vorgenommen, sondern besitzen eine intersubjektive Geltung, aufgrund derer sie von verschiedenen Menschengruppen anerkannt werden. Dies gilt auch von dem, was eine Gesellschaft als anständig oder unanständig wertet. Werte oder ein Anstandsgefühl lassen sich aber nicht natürlich oder gar ewig etablieren, sondern sind nur in ihrem spezifischen lebensweltlichen Kontext existent. Anders als innere Wertvorstellungen ist der Anstandsbegriff ein vor allem extern legitimierter und überprüfter Standard: Indem der Mensch erfährt, was anständig oder nicht anständig ist, was »man« tut oder lässt, bezieht er sich auf von anderen definierte Maßstäbe. Und erschließen sich diese einem selbst nicht, bleibt immer noch die Anstandsdame, die sie nahebringt.

Anständig Geld verdienen?

Was folgt aus der dargestellten Problemgeschichte des Anstandsbegriffs hinsichtlich der Frage, ob und wie man mit Anstand Geld verdienen kann? Zum einen, dass ein Gefühl für Anstand ähnlich unseren Wertorientierungen zwar integraler Teil menschlicher Existenz ist (das gefühlte »das tut *man* einfach nicht«), dass aber normativ mit Anstand allein keine Märkte hinreichend zu regulieren sind, denn dafür ist der Anstandsbegriff zu unbestimmt (Was genau »tut man einfach nicht?«) und verharrt zu sehr in wandelbaren gesellschaftlichen Konventionen und Überzeugungen der jeweiligen Gegenwart und damit in der Außenperspektive. Zum anderen gilt aber ebenso, dass auch mit den besten Normen und Gesetzen allein kein Markt zu machen ist, wenn es keinen Konsens, kein Rechts- oder Anstandsgefühl hinsichtlich deren Befolgung der Gesetze gibt. Darum legt die Alltagstauglichkeit und wirkmächtige ethische Verankerung des Anstandsbegriffs im höchstpersönlichen *forum internum* nahe, zu dessen Humanität ein Verständnis davon gehört, was anständiges oder unanständiges Handeln ausmacht. Dieses *forum internum* bestimmt jenen selbst gesetzten Maßstab, vor dem ein ehrbarer Kaufmann seine Ehrbarkeit misst. Ehrlichkeit verlangt bereits das Recht von ihm, aber Ehrbarkeit wird er vor allem im Spiegel des eigenen Anspruchs messen. Und jeder Kaufmann wird mit der Individualität des Menschen genauso rechnen wie mit seiner Fehlbarkeit und Irrationalität. In diesem Zusammenhang können Begriffe wie »Ethik« oder »Anstand« vor allem *hermeneus*, Übersetzer dessen sein, wie man Marktteilnehmer motiviert, anständig zu wirtschaften, um damit nicht nur vor ihren *peers*, sondern vor ihrem *forum internum* bestehen zu können.

Hinzu kommt, die Tatsache ernst zu nehmen und zu berücksichtigen, dass viele Menschen ein klares individuelles Bild von dem haben, was mit Begriffen wie Anstand, Ethik oder Sittlichkeit – wenn auch wenig trennscharf – im Alltagsdiskurs wie in der aktuellen Debatte um Managergehälter oder Finanzmarktregulierung immer wieder thematisiert wird.

Geglückt ist eine Synthese von Ethik und Ökonomie, von Anstand und Markt noch dem deistisch geprägten Moralphilosophen Adam Smith, der gerade keinen besonders anständigen Kaufmann fordert, wohl aber einen mit einem so legitimen wie legalen Eigeninteresse. Wichtiger ist ihm, dass alle Marktteilnehmer die Regeln eines freien Marktes reflektieren, und diese rechtsstaatliche Akzeptanz macht sie zu anständigen, ehrbaren Kaufleuten. Hingegen scheint das rein appellative Insistieren auf ein kollektives Verantwortungsbewusstsein oder ein – wie auch immer definiertes – individuelles Gefühl des Anstands von Managern und Unternehmern kategorischer Sicht ohne den normativen Verweis auf die *rule of law* wenig erfolgversprechend. Denn was anständig und dem Leben dienlich, was sozial gerecht und was sachlich zwingend ist, hat *per se* einen so großen Interpretationsspielraum, dass sich solche Begriffe ähnlich wie der Gemeinwohlbegriff im Unbestimmten verlieren. Und der Versuch, einer Institution oder einer Marktwirtschaft als Ganzer eine ethische Verantwortlichkeit zusprechen und durch Termini wie »Anstand« ethisch aufladen zu wollen, scheitert in der Regel bereits daran, dass Institutionen eben keine natürlichen, sondern juristische Personen sind. Regeln brechen aber nicht Firmen, sondern die in ihnen handelnden Menschen. Darum ist es auch so unnötig wie unmöglich, von Firmen oder Staatswesen »Anstand« zu fordern. Hilfreicher dagegen sind jene ethischen Maßstäbe, die ihren Bezugspunkt im Menschen selbst haben, wie der Begriff der Würde: Der Begriff der Menschenwürde, den das Grundgesetz ebenso fundiert wie das erste Buch des Alten Testaments im Bild der »Gottesebenbildlichkeit« verankert findet, ist durchaus justiziabel und fassbarer als der Anstandsbegriff für sich allein genommen, solange jeder Bürger überzeugt ist, dass der Rechtsstaat unter allen Umständen für den Schutz der Würde des Menschen in Wirtschaft und Gesellschaft eintritt. Welchen Mehrwert hat dann aber letztlich die Diskussion um den Anstandsbegriff im Rahmen einer Wirtschaftsethik? Die Analyse des Anstandsbegriffs hat gezeigt, dass Anstand mehr ist als äußerlich gutes Benehmen im Sinne einer Konvention. Er enthält einen ethischen Anspruch, unter dem das eigene Handeln auch im ökonomischen Zusammenhang auf den Anderen hin ausgerichtet und reflektiert werden soll. Wenn aber das, was Anstand meint, allein von der Sozialisation des Einzelnen, von der Gesellschaft, in der er lebt, und über deren Orientierungsmaßstäbe er sich im gesellschaftlichen Kommunikationsprozess verständigt, abhinge und unstreitig wäre, dann bedürfte es keiner Gesetze oder Regulierung von Märkten. Eine große Zahl möglichst vieler »ehrbarer« Kaufleute wäre erstrebenswert, aber wenn allein alle Kaufleute

»ehrlich« wären und sich in den Grenzen von Recht und Gesetz bewegen würden, wäre einiges gewonnen. Ein solcher Katalog vieler Dinge, die man »einfach nicht tut«, findet sich bereits im Strafgesetzbuch. Wem aber kein Gefühl für Anstand und Recht vermittelt wurde, der wird es schwerer haben, sich im Rahmen solcher Maßstäbe zu bewegen. Der Anstandsbegriff allein ist zwar letztlich keine harte Währung in einem wissenschaftlichen Sinne, aber in seiner gesellschaftlichen Wirkmächtigkeit eine so verbreitete wie höchst konvertierbare Währung, da viele Anständige wie Unanständige, die ihn im Munde führen, allzu gut wissen, dass es für die meisten Menschen so etwas wie Anstand gibt. Und den Verbreitungsgrad dieser Währung zu unterschätzen, rechnet sich nie.

Teil III
Wirtschaftsethik
aus Sicht der Ökonomie

Der Intellektuelle hat niemals eine freundliche Haltung gegenüber dem Markt eingenommen: Für ihn war der Markt immer ein Ort für grobe Menschen und unedle Motive.

GEORGE J. STIGLER

Der Exkurs zum Wert- und Anstandsbegriff hat gezeigt, dass es wenig zielführend für eine Wirtschaftsethik ist, Letztere aus christlicher Perspektive allein an dem vom Individuum zu füllenden Wertbegriff oder an einem gesellschaftlich determinierten Anstandsbegriff festzumachen. Ebenso wenig sinnvoll ist es, die Bedeutung von Werten oder Anstandsvorstellungen im Alltagsleben zu negieren. Menschen handeln individuell, sind aber immer auch relationale Individuen, und darauf muss jedes ethische oder ökonomische Modell gleichermaßen eingehen. Wie verhält sich nun die Ökonomie zu den analysierten Begrifflichkeiten der Wirtschaftsethik? Der Ökonom und Philosoph Amartya Sen warf einmal nach der Zwischenfrage eines Studenten bezüglich des Zusammenhangs von Ökonomie und Armutsbekämpfung in einem seiner Harvarder Philosophieseminare den Satz ein:

> The fight against poverty and global development is not so much determined by our views about economics. It is determined by how we view each other and the world around us.[359]

Ökonomische Entwicklung hat oftmals mit einem Wandel von Lebensumständen und Maßstäben zu tun, und genau darin scheint eine *crux* der Ökonomie zu liegen, nämlich dass der Mensch nicht immer mit der von ihr geforderten permanenten Veränderung Schritt halten kann und ihm bei seinem Lauf Halt und Wertmaßstäbe zuweilen verloren zu gehen drohen. Einwände hinsichtlich der Evolution des modernen westlichen Menschbilds von politisch-ökonomischer Seite, wie sie Uwe Jean Heuser in *Das Unbehagen im Kapitalismus* formuliert, sind jedenfalls ernst zu nehmen.[360] Menschen seien im Alltag weder fähig noch willens, dauerhaft zwischen einer exponentiell wachsenden Zahl von Angeboten zu entscheiden, könnten also die vor allem durch die modernen Kommunikationstechnologien sich erschließenden Möglichkeiten grenzenlosen Wettbewerbs nur im Einzelfall voll nutzen: nicht nur aus Zeitgründen, sondern mehr noch, weil der Mensch überfordert sei, wenn er sich andauernd zwischen einer unbegrenzten Zahl von Optionen entscheiden müsse – was ja letztlich die Begründung für jede Art von Sozialisation ist. Für Menschen, die den Herausforderungen der Globalisierung ausgesetzt sind, gilt nichts anderes. Der Staat hat im Prozess individueller Entscheidungsfindung nicht die Aufgabe, seine Bürger glücklich zu machen. Fast jede Diktatur versucht Letzteres und scheitert am Ende an diesem Anspruch. Ob ein Mensch sein Leben auf religiöse, humanistische oder andere Wertvorstellungen hin ausrichtet, ist spätestens seit 1789 nicht Sache des Staates, solange seine Bürger sich an die geltenden Gesetze halten. Der Staat darf niemanden zu seinem Glück zwingen, aber er darf intervenieren, wenn Gruppen oder Individuen ihr Glück auf Kosten der Freiheit anderer ausleben.

Zentrale Elemente der westlichen Ethik entstehen vor dem Hintergrund der Spannung von Freiheit und Verpflichtung: Kritikfähigkeit, Schuldanerkenntnis, die Anerkennung der Mächtigkeit des Kleinen in der Welt. Hier bewähren sich bei aller Kritik einmal mehr die Prinzipien der katholischen Soziallehre: Aus dem Subsidiaritätsprinzip folgt Selbstbegrenzung, und Selbstkontrolle bedeutet aus staatlicher Perspektive immer auch Machtkontrolle mit einem Entscheidungsschwerpunkt auf der kleinen statt der großen Einheit. Subsidiarität als Umsetzung und effektive Nutzung von Freiheit hat zivilisatorisch große Bedeutung. Die Spannung von Freiheit und Verpflichtung verlangt dem einzelnen Menschen viel ab, traut ihm dabei aber auch viel zu. Wirtschaftsethisch ruft diese Freiheit Christen und ihre Kirchen zur Mitgestaltung auf. Friedrich Wilhelm Graf kommt dabei zu der Prognose:

> Christliche Gemeinschaften, die die Autonomie und Eigenverantwortung der Individuen stärken, ein Ethos der aktiven, leistungsorientierten kreativen Lebensführung vermitteln und zugleich Netzwerke wechselseitigen Vertrauens schaffen sowie kleine Inseln der Solidarität bauen helfen, dürften sich in einer Situation weiterer Pluralisierung der Religion besser behaupten können als Gruppen oder Kirchen, die sich auf eine bloße Abwehrhaltung zum globalen Kapitalismus versteifen.[361]

Mit Blick auf das Dilemma von scheinbar unendlichen Optionen des Einzelnen auf der einen und fehlender Orientierung in einer Gesellschaft auf der anderen Seite ist es nicht weit zu der Frage, ob und gegebenenfalls ab wann ein Übermaß an Wettbewerb zu einer Hypertrophie von Egoismen führen muss, was wiederum Interessenlosigkeit und ethische Indifferenz des Einzelnen fördert gegenüber allem, was nicht in seinem unmittelbaren persönlichen Interesse zu liegen scheint. So wird der reine *homo oeconomicus* am Ende schnell das Opfer seines exzessiv ausgelebten Eigeninteresses. Auch global stellen sich die Probleme zunehmend so, dass sie nur auf der Ebene der angewandten Ethik subsidiär lösbar sind. Gleichzeitig besteht noch immer eine relative Apathie des begüterten Teils der Welt etwa gegenüber der derzeitigen Tragödie, die sich durch HIV/Aids, Malaria oder in *failed states* weltweit abspielt. Dies ist Ausdruck einer aus falsch verstandenem Eigeninteresse resultierenden Teilnahmslosigkeit, gegen die sich jede Ethik stellen muss. Fairer Wettbewerb und die Ausübung von Freiheit innerhalb einer Gesellschaft haben notwendige Bedingungen, zu denen vor allem eine gemeinsame Vorstellung davon gehört, wie Menschen für sich und gleichzeitig miteinander leben wollen. Ohne einen Grundkonsens über Menschen- und Gesellschaftsbild funktioniert Freiheit zumindest auf gesamtgesellschaftlicher Ebene offenbar nicht.

Ethik im Lichte klassisch ökonomischen Denkens

> *The economist, like everyone else, must concern himself with the ultimate aims of man.*
> ALFRED MARSHALL

Wie wird die Beobachtung, dass Individuen einen Grundkonsens über ihr Menschen- und Gesellschaftsbild brauchen, Vorbilder benötigen und mit stetigem Wandel nur bis zu einem gewissen Grade leben können, in ökonomischen Theorien berücksichtigt? Wie gehen Ökonomen mit einem Bild vom Menschen um, dem man keine statische Werteethik verschreiben kann, sondern der sich Werte individuell über Bildung und Erziehung aneignet? Wie kommt ein *homo oeconomicus* zu ethischen Maßstäben, und in welcher Weise haben sich diese Maßstäbe seit Adam Smith bis hinein ins 21. Jahrhundert gewandelt?

1. Wirtschaft und Ethik bei Adam Smith und David Ricardo

Karl Marx und Friedrich Engels haben den Moralphilosophen Adam Smith schlicht zum »nationalökonomischen Luther« erklärt.[362] Smiths Hauptwerk *Wealth of Nations*, das bezeichnenderweise im selben Jahr veröffentlicht wurde wie die amerikanische Unabhängigkeitserklärung, machte den schottischen Moralphilosophen in jedem Fall zum Begründer der ökonomischen Wissenschaft. Adam Smith bietet in diesem Werk einen Fundus an Aussagen, die die Beziehung von Wirtschaft und Ethik sowie die besondere Bedeutung Letzterer für die moderne Ökonomie bestimmen helfen. Mit vereinfachenden Verweisen auf Adam Smiths Prinzip der Arbeitsteilung auf Basis der Stecknadelproduktion oder unkritischer Zitation der »unsichtbaren Hand des Marktes« wird dessen enormes Potentzial in der Gegenwart jedoch nur unzureichend genutzt und Smith zuweilen zum Ahnherrn eines auf purem Eigeninteresse (*self-interest*) beruhenden, ökonomischen Individualismus reduziert. Eine solche Einordnung ist nicht nur ungenau, sondern nach Analyse der *Theory of Moral Sentiments* im Zusammenhang mit *Wealth of Nations* falsch, da erst beide Texte zusammen dem Smith'schen Denken angemessen Ausdruck geben. Adam Smith versteht *self-interest* stets als natürlichen Trieb zur Selbsterhaltung und nicht etwa als rücksichtslosen Egoismus im Sinne von *self-love*.[363] Gleichzeitig bindet er das Individuum in seiner politischen Ökonomie integral in die Gesellschaft ein:

> Political oeconomy, considered as a branch of the science of a statesman or legislator, proposes two distinct objects: first, to provide a plentiful revenue or subsistence for the people, or more properly to enable them to provide such a revenue or subsistence for themselves; and secondly, to supply the state or commonwealth with a revenue sufficient for the public services. It proposes to enrich both the people and the sovereign.[364]

Bereits in *Wealth of Nations* zeigt Adam Smith sich keineswegs als ein dem exzessiven Individualismus oder hemmungslosen ökonomischen Liberalismus verpflichteter Denker, sondern als ein an der Schwelle zur Industrialisierung stehender Moralphilosoph, dem in erster Linie an der Identifikation der Gesetzmäßigkeiten wirtschaftlichen Handelns gelegen ist. In keinem Fall kann Smith als Ahnherr eines *homo-oeconomicus*-Modells des egoistisch handelnden Menschen bezeichnet werden, der Habgier nationalökonomisch zu einer »privilegierten Leidenschaft« aufwerten würde.[365] Für ein aufstrebendes Bürgertum war Smiths Werk »liberal« im wörtlichen Sinne: Es befreite den Markt und die an ihm Teilnehmenden von den Fesseln eines Feudalismus, der politische und wirtschaftliche Freiheiten über Jahrhunderte hinweg erfolgreich beschränkt hatte. Dabei verstand Smith sich keineswegs als bürgerlich-ökonomischer Revolutionär, im Gegenteil: Als an die Universität Glasgow berufener Professor für Logik wechselte er dort 1752 auf den Lehrstuhl für *Moral Philosophy*.

Adam Smith war kein Theologe. Dennoch entpuppt sich der weltanschaulich-religiöse Rahmen seines Denkens bei näherem Hinsehen als durchaus religiös unterlegt, basierend auf einem vom Vorsehungsglauben geprägten, deistischen Gottesbild. Wie für die Wirtschaftsethik ist die Anthropologie auch der Schlüssel für das Verständnis des ökonomischen Denkens von Adam Smith. Als Verfechter des Satzes *Men's self-interest is God's providence* schafft Smith einen Rahmen, der es dem Einzelnen erlaubt, im Wege der persönlichen Produktivität und Arbeitsteilung sein Leben gottgewollt frei zu gestalten, und zwar unter möglichst optimaler Ausnutzung jener dynamischen Kräfte und Mechanismen, die der Ökonomie inhärent sind und die von Smith identifiziert werden. Freiheit ist für ihn das, wozu Gott den Menschen berufen hat. In seiner Gottesvorstellung ist Smith deutlich vom englischen Deismus geprägt, der christliche Glaubensaussagen in ihrer metaphysischen und universalen Bedeutung akzeptierte, aber ihrer historischen, christologischen Elemente entkleidet.[366]

Mit der englischen Aufklärung am Anfang des 17. Jahrhunderts ging ein Bedürfnis zur Überwindung der religiösen Gegensätze einher, während gleichzeitig mit Thomas Hobbes antitheologische Strömungen zunehmend an Einfluss gewannen. Die Abfassungsversuche theologischer Schriften machten ausgerechnet John Locke (1632 – 1704) zu einem Philosophen, der – ohne selbst zu den Deisten zu zählen – entscheidende Anstöße für den englischen Deismus durch seinen Kompromiss zwischen Vernunft und christlicher Offenbarung gab. Im Kern ging es dabei Deisten wie John Toland (1670–1722) oder Matthew Tindal (1657–1733) um die Rationalisierung des Glaubens mit dem Ziel einer philosophisch unterlegten Religionsgeschichte. Während der Deismus durch den aufkommenden Methodismus seinen Zenit in der Mitte des 18. Jahrhunderts überschritten hatte, sind dessen Spuren bei Adam Smith in seinen Ausführungen zur unsichtbaren Hand des Marktes und der sie führenden Kraft deutlich sichtbar. David Hume (1711–1776), der jeden Versuch einer rationalen Metaphysik der Deisten durch die Feststellung leerlaufen ließ, dass das Göttliche ohnehin für die Vernunft unerreichbar sei, verhalf einem theologiekritischen Empirismus zum Durchbruch, indem er Erkenntnis an Wahrnehmung und Kausalität band.

In den Werken von Adam Smith (1723–1790) als Zeitgenosse von David Hume tritt nun eine eigentümliche Mischung von deistischen und empiristischen Vorstellungen zutage. Zum einen versucht Smith die Ökonomie als aufkommende Disziplin über die Identifizierung der ihr eigenen Kausalzusammenhänge und Gesetzmäßigkeiten zu emanzipieren. Zum anderen zeigt er sich überzeugt, dass die Kohärenz einer Gesellschaft auch von Kräften abhängt, die außerhalb ihrer selbst liegen. Smith verbindet empirische Erfahrung mit kritischer Reflexion der politischen Wirkmechanismen in Staat und Gesellschaft. Er vertritt dabei das Gottesbild eines guten Gottes, der die Natur einschließlich der menschlichen Natur mit dem Ziel der Förderung des Guten geschaffen hat. Smith ist das, was man einen freidenkenden Christen nennen kann, und zwar in dem Sinne, dass sein Gottesbild das eines die Natur lenkenden Gottes ist. Christentum und natürliche Religion bilden für ihn keinen Widerspruch, während instabile Gesellschaften wider die göttliche Ordnung sind. Die Details dieser vernünftigen Lenkung identifiziert Smith in Gestalt der von ihm beschriebenen, ökonomischen Kausalzusammenhänge. Ökonomische Mechanismen und göttliche Gesetze bilden jedoch auch bei Smith noch keinen Widerspruch.

Der Markt als ein *natural system of liberty*, geordnet von einer *invisible hand*, hat für Adam Smith als ultimatives Ziel die Sicherung des Wohls der in einer Gesellschaft zusammengeschlossenen Menschen, aber eben nicht durch kollektiv geplantes, sondern durch ein auf *self-interest* basierendes, arbeitsteiliges Handeln der Summe aller Marktteilnehmer. Da sich Smith gleichzeitig der Egoismen und Defizite der Menschen zutiefst bewusst war, forderte er Regeln, durch die das wirtschaftliche Handeln der Individuen zu einer gerechten Gestaltung der Gesellschaft führt. Für ihn ist effektive Arbeitsteilung die beste Möglichkeit zur Bündelung produktiver Kräfte, was er an seinem berühmten Beispiel der Stecknadelproduktion demonstriert. Dabei rechnet Smith vor, wie viel leichter es einer arbeitsteilig agierenden Gruppe im Vergleich zu einer Einzelperson fällt, Stecknadeln zu produzieren, was zu seiner Zeit in durchschnittlich achtzehn Arbeitsgängen geschah. Während der Einzelne pro Tag nicht einmal zwanzig Nadeln produzieren könnte, bringe es ein arbeitsteilig agierendes Team von zehn Arbeitern auf täglich bis zu 48 000 Stecknadeln.[367] Makroökonomisch weitergeführt wird dieser Gedanke in David Ricardos Analyse der Tuch- und Weinproduktion in England und Portugal: Wenn jedes Land arbeitsteilig das produziert, was es am besten und effektivsten kann, profitieren am Ende alle Länder davon, solange jedes Land möglichst effektiv seine komparativen Vorteile nutzt.

Mit seiner Grundannahme, dass rücksichtslos ausgelebtes Eigeninteresse die Funktionsfähigkeit von Märkten negativ beeinflusst, begründet Adam Smith das klassische »Paradoxon des Marktes«, welcher ständig zwischen Gleichgewicht und Exzess schwankt und sich am Ende aus sich selbst heraus reguliert, wenn Marktkräfte in freiem Wettbewerb wirken können, bei welchem sich natürlicher Preis und Marktpreis aufeinander zubewegen.[368] Nun mag man sich über die Frage streiten, was denn das »rechte Maß« der Ausübung des Eigeninteresses in einem funktionierenden Markt ist und ab wann ein Markt als »funktionierend« zu bezeichnen ist. Gleichzeitig wird Smith von vielen Ökonomen und Nichtökonomen in deren Zitation der Smith'schen »unsichtbaren Hand des Marktes« nur einseitig wahrgenommen und entsprechend falsch interpretiert. Der Smith'sche Terminus der unsichtbaren Hand des Marktes taucht nur ein einziges Mal in *Wealth of Nations* auf, und dort nicht als Argument für die Deregulierung von Märkten, sondern als Korrektiv für Marktexzesse:

> As every individual, therefore, endeavors as much as he can both to employ his capital in the support of domestic industry, and so to direct that industry that its produce may be of the greatest value; every individual necessarily labours to render the annual revenue of the society as great as he can. He generally, indeed, neither intends to promote the public interest, nor knows how much he is promoting it. By preferring the support of domestic to that of foreign industry, he intends only his own security; and by directing that industry in such a manner as its produce may be of the greatest value, he intends only his own gain, and he is in this, as in many other cases, led by an invisible hand to promote an end which was no part of his intention. Nor is it always the worse for the society that it was no part of it. By pursuing his own interest he frequently promotes that of the society more effectually than when he really intends to promote I have never known much good done by those who affected to trade for the public good.[369]

Der Terminus *invisible hand* erscheint nur dreimal im Gesamtwerk von Adam Smith: In seiner *Theory of Moral Sentiments*

(1759) legt Smith die moralphilosophische Grundlage für das siebzehn Jahre später erscheinende Werk *Wealth of Nations*, welches häufig auf einen ungezügelten Individualismus hin fehlinterpretiert wird, und zwar dann, wenn man es nicht im Zusammenhang mit der *Theory of Moral Sentiments* liest.[370] Gerade weil Märkte nicht in einem Vakuum, sondern innerhalb von Gesellschaften existieren, die Märkte stabilisieren und gleichzeitig von Märkten stabilisiert werden, verwendet er den Begriff der unsichtbaren Hand in seiner *Theory of Moral Sentiments* an nur einer Stelle, die keineswegs die Herstellung gesellschaftlicher Gleichheit mithilfe einer *invisible hand* als *deus ex machina* oder eine moralische Selbstorganisation des Marktes propagiert, sondern in der Smith eine kritische Bewertung darüber abgibt, wie eine reiche, aber höchst ungleiche Gesellschaft ihren Wohlstand missbrauchen kann:

> The rich only select from the heap what is most precious and agreeable [...]; and in spite of their natural selfishness and rapacity, though the mean only their own conveniency [!], though the sole end which they propose from the labours of all the thousands whom they employ be the gratification of their own vain and insatiable desires, they divide with the poor the produce of all their improvements. They are *led by an invisible hand* to make nearly the same distribution of necessaries of life which would have been made had the earth been divided into equal portions among all its inhabitants; and thus, without intending it, without knowing it, advance the interest of the society, and afford means to the multiplication of the species.[371]

An ganz anderer Stelle taucht die unsichtbare Hand bei Adam Smith zum dritten Mal auf, und zwar im naturwissenschaftlichen Kontext der *History of Astronomy*, was als ein weiterer Beleg für die Wichtigkeit des Vorsehungsglaubens und dessen fundamentale Auswirkung auf Smiths deistisch und gleichzeitig empiristisch geprägtes Weltbild gewertet werden kann.[372] So vermutet Smith hinter Naturereignissen eine lenkende, unsichtbare Hand göttlichen und nicht menschlichen Ursprungs. Der Terminus »unsichtbare Hand« wird aber in den Standardlehrbüchern der Ökonomie dem schottischen Moralphilosophen als Metapher zu Beschreibung rein marktinhärenter Kräfte in den Mund gelegt. So zitieren die Ökonomen Stanley Fischer und Rüdiger Dornbusch Adam Smith mit Blick auf den Terminus »*invisible hand*« in ihrem Standardlehrbuch *Economics* an entscheidender Stelle ungenau:

> Smith argued that individuals pursuing their self-interest would be led ›*as* by an invisible hand‹ to do things that are in the interests of society as a whole.[373]

Dornbusch und seine Mitautoren erwecken durch die Einfügung von »as« ins Smith'sche Originalzitat den Eindruck, dass der Moralphilosoph die »unsichtbare Hand« nicht im Sinne des Eingreifens göttlicher Providenz gesehen habe, sondern lediglich zur metaphorische Beschreibung der ökonomischen Tatsache bemühen wollte, dass sich Märkte von selbst und ohne sichtbare Intervention von außen regulieren. Dabei ist gerade eines der zentralen Anliegen von Adam Smith, die Dynamik einer durch Eigeninteresse angetriebenen Privatwirtschaft in eine staatliche Ordnung einzubinden und zum Vorteil von Staat und Gesellschaft nutzbar zu machen, um Exzesse von *self-interest* zu vermeiden. Beim Blick in den Smith'schen Originaltext, der das Wort »as« nicht enthält, bleibt jedoch offen, ob Adam Smith an Kräfte des Marktes, an Gott selbst oder an göttliche Vorsehung als Lenker der unsichtbaren Hand dachte. Smith wurde nicht nur von Rüdiger Dornbusch und anderen Verfassern ökonomischer Lehrbücher, sondern von den meisten Ökonomen des 19. und 20. Jahrhunderts dahingehend missverstanden, dass sie meinten, er würde damit dem ökonomischen und gesellschaftlichen Egoismus das Wort reden. Anders als nach ihm David Ricardo war Smith der Meinung, dass Selbsterhaltung und nicht Egoismus den Menschen ökonomisch tätig werden lässt. So könnten der Bäcker, der Brauer oder der Metzger nicht trotz, sondern gerade wegen ihres Eigeninteresses einen substanziellen Beitrag zum Funktionieren des Gemeinwesens leisten:

> It is not from the benevolence of the butcher, the brewer, or the baker, that we expect our dinner, but from their regard to their own interest. We address ourselves, not to their humanity but to their self-love, and never talk to them of our own necessities but of their advantages.[374]

Dieses nicht auf Egoismus, sondern auf Selbsterhaltung zielende Modell funktioniert im Gesamtergebnis, ohne damit Bäcker zu besseren Menschen zu erklären oder auszuschließen, dass einzelne Marktteilnehmer durch die exzessive Ausübung des *self-interest* anderer übervorteilt werden. Für viele Ökonomen überraschend negativ fällt Smiths Urteil über gewinnsüchtige Kaufleute und Industrielle in *Wealth of Nations* aus:

> The capricious ambition of kings and ministers has not, during the present and the preceding century, been more fatal to the repose of Europe, than the impertinent jealousy of merchants and manufacturers [...], who [...] neither are, nor ought to be, the rulers of mankind [...].[375]

In diesem Zusammenhang stellt der amerikanische Theologe Harvey Cox eingedenk der prekären Wirtschaftssituation vieler Entwicklungsländer fest, dass das Konzept sich selbst regulierender und funktionierender Märkte einer »*postmodern deity – believed in despite the evidence*« vergleichbar sei.[376] Adam Smith selbst steht der vermeintlichen Funktionsfähigkeit der Märkte kritischer gegenüber, als so mancher seiner Nachfolger. Im fünften Buch seiner *Wealth of Nations* beschreibt er im Detail, wie der Staat in Bereichen wie dem Erziehungswesen, dem Recht oder der Infrastruktur Aufgaben wahrnimmt, die eine Privatwirtschaft nicht leisten kann. Smith versteht Ökonomie auch nicht im Sinne einer Wissenschaft, die alles berechnen und kalkulieren kann, sondern er gesteht zu, dass ökonomische Entwicklungen zu einem großen Teil von individuellem, zuweilen auch irrationalem oder egoistischem Verhalten von Marktteilnehmern abhängen wie etwa der von ihm zitierten *impertinent jealousy of merchants*. Sein ökonomischer Ansatz ist keine Systemtheorie oder Wirtschaftsethik, sondern Smith ist letztlich darum bemüht, die Motive derjenigen zu beschreiben, die Märkte und Gesellschaften formen oder korrumpieren: Individuen. Freilich kann und muss man dem Smith'schen Ansatz kritisch entgegenhalten, dass zwar in der Summe gelebtes Eigeninteresse zu ökonomisch wünschenswerten Ergebnisse führt, dass dies aber im Einzelfall keineswegs ausschließt, dass der schwächere Marktteilnehmer durch das rücksichtslos ausgelebte Eigeninteresse anderer massiv geschädigt wird. In diesem Sinne ist Smiths Argument durchaus systemisch, gegebenenfalls auch zum Schaden des individuellen Marktteilnehmers.

Nach Adam Smith erweist sich David Ricardo (1772 – 1823) als Ökonom, der ein grundlegend anderes Verständnis seiner sich zunehmend von der Philosophie emanzipierenden Disziplin entwickelt und so die Loslösung der Ökonomie von der Philosophie befördert.[377] Ricardos Epoche ist durch einen zunehmenden *Laisser-faire-* Kapitalismus gekennzeichnet, der auf die Vorteile ökonomischen Austauschs und kolonialen Welthandels ausgerichtet war.[378] In dieser Situation wird

Ricardo zum Apologeten des Freihandels, während er gleichzeitig das Bürgertum als Wirtschaftssubjekt stärkt, ohne in größerem Umfang die sozialen Kosten einer liberalisierten Wirtschaft in seinem Ansatz zu problematisieren.[379] Wirtschaftsethische Fragen spielen bei Ricardo eine eher untergeordnete Rolle.[380] Vielfach kritisiert und theologisch umso mehr von Interesse ist Ricardos Faszination hinsichtlich des Topos der ökonomischen Machbarkeit. Wirtschaft ist für ihn das, was den Menschen primär treibt, seine Sinnstiftung und das, woran er sein Herz hängt: im Sinne Luthers also sein Gott bzw. Abgott. Ökonomie emanzipiert sich bei Ricardo von Ethik und Theologie, und zwar im Sinne eines ökonomischen Primats positivistischer Machbarkeit.[381]

Nach David Ricardo folgen Generationen von Ökonomen, die ihr Fach als quantifizierbare Wissenschaft eher im mathematischen und weniger im Smith'schen Sinne einer *political economy* begreifen. Verkürzt gesagt: Während Smith Ökonomie von der Philosophie abkoppelt, definieren Ricardo und seine Nachfolger ökonomische Parameter neu. Im Gegensatz zur Position Ricardos liegt dem Smith'schen Ansatz eine Anthropologie zugrunde, die das menschliche Versagen, den Nächsten wie sich selbst zu lieben, im wirtschaftlichen Bereich als Selbstbezogenheit und exzessive *self-love* statt gesundem *self-interest* wertet. Letzteres wird von Adam Smith nicht zur Tugend erhoben, aber zunächst als menschlicher Naturzustand beschrieben, der über die Ausgleichsfunktion des Marktes gesamtgesellschaftlich fruchtbar gemacht werden kann.[382]

Dem ist mit Blick auf die *Theory of Moral Sentiments* zweierlei hinzuzufügen: Zum einen versucht Smith, die Maximierung des Eigennutzes nicht nur als rationale, sondern auch als realistische Einschätzung menschlichen Verhaltens zu charakterisieren, zum anderen fordert er keinen ungehemmten Egoismus, sondern im Gegenteil die effektive Einbindung von *self-interest* bei der Gestaltung von Märkten und in die Gesellschaft als Ganze. Entsprechend plädiert Smith stärker als nach ihm Ricardo für eine Kontrolle des Freihandels und ruft zum Kampf gegen Armut und Marktexzesse auf.

2. Alfred Marshall, Léon Walras und Joseph Alois Schumpeter zur Verhältnisbestimmung von Ethik und Ökonomie

Alfred Marshall als führender Vertreter der neoklassischen Schule war zwar noch vom Utilitarismus beeinflusst, grenzte sich aber bewusst von der einfachen Glückspsychologie vieler Utilitaristen ab, indem er deren Nutzenbegriff durch einen Vorteilsbegriff ersetzte und entsprechend weit auslegte.[383] Vollständig lösen mochte er sich jedoch nie vom Individualismus als Grundlage ökonomischen Denkens.[384]

Der Ethik gesteht er eine erhebliche Bedeutung nicht nur für die Lösung ökonomischer Probleme oder für die öffentliche Diskussion zu, sondern bereits bei der Erklärung ökonomischer Phänomene und damit für die ökonomische Theoriebildung.[385] Ethik müsse wegen der Doppelbestimmung des Menschen als ökonomisches und moralisches Wesen in alles ökonomische Denken einbezogen werden. Dass Wirtschaftsethik zur Verhinderung marktwirtschaftlicher Exzesse einen substanziellen Beitrag leisten kann, hat Alfred Marshall frühzeitig erkannt – im Sinne seiner Annahme, dass jeder Selbstwiderspruch des Menschen und dessen Schwanken zwischen seinen altruistischen und egoistischen Zügen am Ende in den Märkten selbst gelebt wird und darum auch dort reguliert werden muss und nicht außerhalb derselben: Apartheid stürzte man nicht allein über Proklamationen, sondern auch und besonders über Kaufentscheidungen individueller Kunden gegen südafrikanische Produkte oder durch Wirtschaftssanktionen.

Wie Alfred Marshall hat auch Léon Walras als einer der Begründer des Konzepts vom abnehmenden Grenznutzen den Menschen in dieser Doppelbestimmung gesehen: Neben dem ökonomischem Wesen, das nach möglichst großem Reichtum strebt, ist der Mensch gleichzeitig ein moralisch kompetentes Wesen, das die Existenz einer aus der Natur begründbaren Wertordnung erkennen kann – *homo oeconomicus* und *homo moralis* in einer Person.[386]

Zunehmende Beachtung und kritische Abgrenzung fand die Walras'sche Gleichgewichtstheorie dann vor allem durch den österreichischen Ökonomen Joseph Alois Schumpeter.[387] Schumpeter schätzte den ersten Teil der Walras'schen Theorie vom allgemeinen ökonomischen Gleichgewicht, kritisierte aber, dass die der Ökonomie innewohnenden evolutionär-dynamischen, zuweilen sogar anarchischen Triebkräfte, die kein Naturrecht zu erfassen und keine Sozialphilosophie zu zügeln vermag, dabei völlig ignoriert werden.[388] Schumpeter tritt nicht als kapitalismuskritischer Wirtschaftsethiker, sondern als Nationalökonom an. Er erkennt, dass moralische Autorität und Institutionen notwendige Voraussetzung und gleichzeitig die Achillessehne einer kapitalistischen Gesellschaft sind. Am Ende sind es die Menschen selbst, die ihre eigenen Märkte und Institutionen schaffen und wieder zerstören. In diesem Zusammenhang fällt auf, wie Schumpeter Aristoteles und den für eine Wirtschaftsethik so entscheidenden Gerechtigkeitsbegriff rezipiert.[389] Trotz seiner Beteuerung, kein Sozialphilosoph sein zu wollen, liegt Schumpeters Stärke in der sozialphilosophischen Analyse, dass Kultur, Religion, Institutionen und vor allem die soziale Kohärenz, welche diese hervorbringen, nicht nur aus moralischer, sondern aus ökonomischer Sicht unverzichtbare Elemente eines funktionierenden Marktes sind.

3. John Maynard Keynes als ökonomischer Prophet in der Weltwirtschaftskrise

In der Weltwirtschaftskrise war es dann der Engländer John Maynard Keynes, der in seinem Hauptwerk *The General Theory of Employment, Interest, and Money* die Makroökonomie grundlegend und nachhaltig verändern sollte, indem er neue Mittel zur Bekämpfung von Wirtschaftskrisen vorschlug. In seinem *short-term model of unemployment best fought by government intervention* geht Keynes davon aus, dass eine durch staatliche Intervention ausgelöste Steigerung des Volkseinkommens zu steigender Güternachfrage und damit langfristig zu einem sich wieder selbst tragenden Wirtschaftswachstum führen könne. Keynes' Theorie beeinflusst bis in die Gegenwart die Wirtschaftspolitik vieler Staaten und deren Entscheidung für eine wirtschaftliche Intervention in Krisenzeiten.[390] Und hat gleichzeitig schon von Beginn an Kritik erzeugt.[391] Denn, wenn der Staat gemäß Keynes Vorschlag eingreift, muss er seine Haushalte zunächst im *short term* entweder über Neuverschuldung oder Steuersenkungen belasten. Milton Friedman und andere Mitglieder der *Chicago School* werden später immer wieder lakonisch fragen: *How short is the short term*? Wie lange soll der »gute Staat« nicht nur fiskalische Disziplin üben, sondern die Schaffung von Arbeitsplätzen, die eine in der Rezession steckende Ökonomie von sich aus nicht nachfragt, subventionieren? Wann ist die Grenze von notwendiger Wirtschaftsstimulation zum drohenden Staatsbankrott überschritten? All das sind nicht nur wirtschaftsethisch, sondern auch ökonomisch äußerst kontroverse Fragen, auf die es – wie Altbundeskanzler Helmut Schmidt einmal angemerkt hat – in der jeweiligen politischen Situation, in der sie sich stellen, keine rechte oder linke Antwort, sondern nur eine richtige oder falsche Antwort gibt. Wirtschaftsethisch kontrovers sind vor allem die sozialpolitischen Konsequenzen solcher ökonomischen Entscheidungen: Weder ein insolventer Staat noch eine hohe Arbeitslosenquote sind im Interesse der in einem Staatswesen zusammengeschlossenen Individuen.

Das Element, das Keynes im Rekurs auf Adam Smith in die Ökonomie zurückbringt, ist das wirtschaftsethisch relevante Verständnis von Ökonomie als politischer Ökonomie, bei welcher der Staat wieder stärker als Akteur auftritt. Für Keynes sollte der Staat wirtschaftlich planend agieren, er ist politischer und ökonomischer Akteur gleichermaßen. Der Staat hat mehr Aufgaben, als nur die Sicherheit seiner Bürger zu garantieren. Er muss wirtschaftlich tätig werden, um zu stabilisieren und wirtschaftliches Wachstum zu ermöglichen.[392]

Vor Keynes war Ökonomie stärker mikroökonomisch orientiert, während es dem in Cambridge lehrenden Wirtschaftswissenschaftler darum ging zu zeigen, warum kaum ein Unternehmen von den staatlichen und institutionellen Rahmenbedingungen, in denen es arbeitet, unabhängig ist.[393] Keynes weist nachdrücklich auf die Notwendigkeit eines funktionierenden staatlichen Rahmens als Grundlage der Bildung individuellen Wohlstands hin. Ökonomische Freiheit kann es für ihn nicht ohne Gerechtigkeit geben. Gleichzeitig zeigt Keynes sich realistisch genug zu erkennen, dass es gerade die Ungleichverteilung von Gütern in der Gesellschaft der frühen Industrialisierung war, die eine Kapitalakkumulation in den Händen weniger überhaupt erst möglich machte:

> In fact, it was precisely the *inequality* of the distribution of wealth which made possible those vast accumulations of fixed wealth and of capital improvements which distinguished that age from all others. [...] like bees they saved and accumulated, not less to the advantage of the whole community because they themselves held narrower ends in prospect. The immense accumulation of fixed capital which, to the great benefit of

mankind, were built up during half a century before the war, could never have come about in a Society where wealth was divided equitably. The railways of the world, which that age built as a monument to posterity, were, not less than the Pyramids of Egypt, the work of labour which was not free to consume in immediate enjoyment the full equivalent of its efforts.[394]

Keynes problematisiert hier die Frage nach Verteilungsgerechtigkeit im Rahmen seiner Analyse von *economic inequality*. Letztere ist für ihn negativ besetzt, da sie die individuelle Chancengerechtigkeit der Marktteilnehmer von Anfang an gefährdet. Gleichzeitig verweist Keynes darauf, dass wirtschaftliche Ungleichheit gesamtgesellschaftlich durchaus Konstruktives und Positives hervorgebracht habe, wie etwa die Industrialisierung als Ausdruck der Wechselwirkung ökonomischer und gesellschaftlicher Realitäten. Schon früh beschrieb Keynes das problematische Verhältnis von den sozialethischen Fundamenten der Gesellschaft und ihren sozialtechnischen Ausformungen in der Nationalökonomie, ein Problem, welches er bei einem Vortrag an der Berliner Universität im Juni 1926 thematisierte:

> Nationalökonomen haben heute keine Beziehung mehr zu den theologischen und politischen Philosophien, aus denen das Dogma der Gesellschaftsharmonie entstanden ist, und ihre wissenschaftlichen Forschungen führen sie nicht mehr zu ähnlichen Schlußfolgerungen.[395]

Keynes erscheint diese Entwicklung, nämlich das Wegdriften der Nationalökonomie von ihren philosophischen, religiösen und gesellschaftlichen Wurzeln, als Herausforderung nicht nur für die Ökonomie als Wissenschaft, sondern auch für die Gesellschaft als Ganze. Wirtschaftsethisch ist Keynes ähnlich wie Friedrich August von Hayek, für den das Wettbewerbsprinzip als Garant der Freiheit ein zutiefst ethisches Prinzip ist, der Meinung, dass ökonomische Theorie, sofern sie »richtig« ist und effektiv umgesetzt wird, den Schlüssel für eine gerechtere Gesellschaft in der Hand hält. Keynes geht es nicht allein um die Beschäftigungsproblematik als solche oder den »richtigen« Steuersatz. Er versucht immer auch, Antworten darauf zu geben, wie Freiheit und Gleichberechtigung in Staat und Gesellschaft dauerhaft sichergestellt werden können. Und dies implizierte in den 1920er- und 1930er-Jahren genau wie heute immer auch die Frage, wie eine Gesellschaft vom sie zersetzenden Übel der Massenarbeitslosigkeit befreit werden kann.

Keynes und andere versuchten, über die Ausarbeitung einer umfassenden ökonomischen Theorie die Antworten im System der Marktwirtschaft selbst zu finden. Der britische Ökonom glaubte dabei an einen höchst weltlichen-ökonomisch agierenden Gott, »who spoke to humankind through the workings of economic forces in history«, mit der Perspektive der innerweltlichen Erlösung des Menschen.[396] Und dieser »Gott des Marktes« wirkt für Keynes nicht mit unsichtbaren Händen, sondern mithilfe staatlich koordinierter Planung. Es ist es kein Zufall, dass ökonomische Theorien sich in ihrer Sprache zu Zeiten von Keynes und später auch bei Milton Friedman immer stärker religiöse Terminologien zu eigen machen, was in der jüngsten Vergangenheit von Robert H. Nelson in seinem Werk *Economics as Religion* untersucht worden ist. Im Fall von Keynes, dessen *General Theory* sich an Zeitspannen (*short-term* vs. *long-term*) innerhalb ökonomischer Zyklen orientiert, kann man sich dann auch bei der Frage, wann eine Gesellschaft wieder Wirtschaftswachstum erreicht, des Eindrucks nicht erwehren, dass die Frage der ersten Christen oder der *revivalists* im 18./19. Jahrhundert im angloamerikanischen Raum, wann das himmlische Königreich komme, Keynes nicht fremd war. So erwartete er den Anbruch der ökonomischen Heilszeit zwar nicht mehr zu seinen Lebzeiten, war aber fest von deren baldiger Ankunft überzeugt. In *Economic possibilities for our grandchildren* (1930) ging er gar davon aus, dass durch erhöhte Produktivität der Lebensstandard künftiger Generationen erheblich steigen werde und eine Wochenarbeitszeit von weniger als zwanzig Stunden durchaus realistisch sei.[397] *Thy kingdom come*!

4. Wirtschaftsethik bei Paul A. Samuelson, Milton Friedman und Gary S. Becker

Auch dem Nobelpreisträger Paul A. Samuelson als Verfasser des klassischen englischsprachigen Standardlehrbuchs der Volkswirtschaftslehre ist eine solche religiöse Terminologie nicht fremd.[398] Er selbst bewertet ökonomisches Handeln durch die Gleichsetzung der Begriffe gut/böse mit den Termini effizient/ineffizient. Effizientes Wirtschaften ist gut, weil es angesichts der Knappheit von Ressourcen mit einem möglichst geringen Maß an Mitteln den höchsten Output erwirtschaftet und so die Basis für *perfect competition* bildet.[399] Wirtschaftsethisch liegt das Problem einer solchen Gleichsetzung auf der Hand: Firmen mögen höchst effizient sein, aber dies macht ihr Geschäftsgebaren keineswegs immer moralisch einwandfrei oder gut.[400]

Problematisch an einem auf der Annahme von *perfect competition* beruhenden Ansatz wie dem Samuelsons ist die Tatsache, dass sich globale Konzerne durch die Mobilität von Kapital dem Nationalstaat oder staatlich-fiskalischen Institutionen entziehen können. Wenn heute unter den hundert größten Ökonomien der Welt 51 Konzerne und nur 49 Nationalstaaten sind, so wird das Konzept von perfektem Wettbewerb zu einem eher theoretisch anmutenden Konstrukt.[401] Global agierende Firmen empfinden die Verantwortung gegenüber ihren Aktionären oftmals stärker als gegenüber den Ländern, mit oder in denen sie Handel treiben oder produzieren. Problematisch bei der Fiktion von *perfect competition* ist jedenfalls, dass praktisch kein Markt der Welt den von Paul A. Samuelson beschriebenen Zustand perfekten Wettbewerbs dauerhaft erreichen oder stets garantieren kann. Wenn Samuelson darauf hinweist, die »invisible hand-doctrine [!] applies to economies in which all the markets are perfectly competitive«, dann wäre dem zu entgegnen, dass dies in vielen Ländern der Welt nicht der Fall ist.[402] Samuelson erkennt an, dass es Ausnahmen von seiner »Doktrin« – wie er diese mit religiösem Unterton bezeichnet – gibt, nämlich im Fall von Märkten ohne perfekte, dem Effizienzprinzip folgende Wettbewerbsbedingungen. Dennoch ist er mit vielen anderen Ökonomen der Meinung, dass das Wirken der »unsichtbaren Hand« die Regel und nicht die Ausnahme sei. Anknüpfend an den Positivismus des 19. Jahrhunderts bedient sich der Ökonom Samuelson der Naturwissenschaften zur Legitimation seines Ansatzes. So entwirft er ein *correspondence principle*, welches er ausdrücklich an das Korrespondenzprinzip von Niels Bohr anlehnt, während Keynes' *General Theory* gar auf die Parallelen zu Einsteins Relativitätstheorie direkten Bezug nimmt.[403] Aber auch dies ändert nichts daran, dass Begriffe wie »Wettbewerb« oder »Gerechtigkeit« nicht naturgesetzlich, sondern sozial gefüllt werden müssen.

Kapitalismus als Glaubenssystem –
Milton Friedman und die Chicago School

Milton Friedman ist sich mit seinem Kontrahenten John Maynard Keynes an einem strukturell entscheidenden Punkt durchaus einig: Für ihn ist Kapitalismus kein bloßes ökonomisches Werkzeug, sondern die global notwendige Grundvoraussetzung zum Erreichen einer freiheitlichen Gesellschaft. Was beide Ökonomen grundlegend unterscheidet, ist ihr Freiheitsverständnis. In *Capitalism and Freedom* macht Friedman deutlich, dass der Kapitalismus, so wie er ihn versteht, ordnungspolitisch nicht weniger ist als

> the organization of the bulk of economic activity through private enterprise operating in a free market – as a system of economic freedom and a necessary condition for political freedom.[404]

Friedman fragt ganz im Geiste Friedrich August von Hayeks nicht nur nach der besten Wirtschaftsordnung, sondern nach der besten Grundordnung für eine freiheitliche Gesellschaft. Diese Grundordnung ist für ihn zweifellos der Kapitalismus.[405] In Friedmans Modell ist Ökonomie nicht mehr bloße Dienerin, sondern bestimmender Ordnungsfaktor einer freiheitlichen Gesellschaft. Er sieht einen Kapitalismus frei von staatlicher Regulierung nicht nur als das beste Wirtschaftssystem, sondern als unabdingbare Voraussetzung für Freiheit an. Die gegen ein solches Primat der Ökonomie geäußerten Bedenken sind wenig überraschend. Wenn Friedman über internationale Geldmarkt- oder Handelspolitik spricht, beschränkt er seinen Fokus auf die entwickelte Welt.[406] Ähnlich wie schon bei Paul Samuelson fällt seine religiös anmutende Sprache auf: Kategorien wie »gut *versus* böse« oder Kataloge von vierzehn »Sünden« ökonomischen Handelns werden von Milton Friedman eingeführt als Ökonom, der doch *business* gerade keine autonom ethische Dimension beimessen wollte.[407] Dieser Vierzehn-Punkte Katalog ökonomischer »Sünden« setzt sich mit den ökonomischen Aktivitäten eines solchen Wohlfahrtsstaates auseinander und identifiziert sozialen Wohnungsbau oder Subventionen für ineffiziente Industriezweige als Kardinalsünden.[408] Sein eigenes System einer möglichst staatsfreien

Ökonomisierung dehnt Friedman, ähnlich wie von Hayek, auch auf andere Bereiche der Gesellschaft aus, von sozialen über kulturelle bis hin zu religiösen Aktivitäten, die erst möglich werden durch das Maß an Freiheit, das der Kapitalismus ermöglicht. Potenzielle Konflikte zwischen Ökonomie und Moral behandelt Friedman explizit in seinem Aufsatz *The social responsibility of business is to increase its profits* als Mittler-Agentenproblematik.[409] Dabei betont der Nobelpreisträger der *Chicago School*, dass ein Betrieb in erster Linie seinem Kapitalgeber verantwortlich ist. Für diesen hat er die höchsten Renditen innerhalb der gesetzlichen Rahmenordnungen zu erwirtschaften. Nichts anderes ist sein Zweck und seine Aufgabe. Würden nun Unternehmer mit den ihnen anvertrauten Mitteln nicht die Produktion, sondern soziale Zwecke fördern, läge dies außerhalb ihres von den Kapitalgebern übertragenen Mandats, und sie arbeiteten damit gegen die Regeln der Marktwirtschaft und am Ende auch gegen die Regeln der demokratischen Gesellschaft. Ethik ist für Friedman genau wie für von Hayek kein integraler Teil der Ökonomie, während gesellschaftliche Verantwortung nach der Erteilung eines demokratischen Mandats vom Staat ausgeübt werden soll.

Wirtschaftsethik ist dabei für Friedman bereits als Wortschöpfung ein Paradoxon. Im Vergleich zu Keynes oder auch Samuelson vertritt Friedman ein stärker individualistisches Menschenbild. Im Mittelpunkt stehen für ihn allein das Individuum und dessen Recht, frei und vor allem selbstbestimmt zu leben. Menschen als Verbraucher und Konkurrenten im freien Wettbewerb bestimmen das Schicksal von Märkten, von Anbietern und Produzenten. Mit jeder staatlichen Mittlerinstanz über das notwendige Maß zur Wahrung der Rechtsordnung und Sicherheit hinaus wird aus seiner Sicht menschliche Freiheit unangemessen beschränkt.[410] Aber: Wie frei ist derjenige, der seinen eigenen Lebensunterhalt nicht bestreiten und dadurch sein Leben nicht nach eigenen Vorstellungen gestalten kann?

An Milton Friedman anknüpfend geht Gary Becker davon aus, dass das Prinzip des Eigeninteresses nicht nur Märkte beherrscht, sondern die unterschiedlichsten Lebensentscheidungen von der Wahl des Ehepartners bis hin zur Entscheidung für eine kriminelle Karriere bestimmt. Becker unternimmt dabei eine im Verhältnis zu anderen Wirtschaftswissenschaftlern enorme Ausdehnung des Ökonomiebegriffs. Ökonomie umfasst für ihn nicht nur Angebots- und Nachfrageprobleme im Zusammenhang mit Märkten, sondern sie behandelt alle Knappheitsprobleme des Lebens.[411] Trotz der daraus resultierenden Weite der Themen sind Beckers Arbeiten hier deshalb von besonderem Interesse, weil er ökonomische Abläufe nicht nur aus der Perspektive der Ethik interpretiert, sondern umgekehrt auch ethische Entscheidungen konsequent ökonomisiert und damit zuspitzt.[412] Seinem Ansatz der *New Home Economics* liegt folgende Prämisse zugrunde:

> Alles menschliche Verhalten kann vielmehr so betrachtet werden, als habe man es mit Akteuren zu tun, die ihren Nutzen, bezogen auf ein stabiles Präferenzsystem, maximieren und sich in verschiedenen Märkten eine optimale Ausstattung an Information und anderen Faktoren schaffen.[413]

Becker exportiert den *homo oeconomicus* damit in Familie und Privatleben mit menschlichem Altruismus als Korrektiv, was ihm vielfach den Vorwurf eingebracht hat, einem ökonomischen Imperialismus das Wort zu reden. So vertritt er die These, dass der Satz »Verbrechen zahlt sich nicht aus« unter Zugrundelegung der Maßstäbe einer ökonomisch-rationalen Analyse keineswegs immer zutrifft. Während für einen unbescholtenen Bürger das Risiko einer entsprechenden Vorstrafe die daraus resultierende Veränderung seines ökonomischen und sozialen Status nicht aufwiegt, so sieht diese Abwägung bei einem Berufskriminellen vielleicht ganz anders aus. Für Letzteren trifft wie für einen Nichtstrafmündigen der Satz »Verbrechen lohnt sich nicht« aus ökonomischer Sicht nicht unbedingt zu, da der Grenznutzen des zu erwartenden Beuteertrags eines Verbrechens für diesen höher ist als der drohende Verlust an Sozialprestige oder ein weiterer Freiheitsverlust nach zahlreichen Vorstrafen. Gleichzeitig betont Becker, dass er als Ökonom lediglich »wertfrei« und damit »rational« argumentiere.

Dabei übersieht er jedoch eine Gefahr, die jeder Ökonomisierung anhaftet, ob nun im Bereich der Ethik, der Religion oder der Kultur: Persönliche Entscheidungsmuster, etwa im Bereich Kriminalität, Sexualität oder Familie, sind vielschichtiger und komplexer, als dass sie ökonomistisch reduziert werden könnten. Dazu ein weiteres Beispiel: Wahrscheinlich würde ein Parlament mit hundert statt sechshundert Abgeordneten oder ein Gericht ohne Schöffen in der Tat effektiver arbeiten, aber Transparenz ist ein schwer quantifizierbares Gut.[414] Wenn Becker betont, seine ökonomische Analyse des Alltagslebens sei eben deshalb objektiv, weil er als Ökonom empirisch und damit »wertfrei« soziale Systeme analysiere und mit seinem ökonomischen Ansatz lediglich soziale Phänomene interpretieren helfe, so lässt er dabei unerwähnt, dass eine solche Ökonomisierung bereits ideologiebeladen in sich selbst ist. Der Mensch, den Gary S. Becker am Ende konstruiert, ist nicht weniger und nicht mehr als ein zuweilen altruistischer Egoist. Was Becker jedoch anders als Adam Smith dabei aus wirtschaftsethischer Sicht übersieht ist dieses: Es gibt eben Güter, die dadurch, dass man sie handelt, ihren Charakter verändern. Und dann gibt es Dinge, die man gar nicht handeln kann. Dies sind solche, die man im Englischen mit dem Wort »*priceless*« beschreibt, was gerade das Gegenteil des deutschen Wortes »wertlos« meint. Und dies erkennen und benennen können, ist das *proprium* einer theologischen Wirtschaftsethik, die versucht zu erklären, warum es solche Dinge gibt und geben muss und warum Glück nicht frei handelbar ist.

Menschen agieren nicht immer rational oder effizient. Den Beleg dafür findet man in den Arbeiten von Daniel Kahneman zum irrationalen Verhalten von Marktteilnehmern, eine Analyse, für die Kahneman 2002 als erster Psychologe den Nobelpreis für Wirtschaftswissenschaften erhielt.[415] Becker und Friedman als Teil der *Chicago School* gehen dagegen im Kern vom Modell eines allein rational agierenden *homo oeconomicus* aus, der im Angesicht von Knappheit seine Interessen durchsetzt. Sie verengen damit den Blickwinkel, um gleichzeitig eigene ökonomisierende Prämissen als scheinbar wertfrei zu postulieren, die es nicht sind. Als wirksames Mittel dagegen empfahl John Kenneth Galbraith in unserem Interview, immer dann, wenn Milton Friedmann einwarf: »Nehmen wir einmal an …«, sofort zu intervenieren: »Nein, das nehmen wir jetzt nicht an.« Weiterhin vergisst jemand, der die Kosten und den Nutzen einer Ehe oder Trennung oder eines Jobwechsels bemessen will, Folgendes:

> In der Volkswirtschaftslehre wird viel von der Knappheit gesprochen, der Knappheit an Gütern und Dienstleistungen, an Arbeitskräften und Ressourcen. Was für theologische Ethik wirklich knapp ist, das ist die Zeit menschlichen Lebens. […] Wie ihr einen Sinn geben? Wie etwas finden, wofür sich zu leben lohnt?[416]

5. Soziale Marktwirtschaft und ihre Wurzeln

Der Deutsche opfert eher die
Freiheit als die Ordnung.
OTTO VON BISMARCK

Einen Brückenschlag zwischen Ökonomie und Ethik, mit welchem sich Ökonomen wie Friedrich August von Hayek oder Milton Friedman schwertun, versuchte man nach dem Zweiten Weltkrieg auf deutscher Seite mit dem Modell der Sozialen Marktwirtschaft. Wohl am bekanntesten ist eine Definition des Begriffs »Soziale Marktwirtschaft« durch Alfred Müller-Armack, Sohn eines Betriebsleiters der Firma Krupp in Essen und Privatdozent, der als Staatssekretär unter Wirtschaftsminister Ludwig Erhard einer der Namensgeber jenes sozioökonomischen Konzepts war, an dem beide Konfessionen gleichermaßen Anteil hatten, das aber als politisches Programm vor allem der katholischen Soziallehre zugerechnet wurde:

> Soziale Marktwirtschaft ist überall dort, wo man sich den Kräften des Marktes anvertraut, und versucht, alle vom Staat, von den sozialen Gruppen anzustrebenden Ziele in den Doppelaspekt einer freien Ordnung und einer sozial gerechten und gesellschaftlich humanen Lebensordnung zu verwirklichen.[417]

Bereits in diesem Zitat, welches soziale Gerechtigkeit als Ziel propagiert und den Freiheitsbegriff an den Ordnungsbegriff bindet, werden die Verbindungslinien zum Ordnungsbegriff der katholischen Soziallehre sichtbar. Zunächst ist die Frage nach der ökonomischen Zielrichtung des Modells und nach der Möglichkeit seiner Übertragung vom mitteleuropäischen auf den globalen Kontext zu diskutieren. In Abgrenzung zu einem *Laisser-faire*-Liberalismus auf der einen und einer zentral gesteuerten Wirtschaft auf der anderen Seite wurde unter maßgeblichem Einfluss u. a. von Walter Eucken, Franz Böhm, Wilhelm Röpke und Alfred Müller-Armack eine dem Modell des »Ordoliberalismus« verpflichtete Wirtschaftsform entwickelt, die die bundesrepublikanische Wirtschaftslandschaft nach dem Zweiten Weltkrieg nachhaltig prägte. Die Ordoliberalen gingen davon aus, dass nicht allein die »unsichtbare Hand des Marktes« ausreichen würde, um die Früchte wirtschaftlicher Tätigkeit möglichst gerecht zu verteilen. Wirtschaftliche Macht bedurfte aus ordoliberaler Sicht gleichsam staatlicher Kontrolle, zuweilen sogar staatlicher Lenkung. Die angemessene Mischung ist es dann am Ende, die für Erfolg und Wachstum sorgt. Darum forderten ordoliberale Ökonomen der Freiburger Schule wie Walter Eucken:

> Der Staat hat die Formen, in denen gewirtschaftet wird, zu beeinflussen, aber er hat nicht den Wirtschaftsprozess selbst zu führen.[418]

In diesem Modell greift der Staat regulierend und, wenn nötig, lenkend in Wirtschaftsprozesse ein, und zwar an den Stellen, wo die private Hand dies nicht ausgewogen für alle am Markt Agierenden leisten kann. Bereits der Begriff »Soziale Marktwirtschaft« gibt der Prämisse dieses Modells Ausdruck, dass Wirtschaft grundsätzlich auf gesellschaftspolitische Ziele hin auszurichten ist. Der Grundstein zur historischen Umsetzung des Modells der Sozialen Marktwirtschaft wurde mit dem Erscheinen von Alfred Müller-Armacks *Wirtschaftslenkung und Marktwirtschaft* und Wilhelm Röpkes *Die Ordnung der Wirtschaft* gelegt. Bereits 1949 begann dann die erste Bundesregierung unter Konrad Adenauer, die von Müller-Armack und Röpke beschriebene Ordnung des Wirtschaftslebens praktisch umzusetzen.⁴¹⁹ Wichtiger Pfeiler dabei war die Herstellung einer echten Wettbewerbsordnung unter gleichzeitiger Anbindung an eine wirtschaftlich-soziale Strukturpolitik, deren Hauptmerkmal die Sozialbindung des Kapitals und die ordnungspolitische Gestaltungskraft des Staates war, welcher die Monopolaufsicht innehat.⁴²⁰ Hilfreich für eine angewandte Ethik ist der auf dem Subsidiaritätsprinzip beruhende, ökonomische Grundgedanke, dass Eigennutz stets auch an Eigenverantwortung gebunden ist und umgekehrt. Vertragsfreiheit auf der einen und die Möglichkeit staatlicher Intervention auf der anderen Seite zeichnen den Ordoliberalismus aus. Wirtschaftspolitisch wird der Staat insoweit tätig, als er versucht,

> die Formen, das institutionelle Rahmenwerk, die Ordnung, in der gewirtschaftet wird, zu beeinflussen, und er hat Bedingungen zu setzen, unter denen sich eine funktionsfähige und menschenwürdige Wirtschaftsordnung entwickelt. Aber er hat den Wirtschaftsprozeß nicht selbst zu führen.⁴²¹

Walter Euckens Denken wurzelt dabei im angelsächsischen Liberalismus, der die Freiheit des Einzelnen ins Zentrum rückt. Friedrich August von Hayek unterscheidet zwischen der evolutionistisch-britischen Tradition, die im Rückgriff auf David Hume, Adam Smith und Adam Ferguson gesellschaftliche Ordnung nicht als das Ergebnis planender Vernunft, sondern als evolutionären, empirisch analysierbaren Prozess versteht. Der Umgang mit dem Ungeplanten ist Ausdruck der Freiheit, auf der das Funktionieren jeder Gesellschaft beruht.⁴²² Dazu im Gegensatz steht die rationalistische französische Tradition aus dem Rationalismus Descartes und nachfolgend Rousseaus und Condorcets, die davon ausgehen, dass dem Menschen von Beginn an intellektuelle und moralische Fähigkeiten mitgegeben sind, welche ihn in die Lage versetzen, sich bewusst für den Aufbau von Zivilisationen und Institutionen zu entscheiden. Friedrich August von Hayek bevorzugt explizit die evolutionistische Tradition als »wahren« Individualismus im Gegensatz zu einem rationalistischen, »falschen« Individualismus französischer Prägung.[423] Dem zwischen beiden Modellen angesiedelten Ordoliberalismus liegt das Verständnis eines Individuums zugrunde, das im Kleinen zwar eigenverantwortlich agieren, den wirtschaftlichen Prozess als Ganzes aber weder durchschauen noch gestalten kann, sondern einer vorgegebenen *ordo* bedarf. Aufgrund dieses Ordnungsverständnisses beschreibt Alfred Müller-Armack das Grundkonzept der Sozialen Marktwirtschaft wie folgt:

> Soziale Marktwirtschaft ist eine bewußt gestaltete marktwirtschaftliche Gesamtordnung; ihr primäres Koordinierungsprinzip soll der Wettbewerb sein. [...] Der Begriff Soziale Marktwirtschaft kann so als eine ordnungspolitische Idee definiert werden, deren Ziel es ist, auf der Basis der Wettbewerbswirtschaft die freie Initiative mit einem gerade durch die marktwirtschaftliche Leistung gesicherten, sozialen Fortschritt zu verbinden. [...] Das regulative Prinzip sozialer Interventionen in der Marktwirtschaft ist hierbei ihre Verträglichkeit mit dem Funktionieren einer marktwirtschaftlichen Produktion und der ihr entsprechenden Einkommensbildung. [...] So erstrebt die neue Wirtschaftspolitik sozialen Fortschritt über *marktkonforme* Maßnahmen. Sie versteht darunter Maßnahmen, die den sozialen Zweck sichern, ohne störend in die Marktapparatur einzugreifen. [...] Eine Politik der Sozialen Marktwirtschaft verlangt eine bewußte Politik des wirtschaftlichen Wachstums.[424]

Während die ökonomischen und philosophischen Grundlagen der Sozialen Marktwirtschaft Gegenstand einer ausführlichen wissenschaftlichen Kritik waren und sind, scheint es im Rahmen dieser wirtschaftsethischen Untersuchung geboten, die religiösen und hierbei besonders die ordnungstheologischen Wurzeln des Modells genauer zu untersuchen. Die Väter der Sozialen Marktwirtschaft greifen intensiv auf die Soziallehre der katholischen Kirche zurück und setzen sich ausführlich mit den Verbindungslinien zwischen Volkswirtschaftslehre, Theologie und Sozialwissenschaften auseinander. Dies hebt sie von der angelsächsischen Tradition ab, die die Volkswirtschaftslehre als »die Wissenschaft definiert, welche die Natur des Reichtums und die Gesetze seiner Produktion und Verteilung untersucht«, während Gustav Schmoller, Friedrich Julius Neumann und andere das soziale Moment ihrer Disziplin stärker betonen.[425] Umgekehrt ist es in der deutschen Tradition kein Zufall, wenn katholische Vertreter wie der Theologe und Nationalökonom Joseph Kardinal Höffner als Student von Walter Eucken entscheidende Anstöße etwa zur Entwicklung der Rentenformel oder zu Fragen der sozialen Ordnung geben konnten.

Mit *Religion und Wirtschaft* legt Alfred Müller-Armack dann auch eine wirtschaftshistorische Untersuchung vor, die der Reformation eine entscheidende Bedeutung für das Entstehen des modernen Kapitalismus einräumt. Dabei wählt er für diese Arbeit denselben Titel wie vor ihm Ernst Troeltsch und Gustav Wünsch für ihre wirtschaftsethischen Ausführungen.[426] Müller-Armacks Ziel war es jedoch, als Ökonom geistesgeschichtliche Entwicklungen und eine Genese der ökonomischen Systeme vor dem Hintergrund der in Europa vorherrschenden religiösen Strömungen zu entwerfen und auf diese Weise historisch die Wechselwirkungen zwischen Ökonomie und Religion herauszuarbeiten. Ähnlich wie Max Weber setzt Müller-Armack dabei den entscheidenden Impuls für die geistigen, ökonomischen und gesellschaftlichen Umwälzungen in Europa chronologisch im 16. Jahrhundert an.[427] Er beschäftigt sich insbesondere mit der Ausbreitung des Calvinismus in Holland, England und Amerika. Aufschlussreich mit Blick auf die Wechselwirkung von individueller Frömmigkeit und ökonomischem Verhalten ist dabei seine Darstellung des religiösen Einflusses auf Institutionen des Finanzwesens. Müller-Armack weist nach, dass etwa die Entwicklung des Versicherungswesens bis zur Schaffung der ersten voll entwickelten Lebensversicherung in Gotha 1827 den geistesgeschichtlichen und religiösen Entwicklungen in Europa konsequent folgt.[428] So erfreuen sich Feuerversicherungen im 17. Jahrhundert zunächst in England und dann durch das reformierte preußische Herrscherhaus auch in Deutschland als Schutzpolice vor gottgegebenem Wetter wachsender Beliebtheit, während Katholiken in Deutschland und Frankreich beim Erwerb solcher Versicherungen erheblich zurückhaltender waren, da sich metaphysisch determinierte Ereignisse wie Naturkatastrophen aus deren Sicht kaum ökonomisch rationalisieren ließen. Alfred Müller-Armack zeigt, dass dies auch mit Blick auf die Ausgestaltung von Lebensversicherungen galt:

> Die Lebensversicherung konnte nur in einer geistigen Umwelt entstehen, die es verstand, soziale Vorgänge nüchtern zu beobachten und rechnerisch zu erfassen. Diese Vorbedingung erfüllte kein Land so wie das England des ausgehenden 17. Jahrhunderts. [...] Umso begieriger griffen die calvinistischen Landschaften alle Anregungen auf. Da schon die calvinistische Dogmatik die Welt als ein von Anfang an nach Gottes unabänderlichem Ratschluß gesetzlich ablaufendes Gefüge betrachtete, konnte mit dem Verblassen des religiösen Impulses die deistische Aufklärung hier in eine Weltansicht eindringen, die für naturwissenschaftliche Betrachtung direkt vorgeformt war. Drängten im Luthertum alle Kräfte zur einfühlenden Geisteswissenschaft und schönen Literatur, so hier zur naturwissenschaftlichen Exaktheit als neuem Mittel religiöser Sicherung.[429]

Anhand dieses Beispiels wird deutlich, wie theologische und persönliche Überzeugungen, Menschen- und Gottesbild Marktverhalten und Marktentwicklungen entscheidend beeinflussen können. Daraus jedoch zu schließen, dass Religion die hauptsächliche Antriebskraft für wirtschaftliche Entwicklungen sei, wäre zu einseitig. So argumentiert Müller-Armack, dass die geschichtliche Tradition des Westens auf der dialektischen Entfaltung geistlicher genauso wie weltlicher Kulturformen beruht. Diese Spannung in die eine oder andere Richtung aufzulösen, wäre ein Angriff auf die eigenen Wurzeln. Explizit wirtschaftsethisch äußert sich Müller-Armack zur Rolle der katholischen Soziallehre und zur evangelischen Sozialethik im Rahmen seiner Ausführungen zur *Sozialen Irenik*:

> Der katholischen Sozialtheorie eignet – verglichen mit dem Flüssigen der evangelischen, dem Brüchigen der sozialistischen und dem Offenen der liberalen Sozialtheorie – das festeste Fundament. Die aus der Ebenbildlichkeit des Menschen gewonnene Einsicht in den personalen Wert der Menschenseele gibt allgemein der christlichen Soziallehre ein sicheres Fundament, von dem aus sie wertbestimmte irdische Positionen, wie etwa das Eigentum oder die Gesellschaft, anerkennen kann, ohne in ihnen je Überwerte zu sehen, eine Gefahr, der die säkularisierte Betrachtung leicht anheimfallen kann. Soweit noch das allgemein Christliche reicht, gewinnt die katholische Soziallehre darüber hinaus eine überlegene Weite durch den Gedanken des [!] Ordo. [...] Ich weiß, daß ich damit mancher evangelischen Überzeugung widerstreiten werde, wenn ich die Ansicht ausspreche, daß in eine irenische Einheit der modernen Sozialtheorie der Katholizismus als sein Eigenstes gerade dies, den umfassenden Ordogedanken, hineinzubringen hat [...].[430]

Dabei geht es Alfred Müller-Armack um die Gewinnung »zeitüberlegener Wertziele« quasi als »Leitsterne des irdischen Handelns«:

> Die Bemühung um eine aus abendländischem Geiste gegründete christliche Gesamtkultur wird sich hier ihr Leitbild zu holen haben. Der Protestantismus hat nichts Vergleichbares. Diejenigen seiner Anhänger, die trotz der häufig ausgesprochenen Ablehnung einer christlichen Gesamtkultur durch einzelne evangelische Theologen an dieser Idee hoffnungsvoll festhalten, meinen, wenn sie an ein christliches Abendland und an die Schöpfungsordnung denken, eben diese in der katholischen Sozialtheorie als ein christlich Gemeinsames entwickelten Gedanken.[431]

Der wirtschaftsethische Beitrag der christlichen Konfessionen konkurriert für ihn im Wesentlichen mit den Ordnungsvorstellungen eines säkularen Liberalismus und des Sozialismus. Konfessionell sieht Müller-Armack dabei »keine Hemmung, die christliche Soziallehre in ihrer in der Hochscholastik gewordenen Form auch als gültig für die evangelische Seite anzuerkennen«.[432] Hinsichtlich der Strömungen innerhalb der evangelischen Sozialethik vertritt Müller-Armack die Meinung, dass Max Scheler Ethik und Wirtschaft stärker verbinden wollte, während Karl Barth, Emil Brunner und andere sie durch eine »geistige Klärung« splitten und sich dadurch von geistesgeschichtlichen Symbiosen des Kulturprotestantismus abzusetzen versuchten. Aus Müller-Armacks Sicht ebnen dann Lord Acton, von Mises oder von Hayek dem ökonomischen und in der Folge dem politischen Liberalismus endgültig die Bahn.

Bei dieser Kategorisierung wird klar, welches Problem Müller-Armack bei der Verhältnisbestimmung von Ökonomie und evangelischer Theologie sieht: Während er vor dem Hintergrund seines eigenen Ansatzes eine Werteethik Schelers begrüßt, tut er sich umso schwerer mit einer dialektischen Theologie, die Gott als den »ganz anderen« dem Zugriff der Ökonomie entzieht. Dialektische Theologie trägt aus Müller-Armacks Sicht für die religiöse Untermauerung und Fundierung der Sozialen Marktwirtschaft wenig aus, da sie anders als die katholische Theologie naturrechtliche Ordnungsvorstellungen schon im Ansatz nicht teilt. Anhand solcher Positionen wird deutlich, wie intensiv sich die Väter der Sozialen Marktwirtschaft mit den verschiedenen religiösen und konfessionellen Debatten ihrer Zeit in der Genese ihres eigenen Denkens auseinandergesetzt haben.

Die Frage, ob die verschiedenen Perspektiven eines christlichen Menschenbildes mit dem theoretischen Fundament der Sozialen Marktwirtschaft vereinbar sind, ist wichtig, aber ungenau gestellt. Vorauszuschicken ist, dass man in Abwesenheit eines allgemeingültigen christlichen Menschenbilds eher von Aspekten oder Perspektiven eines christlichen Menschenbilds sprechen sollte. Dennoch taucht der Terminus »christliches Menschenbild« in der öffentlichen Diskussion immer wieder auf. Was verbirgt sich dahinter für die Väter der Sozialen Marktwirtschaft? Alfred Müller-Armack, der zeitlebens »Soziale Marktwirtschaft« immer mit großen »S« schrieb, schließt sich an verschiedenen Stellen den Ordnungsvorstellungen der katholischen Soziallehre an, deren Prämissen aus Sicht der evangelischen Theologie bereits untersucht worden sind. Aus protestantischer Sicht ist es jedoch notwendig, den als Grundlage einer Wirtschaftsethik vorgeschlagenen Gerechtigkeitsbegriff innerhalb des Konzeptes der Sozialen Marktwirtschaft zu verorten: Ist dieser von Müller-Armack, Erhard und Eucken im Sinne sozialer Gerechtigkeit gebraucht, oder ist das Schicksal des Einzelnen dabei das Maß?

Gerechtigkeit wird in den meisten Stellungnahmen zu den Maßstäben des Modells der Sozialen Marktwirtschaft als

»soziale Gerechtigkeit« verstanden und nicht weiter individualisiert. In diesem Zusammenhang fragt Gisela Meister-Scheufelen, nach welchen Maßstäben der Gerechtigkeitsbegriff in der Sozialen Marktwirtschaft auszurichten sei.[433] Dabei wird betont, dass der Terminus »soziale Gerechtigkeit« ein neuzeitlicher sei und mit ihm versucht werde, eine Handlungskategorie in eine Systemkategorie umzudeuten. Dadurch umfasst der Begriff die Spannbreite von Verteilungsgerechtigkeit, Leistungsgerechtigkeit, Verfahrensgerechtigkeit und Befähigungs- bzw. Beteiligungsgerechtigkeit, wobei Letztere diejenige ist, die dem Rawls'schen Ansatz der Fairness durch Chancengerechtigkeit und den Forderungen im amerikanischen Hirtenwort von 1986 am nächsten kommt, weil sie aktive, produktive und verantwortliche Teilnahme am Gesellschaftsleben einfordert.[434]

Für Meister-Scheufelen ist es dieser Begriff der Gerechtigkeit als Chancengerechtigkeit des Individuums, der in einer modernen Industriegesellschaft am angemessensten für die Ausrichtung ökonomischen Handels scheint. Fraglich ist aber weiterhin, ob im Konzept der Sozialen Marktwirtschaft, so wie es von Ludwig Erhard umgesetzt wurde, ein primär an den Interessen der Gesellschaft oder an individuellen Interessen ausgerichteter Gerechtigkeitsbegriff vertreten wird. Während hinsichtlich der von Alfred Müller-Armack vertretenen Ordnungsvorstellungen davon auszugehen ist, dass ein am Gemeinwohl orientierter Begriff sozialer Gerechtigkeit vertreten wird, modifiziert Ludwig Erhard solche eher kollektiven Ordnungsvorstellungen in bemerkenswerter Weise. In *Wohlstand für alle* formuliert der Ökonom:

> Soziale Sicherheit ist nicht gleichbedeutend mit Sozialversicherung für alle, – nicht mit der Übertragung der individuellen menschlichen Verantwortung auf irgendein Kollektiv. *Am Anfang muß die eigene Verantwortung stehen*, und erst dort, wo

diese nicht ausreicht oder versagen muß, setzt die Verpflichtung des Staates und der Gemeinschaft ein.[435]

Ludwig Erhard ging es bei aller Bezugnahme der Sozialen Marktwirtschaft auf das Vokabular und die ordnungstheologischen Vorstellungen der katholischen Soziallehre vor allem um Gerechtigkeit als Ermöglichung individueller Partizipation. Der Staat als Summe seiner Bürger ist dabei der Garant für Gerechtigkeit. Freiheit schließt für Erhard stets freie Konsumwahl, Wettbewerbsfreiheit, freie Berufswahl, Tarif- und Koalitionsfreiheit und Freiheit der Eigentumsnutzung ein.[436] Sozialpolitische Maßnahmen ergänzen das marktwirtschaftliche Prinzip, ohne es ersetzen zu wollen oder zu können. Solidarität und Subsidiarität als Prinzipien der katholischen Soziallehre fundieren die Sozialordnung, die ihrerseits aber nur den Rahmen für die Verwirklichung individueller Freiheit absteckt. Erhard wollte keinen Wohlfahrtsstaat, der die Eigeninitiative der Bürger lähmt. Soziale Gerechtigkeit ist für ihn stets auch Leistungsgerechtigkeit, wobei Leistung und Gegenleistung von Staat und Bürger in einem angemessenen Verhältnis stehen müssen, was jede Form von willkürlicher Gleichmacherei ausschließt. Für Ludwig Erhard gibt es nur eine Gerechtigkeit, die durch einen funktionierenden Markt erreicht wird, welcher »der einzig demokratische Richter ist, den es überhaupt in der modernen Wirtschaft gibt.«[437] Auch die Grenzen ökonomischen Denkens markiert Erhard deutlich, indem er Ökonomie und ihre Ziele gesellschaftlich einbettet:

Mir wird des öfteren die Frage gestellt, zu welchem letzten Ziel denn die von mir verfolgte Wirtschaftspolitik führen soll. […] Wir werden sogar mit Sicherheit dahin gelangen, daß zurecht die Frage gestellt wird, ob es noch immer richtig und nützlich ist, mehr Güter, mehr materiellen Wohlstand zu erzeugen. [...] Hier ist dann aber nicht mehr nur der Wirtschaftsminister, sondern in gleicher Weise der Theologe, der Soziologe und der Politiker angesprochen.[438]

Während die Väter der Sozialen Marktwirtschaft ordnungstheologische Vorstellungen der katholischen Soziallehre einschließlich ihres Gemeinwohlbegriffs mit dem Solidaritäts- und Subsidiaritätsprinzip weitgehend übernehmen, ist deren Grundverständnis von Gerechtigkeit und Freiheit gleichzeitig auch am Individuum angebunden. Für Erhard steht der Einzelne stärker im Zentrum, während Müller-Armack bereits »Grundwerte« der Gesellschaft hierarchisiert. Mit diesem Widerspruch konnte das Modell aber aufgrund seiner erfolgreichen Anwendung in der deutschen Nachkriegsgeschichte gut leben und gleichzeitig der katholischen Soziallehre auch gesellschaftlich zum Durchbruch verhelfen. Heutzutage stellt sich die Frage, ob das Modell in seiner jetzigen Form auch global übertragbar ist. Mit Blick auf die Zukunftsfähigkeit der Sozialen Marktwirtschaft identifiziert Ursula Nothelle-Wildfeuer vier Herausforderungen des 21. Jahrhunderts, denen sich eine modernisierte Soziale Marktwirtschaft stellen muss: Digitalisierung, Globalisierung, Individualisierung und demographische Verschiebungen.[439] Bei der Frage, wie die Soziale Marktwirtschaft auch global ein Erfolgsmodell bleiben kann, greift Nothelle-Wildfeuer auf den Ordnungs- und Gemeinwohlbegriff Müller-Armacks zurück:

> Freiheit ist der erste Grundwert der Sozialen Marktwirtschaft. [...] Der Grundwert der Freiheit mit seinen ethischen Implikationen der Verantwortung und Gemeinwohlorientierung ist auch der eigentliche Kern der aktuellen gesellschaftlichen und politischen Debatte.[440]

Aus Sicht evangelischer Wirtschaftsethik ist dem entgegenzusetzen, dass Freiheit kein »Grundwert« ist, da Werte sich, wie dargelegt, gerade dadurch auszeichnen, sich individuell zu bilden. Auch bringt der Begriff »Gemeinwohlorientierung« darum wirtschaftsethisch kaum weiter, da Gemeinwohl zwar als Systemkategorie definierbar ist, aber als individuelle Handlungskategorie schwer vom einzelnen Marktteilnehmer einforderbar ist. Der Versuch des Einforderns führt zu der Gefahr, eine Gesellschaft zur moralischen Person zu erheben, was scheitern muss, da ein namenloses Kollektiv nicht moralfähig ist. Ähnlich wie Oswald von Nell-Breuning vertritt auch Ursula Nothelle-Wildfeuer die Ansicht, dass das Prinzip der Subsidiarität »am Grundwert der sozialen Gerechtigkeit« als partizipativer Gerechtigkeit zu orientieren sei.[441] Problematisch daran ist neben der bereits erwähnten Herleitung, dass eine auf den drei »Grundwerten« soziale Gerechtigkeit, sozialer Ausgleich und Gemeinwohl basierende Soziale Marktwirtschaft kaum dazu geeignet sein wird, die von der Autorin selbst benannten, globalen Herausforderungen anzugehen, da solche »Grundwerte« weltweit nicht immer und überall geteilt und anerkannt werden. Der konsensfähigere Begriff der Gerechtigkeit als Fairness taucht in diesem Zusammenhang dagegen gar nicht auf.

Wirtschaftsethisch folgt aus protestantischer Sicht, dass der Ausgleichs- und Regelungscharakter der Sozialen Marktwirtschaft global durchaus hohe Attraktivität und Validität besitzt, dass aber die kulturell determinierten, ordnungstheologischen Wurzeln, die dem Modell zugrunde liegen, modifiziert werden müssen, um das Ziel der Sozialen Marktwirtschaft, nämlich ein höheres Maß an Steuerbarkeit individueller Verteilungsgerechtigkeit sowie das notwendige Maß an Wirtschaftswachstum auch global zu erreichen. Soziale Marktwirtschaft ist dabei mehr als ein Wirtschaftsmodell; sie ist ein »Wirtschaftsstil«, und genau das war und ist eine ihrer Stärken und ihr Alleinstellungsmerkmal.[442] Soziale Marktwirtschaft wird sich global jedoch nur dann überzeugend vermitteln lassen, wenn sie Profite erwirtschaften kann und es ihr gleichzeitig gelingt, Wertvorstellungen und Überzeugungen aus anderen Kulturbereichen zu integrieren, ohne Aspekte ihres eigenen Menschenbildes und einen damit verbundenen Anspruch auf individuelle Gerechtigkeit aufzugeben. Ein Chinese wird verstehen, was Würde, Ausgleich und Chancengerechtigkeit meinen, während er mit Naturrecht, sozialer Gerechtigkeit oder damit zusammenhängenden *ordines* kaum etwas anfangen können wird.

Neuere spätklassische Wirtschaftsethiken

Daniel Dietzfelbinger weist zu Recht darauf hin, dass trotz eines in den letzten Jahren exponentiell wachsenden Angebots an wirtschaftsethischer Literatur immer wieder Wirtschafts- und Unternehmensethiken vorgelegt werden, die Grundsatzfragen (»Warum sollte man Wirtschaftsethik betreiben?« oder »Wie sind Ökonomie und Ethik abzugrenzen?«) wiederholen, ohne sich substanziell vom Forschungsstand der späten 1980er-Jahre abzuheben.[443] Hingegen hat sich die Weltwirtschaft selbst in den letzten zwanzig Jahren durchgreifend verändert. Angesichts dieser wachsenden Divergenz ist zunächst zu klären: Wie genau sieht der aktuelle ökonomische Forschungsstand im Bereich der Wirtschaftsethik aus? Aus ökonomischer Sicht stellt sich die aktuelle Diskussion um Wirtschaftsethik verkürzt wie folgt dar:[444]

Nicht erst seit der weltweiten Finanz- und Bankenkrise 2008 und der jüngsten Staatsschuldenkrise in Europa wird der Bedarf nach wirtschaftsethischer Expertise merklich höher. Angesichts dessen würde der Ökonom erwarten, dass der wachsende Orientierungsbedarf der Praxis mit einer steigenden Nachfrage nach akademisch etablierter Wirtschaftsethik korrespondiert. Genau dies scheint aber nicht der Fall zu sein. Im Gegenteil: Weite Teile akademisch rezipierter und dort etablierter Wirtschaftsethik produzierten auf der Angebotsseite Inhalte, so Philip Plickert kürzlich in der *Frankfurter Allgemeinen Zeitung*, die an der tatsächlichen Nachfrage der Praxis vorbeigingen. Wirtschaftsethik bleibe darum ein »Bindestrich-Fach« oder – in den Worten des Wirtschaftsethikers Birger Priddat – ein Fach »mit Konjunktur, aber ohne Wirkung«.[445] Anders, so Plickert, lasse sich die Diskrepanz zwischen der Fülle wirtschaftsethischer Fragestellungen in der öffentlichen Debatte einerseits und der Marginalisierung des

Fachs Wirtschaftsethik im akademischen Diskurs im Spannungsfeld von Ökonomie und Philosophie andererseits kaum erklären. Theologie kommt in diesem Zusammenhang erst gar nicht vor. Zwar werden verstärkt Einrichtungen gegründet und Lehrveranstaltungen vor allem in der Ausbildung von Wirtschaftswissenschaftlern zur Wirtschaftsethik angeboten, deren wissenschaftlicher Ertrag im Vergleich zur steigenden Zahl der Veranstaltungen qualitativ bestenfalls stagniert. Mit Blick auf den Beitrag konfessionell ausgerichteter Theologie und Ethik in wirtschaftsethischen Debatten fällt das Urteil des Sozialethikers Wolfgang Nethöfel wie beschrieben deutlich aus: Den Anschluss an die wissenschaftlichen Fachdiskurse der Moderne verloren zu haben, sei das eigentliche Versagen.[446]

Im Folgenden muss darum geklärt werden, ob diese theologische Analyse Nethöfels im Besonderen und Plickerts journalistisches Bild eines inhaltlichen Stillstands des Faches im Allgemeinen einer wissenschaftlichen Überprüfung standhält, eine Frage, die sich führende Fachvertreter verschiedenster Schulen und Fakultäten auf einer gemeinsamen Tagung an der Leuphana Universität Lüneburg im Februar 2012 unter dem Titel: »Wirtschaftsethik – *Quo vadis?*« gestellt haben. Wenn Wirtschaftsethik ihren eigenständigen wissenschaftlichen Beitrag und ihre Relevanz nicht hinreichend deutlich machen kann, kommt sie selber in ein Dilemma, das zu strukturieren – wieder ökonomisch gesprochen – ihr Kerngeschäft und Alleinstellungsmerkmal wäre. Vermag Wirtschaftsethik diesen strukturierenden Beitrag nicht zu leisten, hätte Niklas Luhmann am Ende tatsächlich recht, wenn er vermutet, »daß sie [d. h. die Wirtschaftsethik] zu den Erscheinungen gehört, wie auch die Staatsräson und die englische Küche, die in der Form eines Geheimnisses auftreten, weil sie geheim halten müssen, daß sie gar nicht existieren«.[447] Um diese Annahme zu entkräften, ist nun das Ziel, den Ist-Stand der ökonomisch dominierten Diskussion um die deutschsprachige Wirtschaftsethik darzulegen. Daran knüpft das »Soll« eines eigenständigen, dezidiert protestantischen, individualethischen Zugangs zur Wirtschaftsethik, der in dieser Untersuchung vorgestellt wird, immer wieder an.

Eine alte Schuldiskussion um eine ungeklärte Grundsatzfrage

Die deutschsprachige Wirtschaftsethik scheint in einer Schuldiskussion stecken geblieben zu sein, für die seit Ende der 1980er-Jahre keine tiefgreifende Weiterentwicklung zu beobachten ist. Auch wenn jüngst die Debatte wieder aufgenommen wurde, so verlaufen noch immer die gleichen Frontstellungen aus den 1980er-Jahren, die sich zwischen »zwei grundlegende[n], paradigmatische[n] Theorieoptionen« für die Wirtschaftsethik entfalten lassen.[448] Die strittige Frage zwischen der Schule der »ökonomischen Ethik«, die Karl Homann begründete, und der Schule der »Integrativen Wirtschaftsethik«, die auf den St. Galler Wirtschaftsethiker Peter Ulrich zurückgeht, ist diese: Wie lassen sich Ethik und Ökonomie gegeneinander abgrenzen, einander über- bzw. unterordnen oder gegenüberstellen?

Für Karl Homann[449] und die meisten seiner Schüler[450] ist die Antwort eindeutig: Er geht davon aus, dass Ethik nicht »außerhalb« der Ökonomie und damit als Gegensatz zur Ökonomie konzipiert werden sollte, sondern »innerhalb« der Ökonomie selbst ihren Ort hat. Er verwendet dazu das Bild der »Ökonomik als Ethik mit anderen Mitteln«.[451] Darunter versteht er, Ethik mit den Mitteln der ökonomischen Theorie zu betreiben und beschreibt darum seinen Ansatz als »Ethik mit ökonomischer Methode«.[452] Homann zielt dabei primär auf die Bedeutung der Rahmenbedingungen und Rahmenordnungen der Wirtschaft in Form von »Spielregeln« ab.[453] Weil ethische Reflexion nur mit der »Anreizlogik der Ökonomik« in unserer funktional ausdifferenzierten Gesellschaft wirksam werden kann, müsse der systematische Ort der Ethik in der Rahmenordnung des Wirtschaftens verortet werden.[454] Wird hingegen »Ethik gegen die Ökonomie« konzipiert, wie er es Peter Ulrich vorwirft, dann handle es sich um einen »dualistischen Ansatz«, der nicht angemessen die konkreten Dilemmastrukturen wirtschaftsethischen Entscheidens (z. B. im Gefangendilemma) berücksichtigt und daher auf der appellativen Ebene mit vermeintlichen Umsetzungsschwächen verharrt.[455]

Peter Ulrich[456] nimmt seinerseits bei der Frage der Abgrenzung von Ethik und Ökonomie eine Gegenposition zu Karl Homann ein, dem er »ökonomischen Reduktionismus«[457] vorwirft. Ulrich geht davon aus, dass man Ethik nicht mit den Mitteln der ökonomischen Theorie betreiben könne, sondern dass Ethik ein Primat eingeräumt werden müsse gegenüber einer normativ aufgeladenen Ökonomie. Entsprechend viel Energie verwendet Ulrich darauf, den verdeckten normativen Gehalt der ökonomischen Theorie in Form einer ausführlichen »Ökonomismuskritik« zu rekonstruieren.[458] Dabei verstehen Ulrich und die meisten seiner Schüler[459] Wirtschaftsethik in der Tradition Kants als »nachholende Aufklärung«, die als »Vernunftsethik des Wirtschaftens [...] vorbehaltlose und allseitige Ideologiekritik« übt, nicht nur, aber vor allem an der Ökonomie, ihren Voraussetzungen und Methoden.[460]

Ebenso wie Ulrich nahm Peter Koslowski seit den 1980er-Jahren eine führende wie kritisch distanzierte Haltung zur ökonomisch dominierten Sicht auf die Welt und den Menschen ein.[461] Der studierte Ökonom und Philosoph versuchte dies auf eine genuin eigenständige Weise in Form einer »ethischen Ökonomie«.[462] Seiner Ansicht nach stellt das *homo-oeconomicus*-Modell, in dem ethische Motivationen ausgeblendet werden, eine Engführung dar.[463] Methodisch vollzog er, ähnlich wie dies Thomas Beschorner[464] in jüngster Zeit tut, den aus protestantischer Perspektive signifikanten Rekurs auf die Verkürzung von Menschenbildern, die beide in ökonomischen Diskursen identifizieren. Menschliches Handeln lässt sich jedoch nicht nur auf Nutzenmaximierung reduzieren, sondern ist immer auch von normativen wie kulturellen Orientierungen geprägt. An dieser Stelle kommt der wichtige Zusammenhang zwischen Wirtschaftsethik und Anthropologie ins Spiel. Ähnlich wie Ulrich stellt sich bei Koslowski allerdings die Frage, wie die signifikanten Probleme bei der Bewältigung wirtschaftlicher Dilemmata und Realisierung von Gerechtigkeitsfragen angesichts der fortschreitenden Ökonomisierung und Globalisierung konkret bewältigt werden können. Hier zeigt sich eine gewisse Diskrepanz zwischen anthropologischem Anspruch und ökonomischer Wirklichkeit. So lässt sich für die Position von Koslowski bei der Frage der Zuordnung von Ethik und Ökonomie keine vollständige Synthese konstatieren, womit im Schulstreit zwischen den zwei Polen noch keine grundsätzliche Weiterentwicklung erreicht wäre.

Zusammenfassend zeigt sich, dass diese prototypischen Positionierungen in der Frage der Zuordnung von Ethik und Ökonomie, wie sie sich im Schulstreit zwischen Ulrich und Homann seit den 1980er-Jahren gezeigt haben, in der deutschen Wirtschaftsethik bisher nicht vollständig überwunden werden konnten.[465] Auch wenn in jüngster Zeit die Kritik am Homann-Ansatz von Michael Aßländer und Hans Nutzinger[466] erneuert und dieser wiederum von Ingo Pies[467] fundiert verteidigt wurde, tut man sich schwer, systematisch neue Argumente zu identifizieren. Ein treffendes Fazit dieser Kontroverse über systemische und individuelle Verantwortlichkeiten liefert darum Kurt Röttgers:

Man kann in der Hoffnung, der Kontrahent werde endlich auch einsehen, was man selbst schon eingesehen hat, unverdrossen auf ihn einreden. Das geschieht seit ca. 20 Jahren, ohne das einer der Kontrahenten der Kapitulation auch nur ein Stück näher gekommen wäre.«[468]

Neuere unternehmensethische Forschung und deren Rezeptionsmangel

Wo aber wären Weiterentwicklungen in der neueren wirtschaftsethischen Debatte überhaupt denkbar? Da sich diese wie oben gezeigt derzeit weniger im makroökonomisch-konzeptionellen Bereich bewegen, konzentrieren sich neuere Untersuchungen[469] auf den mikroökonomisch-unternehmensethischen Bereich und damit weniger auf die Zuordnung von Ethik und Ökonomie als vielmehr in der angelsächsischen Tradition von *business ethics* auf angewandte Wirtschaftsethik. Dies geschieht insbesondere im Feld Unternehmensethik, *Corporate Social Responsibility (CSR)*, *Sustainability* und *Corporate Governance*, in Bereichen also, die mittlerweile in fast jedem Jahresbericht börsennotierter Firmen auftauchen.

Entsprechend spezialisieren sich die Homann-Schüler Pies und Suchanek vermehrt auf Fragen der Unternehmensethik. Ingo Pies entwickelt die Homann-Schule unter dem Begriff »Ordonomik« konzeptionell weiter, indem er substanzielle Beiträge im Bereich »*Corporate Social Responsibility*«, »*Corporate Citizenship*« und »*New-Governance*« vorzulegen vermag.[470] Suchanek hat unter der Überschrift »ökonomische Ethik«[471] ebenfalls eine weithin rezipierte Spezialisierung in Richtung der Unternehmensethik vorgenommen.[472] Für die Ulrich-Schule lässt sich ein ähnliches Bild zeichnen.[473] Auch andere Vertreter der akademisch etablierten Wirtschaftsethik – wie beispielsweise Josef Wieland[474] – konzentrieren sich mittlerweile hauptsächlich auf anwendungsorientierte Fragestellungen statt auf Grundlagenreflexion. Das Problem in der Binnenlogik von Anwendungszusammenhängen scheint jedoch, dass damit eine öffentlich bereits virulente Debatte um das

Verhältnis von Wirtschaft und Ethik akademisch kaum vorankommt. Umgekehrt bleibt die Homann-Ulrich-Kontroverse in ihren verschiedenen Spielarten auf der fundamentalethischen Ebene verhaftet, was in der Praxis zu dem Eindruck führt, den der eingangs zitierte Philipp Plickert beschreibt: Man koppelt sich von den praxisrelevanten Diskursen etwa zu den Ursachen von Banken- und Finanzkrisen oder zu neueren Forschungen aus dem Bereich *behavioral economics*, der Spieltheorie oder ökonomisch-psychologischer Glücksforschung zunehmend ab. Es ist zwar ein deutliches Bemühen zu beobachten, anwendungsorientierte Forschung und Lehre zu betreiben, um mit zahlreichen Anstrengungen Hilfsmittel für normatives und strategisches Management zur Verfügung zu stellen. Aber trotz dieser Praxisorientierung herrscht im Bereich Ökonomie und Philosophie ein empfindlicher Rezeptionsmangel, wie Homann selbst zugesteht:

> Bei dem enormen Problemdruck, unter dem wir in der gegenwärtigen Weltlage stehen, erwarten nicht wenige einen substantiellen Lösungsbeitrag von der Wirtschaftsethik. Trotz dieser hohen Erwartungen kommt die Wirtschaftsethik im universitären Raum zumindest in Deutschland nur langsam voran. Das hat meiner Einschätzung zufolge vor allem zwei Gründe: zum einen bietet die Wirtschaftsethik weiterhin ein sehr heterogenes Bild, und zum anderen fehlt es ihr – u. a. deswegen – an Akzeptanz in Philosophie und Ökonomik gleichermaßen."[475]

Der Grad fehlender Rezeption vor allem seitens der Betriebswirtschaftslehre wird exemplarisch deutlich an der sogenannten Albach-Kontroverse, in welcher der Betriebswirt Horst Albach die etablierte Unternehmensethik schlichtweg als überflüssig ansieht, da diese Aufgabe selbständig von der BWL geleistet werden könne.[476] Auch wenn diese pauschale Kritik in zahlreichen Repliken weithin nicht geteilt wurde,[477] so gibt doch die darin mitschwingende Ablehnung gegen eine aus der Sicht Albachs rein appellierende Unternehmensethik zu denken.[478] Gerade von Praktikern wird immer wieder geklagt, dass man es bei der Wirtschaftsethik – ähnlich der von der Praxis weithin nachgefragten, aber akademisch unzureichend aufgestellten Diakoniewissenschaft – mit einem »Orchideenfach«[479] zu tun habe, das durch die Finanzkrise zwar Konjunktur erlebe, aber im Sinne Birger Priddats wenig Wirkung entfalte. Dieser allzu deutliche Rezeptionsmangel lässt sich aber nicht nur in den Wirtschaftswissenschaften beobachten, sondern auch in der Philosophie, wie schon Karl Homann konstatierte. Ist eine notwendig interdisziplinär zu betreibende Wirtschaftsethik jedoch nicht in der Lage, sauber mit ökonomisch-philosophischen Begrifflichkeiten zu operieren, dann verfehlt sie ihre ureigene Aufgabe. Diese besteht darin, ethische Dilemmata im Bereich von Ökonomie und Wirtschaft zu strukturieren, damit Akteure wie Entscheidungsträger, die sich diesen Dilemmata ausgesetzt sehen, ethisch angemessen mit ihnen umzugehen vermögen. Unterschreitet Wirtschaftsethik jedoch einen notwendigen Rezeptionsgrad in der ökonomischen Praxis, dann droht ihr zentrales Anliegen, nämlich durch die ethische Strukturierung realer wirtschaftlicher Zusammenhänge einen analytischen Mehrwert zu produzieren, verfehlt zu werden.

Teil IV
Die Fallstudie

> *Der Zustand des Geldwesens eines Volkes
> ist ein Symptom aller seiner Zustände.*
> Joseph Alois Schumpeter,
> *Das Wesen des Geldes*

Eine auf Grundlage von Primärquellen und Interviews vom Verfasser recherchierte Fallstudie aus dem Bereich des Geldwesens soll dazu dienen, die Kernthesen der Untersuchung nach Darstellung ihrer ideengeschichtlichen *loci* zu überprüfen.[480] Wie weit ist das Individuum in einer Firma oder einer Institution als System tatsächlich verantwortlich für sein Handeln und voll moralfähig? Wie kann die Ausübung ethischer Verantwortung konkret aussehen? Und was trägt ein protestantisches Verständnis von Beruf und Rechtfertigung, von der Trennung zwischen Person und Amt und in seinen Wurzeln für den »Geist des Kapitalismus« tatsächlich aus, das mit Paulus den Menschen vor Gott und den Nächsten als »Zur Freiheit befreit« (Galater 5,1) und eben nicht im Sinne der Existenzialisten als zur Freiheit verdammt wahrnimmt?

Individuen als moralfähige Akteure – eine biographisch-anthropologische Studie aus der Finanzindustrie

Eine der einschneidendsten und wirtschaftsethisch erstaunlich wenig reflektierten Entwicklungen seit der Weltwirtschaftskrise von 1929 ist die Banken- und Finanzkrise des Jahres 2008, die in einer Euroschuldenkrise kulminierte bzw. mit dieser zusammenfiel – je nach Sichtweise. Zumindest eine der beiden Krisen dauert bis heute an. Die Gravität solcher Ereignisse, wenn sich 2008/09 der Wert der isländischen Krone innerhalb eines Jahres mehr als halbierte, und deren wirtschaftsethische Komplexität ist darum auch der Grund, warum die Genese eines für diese Krise zentralen Bereichs, des Investmentbanking, dargestellt werden soll, um daran konkret die Kernthese dieser Untersuchung zu überprüfen: Handelt es sich bei dem Geschäftsmodell Investmentbanking im Allgemeinen und dessen massiven Exzessen im Besonderen als Auftakt einer globalen Banken- und Finanzkrise im Jahr 2008 primär um das Ergebnis eines Systemversagens im Sinne eines kollektiven Fehlverhaltens, wie es allzu oft den geschädigten Kunden und Steuerzahlern medial dargestellt wurde? Handelt es sich gar um ein unausweichliches Geschehen im Sinne eines Naturereignisses oder vielmehr um eine Kette von identifizierbaren menschlichen Handlungen, für die konkrete Individuen konkret Verantwortung übernehmen müssten und bis heute nicht übernommen haben? Denn wer von einem Systemversagen redet, der kann niemanden zur Rechenschaft ziehen, denn Systeme kann man nicht anklagen, sondern nur deren Vertreter. Und in der Tat ist gerade das Banken- und Finanzsystem ein komplexes System im Luhmann'schen Sinne. Aber um die von dort ausgehenden Handlungen ethisch angemessen zu strukturieren, ist es unverzichtbar, sich zunächst mit seiner Funktionsweise und seinen Anreizstrukturen vertraut zu machen.

Was Investmentbanker im Gegensatz zu örtlichen Kreditinstituten tun

Wer diese Frage klären möchte, der muss zunächst – im Rendtorff'schen Sinne einer Wirtschaftsethik als Begleitwissenschaft – verstehen, was Investmentbanker tun und was das Geschäftsmodell jener Banken ist, deren Namen sie oftmals teilen. Was die großen Handelsgesellschaften seiner Zeit in Hamburg, Lübeck, Bremen, Nürnberg oder Augsburg taten, das konnte Martin Luther überblicken und nachvollziehen. Was eine Investmentbank ist, konnte Luther natürlich noch nicht wissen. Denn Investmentbanking entwickelte sich als eigenständiges Bankmodell mit der Einführung des sogenannten *Glass-Steagall Act* erst im Jahre 1933. Dieses Gesetz trennte zur Minderung systemischer Risiken die klassischen Aktivitäten einer Geschäftsbank wie das Bereitstellen von Krediten und die Verwaltung von Kundeneinlagen zur Risikominderung strikt von den Investmentbankaktivitäten eines Finanzinstituts, also dem traditionell risikoreicheren Handel mit Aktien und verzinslichen Wertpapieren (Schuldverschreibungen, Rentenpapieren etc.). Heutzutage gehören zum Investmentbanking vor allem auch die Organisation von Börsengängen, Fusionen und Firmenkäufe (*mergers and acquisitions*) sowie der Rohstoff-, Derivate- und Wertpapierhandel mit dem Ziel, Kundengelder am Finanzmarkt zu investieren und so zu mehren. Die scheinbar einfache Frage lautet: Wie und warum verdiente eine Bank wie die Deutsche Bank auf diesen Geschäftsfeldern seit Ende der 1990er-Jahre ungleich viel mehr Geld als durch die Verwaltung und Anlage ihrer Privatkundeneinlagen, sodass man einer einzigen Person, Edson Mitchell als Vorstand des Investmentbanking, ein höheres Gehalt zahlte als dem gesamten Deutsche Bank Vorstand einschließlich des Vorstandssprechers Josef Ackermann? Die nur scheinbar einfache Antwort lautet: Indem auf den neuen Geschäftsfeldern für möglichst viele Transaktionen möglichst hohe Gebühren eingenommen wurden, und zwar im Wesentlichen in folgenden drei Bereichen:

1. Die Organisation und Betreuung von Börsengängen
Hier berät und unterstützt die Bank Unternehmen dabei, ihre Aktien am Markt zu platzieren, um Kapital zu generieren. Prinzipiell ist dies eine für Unternehmen unverzichtbare

Dienstleistung, die wegen ihres Umfangs und ihrer Komplexität eine einfache Geschäftsbank nicht zu leisten vermag. Es ist das Kerngeschäft vieler Investmentbanken. Wirtschaftsethisch betrachtet entstehen die Probleme in diesem Teil des Bankgeschäfts meist dann, wenn die Bank nicht als *honest broker* auftritt, sondern selbst aufgrund der hohen Gebühren oder *preferred shares*, Aktien zu Vorzugspreisen, ein Eigeninteresse an möglichst vielen und möglichst großen Börsengängen mit zu teuer gepreisten Aktien hat. Ein Beispiel dafür ist der Neue Markt, der mithilfe der Banken über dreihundert Unternehmen im sogenannten NEMAX Index listete, der dann nach Überschreiten seines Zenits im Jahre 2000 in den folgenden dreißig Monaten über 90 Prozent seines Wertes verlor. Was hier aus wirtschaftsethischer Sicht offenbar komplett aus dem Ruder gelaufen war, war das Interesse von Banken, möglichst viele technologie- und IT-orientierte Firmen an die Börse zu bringen, die dafür in keiner Weise reif waren. Nun ist dieser Fall ein Extrem, aber er fand nicht zufällig zu jener Zeit statt, als die Deutsche Bank und viele andere Investmentbanken ihre bis dahin höchsten Gewinne verbuchten.

2. Mergers and acquisitions

Hier besteht die Aufgabe der Investmentbanker in der Regel darin, für ihre Kunden mögliche Kandidaten für Firmenübernahmen oder einen Unternehmenskauf zu identifizieren, und diesen Kauf oder »Merger« dann im Erfolgsfall abzuwickeln. Dieser Geschäftsbereich, wenn er solide geführt ist, ist eine traditionelle *cash cow* einer Investmentbank, da die betreffenden Firmenkunden auf der Suche nach Übernahmekandidaten entsprechend zahlungskräftig sind. Ein klassisches wirtschaftsethisches Problem entsteht in diesem Bereich dann, wenn die Bank mit den in diesem Prozess erlangten Insiderinformationen unverantwortlich umgeht, indem sie diese Kenntnis beispielsweise ausschließlich zu Zwecken eigener

Gewinnmaximierung einsetzt. Ebenso problematisch ist es, wenn eine Investmentbank im Rahmen einer Übernahme auf beiden Seiten des Deals steht und damit ein Insichgeschäft befördert.[431]

3. Rohstoff-, Derivate- und Wertpapierhandel

Hier ist die ursprüngliche Idee, Kundengelder über die Anlage in *stocks and bonds* (ob nun über Fonds, Aktien, Zertifikate, Derivate etc.) möglichst gewinnbringend zu vermehren. Das konnte in den letzten dreißig Jahren ein enorm ertragreiches Geschäft sein. Um nur eine Zahl zu nennen: Der Aktienbestand des Jahres 1980 hatte ein Volumen von weltweit 2,9 Billionen US-Dollar, das bis 2009 auf 47,7 Billionen US-Dollar angewachsen ist.[482] Aber auch hier liegen mögliche wirtschaftsethische Dilemmata nahe. Wie transparent ist es, wenn die Bank statt im Auftrag der Kunden auf eigene Rechnung handelt und damit Märkte bewegt? Wie problematisch ist es, wenn Banken derlei Geschäfte über die entsprechenden Finanzmarktinstrumente im Verhältnis 1:30 oder 1:60 hebeln? Wie prekär wird es, wenn diese Geschäfte mit dem Geld der Kunden und sogar ohne deren volles Wissen und Einverständnis geschehen? »Klassische« Beispiele in dieser Kategorie sind etwa jene Investmentfonds, bei denen manche Anleger die wichtigen Sätze »Das Ausfallrisiko der Emittentin trägt der Kunde« oder »Der Handel kann zu Verlusten führen, die Ihre Einlagen übersteigen« im Kleingedruckten überlassen. Weiterhin werden Banken kritisiert, wenn sich herausstellt, dass sich in ihren Fonds Papiere von Landminenproduzenten oder Auftraggebern von Kinderarbeit befinden oder durch Hebel etwa an Rohstoffbörsen durch künstlich aufgeblähte Nachfrage Nahrungsknappheit erzeugt wird, von der dann Anleger solcher Fonds auf Kosten der Entwicklungsländer profitieren.

Wer handelt?

Zur Überprüfung der These, dass Haftung und Verantwortung im ethischen Sinne nur durch identifizierbar handelnde, natürliche Personen möglich ist, soll im Folgenden in einer biographischen Kurzanalyse die Rolle eines einzelnen Akteurs im Detail untersucht werden. Dieser zeichnete fast im Alleingang mit einem Team von kaum zweihundert »Indianern« als deren selbst erklärter »Häuptling« für den Aufbau des Investmentarms der Deutschen Bank verantwortlich und kam im Jahr 2000 bei einem Flugzeugabsturz ums Leben: der amerikanische Investmentbanker Edson Mitchell. Ihm gelang es nämlich gegen alle systemischen Widerstände, die Deutsche Bank in einem Zeitraum von weniger als fünf Jahren von einer drittklassigen Investmentbank zu einem der weltweiten Marktführer in diesem Bereich zu machen und über 50 Prozent des Gesamtumsatzes des Unternehmens zu generieren. Aus wirtschaftsethischer Sicht ist darum zu fragen: Wenn man generell annehmen würde, der einzelne Arbeitnehmer wäre aus strukturellen Gründen nur ein Rädchen im System oder ein nicht verantwortlicher Befehlsempfänger, wie war dann das, was Mitchell schaffte, systemisch möglich, und was bedeutet dies für die fundamentalethische Frage nach persönlicher ethischer Verantwortung vs. der Verantwortung der Institution?

Wenn man akzeptiert, dass sich Ethik mit dem beschäftigt, was legitim, d. h. was richtig und angemessen ist, während das Recht nur fragt, was legal, d. h. gesetzesgemäß ist, dann ist zunächst wichtig zu betonen, dass Edson Mitchell bei seinen Unternehmungen darum legal gehandelt hat, weil viele der von ihm gehandelten Finanzprodukte erst nach der Finanzkrise des Jahres 2008 verboten wurden – von Leerverkäufen bis zu bestimmten Arten von Fonds und Derivaten. Legal musste Mitchell niemals Verantwortung für sein Tun übernehmen, was die ethische Frage nach der Legitimität seines

Handelns noch nicht beantwortet: Das, was er tat, beschrieb Edson Mitchell als 1996 neu berufener Chef des Investmentbanking der Deutschen Bank einmal gegenüber seinem Schwiegervater mit dem so einfachen wie wahren Satz: »*I buy and sell other people's money – other people's money*«, bevorzugt gegen hohe Gebühren. Daher hielt er die für ihn arbeitenden Investmentbanking-Teams an, die eingesetzten *tools* und Rückversicherungen so zu strukturieren, dass die Bank selbst nie oder möglichst wenig im Risiko stand. Für einen Marktteilnehmer außerhalb der Bank war damit oftmals nicht erkennbar, ob und wann die Bank für einen Kunden handelte oder für sich selbst. Edson Mitchell hatte dabei folgende Aufgabe: Er rekrutierte die besten Investmentbanker und Spezialisten, um Finanzprodukte im Bereich *Global Markets* erfolgreicher zu vermarkten und Geld gewinnbringender anzulegen als seine Konkurrenten.

Hochkomplex sind zwar zuweilen die von Spezialisten generierten mathematischen Modelle und Algorithmen der angebotenen Finanzprodukte – gerade im Investmentbanking. Doch das hinter den Algorithmen und hinter dem Investmentbanking stehende Geschäftsmodell ist alles andere als komplex. Es geht um das Spekulieren und Wetten mit dem Geld anderer Leute und um das Generieren möglichst hoher Gebühren. Dass damit oft überlebenswichtige Dienstleistungen für Unternehmen verbunden sind, die an der Börse Kapital aufnehmen, Vermögen investieren oder Fusionspartner finden wollen, ist unbestritten. Wie aber kann es sein, dass damit Gebühren generiert werden, die es einer Bank erlauben, einem einzelnen Angestellten über zehn Jahre Schätzungen zufolge bis zu einer halben Milliarde US-Dollar an Gehältern und Boni zu zahlen?

Der Schlüssel zur Beantwortung dieser Frage liegt im Fall der Deutschen Bank bei Alfred Herrhausen selbst. Dieser hatte in seinen letzten Vorstandssitzungen im Herbst 1989 mit der Vorbereitung der Übernahme der Londoner Investmentbank Morgan Grenfell den Schritt von der nationalen Geschäftsbank ins globale Investmentbanking eingeleitet. Und Herrhausen war derjenige, der den Kauf und damit den massiven Ein- bzw. Umstieg ins Investmentbanking innerhalb des Deutsche-Bank-Vorstands durchsetzte, so sein Biograph Andreas Platthaus. Eingefädelt habe den Deal Morgan Grenfell allerdings Hilmar Kopper.[483] 1990 wurde der Kauf zu einem Preis von rund 1,5 Milliarden US-Dollar (damals 2,6 Milliarden DM) für das traditionsreiche Londoner Institut abgeschlossen. Der Kauf der Morgan Grenfell durch die Deutsche Bank wurde am 27.11.1989 offiziell bekannt gegeben, drei Tage vor der Ermordung Alfred Herrhausens durch die Rote Armee Fraktion. Mit diesem Kauf wurde von Herrhausen der entscheidende Mentalitätswandel in der Deutschen Bank eingeleitet, der die Berufung eines Amerikaners zum Vorstand der Deutschen Bank gegen den Widerstand zahlreicher Vorstandskollegen überhaupt erst möglich machte.

Hilmar Kopper, Rolf E. Breuer und das zuständige Vorstandsmitglied Ulrich Cartellieri trieben den massiven Ausbau des Investmentbanking Anfang der 1990er-Jahre voran. Dies gelang, weil das Investmentbanking schnell der profitabelste Bereich der Deutschen Bank wurde. Gäbe es den Bereich Investmentbanking nicht und wäre die Deutsche Bank nicht mit dem Kauf von Morgan Grenfell in dieses Geschäft eingestiegen, wäre sie heute bestenfalls eine mittelgroße deutsche Geschäftsbank. Ohne diese Entscheidung für den Einstieg ins Investmentbanking seitens des Deutsche-Bank-Vorstands hätte es die Karriere von Edson Mitchell zumindest in der Weise, wie sie sich Mitte/Ende der 1990er-Jahre in atemberaubender Geschwindigkeit vollzog, womöglich nicht gegeben.

Investmentbanker sind in der Regel daran interessiert, ihre an der Größe der Geschäfte bemessenen Gebühren zu erheben bzw. in die zu Höhe treiben – zu »optimieren«. Um dies zu erreichen, mussten »Häuptlinge« wie Mitchell ein Team von Experten zusammenstellen, die so harmonierten, dass die Bank die zu diesem Geschäftsziel passenden Finanzprodukte selbst entwickelte, vertrieb und sich gleichzeitig andernorts gegen die damit verbundenen Risiken absicherte. Mitchell und sein Schüler, der jetzige Co-Vorstandsvorsitzende der Deutschen Bank, Anshuman Jain, wussten, wovon die Rede war: Anders als viele deutsche Vorstände der Bank hatten sie selbst bei Merrill Lynch am Telefon gesessen und Kunden derlei Produkte verkauft. Was genau beinhaltete der Beruf des Verkäufers Mitchell? Was ist »die Mission« dieser Branche, der Berufung im lutherischen und Weber'schen Sinne, so es denn so etwas im Investmentbanking gibt? Fragt man dies möglichst viele Angehörige dieser Gruppe, stößt man wiederholt auf drei Antworten, die die Befragten motivieren, in diesem Bereich zu arbeiten:

- Wettbewerb, *competition*,
- Gehalt, Bonus,
- das Bewusstsein, zu einer Elite zu gehören.

Interviewte man im Rahmen dieser Primärquellenanalyse Edson Mitchells Arbeitskollegen und Verwandte, so wussten diese einheitlich zu berichten, dass Mitchell als Person nicht etwa habgierig oder *per se* versessen auf Geld war. Im Gegenteil, er habe sich oft als großzügig und hilfsbereit erwiesen. Versessen sei er nur auf eines gewesen: auf Wettbewerb, und zwar auf jede Art von Wettbewerb, bei dem er den Platz als Sieger verlassen konnte. Anthropologisch interessant ist auch dies: Mitchell wurde in einem Gespräch als *aggressive in a positive sense* bezeichnet. Aggressivität ist gemeinhin keine positive Charaktereigenschaft. Im Investmentbanking hingegen ist sie überlebenswichtig. Zur Erfüllung seiner Mission bei der Deutschen Bank, etwa bei der Zusammenstellung der Teams aus Experten und Tradern in der richtigen Mischung, war ständiger Wettbewerb untereinander das Schlüsselmoment in Mitchells Führungskonzept. Darum setzte Mitchell auch gleich zwei seiner Teammitglieder in London an dieselbe Aufgabe, um evolutorisch-darwinistisch im direkten Wettbewerb den Talentierteren und damit im Markt Überlebensfähigeren zu ermitteln, was regelmäßig immer auch hieß, den Schwächeren zu »terminieren«. Was »positive Aggressivität« bedeuten könnte, mag deutlich werden anhand folgender Beschreibung von Mitchells Führungsstil auf dem *trading floor*:

> Oft kommt es beim richtigen Deal auf die Sekunde an – und doch ist der Trading Floor (Gesamtkapazität: 1500 Händler) ein merkwürdig zeitloser Raum. Ständiges Kunstlicht und eine permanente Informationsflut lassen den Bezug zur Außenwelt verschwimmen. Es mag ja sein, dass es Sommer wird, aber was kann das bedeuten angesichts dessen, dass Bangkoks Bankenwerte fallen und der verdammte Yen nicht nachgibt? Temperatur, Licht, Feuchtigkeit sind gleichbleibend, nichts soll die Produktivität stören: eine Legebatterie, in der goldene Eier ausgebrütet werden. Gelegentlich schwingt sich Boss Mitchell zu einem Gang durch die Batterie-Reihen auf, durchbohrt einen der Trader mit seinen kalten, grünen Augen und spricht mit samtweicher Stimme ebenso aufmunternde wie bedrohliche Worte: »Du packst es, ich vertrau dir, wir brauchen den Deal!«[484]

Nichts ist für die engsten Mitarbeiter überzeugender als Führen durch Vorbild: Dem zuweilen bedrohlichen Wettbewerb um die Alpha-Positionen im Investmentbanking stellte sich Mitchell sichtbar auch immer wieder selbst, und er riskierte etwas. Nachdem er 1994/95 im Wettbewerb mit Herb Allison um einen Platz im Vorstand seines langjährigen Arbeitgebers Merrill Lynch unterlag, räumte er nach fünfzehn Jahren von einem auf den anderen Tag seinen Arbeitsplatz. Die Deutsche Bank hatte 1995 nicht einmal annähernd die Reputation von Merrill Lynch und war bei Weitem nicht die erste Adresse für MBA-Graduates aus Harvard oder Stanford. Aber Mitchell beurteilte nicht den aktuellen Ist-Zustand, sondern das ungewöhnliche Potenzial dieser deutschen Universalbank, die sich vorgenommen hatte, in die Weltspitze des Investmentbanking aufzusteigen. Diese Herausforderung, dieser Wettbewerb war es, der Mitchell antrieb, eben weil er seine Arbeit persönlich nahm. So sagte er einem Freund, dass er als Erstes, wenn er es an die Spitze der Deutschen Bank geschafft habe, Merrill Lynch übernehmen würde als Strafe dafür, dass man ihm damals die Ernennung zum Vorstand verweigerte. Aber zu diesem Wettbewerb musste etwas anderes hinzukommen: die Möglichkeit, mehr Geld zu verdienen als anderswo, verbunden mit der professionellen Herausforderung, mit seinem und für sein Team in absehbarer Zukunft eine noch ganz andere Größenordnung an Gewinnen einfahren zu können.

So wie die Konquistadoren des 16. Jahrhunderts als Unternehmer in eigener Sache weniger von einer Ideologie oder politischen oder gar christlichen Mission getrieben waren als vielmehr von der Aussicht, Eldorado zu finden und unglaublich reich zu werden, so ist Geld der entscheidende Motivationsfaktor im Investmentbanking. Mitchell wusste dies und unterschied sich von seinen Frankfurter Kollegen durch einen virtuosen Einsatz dieses Motivationsmittels, und zwar in einer Höhe, die in der Deutschen Bank zu Zeiten Alfred Herrhausens unvorstellbar gewesen wäre. Ein ehemaliger Vorstand der Deutschen Bank erklärte mir auf die Frage, wie man derartige Ausgaben rechtfertige und bilanziell abrechne, dass man bedenken müsse, dass diese »kulturellen Besonderheiten« eines Edson Mitchell im Umgang mit seiner von ihm wohlgehüteten »Kriegskasse oder »Bonuskasse« vor der Lehman-Pleite einfach anders gehandhabt wurden und damals akzeptierter und antizipierter Teil dieser Kultur des Investmentbanking gewesen seien. Wie sehr diese Erklärung einen Investor des Jahres 2012 bei einem Aktienkurs der Deutschen Bank von nur noch 30 Euro (zu Mitchells Zeiten waren es Ende 2000 fast 90 Euro) zufriedenstellt, möge dieser selbst entscheiden. Sicherlich fließt im Investmentbanking kein Blut, es geht zunächst »nur« um Geld. Dennoch gibt es Parallelen zu Konquistadoren und Söldnertruppen. Gerade Politiker und Regulierungsbeamte verstehen oft nicht, dass Investmentbanking auf einem Söldnermodell mit vergleichsweise kurzen Laufzeiten basiert. Man verkauft seine Arbeitskraft so teuer wie möglich, und zwar nur mittelbar, an eine Institution. Loyal ist man vor allem Personen gegenüber.

Die Kraft des Einzelnen

Mitchell hätte sich nicht nur in den bereits zitierten Monographien eines Milton Friedman wiedergefunden, sondern auch im Werk der von Alan Greenspan und vielen Bankern so geschätzten russisch-amerikanischen Schriftstellerin Ayn Rand. Die russische Emigrantin entwarf nämlich eine radikal individualistische Anthropologie des Kapitalismus – ein Menschen- und Gesellschaftsbild, das jede Form des Kollektivismus komplett ablehnte und den unregulierten Kapitalismus als jene Gesellschaftsform identifizierte, die die Freiheitsrechte des Einzelnen am besten schütze. So gelang es John Galt, dem freiheitsbewussten Helden ihres monumentalen Romans *Atlas Shrugged*, durch seine Willenskraft, den Motor der Welt tatsächlich anzuhalten.[485] Nun hielt Mitchell nicht die Welt an, wurde aber zu einem der mächtigsten Investmentbanker seiner Zeit und zeigte sich gegenüber Freunden, genau wie Rand, als freiheitsliebender Individualist, der zwar freigebig ein College-Gebäude und eine Ökonomie-Professur für sein altes College stiftete, aber für sein Haus in New Jersey, das einer Mischung aus Landgut und Schloss entsprach, ungern Steuern bezahlte. Das große Landhaus war nach Mitchells stets ökonomisch ansetzender Logik als Produktionsort von Pferden und Honig ausgewiesen und steuersparend als »Farm« deklariert. Mitchells »Philosophie«, wenn man dies hochtrabend so benennen will, war in dieser Hinsicht sehr amerikanisch: Er vertraute lieber auf sich selbst als auf die Bank oder gar den Staat. Ayn Rand weigerte sich mit einer ähnlichen Begründung jahrelang, irgendeiner Form von Sozialsystem oder Krankenkasse beizutreten.[486] Auf Ayn Rands Beerdigung fand sich ein ungewöhnlicher wie übergroßer Grabschmuck, passend zur ihrer Grundhaltung: ein Dollarzeichen aus Blumen.[487]

Diese Betonung des Geldes und der Kraft des Einzelnen, der es durch Anstrengung an die Spitze schaffen kann, lebte Edson Mitchell, ohne sich vertieft mit philosophischen Fragen zu beschäftigen. Er lebte den amerikanischen Traum, in dem es ein Junge aus einfachen Verhältnissen mit Talent, harter Arbeit und Glück an die Spitze einer der größten Investmentbanken der Welt schaffen konnte, wenn er sich auf diese Mission konzentrierte. Vom Staat erwartete er dabei vor allem, dass er ihn in diesem Plan nicht behinderte. Der CEO der Londoner Investmentbank Schroders, der frühere Deutsche Bank-Vorstand Michael Dobson, der Mitchell für die Deutsche Bank in London über einen Headhunter eingestellt hatte, betonte: Dieser kleine, drahtige Amerikaner *appeared like a man in a hurry* und er habe *shortcuts* gemocht – *deals*, die nicht offensiv gegen die Regeln, aber im besten Fall ohne solche Regeln oder an diesen vorbeiliefen. Mitchell war kein Jurist, sondern gelernter Ökonom und unterschied sich damit in seiner Mentalität sehr deutlich von der Generation von deutschen Juristen, die nach dem Abitur eine Ausbildung bei der Deutschen Bank machten, um danach wie so viele Deutschbanker in den 1960er- und 1970er-Jahren Jura zu studieren und dann wieder zur Bank zurückzukehren. Mitchell hingegen war als Entrepreneur innerhalb der Bank vor allem daran interessiert, wie er mit den Regeln so flexibel umgehen konnte, dass seine Deals funktionierten. Rechtsberatung war nicht mehr als eine von vielen Kostenstellen in seiner Bilanz, und Regulierung interessierte ihn nur dann, wenn sie zum Problem für die Umsetzung seiner Pläne wurde.

Die Anwälte der großen Kanzleien hatten aus Sicht von Bankern wie Mitchell die Funktion eines *cleaners*. Sie machten sauber, vor und nach dem Deal. Frankfurter Banker dagegen waren wie alle guten Juristen geschult darin, zunächst pathologisch zu denken: »Was kann bei einer Sache schiefgehen, und wie minimiere ich die Risiken?« Wegen seiner risikofreudigeren, unternehmerischen Einstellung wurde Mitchell ein ambivalentes Verhältnis zu den sogenannten »Risikovorständen« nachgesagt, deren Aufgabe es war, die von Mitchell für die Bank eingegangenen Risiken zu begrenzen. Der Versuch, einem Mann wie Mitchell mit neuen Gesetzen und Verordnungen zur Bankenregulierung zu begegnen, ist wenig erfolgversprechend. Die Antwort wäre damals gewesen – und wäre heute –, die besten Juristen anzuheuern mit dem Ziel, jede Regulierung zu umgehen, die den Gewinn reduziert.

Als sich Hernán Cortés in Kuba vom dortigen Gouverneur gegängelt fühlte, setzte er einfach Segel und gründete auf eigene Faust im Jahre 1519 die Stadt Veracruz als erste spanische Ansiedlung auf amerikanischem Festland. So war der ehemalige Governor der *Bank of England*, Sir Mervyn King, zu verstehen, wenn er anmerkte: »*I think it's very important that people don't expect too much from regulation.*«[488] Wenn sich die alten wie neuen Konquistadoren durch Regulierung kaum einfangen lassen, wie kann man aus wirtschaftsethischer Perspektive dann staatlicherseits überhaupt ihr Verhalten ändern? An ihrer Haltung und Philosophie wird ein Gesetz wenig ändern, wohl aber billigen sie sich selbst zu, ihr Verhalten zu ändern, wenn es dem eigenen Vorteil dient. Um Überzeugung geht es dabei gerade nicht. Ayn Rand trat der ihr verhassten Sozialversicherung bei, als sie schwer erkrankte. Investmentbanker werden schnell risikobewusster, wenn sie statt des Geldes der anderen für ihre Geschäfte eigenes Geld einsetzen müssen. Dabei denke man nicht an die neuen Basel-III-Eigenkapitalvorschriften von bestenfalls 10 Prozent bilanziertem, echtem Nettoeigenkapital. Weit nachhaltiger klingt der Vorschlag eines englischen Ökonomen, auf jegliche staatliche Regulierung der Banken zu verzichten, wenn diese im Gegenzug für ihre Geschäfte künftig 20 Prozent echtes Eigenkapital vorhalten. Das klingt für ein modernes Kreditwesen in einer global vernetzten Welt nach einer sehr hohen Eigenkapitaldecke oder gar antiquiert? Jakob Fugger verzehnfachte im 16. Jahrhundert das Eigenkapital seiner Firma auf über 50 Prozent, vor allem vorgehalten in Rohstoffen aus seinen Kupfer- und Silberminen vor allem in Tirol.

Vor der Abschaffung des Goldstandards durch Richard Nixon im August 1971 und nach der Freigabe der Wechselkurse 1973 war die Hinterlegung des Wertes einer Währung in Edelmetall durchaus üblich. So lange her ist das nicht. Heute jedoch würde bei einer Eigenkapitalquote um die 20 Prozent so manches Kreditgeschäft wenig bis keinen Profit abwerfen. Dennoch erscheinen 20 Prozent Eigenkapital durchaus angemessen in Zeiten, in denen die politische Alternative dazu die Zerschlagung der Banken oder ein Kollaps des Finanzsystems wäre. Mitchells »Indianer« hatten eine Kultur von New York nach Europa mitgebracht, die überhaupt kein Problem damit hat, es geradezu darauf anlegt, sich immer wieder neu zu erfinden. Manchmal überschreiten Einzelne oder auch ganze Institute bei ihrer Anpassung an Verdienstmöglichkeiten moralische und rechtliche Grenzen.[489]

Damit soll nicht behauptet werden, alle Investmentbanker seien per se amoralische Rechtsbrecher. Die freiwillige Selbstverpflichtung der Deutschen Bank mit Blick auf Geschäfte mit dem Iran, dem Sudan oder Nordkorea bestätigt das Gegenteil. Der Punkt ist, dass in einer so gewinnorientierten Kultur, die von der Entwicklung von »Produkten« lebt, die geradezu auf die Ausnutzung von Regulierungslücken zugeschnitten sind, die Grenzen zwischen legaler und illegaler – geschweige denn moralischer und unmoralischer – Gewinnmaximierung systematisch verschwimmen. Das enorme Gewinnpotenzial macht auch den entscheidenden Unterschied zur habituellen Manipulation der eigenen Steuererklärung. Wenn vielfach argumentiert wird, das Problem sei schlicht, dass Menschen im Allgemeinen und Banker im Besonderen immer gieriger würden, dann ist dies wenig überzeugend.

Die Gier des Einzelnen hat immer größere Folgen. Zu einer solchen Kultur gehört auch die wenig christliche Überzeugung, dass jeder Mensch seinen Preis hat und ersetzbar ist: Auch wenn der Flugzeugabsturz von Edson Mitchell für die Deutsche Bank ein schwerer Schlag war, so hatte Josef Ackermann bereits zwei Wochen später alle Voraussetzungen geschaffen, um die Lücke durch Anshuman Jain und dessen Kollegen zu schließen. Nur so erklärt sich auch, warum der Aktienkurs der Deutsche Bank nach Mitchells Absturz nicht fiel, sondern stieg: Mitchell war tot und nicht zu einem Mitbewerber abgewandert.[490]

Regulierung von »außen« oder Kulturwandel von »innen«?

Wie kann man aus wirtschaftsethischer Sicht das persönliche Handeln eines Edson Mitchell so regulieren, dass es nicht zu jenen Exzessen kommt, die 2008 den Zusammenbruch einer amerikanischen Investmentbank und in der Folge eine globale Banken- und Finanzkrise nach sich zogen? Der britische Ökonom John Kay betont, dass die effektivsten Kontrolleure von Banken nicht in Staatsapparaten und Aufsichtsbehörden sitzen, sondern in den Banken selbst, denn keiner kennt die Risikokultur besser als die eigenen Kollegen.[491]

> To believe that the controls these managers failed to establish will be achieved by the supervisory efforts of junior officials in public agencies is a delusion. […] The most effective supervisors of financial institutions are not bureaucrats but other financial institutions. […] The only sustainable answer to the issue of systemically financial important institutions is to limit the domain of systemic importance. Until politicians are prepared to face down Wall Street titans on that issue, regulatory reform will not be serious.[492]

John Kay glaubt also nicht, dass sich die Kultur einer Bank verändern lässt in dem Sinne, wie die Deutsche Bank dies im September 2012 in Aussicht gestellt hat. Banken und ihr Geschäftsmodell von Ministeriumsreferenten oder von der Europäischen Zentralbank zentral regulieren und beaufsichtigen zu lassen, wird nicht funktionieren. Die Banken selbst müssen vielmehr das Interesse haben, ihre Risiken zu kontrollieren, und gemeinsam zu verhindern suchen, dass einige unter ihnen so groß und systemisch relevant werden, dass ihr Scheitern alle anderen mitreißen würde. Dies ist die eine Seite der Medaille. Die andere spricht Gillian Tett, Kolumnistin der *Financial Times*, mit ihrem 3-S-Modell an. Sie schlägt konkrete Haltungsänderungen in der Finanzindustrie vor, die weit über oberflächliche Diskussionen um die Deckelungen von Managergehältern hinausgehen.[493] Nötig zur echten Veränderung jener Kultur, die sie mit für die Eskalation der Finanzkrise verantwortlich macht, seien die »3 S«:

- *stewardship*
- *see-through*
- *silos*

Mit *stewardship* beschreibt Gillian Tett die ehrliche Übernahme von Verantwortung. Im LIBOR-Skandal möchte niemand vom CEO von Barclays, Bob Diamond, hören: »Das waren meine Händler«, sondern: »Als Banker bin ich ›*steward*‹, Treuhänder des Geldes einer Nation. Ich bin nicht der Profitmaximierer auf dem Weg ins Eldorado oder umgekehrt nicht der Dienstleister ›langweiliger Produkte wie Kredite‹, sondern ich stehe aus Überzeugung ein für das Geld und was das in einer Volkswirtschaft von A nach B mit meiner Hilfe bewegt.« Die nächste Forderung von Tett ist *see-through*, nachhaltige Transparenz, denn jüngste Skandale seien stets das Ergebnis von Deals in düsteren Ecken. Dem ist einerseits zuzustimmen, denn der LIBOR-Skandal hätte sicherlich nicht diese Dimensionen angenommen, wenn diese Zinsrate von mehreren Banken in einem transparenten Prozess festgelegt worden wäre. Umgekehrt sind Karrieren wie die Mitchells ohne Insiderinformationen und Netzwerke kaum denkbar. Mit *silos*, die zu vermeiden sind, meint Tett schließlich jene »*specialised ghettos*«, in denen Finanzprodukte ohne jede öffentliche Transparenz oder öffentlichen Zugang entwickelt und verkauft werden: »*Bankers in clubby ghettos become so gripped with tunnel vision that they fail to see the impact of their actions – or how offensive they might look.*«[494] Eine Haltung der Treuhänderschaft, maximale Transparenz sowie Vermeidung eines Tunnelblicks – gelänge dies, dann wäre in der Tat einiges gewonnen auf dem Weg zu einem echten Kulturwandel. Offen bleibt auch dann die Frage, wie man die Wahrscheinlichkeit erhöht, dass sich die Banken auf dem Wege der Implementation der »3 S« auch tatsächlich verändern.[495]

Ein Kulturwandel setzt aus Sicht des in diesem Buch vorgestellten Arguments der persönlichen Verantwortlichkeit als Voraussetzung jedes ethischen Nachdenkens über Ökonomie voraus, dass es gelingt, das persönliche Handeln von Menschen zu ändern. Warum der Weg zu einem echten Kulturwandel in der Praxis so schwer ist, wird deutlich, wenn man sich näher anschaut, wie Investmentbanker selbst ihr auf virtuellen Finanzmärkten erwirtschaftetes Geld höchst real und vor allem lokal investieren. Bei seinen privaten Geschäften legte Mitchell großen Wert darauf, über Cash oder Produktionsmittel frei zu verfügen, und nicht in Fonds oder anderen Finanzprodukten zu investieren, die seine eigenen Händler verkauften. So einigte er sich in seinem Vertrag mit der Deutschen Bank im Jahre 1996, einen Großteil seines Gehaltes nicht wie üblich in Aktienoptionen zu bekommen, sondern in Bargeld. Mit dieser, aus Sicht eines Kunden alarmierenden Haltung war Mitchell keineswegs allein. So antwortete Hilmar Kopper in einer Talkshow am 9. Oktober 1998 auf die Frage, wie er selbst sein Geld angelegt habe: »Mein eigenes Geld habe ich selbstverständlich solide angelegt. Etwas Aktien, ein paar Fonds, festverzinsliche Wertpapiere – und kein einziges Zertifikat.«[496] Vertrauen ist der Anfang von allem: Hilmar Kopper sagte diese Sätze in einer Zeit, als die Deutsche Bank einer der führenden Anbieter solcher Zertifikate auf dem deutschen Markt war. Es reicht in diesem Zusammenhang zu wissen, dass Zertifikate letztlich Schuldverschreibungen sind, und ein geschulter Banker wie Hilmar Kopper sich diese darum nicht in sein Depot legen wird, weil bei Ausfall des Emittenten, etwa bei einer Insolvenz desselben, ein Totalverlust droht. Und Koppers Nachfolger Rolf E. Breuer verriet ebenfalls, wie er sein Geld durch einen externen Berater anlegen lasse: eine Hälfte in Aktien, die andere in festverzinslichen Wertpapieren.[497] Sein Gehalt, das im Jahre 2001 nach Breuers damals noch freiwilliger Angabe 8 Millionen Mark und damit weniger als ein Viertel des 2000er-Gehalts seines Angestellten Mitchell betrug, wurde anders als das von Mitchell nicht primär in bar bezahlt, sondern zu einem Drittel als Fixbetrag, zu einem Drittel als Erfolgshonorar und zu einem Drittel in Aktienoptionen.[498]

Noch deutlicher wird die Börsenhändlerin Anne T. in ihrem Buch: »Ich kenne keinen Investmentbanker, der in seinem privaten Depot Zertifikate, also strukturierte Produkte und Anleihen, hält. Das galt auch für mich. Aber bei den Anlageberatern und privaten Anlegern, den Letzten in dieser Kette eines nicht regulierten Finanzsystems, war das nie angekommen.«[499] Wie glaubwürdig ist es, wenn führende Banker, die risikoreiche Produkte verkaufen, um mit den Erlösen selbst in risikoarme Produkte zu investieren, wenn einem diese Banker einen »Kulturwandel« in Aussicht stellen? Darum wissen auch die neuen Vorsitzenden des Vorstands, wenn etwa Jürgen Fitschen im September 2012 auf der *Handelsblatt*-Tagung »Banken im Umbruch« formulierte: »Es wird nicht reichen, nur zu sagen, wir verdienen weniger Geld.«[500]

Von der biographischen Analyse eines Akteurs zur Sittengeschichte einer Branche

Kann man vom Handeln nur eines Vertreters der Finanzindustrie belastbare Schlüsse hinsichtlich der Sitten und Gebräuche ziehen, die in dieser Branche gelten? »*Die* Investmentbanker« gibt es natürlich genauso wenig wie »*die* Deutsche Bank«, aber die Arbeit jener durchweg moralfähigen Investmentbanker, die in dieser Fallstudie als moderne »Konquistadoren« dargestellt werden, ist klar abgrenzbar von der Arbeit jener laut Bundesbank in Deutschland tätigen, rund 650 000 Bankangestellten, die ihr Geld im Jahr 2011 (davon nur unter 30 Prozent bei Privatbanken) mit dem Leihen und Verleihen des Geldes ihrer Kunden verdienten.[501] Und die konkrete Analyse *der* Karriere eines so außergewöhnlich erfolgreichen wie auch in vielem typischen Vertreters dieser Zunft, der viele der mit dem Investmentbanking verbundenen Stereotype erfüllt und sich doch auch von ihnen abhebt, führt an dieser Stelle ethisch weiter. Auch das Gegenteil ist richtig: Wer moralisiert, der will über Menschen urteilen, nicht deren Handlungen verstehen. Und wer ohne ökonomische Sachkenntnis und pauschal über »die« Schuld »der Banken« redet, der analysiert nicht ethisch, sondern moralisiert. Darum stellte Joseph Ratzinger zu Recht fest: »Eine Moral, die dabei die Sachkenntnis der Wirtschaftsgesetze überspringen zu können meint, ist nicht Moral, sondern Moralismus, also das Gegenteil von Moral.«[502] Wer im Sinne einer übergeordneten Systemtheorie des Investmentbanking »die Bank« oder alle für alles verantwortlich sein lässt, der macht am Ende niemanden konkret haftbar. Daher mein Versuch, konkrete Personen und ihr Handeln im Investmentbanking seit den 1990er-Jahren in ihren volkswirtschaftlichen Zusammenhängen zu beschreiben. Es ist eine biographisch-exemplarische Aufarbeitung der Bankenkrise, die zumindest ein Brandbeschleuniger war für jene Währungs- und Schuldenkrise, mit der wir uns aktuell so schwertun.

Von der desaströsen »Hebelwirkung« im Investmentbanking

Nicht sehr häufig, dann aber potenziell existenzgefährdend für die Bank ist folgendes Szenario: Ein einzelner Händler schließt weithin unkontrolliert Wetten ab, die die Bank zu ruinieren drohen. Im Übrigen sogar gefährlich für eine Volkswirtschaft, wenn ein Finanzinstitut vom Staat gerettet werden muss, weil sie wie die Deutsche Bank »systemrelevant« ist. Wer Bankenskandale in einem Zeitraum der letzten zwei Jahrzehnte betrachtet, wer sich erinnert an die Milliardenverluste von Nick Leeson von der Barings Bank, Jérôme Kerviel von der französischen Großbank Société Générale oder jüngst an Kweku Adoboli der Union Bank of Switzerland (UBS) mit einem in der neueren britischen Geschichte mutmaßlich rekordverdächtigen Verlust von 2,25 Milliarden US-Dollar,[503] der stößt auf junge Männer, die mit ihren außer Kontrolle geratenen Wetten ihre Arbeitgeber an die Schwelle der Insolvenz oder darüber hinaus brachten. Einzeltäter seien das gewesen, Fußsoldaten, die aufgrund mangelnden *risk managements* zu viel verwetten durften. Kein systemisches Problem sei das, schon gar nicht der Führungsebene, der Reiterei. Jede Kommunikationsabteilung wird einem erklären, dass es in solcher Situation immer am besten sei, das Problem und damit den Täter zu isolieren. Betrug komme eben überall vor. Das ist so pauschal nicht richtig: Betrügt eine Kassiererin mit Pfandbons oder hinterzieht ein Kassierer 100 Euro oder ein Postchef einige Millionen Euro Steuern, dann liegt der Grund dafür in der Regel nicht in der Branche selbst.

Genau darum hat diese Gefahr durchaus eine politische, volkswirtschaftliche Relevanz. So gab der neue Chef der UBS, Sergio Ermotti, jüngst Folgendes zu Protokoll: »In der Krise des US-*Subprime*-Marktes hat die Tätigkeit von 20 bis 30 UBS-Angestellten einen Schaden von rund 50 Mrd. Fr. verursacht.«[504] Ermotti bringt dieses Beispiel, um zu erklären, warum dies für die *shareholder* der Bank ein unbefriedigendes Ergebnis sei. Aus wirtschaftsethischer wie vor allem auch ordnungspolitischer Sicht liegt das Problem jedoch viel tiefer. Bei Verlusten dieser Größenordnung kann im ungünstigsten Fall die Stabilität der gesamten Bank gefährdet sein. Da die Schweiz aber mit der Credit Suisse und der UBS nur zwei *global player* im Bankenbereich hat, ist der Ausfall auch nur einer dieser zwei Banken systemrelevant, da es durch die unterschiedlichsten Verflechtungen von deren Forderungen und Krediten bei einem Kollaps sofort zu einem Dominoeffekt wie im Herbst 2008 kommen kann. Die Folgen wären für den Wirtschaftsraum Schweiz dramatisch. Skandalös wird dieses Szenario aber dann, wenn man bedenkt, dass es nach der eigenen Aussage des UBS-Chefs Ermotti kaum dreißig Individuen sind, die eine solch bedrohliche Situation für den gesamten Finanzplatz Schweiz als Ganzen offenbar auslösen können.

Wie in einem Brennglas bündelte sich diese Gefahr eines solchen Systemkollapses durch die Handlungen weniger identifizierbar Individuen oder im Falle Kweku Adobolis von der UBS gar in einer Person. Nach Einschätzung der Londoner Staatsanwältin Sasha Wass war Adoboli nämlich nur »einen Mausklick« davon entfernt, seinen Arbeitgeber und damit womöglich die Schweiz als Finanzplatz in den Abgrund zu stoßen. Denn bei nur zwei systemrelevanten Großbanken in der Schweiz, die in verschiedenster Weise mit der Schweizer Industrie durch ihre Kredite und Engagements als Gläubiger wie Schuldner vernetzt sind, konnte das Scheitern auch nur eines Händlers eines dieser Finanzinstitute nicht nur deren Bestand, sondern die Schweizer Volkswirtschaft gefährden. Bemerkenswert ist beim Beispiel jener betrügerischen Banker, die eine kleine, aber für Banken hochgefährliche Gruppe bilden, das Psychogramm der Täter. So sagte Adoboli vor Gericht den so merkwürdigen wie für die Branche typischen Satz: »Die UBS war meine Familie.« Adoboli wurde neben einem Hang zur Megalomanie von den Anklägern regelmäßig eine manipulative wie aggressive Vorgehensweise attestiert. Bei ihnen hat man es mutmaßlich mit Betrügern, wenn auch besonders intelligenten, zu tun. Anders als Adoboli brachen Mitchell und seine Kollegen bei ihrer Arbeit aber keine Gesetze, denn die meisten damals von ihnen getätigten Geschäfte waren legal, wenn auch nicht immer legitim.

Nun könnte man versucht sein zu argumentieren, dass die Betrügereien eines Adoboli nicht bankenspezifisch seien und auch in fast allen anderen Branchen vorkämen. Das besondere Problem im Investmentbanking ist jedoch das von UBS-Chef Ermotti geschilderte. Ein abschreckendes Beispiel für die Brisanz dieser Dominogefahr im Bankenbereich ist die Lehman-Pleite, die ein globales Finanzsystem ins Wanken zu bringen vermochte, eben weil die Lehman-Bank über die von ihr gehaltenen und verkauften Finanzprodukte wie Kreditausfallversicherungen, Terminkontrakte und Derivate so vernetzt war, dass ihr Scheitern einen Dominoeffekt auszulösen drohte, und weil in allen Köpfen der Gedanke nistete: *Così fan tutte* – wenn also jetzt Lehman, wer dann morgen und übermorgen, wer als Nächstes? Das Problem des Così-fan-tutte-Arguments: Es gibt keine Gleichheit im Unrecht. Kompliziert ist zwar oftmals die gekonnte Verschleierung solcher Transaktionen, relativ einfach dagegen das betrügerische Prinzip: Betrug im Wege der Anlegung von Scheinkonten und Manipulation von Bilanzen. Das wiederum führt anthropologisch zu einer noch grundsätzlicheren Frage: Wie verlässlich sind Menschen, die nahezu pathologisch wettbewerbsorientiert sind, die gern spielen und die gern viel Geld verdienen? Eine kleine Elite von Investmentbankern des beginnenden 21. Jahrhunderts unterscheidet sich von jenen Konquistadoren des frühen 16. Jahrhunderts, die mit wenigen hundert Söldnern als kriegerische Unternehmer ganz Lateinamerika unterwarfen, wohl in der Wahl der Waffen, des Prozedere und vor allem auch der Opfer. Aber nur wenig in ihrer Motivation und in ihrer Eroberungsphilosophie. Mitchell als einer dieser modernen Finanzkonquistadoren im Dienste der Deutschen Bank führte sein kleines Heer von ihm ergebenen Söldnern besonders charismatisch und erfolgreich und veränderte mit ihnen in relativ kurzer Zeit seine ganze Branche. So wie Hernán Cortés keine Staatsmacht, sondern eine loyale Privatarmee von Söldnern brauchte, um Mexiko zu unterwerfen, so hätte Mitchell ohne seine »Leutnants« und Teams von Merrill Lynch, die er bei seinem neuen Arbeitgeber Deutsche Bank anstellen ließ, wahrscheinlich nicht den Umbau bei »*The Deutsche*« erreicht, den er in weniger als fünf Jahren dort vollzog. Was Mitchell unter dem Dach der Deutschen Bank im Investmentbanking zwischen 1996 und 2000 aufgebaut hatte, war nach dem Urteil vieler Banker beispiellos und einzigartig erfolgreich, aber im Ergebnis aus Sicht der staatlichen Regulierer auch so gewaltig groß und volkswirtschaftlich relevant geworden, dass man es im Ernstfall nicht scheitern lassen konnte oder wollte. Man vermochte schlicht und ergreifend die Risiken nicht mehr abzuschätzen – *too big to fail*.

Zum vermeintlich ökonomischen »Sach- und Systemzwang«

Es wäre naiv und eindimensional zu bestreiten, dass Mitchell und seine Kollegen immer auch ein Produkt des mikro- und makroökonomischen Spielfelds war, dass er so profitabel für sich und etwa so nachteilig für die Investoren diverser Fonds und Finanzprodukte oder gar seines eigenen Arbeitgebers oder des Steuerzahlers zu nutzen wusste: Mitchell und Menschen wie er sind Teil der finanzpolitischen Realität in einer Welt, die jährlich reale Güter und Dienstleistungen im Wert von über 70 Billionen Dollar produziert: Auf den weltweiten Aktienmärkten wird mit Aktien in jedem Jahr ein Umsatz von 63 Billionen Dollar erzielt, mit Unternehmensanleihen und Staats-Bonds werden 24 Billionen Dollar umgeschlagen. Auf den Devisenmärkten werden 1007 Billionen Dollar bewegt, und auf den Derivatemärkten – den dynamischsten und gefährlichsten aller Märkte – wurden 708 Billionen Dollar umgesetzt.[505] Mit anderen Worten: Allein an Devisenmärkten wird weit über zehnmal mehr Volumen gehandelt als *weltweit* an Gütern und Dienstleistungen pro Jahr produziert werden. Und allein Hedgefonds und Schattenbanken setzen Summen um, die wir an realen Gütern jährlich produzieren. Dieser Handel geschieht nicht primär auf eigenes Risiko, sondern auf unser aller Risiko. Auf die Frage seines Interviewpartners, »um wie viel besser die Welt aussähe, würden hochintelligente Menschen wie er [Homm] ihre Fähigkeiten zum Wohle der Realwirtschaft einsetzen statt zur persönlichen Gewinnerzielung in Hedgefonds oder Investmentbanken, kann aber auch

Homm nur fragend die Augenbrauen hochziehen: Ja, was dann wohl wäre.«[506]

Spielen als Beruf – hier unterscheiden sich die meisten Hedgefonds und Investmentbanken von einem Casino allein darin, dass man im Casino mit eigenem Geld, im profitabelsten Teil des Investmentbanking aber mit fremden Mitteln wettet. In beiden Fällen gewinnt am Ende die Bank. Wer aber mit dem ausgestreckten Finger allein auf Investmentbanken zeigt und moralisiert, der übersieht, dass hinter den von Banken zu befriedigenden Renditeerwartungen letztlich wir alle standen und bis heute stehen – oder zumindest die unter uns, die ihr Geld lieber für neun Prozent Zinsen in Island anlegten oder von Mitchells Kollegen entworfene Zertifikate kauften, die sich dann zuweilen als ungedeckte Schuldscheine entpuppten. Angeboten wurden solche Zertifikate oder Aktien in einem ersten Beratungsgespräch etwa 2010 in einer Filiale der Deutschen Bank, und zwar einer Kundin mit diesem Profil: 60-jährige Gemeindeschwester, konservativer Anleger, risikoavers, unerfahren mit Finanzprodukten und zufällig verwandt mit mir. Ich sitze daneben und frage mich: Warum bietet man – auch noch in meinem Beisein – der Frau Zertifikate an? Die Antwort gibt Karl Matthäus Schmidt, Vorstandschef der Quirin Bank, in einem Interview mit Rüdiger Jungbluth in der ZEIT: »Stellen Sie sich einen Kunden vor, der in die Bank kommt und 10000 Euro konservativ anlegen will. Was wird der Berater ihm anbieten? Bei einer deutschen Staatsanleihe bekommt die Bank maximal ein halbes Prozent. Bei einem Immobilienfonds sind es vielleicht zwei Prozent, bei einem Zertifikat vier oder gar sechs Prozent. Wie soll der Berater da fair beraten?«[507] Das Problem ist hier ein ganz ähnliches wie beim Investmentbanking mit seinen astronomischen Gebühren: Die Anreize sind falsch gesetzt und müssen geändert werden. Mancher Anleger landete nach so einem Beratungsgespräch bei Lehman-Zertifikaten oder in Island. Dabei ist dann nicht nur der Berater das Problem, sondern letztlich immer auch unsere Renditeerwartung: So wie Schlecker nicht ohne Schnäppchenjäger funktionierte, funktionierten Banken in dieser Zeit nicht ohne von Gier oder Unkenntnis oder beidem beeinflusste Anleger, Berater und Investoren. Kredite vergeben kann nur, wer einen Gläubiger findet, egal wie attraktiv er diesem die Konditionen macht. Edson Mitchell würde wahrscheinlich zustimmen, dass er im Wesentlichen einen Hedgefonds mit angeschlossenem Wettbüro betrieben hat, auch wenn selbst er dies diplomatischer formuliert hätte. Aber er hätte in jedem Fall recht mit der Aussage, dass dies ein legales Wettbüro gewesen sei.

Seit Mitchells Tod ist viel passiert, was die Finanzmärkte verunsicherte, ohne zunächst die durch das Investmentbanking verbuchten Profite zu schmälern: das Platzen der Internetblase, der 11. September 2001 und die durch die Lehman-Pleite mit ausgelöste Bankenkrise, die sich in einer allgemeinen Finanz- und Euroschuldenkrise in einem Maß fortsetzte, wie sich das im Jahr 2000 kaum jemand vorzustellen vermochte, einschließlich vieler politisch Verantwortlicher, deren Aufgabe es in der Folge wurde, das Bankenwesen zu regulieren. Zwar hat die weltweite Realwirtschaft durch die Finanzkrise Millionen Arbeitsplätze verloren, zwar haben Millionen von Menschen in den am wenigsten entwickelten Ländern besonders unter der Krise gelitten, aber die Bankentürme stehen noch, und das Spiel auf den Finanzmärkten läuft weiter. Ist es inzwischen besser geordnet, wird es strenger beaufsichtigt, greift der Staat als Marktpolizei strenger durch, wenn an den Marktständen falsche Gewichte verwendet werden oder verdorbene Waren im Angebot sind? Nun, der Wettlauf zwischen Regulierern und Regulierten ähnelt dem zwischen Hase und Igel, und der Igel Finanzbranche bringt viele Vettern mit: die besten Anwälte, die kreativsten Steuerberater, die umtriebigsten Lobbyisten und – nicht zuletzt – die würdigsten *elder states-*

men und *younger statesmen*, die vor allem in den angelsächsischen Ländern die Drehtüren zu schätzen wissen, die zwischen dem Parlament und lukrativen Jobs in der Finanzbranche und zwischen der Regierung und diesen Jobs installiert worden sind.

Hört man heutzutage den politischen Ruf nach »nachhaltigen Geschäftsmodellen in der Finanzindustrie« oder die Forderung bundesrepublikanischer Parlamentarier, »Banken an die Kette zu legen« oder gar einen »Hedgefondsmanagerführerschein« einzuführen, fragt man sich zwangsläufig: Wie genau legt man eine Bank an die Kette, wenn diese Bank wenig mehr ist als die Summe der Handlungen und Entscheidungen von zwanzig Menschen *wie* Mitchell? So sollte man im Rahmen einer protestantischen Wirtschaftsethik diese Handelnden identifizieren und die Akteure für ihr Handeln verantwortlich halten, und zwar insoweit, wie durch dieses Tun kausal für andere ein Schaden entstanden ist. Dass es zweifelsohne schwierig ist, hier die Kausalitäten so trennscharf zu beschreiben wie die Schäden, ist unbestritten – aber das entbindet eine staatliche Bankenaufsicht nicht davon, diese zu untersuchen und auch bei Qualifizierung dieser Handlungen als legal regulierend zu verhindern, dass sich derlei Exzesse wie im Fall Mitchells wiederholen – von exzessiven Boni bis zu problematischen Fonds und bedenklichem Umgang mit Informationen und in der Folge mit Kunden. Wo blieb die geforderte, strenge Regulierung, als Lehman Brothers im Herbst 2008 fiel und mit der Insolvenz einer Investmentbank durch damit verbundene Dominoeffekte die Weltwirtschaft an den Rand des Kollapses geriet und Finanzminister wenig vertrauensbildend erklären ließen, sie hätten »in Abgründe« geschaut? Derlei politische Phrasen wirken leer und im Falle des »Hedgefondsmanagerführerscheins« ungewollt komisch. Ein Regulierer, dessen Staatsdienerschaft im Vergleich zu den Jobs der zu Regulierenden mikroskopisch besoldet ist, dessen Computer aus dem Kaufhaus stammt und der noch nie einen Handelssaal von innen gesehen hat, soll jemandem Zügel anlegen, der weit professioneller aufgestellt ist.

Vom Systemversagen zur individuellen Verantwortung

Der mittlerweile freigestellte Executive Director von Goldman Sachs, Fabrice Tourre, der seine Mails ganz bescheiden gerne mit »*fabulous Fab*« unterzeichnete, war einer jener leicht verantwortlich zu machenden Konquistadoren moderner Provenienz. Er musste wie sein Chef Lloyd Blankfein (dessen bemerkenswerter Ausspruch, dass nämlich Investmentbanker nur »*God's work*« verrichten, vielen in Erinnerung sein wird) vor dem Senatsausschuss zu Deals Stellung nehmen, die intern als »*shitty deal*« oder »*crap*« bezeichnet wurden, aber ohne Skrupel und weitere Informationen an Kunden der Bank verkauft wurden. Wie Tourre sich in so einem problematischen Geschäft selbst sieht, wird in folgendem E-Mail-Verkehr mit seiner Lebensgefährtin aus dem Jahr 2007 deutlich, der im Rahmen der Anhörung seitens der *Security and Exchange Commission* öffentlich wurde und etwas vom »Zauberlehrling« hat, dem bekanntlich die Kräfte, die er rief, am Ende über den Kopf wachsen: »Das ganze Gebäude kann nun jederzeit zusammenbrechen. Der einzige potenzielle Überlebende: der fabelhafte Fab, der im Zentrum all dieser komplexen, stark gehebelten exotischen Instrumente steht, die er erschaffen hat, ohne unbedingt alle möglichen Auswirkungen dieser Monstrositäten zu verstehen!!!«[508] Aber solche Aussagen einzelner Banker sind selten – besonders vor Untersuchungsausschüssen. Es ist wie in so vielen Zivil- und Strafprozessen: Gern redet man in der Rolle des Verteidigers abstrakt von »Systemversagen« und weniger gern von individueller Schuld oder Verantwortung, denn dafür müsste auch individuell gesühnt und vor allem finanziell gehaftet werden.

Wahrscheinlich ist auch dieses Verharren im Systemischen bei fehlender Nachweisbarkeit des Konkreten der entscheidende Grund dafür, warum kaum ein Akteur im Rahmen der Lehman-Pleite rechtskräftig verurteilt wurde. Denn anders als individueller Betrug, Diebstahl oder Untreue sind »abstraktes Systemversagen« oder schlichte Gier nach dem Legalitätsprinzip selten strafbar. Zudem ist illegitimes Handeln nur dann auch illegal, wenn ein Gesetzgeber dies irgendwann zuvor – und nicht nachträglich, wie das aktuell von vielen Regulierungsbehörden versucht wird – unter Strafe gestellt hat: *Nulla poena sine lege* bzw. *nullum crimen sine lege*, wie die Lateiner sagen. Keine Strafe ohne Gesetz bzw. keine strafbare Handlung ohne Gesetz.

Nun ist die Suche nach den Verursachern dieser Krise, von denen Banken sicherlich nur eine von mehreren dringend Tatverdächtigen sind, schwierig. Wer aber dem Leser weiszumachen versucht, dass die Gründe der Finanzkrise zu komplex seien oder dass »diesmal alles anders« sei – Kenneth Rogoff hat über diese Illusion ein lesenswertes Buch geschrieben[509] – der macht entweder sich selbst etwas vor, oder möchte bewusst hinters Licht führen. Mit anderer Leute Geld und auf deren Kosten Geschäfte zum eigenen Vorteil zu machen, Haftung zu vergesellschaften, um eigene Profite zu maximieren, das ist kein sonderlich komplexes Motiv und Geschäftsziel. Komplex sind meist nur die Verschleierungsversuche dieses Motivs und die dazu angewandten bilanz- und finanzmarkttechnischen Mittel sowie die Algorithmen der angebotenen Finanzprodukte. Aber nicht alles, was legal ist, ist legitim. Oder mit den bereits zitierten Worten des ehemaligen Vorsitzenden der Geschäftsführung der Robert Bosch GmbH, Hans Lutz Merkle: »Es gibt aber Dinge, die tut man einfach nicht.« Warum tun sie dann manche Menschen doch?

Zukunftsperspektiven für das Investmentbanking

Anthropologisch betrachtet handeln Investmentbanker letztlich wie wir alle, *così fan tutte* – zuweilen auch exzessiver, aber vor allem anreizorientiert. Mitchell nutzte in einem guten Marktumfeld die Abwesenheit staatlicher Regulierung zur Einführung risikoreicher Finanzprodukte, deren Risiken er stets mit dem Geld der anderen abzudecken versuchte. Wer Risiken eingeht mit der Chance, viel Geld zu verdienen, sollte im Fall des Verlustes mit eigenem Kapital haften, und zwar in voller Höhe. Im alten Rom gab es ein exzellentes Mittel des Risikomanagements für Ingenieure: Diese mussten sich bei der Eröffnung ihrer Brücken unter die tragenden Pfeiler stellen.[510] Der Verhaltensökonom Dan Ariely weist darauf hin, dass wir dazu neigen, Menschen in »gut« und »schlecht« einzuteilen, und dabei vergessen, dass wir alle »schlecht« werden können, wenn entsprechende Umstände dies begünstigen. Unser Bankensystem provoziere unser Fehlverhalten deshalb, weil anonymisierte Instrumente wie CDOs, Aktienoptionen oder Kreditkarten vor allem einen Abstand zwischen uns und unserem Geld schaffen.[511] Wer einen LIBOR-Zinssatz in einem Londoner Großraumbüro manipuliert, der ist Welten entfernt von jenen Hausbesitzern in München oder Alabama, denen er dadurch womöglich die Kredite betrügerisch verteuert. Je mehr Zwischenschritte dazwischenliegen, so Ariely, desto leichter kommt es zum Fehlverhalten, das darum in einer stark ausdifferenzierten Finanzindustrie zunehmend leicht gemacht wird. Ertrag und Risiko müssen stärker zusammengedacht werden. Das gilt für den einzelnen Händler wie auch volkswirtschaftlich. Keine Bank darf mehr »*too big to fail*« sein oder werden, sonst werden enorme Risiken auf den Staat und damit auf uns alle abgewälzt, obwohl wir diese Risiken doch nicht ausdrücklich eingegangen sind. Der, der sie eingeht, sollte haften.

Banken sollen darum künftig ihre Solidität in Stresstests nachweisen und eine eigene Insolvenzordnung für diesen Fall vorlegen. Investmentbanken werden weiterhin gebraucht: Wenn in Brasilien Hafenanlagen oder in Indien Fabriken zu finanzieren sind, muss auch künftig jemand diese Transaktionen effektiv abwickeln. Nur steht in diesem Beispiel ein tatsächliches Geschäft hinter der Transaktion und kein Leerverkauf oder Derivat, das kaum anders als eine Wette strukturiert war, die Mitchells Experten so angelegt hatten, dass immer nur eine gewann: die Bank. Deren ursprüngliche Funktion ist eine dienende: Sie ist Broker zwischen Schuldner und Gläubiger und nicht selbst am Handel Beteiligte. Sie prüft und stellt Kredite für die bereit, die für ihre Investitionen Geld benötigen, und bekommt es von denen, die Geld investieren und dafür angemessene Zinsen bekommen wollen. Das Investmentbanking, wie es Edson Mitchell und seine »Indianer« in den 1990er-Jahren betrieben, hatte sich von diesem ursprünglichen Geschäftsmodell weit entfernt. Das makroökonomische wie ethische Problem dabei ist, dass es mit wenig Eigenkapital faktisch Risiken sozialisiert und Gewinne selber abschöpft. Momentan zahlt etwa das gesamte isländische Volk immer noch für die Verfehlungen weniger Banken und der sie Regulierenden.[512]

Staaten bemühen sich um verstärkte Regulierung des Bankensektors, und das Investmentbanking wird radikal verkleinert – auch wenn die Schattenbanken weiter wachsen. So streicht die Union Bank of Switzerland ihr Investmentbanking-Geschäft zusammen und entlässt über 10 000 Mitarbeiter in diesem Bereich. Dabei begeht sie im Übrigen bei dieser Entlassungswelle in London exakt den Fehler, der eine wesentliche Schwäche auch Edson Mitchells war: Sie behandelte Menschen als *commodity*, als sie diese ohne Kündigungsschreiben morgens zur Arbeit kommen und dann an der elektronischen Sicherheitsschranke feststellen ließ, dass sie nicht mehr ins Gebäude kamen. Kein technisches oder sonstiges logistisches Versagen könnte ein solches Vorgehen rechtfertigen. Auf der Makroebene zu hoffen, dass sich die Situation im Sinne eines von Francis Fukuyama prognostizierten *end-of-history*-Zustandes in der Finanz-, Banken- und Eurokrise nun dauerhaft stabilisiert, scheint darum bestenfalls naiv. Gleichzeitig mag man sich kaum ausmalen, was passiert, wenn sich die Lage der Banken so dramatisch verschlechtert, dass man etwa eine Bankenaufsicht jener Art staatlich organisieren müsste, wie man sie nach der Weltwirtschaftskrise in den USA reguliert hat. Für Investmentbanken, für unseren Staat und für das Weltwirtschaftssystem gilt immer noch der Satz des Schwaben Robert Bosch: »Lieber Geld verlieren als Vertrauen.« Die Banken müssen das nicht nur verstehen, sondern auch umsetzen. Denn schließlich ist Vertrauen der Anfang von allem.

Nota bene: Eingeleitet wurde die Untersuchung mit der Vermutung Luhmanns, dass Wirtschaftsethik vielleicht nur eine Chimäre sei. Luhmann mit Luhmann konfrontiert heißt dies ethisch: Wenn das System Investmentbanking, um das konkrete Beispiel aus dieser Fallstudie aufzugreifen, am Selbsterhalt interessiert ist, muss es daran interessiert sein, seine Außengrenze gegen allzu systemfremde Eingriffe seitens der Politik/Demokratie zu verteidigen. Das kann es in der Logik des Luhmanschen Ansatzes nur, wenn es die Logik der Außenwelt in die eigene Systemlogik soweit übersetzt, dass es keine allzu großen Angriffsflächen bietet. Oder exemplifiziert an einem anderen Beispiel: Die Systemlogik des Systems Politik lautet: Generierung von Entscheidungen. Welche Entscheidungen generiert werden, hängt von der Nachfrage ab. Die Nachfrage nach Eingriffen ins Finanzsystem steigt dramatisch, wenn das System Gesellschaft den Eindruck hat, im Finanzsystem herrsche das Gesetz des Dschungels und die darin lebenden wilden Tiere gefährdeten das Gesamtsystem.

Diesem Eindruck wird vorgebeugt, indem man sich an in anderen Bereichen geltende und sogar beachtete ethische Standards hält. Diese Standards heben aber weitgehend nicht auf Spezialberufe ab (die Ehre des Schornsteinfegers oder des ehrbaren Kaufmanns), sondern auf ganze Bereiche wie »das Handwerk« und »den anständigen Rechtsgenossen« oder eben »die Banken« – konkret gerichtet an konkrete, moralfähige Mitarbeiter. Es entspricht damit der Systemlogik des Finanzsystems, sich dadurch gegen Außenlogik zu wappnen, dass es Teile des Individualethos all der Systeme in sich inkorporiert, die für das Finanzsystem das Außen sind.

Gesamtzusammenfassung

Ziel der Fallstudie zum Investmentbanking war es herauszuarbeiten, wie stark das individuelle Handeln in der Lage ist, ein ganzes Unternehmen als System zu verändern und zwar weniger aus den systemintrinsischen Anreizen oder normativen Vorgaben, sondern aufgrund persönlicher Motive. Wie Edson Mitchells Witwe sagt: Ihm war es fast gleichgültig, für welchen Arbeitgeber er tätig war, solange dieser ihm das größtmögliche »Spielfeld« einer AAA-Bank bot, um seine persönlichen Ambitionen dahingehend zu verwirklichen, dass er aus einem drittklassigen Mitbewerber in weniger als fünf Jahren mithilfe eines eingeschworenen Teams von zweihundert »Indianern« und einigen wenigen »Offizieren« eine der wichtigsten Investmentbanken der Welt aufbaute. Nun könnten diejenigen, die ein Werk wie das Christoph Lütges wegen des Titels *Wirtschaftsethik ohne Illusionen* darum schätzen, gerade weil sie die meisten Ansätze der Wirtschafts- und Unternehmensethik als »illusorisch« erachten, einwenden: Der Fall Edson Mitchell sei der »schwarze Schwan«, der Ausreißer in Person eines mit enormen Machtbefugnissen ausgestatteten Ausnahmespielers in besonderen Zeiten, der mit der Realität der Unternehmensführung aus Sicht eines einfachen Arbeitnehmers oder Angehörigen des mittleren Managements wenig bis nichts gemein hat. Mitarbeiter fühlten sich normalerweise in einem engen systemischen Rahmen gefangen, und den gelte es zu verändern. Unternehmensethische Dilemmata entstünden in Strukturen, die es laut Karl Homann und anderer mithilfe einer ökonomistischen Ethik über die Änderung des normativen Rahmens aufzubrechen gelte. Darauf wäre zu erwidern, dass der Fall Mitchell gerade zeigt, was ein Individuum auch auf Kosten anderer erreichen konnte, indem es sich gerade nicht um normative oder unternehmensethische Vorgaben kümmerte, solange sich die Geschäfte im weitesten Sinne im Rahmen des Legalen bewegten. Mitchells Handeln blieb u. a. straflos, weil seine Gegenspieler u. a. Regulierungsbehörden waren, die eine »Wirtschaftsethik mit Illusionen« verfolgten und zwar der Art, dass »der Markt« sich wie von unsichtbarer Hand am Ende selbst reguliere.

Vertreter der Schule von Peter Ulrich könnten einwenden, dass der Fall Mitchell gerade belege, dass eine solche Entwicklung nur möglich war, weil jedweder wirtschaftsethischer Einwand im Banken- und Finanzsystem ökonomischen Interessen untergeordnet wurde. Dies mag richtig sein, nur zeigt es, wie bereits dargestellt, ein Kernproblem des Ansatzes integrativer Wirtschaftsethik: In den Jahren, als durch die wachsenden Umsätze der Investmentbank der Aktienkurs immer weiter stieg, hatte niemand innerhalb wie außerhalb des Systems, einschließlich der weitgehend untätigen Regulierungsbehörden, etwas am Status quo zu ändern für nötig befunden, von dem aus Mitchell operierte. Mitchells Agieren als selbst ernannter Konquistador war kein Betriebsunfall, sondern aufgrund seiner Gehaltsstruktur systemrelevanten Anreizsystem honoriert. Wollte man daran etwas ändern, bevor es zu einer Situation wie bei der Lehman-Pleite 2008 gekommen war, dann müsste man das in der Argumentationsstruktur dieser Untersuchung ebenfalls durch verantwortliche Individuen einleiten, und zwar innerhalb wie außerhalb des Systems. Dies ist nach 2009 teilweise geschehen, aber erst in Reaktion auf eine massive Krise. Peter Ulrichs Petitum einer »nachholenden Vernunft« hätte genau da ihre zentrale Schwäche: Sie wäre nachholend, und Wirtschaftsethik damit immer reaktiv in einem Hase- und Igel-Szenario.

Die vorliegende Untersuchung argumentiert, dass es wenn schon nicht Mitchell selber, dann seine direkten Vorgesetzen Ackermann und Breuer als verantwortliche und moralfähige Vertreter der Bank gewesen wären, die die Pflicht gehabt hätten zu intervenieren. Dies ist unterblieben, und eine protestantische Wirtschafts- und Unternehmensethik würde die Vorstände der Bank wie die Bankenregulierer darauf hinweisen, dass oftmals in der Ethik ein Unterlassen ein Handeln ist und die dieses Handeln Unterlassenden dafür ethisch in Verantwortung und, wenn möglich, zivilrechtlich und strafrechtlich in Haftung zu nehmen sind. Wenn ein Vorstandsvorsitzender im Interview freimütig bekennt, er habe im Detail nie gewusst, wie genau Mitchell diese Umsätze erziele, aber dies habe ihn auch nie interessiert, dann wird eine protestantische Wirtschaftsethik Konsequenzen für diesen Mangel an Interesse intervenierend und hörbar einfordern.

Vertreter der Chicagoer Schule wie auch Keynesianer könnten dieser Studie entgegenhalten, sie betrachte Märkte zu wenig normativ-systemisch. Im Verweis auf die Fallstudie könnte man antworten, dass das Finanzsystem in der Tat systemisch hochkomplex in Schemata und Anreizen funktioniert, dass diese Regeln aber letztlich immer von Menschen gesetzt werden, Menschen, die wie der Bäcker bei Adam Smith eigene Ziele verfolgen, die aber eben nicht immer im Interesse ihrer Nächsten sind, ja diesen aktiv entgegenstehen. An diesem Punkt vermag eine Wirtschaftsethik anzusetzen, die nach persönlicher Verantwortung und Haftung fragt und damit nicht in die gängigen liberalen oder keynesianischen Schulen einzuordnen ist, da es ihr vor allem um die Frage geht, wer genau warum und konkret wofür verantwortlich gemacht wird und haftet.

Katholische Soziallehrer könnten daraufhin anmerken, dass eine Bank, die sich gegen das naturgegebene Gemeinwohlinteresse partikulär bereichere als systemrelevante Institution ihren dienenden Auftrag vernachlässigt habe und das Solidaritätsprinzip verletze. Aber was folgt daraus? Wer haftet wie wofür, und wer verantwortet was? Eine protestantische Wirtschaftsethik würde die Kerngedanken eines Solidaritäts-

und Subsidiaritätsprinzips materiell teilen, diese aber nicht als naturgegeben, sondern als vernünftig und sinnvoll betrachten und anwenden. Ihr eigenes zentrales Anliegen wäre aber, im geschilderten Fall die Verantwortung Mitchells und die seiner Vorgesetzen zu beschreiben, ohne gleichzeitig alle »Indianer« und Mitarbeiter der Bank aus ihrer Verantwortung für die persönliche Beantwortung der Frage »Was soll ich tun?« zu entlassen.

Evangelische Sozialethiker, die einen stärkeren Schriftbezug zu den Botschaften des Neuen Testaments einfordern würden, könnte man darauf verweisen, dass die Evangelien keine Wirtschaftsethik oder Reichtum *per se* problematisieren. Problematisch wird dieser meistens erst dann, wenn er auf Kosten anderer erworben wird und zwischen dem Reichen und seinem Schöpfer steht. In der Tat kann man sehr grundsätzliche Fragen formulieren, die eine christliche Wirtschaftsethik zu stellen hat: »Wer ist denn mein Nächster?« oder »Wer unter Euch ohne Sünde ist, der werfe den ersten Stein«. Und letztlich gilt für jede Wirtschaftsethik und umso mehr für Unternehmensethik: »An ihren Früchten sollt ihr sie erkennen.« (Matthäus 7,16)

Und im Verweis auf Rawls »*least privileged*« in Verbindung mit einer »Option für die Armen« würde eine protestantische Ethik genau aufklären wollen, wer genau welche Nachteile durch das Verhalten von Mitchell und Menschen wie ihm erfahren hat. Zu hoffen ist, dass der Fall Mitchell noch einmal Grundlinien der Untersuchung deutlicher gemacht hat: Zum einen hat sich gezeigt, dass Wirtschaftsethik ohne anthropologische Fundierung eine leere Hülse bleibt und sich in ungehörten Appellen zu verlieren droht – vor allem dann, wenn sie ihre Aufgabe primär in einer Frontalopposition gegen alles Ökonomische sieht. Umgekehrt gewinnt sie wenig, wenn sie sich die Rolle einer Richterin der Ökonomie anmaßt. Ihre Aufgabe ist eine andere, weswegen die Untersuchung weder

der einen noch der anderen akademischen Schule der Wirtschaftsethik zuzuordnen ist. Denn sie verneint nicht die Bedeutung der Systemtheorie oder institutioneller Diskurse. Ihr geht es gut protestantisch vielmehr darum zu betonen, dass ohne ohne Freiheit und individuelle Verantwortungsübernahme keine Ethik denkbar ist. So wie den Gläubigen vor Gott niemand außer Gott rechtfertigen kann, so kann sich niemand, kein Arbeitgeber, kein Arbeitnehmer, kein Regulierer aus seiner persönlichen Verantwortung im Verweis auf ein Systemversagen exkulpieren. Protestantisch sein heißt, direkt das eigene Tun verantworten, als freier Christenmensch vor Gott, als Marktteilnehmer vor meinen Nächsten und Fernsten: »Wer ist denn mein Nächster?«

Letztlich führt die Neubesinnung auf die persönliche Verantwortungsübernahme jenseits aller gegebenen Strukturen zu etwas, was die meisten ethischen Schulen begrüßen müssten: zu einem höheren Verantwortungsgrad des Einzelnen in Wirtschaft und Gesellschaft. Und wer diesem nicht gerecht werden kann oder will, von dem kann man die Verantwortung im Sinne von Haftung dann auch einfordern. Wenig überzeugend scheinen hingegen neuere Versuche eines Unternehmensstrafrechts zur Haftung juristischer Personen. Denn im geltenden Recht bedarf es dafür des Nachweises ganz konkreter Tatbeiträge. Da diese aber konkret nur natürliche Personen leisten können, gibt es keinen vernünftigen Grund, sich nicht auch strafrechtliche direkt an diese natürlichen Personen und ihre Taten zu halten.

Protestantische Theologie kann in dieser Situation einen wichtigen Beitrag leisten, indem sie den einzelnen Menschen als stets verantwortliches Geschöpf Gottes beschreibt und damit ein Konzept von Gerechtigkeit nahelegt, das individuelle Chancengerechtigkeit und Zugangsmöglichkeiten als Anspruch menschlicher Freiheit einfordert. Zum anderen hat sich eine Beobachtung bestätigt, die bereits der katholische

Sozialethiker Friedhelm Hengsbach gemacht hat: Angesichts der globalen sozioökologischen Probleme ist Wirtschaftsethik trotz aller konfessionellen oder interdisziplinären Konflikte in jedem Fall alternativlos.[513] Niemand kann sich leisten, sich nicht mit wirtschaftsethischen Fragen auseinanderzusetzen, da an der Qualität der Antworten auf diese Fragen die Zukunft von Unternehmen und ganzen Gesellschaften hängt. In dem zu Anfang erwähnten Gespräch mit John Kenneth Galbraith antwortete dieser auf die Frage, was eine vom Autor zu entwickelnde Wirtschaftsethik aus seiner Sicht realistisch leisten könne und solle:

> Business ethics will not change the rules of markets directly, but it can provide a key to help people understand life and markets as an inherent part of it.[514]

Christliche Theologie kann alle in Wirtschaft und Gesellschaft Tätigen – Christen wie Nichtchristen – daran erinnern, dass weltliche Gerechtigkeit im Kontext menschlicher Existenz etwas sehr Wichtiges und gleichzeitig immer nur etwas Vorläufiges, Vorletztes ist. Weder Christentum noch Judentum eignen sich dazu, auf deren Basis ökonomische Programme oder eine bestimmte politische Agenda zu verordnen. Theologie kann jedoch einen dringend benötigten, hermeneutisch-anthropologischen Beitrag im Rahmen einer Wirtschaftsethik leisten, der einem zu monokausalen Menschbild des *homo oeconomicus* das reformatorische Verständnis vom Menschen als *totus peccator* und *totus iustus* entgegensetzt. Dass der Mensch egoistisch seinen Vorteil sucht, ist kein *worst case scenario*, sondern nicht erst seit der Erkenntnis von Adam Smith Grundgegebenheit menschlicher Existenz, so wie er erst im Umgang mit seinem Nächsten zur Persönlichkeit werden und erst in der Respektierung der Würde anderer wie in einem Spiegel sein eigenes »Ich« finden kann. Nur wer den

Einzelnen in dieser Spannung zwischen Gut und Böse, Altruismus und Eigeninteresse, zwischen Oberflächlichkeit und der Suche nach existenzieller Selbstgewissheit ernst nimmt, hat die Chance, vom einseitigen Bild des *homo oeconomicus* zur Wahrnehmung des Menschen als *homo integralis* zu kommen. Die Orientierung einer Wirtschaftsethik am Wesen des Menschen und seinen Bedürfnissen wird nur möglich sein, wenn die Ökonomie einen Gesprächspartner findet, der eine solche Rückbindung ans Humanum leisten kann.

Zentrales Anliegen dieses Buches war es, den wirtschaftsethischen Beitrag protestantischer Theologie primär im Rahmen der theologisch-anthropologischen Grundlegung einer Ökonomie im Zeichen globaler Märkte zu identifizieren. Es unternimmt bewusst nicht den Versuch, eine christliche Sonderethik vorzulegen. Im Gegensatz zu anderen Wirtschaftsethiken strebt die vorliegende Analyse auch keine Vertiefung der theoretisch-strukturellen Abgrenzung des Verhältnisses von Ethik und Ökonomie an. Ihr Ziel ist es vielmehr, aus evangelischer Perspektive eine *intervenierende Ethik persönlicher Verantwortlichkeit* vorzulegen, die ökonomische Wissenschaft und ökonomisches Denken zu verstehen versucht, bevor sie deren Prämissen kritisch reflektiert. Eine Wirtschaftsethik, die mehr produzieren will als Utopien, »eine Wirtschaftsethik ohne Illusionen« wird immer auch eine Rückwirkung auf ökonomische Theoriebildung anstreben. Ohne jede Illusion wird Theologie zu einem ernst zu nehmenden Gegenüber, statt ohne Anwendungsbezug in Pauschalkritik oder Appellen verhaftet zu bleiben. Ein Ziel dieser Wirtschaftsethik aus protestantischer Perspektive ist es, dass diese ökonomisch und interkulturell tatsächlich lesbar und vor allem auch lebbar wird.

Wirtschaftsethisch zentrale Begriffe wie Gerechtigkeit, Gemeinwohl, Menschenwürde, Gleichheit und der Wert- und Anstandsbegriff wurden in ihrer bisherigen Verwendung reflektiert und auf ihre Tauglichkeit für eine Wirtschaftsethik unter den Bedingungen der Globalisierung hin untersucht. Im Ergebnis stehen jene Begrifflichkeiten, die statt des Einzelnen die Gesellschaft insgesamt zum Referenzpunkt nehmen (»soziale Gerechtigkeit«) und an die Gemeinschaft rein appellativ Forderungen richten, in der Gefahr, ethisch ins Leere zu laufen, da solche Forderungen vom Individuum nur selten einklagbar sind. Nicht nur Ökonomie vergisst zuweilen, dass Menschen als Einzelpersonen oft ganz anders handeln und ansprechbar sind als in Gruppen oder Institutionen. Gerade um einer individualistischen Ökonomik entgegenzuwirken, ist es paradoxerweise notwendig, in der ethischen Analyse das Individuum mit allen seinen Rechten und Pflichten, seinen Stärken und Schwächen in den Mittelpunkt zu stellen. Dabei ist der Maßstab aus christlicher Perspektive aber eben nicht der junge, starke, flexible, eigeninteressierte Einzelne, sondern der geknechtete, übervorteilte, leidende, unfair behandelte Mensch als Geschöpf Gottes. Nichts anderes meint »Option für die Armen«.

Die Wahl der Perspektive macht am Ende das spezifisch Christliche einer solchen Wirtschaftsethik als Hermeneutik aus. Jede Ethik – und damit auch jede Wirtschaftsethik – muss immer angewandte und rezipierbare Ethik sein, um als Ethik aus christlicher Perspektive auch außerhalb des Christentums ihre Wirkung zu entfalten. Wie ein entsprechender Impuls von Christen aussehen kann, zeigt sich auf denkwürdige Weise in der Präambel der »Grundsatzerklärung Wirtschaft« des Kreisauer Kreises aus dem Jahre 1942:

> Die Wirtschaft dient der Gemeinschaft und dem Einzelnen. Sie hat nicht nur Nahrung, Kleidung, Wohnung und die sonstigen Güter in ausreichendem Umfange bereit zu stellen, sie hat gleichzeitig das Wachstum einer Lebensordnung zu ermöglichen, in der der Einzelne und seine Familie sich ent-

falten kann. […] Vor dem für die Wirtschaft geltenden Gesetz genießen alle wirtschaftlichen tätigen Menschen gleiche Rechte, gleichen Schutz und gleiche Freiheit.[515]

In dieser Erklärung sind die vielfach christlich geprägten Mitglieder der Widerstandsgruppe vor dem Hintergrund ihrer Erfahrungen mit den Nationalsozialisten besonders vorsichtig, Wirtschaft vom »Volksganzen« und primär von einem vermeintlichen »Gemeinwohl« her zu denken – in einer Zeit, wo »Recht ist, was dem Volke nützt«. Positiv wie negativ kommt es für sie im Wirtschaftsleben wie auch sonst immer auf den einzelnen Menschen, auf seine Rechte und seine Würde an. Ist er korrupt, korrumpiert er sich selbst, sein Unternehmen und das Wirtschaftssystem als Ganzes. Ist er gerecht, kompetent und fair, wächst er selbst und trägt so zum Gesamterfolg seines Unternehmens bei. Theologie kann besonders gegenüber der Ökonomie eine hermeneutische Funktion wahrnehmen, indem sie über die inhaltliche Füllung der untersuchten Kernbegriffe den Menschen nicht nur in seiner Rolle als Marktteilnehmer beschreibt, sondern den Menschen in seiner ganzen Identität und Würde ernst nimmt. Damit versetzt eine Ethik gerade durch ihre christliche Perspektive Ökonomen in die Lage, mit dem Menschen, so wie er wirklich ist, global im besten Sinne des Wortes zu »rechnen«. Theologie und Kirche haben in Wirtschaft und Gesellschaft nicht nur die Chance, sondern die Pflicht, sich einzumischen. Entscheidend bei solchen Interventionen ist aber – Otto Dibelius folgend: »[…] die Entmythologisierung des Staates und […] die Entdämonisierung der Wirtschaft«.[516] Denn mit Dämonen lebt es sich in jedem Fall schlechter als ohne. Wer Märkte und Menschen moralisierend betrachtet, will verurteilen. Wer Märkte und Menschen ethisch betrachtet, wird sie verstehen – und erst dann wissen, wie er sie am besten und zum Besseren verändert.

Einem aus Rumänien emigrierten Freund, der später Rechtsgelehrter werden sollte, stellte ich vor der Finanzkrise des Jahres 2008 eine Kernthese dieser Wirtschaftsethik vor, dass nämlich menschliches Handeln durch Systeme, Institutionen, Staat, Gesellschaft und die Umwelt zwar nachhaltig geprägt wird, aber zumindest aus Sicht der Ethik immer nur persönlich verantwortet werden kann. Er antwortete auf die Idee lakonisch: Das ist ungefähr so, als wenn man sagt: »Stalin und Honecker waren beide Lenker kommunistischer Systeme, aber der Grad ihrer Verbrechen war nicht allein abhängig von der verbrecherischen Struktur ihrer Systeme, sondern zu einem guten Teil vom Psychogramm und von den persönlichen Wertvorstellungen dieser Täter. Darum machte es einen himmelweiten Unterschied, ob man in der DDR oder der Sowjetunion seiner Freiheit beraubt war.« Diese Analyse schien mir damals historisch richtig, aber zum Thema Wirtschaftsethik als Analogon unpassend, da zu drastisch.

Nach den Ereignissen des Jahres 2008, den enormen Verwerfungen durch eine zunehmend ungleiche Verteilung von Vermögen und der globalen Prägekraft marktwirtschaftlichen Handelns bin ich mir nicht mehr ganz so sicher. Denn freie Märkte produzieren zwar einerseits sehr viel Gutes, im Hayek'schen Sinne: Freiheit. Aber Papst Franziskus folgend töten sie eben auch. Wirtschaftsethik sollte beides im Blick behalten, wenn sie ohne Illusionen vermitteln will, wie sich anständig Geld verdienen lässt.

Anhang

Anmerkungen

Einleitung

1 A. Behnke, Wirtschaftsethik und Wertemanagement – Aristoteles in der Arbeitswelt, in: *VDI-Nachrichten* vom 10.06.2005, *Ingenieur Karriere* II/2005, S. 30.

2 A. Pawlas, *Die lutherische Berufs- und Wirtschaftsethik. Eine Einführung*, Neukirchen-Vluyn 2000, S. 3.

3 E. K. Seifert; R. Pfriem [Hrsg.], *Wirtschaftsethik und ökologische Wirtschaftsforschung*, Bern; Stuttgart 1989.

4 W. Stierle, *Chancen einer ökumenischen Wirtschaftsethik. Kirche und Ökonomie vor den Herausforderungen der Globalisierung*, Frankfurt a. M. 2001, S. 480. Hervorhebungen im Original.

5 D. Kahneman, Varieties of counterfactual thinking, in: N. J. Roese; J. M. Olson [Hgg.], *What Might Have Been: The Social Psychology of Counterfactual Thinking*, Hillsdale, NJ 1995, S. 375–96; D. Kahneman; M. Riepe, Aspects of investor psychology, in: *The Journal of Portfolio Management* 24, 1998, S. 52–65.

6 A. Dietz, *Der homo oeconomicus in der Perspektive theologischer Wirtschaftsethik*, Diss. Heidelberg 2004, S. 30.

7 Interview des Verfassers mit John Kenneth Galbraith am 14.02.2003 in dessen Haus in Cambridge, Massachusetts.

Wirtschaft im Lichte theologischer Ethik

8 N. Luhmann, Wirtschaftsethik – als Ethik?, in: J. Wieland [Hrsg.], *Wirtschaftsethik und Theorie der Gesellschaft*, Frankfurt a. M. 1993, S. 134–47 (134).

9 P. A. Samuelson; W. D. Nordhaus, *Macroeconomics*, 16. Aufl., New York 1998, S. 8.

10 E. Preiser, *Die Zukunft unserer Wirtschaftsordnung. Eine Betrachtung über Kapitalismus und Soziale Marktwirtschaft*, 3. Aufl., Göttingen 1960, S. 10.

11 D. Mieth, Gerechtigkeit, in: B. Stoeckle, *Wörterbuch Christlicher Ethik*, Freiburg i. Br. 1975, S. 104.

12 Ebenda, S. 105.

13 J. Fischer, *Theologische Ethik. Grundwissen und Orientierung*, Stuttgart; Berlin; Köln 2002, S. 46 f.

14 J. Höffner, Eröffnungsreferat bei der Herbstvollversammlung der Deutschen Bischofskonferenz am 23.09.1985, in: http://www.dbk.de/imperia/md/content/schriften/dbk4.vorsitzender/vo_012.pdf, abgerufen am 01.08.2014

15 K. Fitschen, Das Gemeinsame Wort »Für eine Zukunft in Solidarität und Gerechtigkeit.« Kirchengeschichtliche Rückspiegelungen, in: *Deutsches Pfarrerblatt* 98, 1998, S. 726–29 (726).

16 U. Duchrow, *Christenheit und Weltverantwortung. Traditionsgeschichte und systematische Struktur der Zweireichelehre*, Stuttgart 1970; W. Huber, Barmer Theologische Erklärung und Zweireichelehre. Historisch-systematische Überlegungen, in: U. Duchrow [Hrsg.], *Zwei Reiche und Regimente. Ideologie oder evangelische Orientierung?*, Gütersloh 1977, S. 33–52; T. Rendtorff, Die Zweireichelehre oder die Kunst des Unterscheidens. Bemerkungen zur theologischen Deutung des Politischen, in: U. Duchrow [Hrsg.], *Zwei Reiche und Regimente. Ideologie oder evangelische Orientierung?*, S. 53–63; B. Lohse, *Luthers Theologie in ihrer historischen Entwicklung und in ihrem systematischen Zusammenhang*, Göttingen 1995; W. Härle, *Menschsein in Beziehungen. Studien zur Rechtfertigungslehre und Anthropologie*, Tübingen 2005, S. 338–46.

17 Sonderbeilage Special Report Islamic Finance«, in: *Financial Times* vom 23.05.2007; H. G. Nutzinger [Hrsg.], *Christliche, jüdische und islamische Wirtschaftsethik. Über religiöse Grundlagen wirtschaftlichen Verhaltens in der säkularen Gesellschaft*, 2. Aufl., Marburg 2007.

18 Mt 19,16-26; Mk 10,17-27; Lk 18,18-27.

19 M. F. Feldkamp, *Der Parlamentarische Rat 1948–1949: die Entstehung des Grundgesetzes*, Göttingen 1998.

20 F. Wieacker, *Privatrechtsgeschichte der Neuzeit*, 2. Aufl., Göttingen 1967, S. 558–86. Während es bei der Naturrechtsinterpretation des Aquinaten um nicht weniger als die Synthese aristotelischen Denkens mit den ideengeschichtlichen und ordnungsgeschichtlichen Kategorien der Scholastik ging, versuchte eine naturrechtlich argumentierende Rechtswissenschaft und vor allem die Rechtsprechung nach 1945, die sich ihr immer wieder neu auftuende Frage zu klären, wie jenseits positiver Normen Gerechtigkeit herzustellen sei. Während das aristotelisch-thomistisch geprägte Naturrechtsdenken der Hochscholastik das gesamte Recht aus

der perfekten Schöpfungsordnung Gottes herleitete, ist der Anspruch der neueren juristischen Naturrechtsdebatte weit bescheidener. Konkret geht es ihr darum, im Verweis auf ein »natürliches Sittengesetz« einen verbindlichen und metaphysisch verankerten Gerechtigkeitskompass außerhalb des Rechtspositivismus und notfalls auch in Konflikt mit demselben zu schaffen.

21 Dahinter verbirgt sich die naturrechtlich unterlegte, prominente These Gustav Radbruchs, die zwischen »gesetzlichem Recht« und »übergesetzlichem Unrecht« zu unterscheiden sucht und Richtern unter bestimmten Bedingungen die Möglichkeit einräumt, sich über positives Recht hinwegzusetzen. Diese Formel ist von deutschen Gerichten zuweilen berücksichtigt worden, etwa bei im Zweiten Weltkrieg begangenen Verbrechen im Zusammenhang mit Deserteuren oder auch kürzlich in einzelnen »Mauerschützenprozessen«: BGHZ 3,94; BGHS 41,101; BVerfG JZ 1997, 142; R. Dreier; S. L. Paulson, *G. Radbruch, Rechtsphilosophie. Studienausgabe*, 2. Aufl., Heidelberg 2003, S. 247–53; Vgl. dazu: P. Bonsmann, *Die Rechts- und Staatsphilosophie Gustav Radbruchs*, 2. Aufl., Bonn 1970; H. Schlosser, *Grundzüge der Neueren Privatrechtsgeschichte. Rechtsentwicklungen im europäischen Kontext*, 10. Aufl., Heidelberg 2005, S. 285; C. M. Scheuren-Brandes, *Der Weg von nationalsozialistischen Rechtslehren zur Radbruchschen Formel. Untersuchungen zur Geschichte der Idee vom »Unrichtigen Recht«*, Paderborn; München; Wien; Zürich 2006; A. Hidehiko, *Die Radbruchsche Formel. Eine Untersuchung der Rechtsphilosophie Gustav Radbruchs*, Baden-Baden 2006.

22 Darum lassen sich auch die Aporien paradigmatisch an einem einfachen Beispiel aus der Rechtsprechung verdeutlichen. So hatte der Bundesgerichtshof, geprägt von seinem ersten Präsidenten Hermann Weinkauff, in diesem ersten »katholischen Jahrzehnt« nach dem 2. Weltkrieg zum Tatbestand der Kuppelei auf das »natürliche Sittengesetz« als objektiven Maßstab seiner Rechtsprechung verwiesen (H. Weinkauff, Der Naturrechtsgedanke in der Rechtsprechung des BGH, in: *Neue Juristische Wochenschrift* 1960, S. 1689 ff.). Dieses Vorgehen wurde später von E.-W. Böckenförde in der Festschrift für R. Spaemann eindrücklich widerlegt; vgl. dazu E.-W. Böckenförde, Kritik der Wertbegründung des Rechts, in: R. Löw [Hrsg.], *Oikeiosis. Festschrift für Robert Spaemann*, Weinheim 1987, S. 1–21 (17): Der ehemalige Verfassungsrichter E.-W. Böckenförde kritisiert dabei nicht den sittlichen Maßstab *per se*, sondern dessen selbstverständlich »natürliche« Herleitung. Materiale Naturrechtsmodelle haben nämlich den Nachteil, dass sie sich auf einen von ihr selbst definierten Vernunftbegriff berufen und damit beanspruchen, global akzeptabel und universal nachvollziehbar zu sein, dann aber subjektiv klar regeln, was in dem von ihnen vorgegebenen Rahmen noch als vernünftig oder natürlich gilt und was nicht. Doch was

tut der, der die Grundlagen eines »natürlichen Sittengesetzes« durch Erziehung, Herkunft oder gewonnener Überzeugung so nicht nachvollziehen kann und deren Absolutheitsanspruch in Frage stellt? Er fällt buchstäblich aus dem Rahmen, was ihn *de facto* in einen ethik- oder rechtsfreien Raum bringt und Rechtsprechung auf eine ideologische Basis stellt.

23 K. Tanner, *Der lange Schatten des Naturrechts. Eine fundamentalethische Untersuchung*, Stuttgart; Berlin; Köln 1993, S. 142 ff.

24 E. Troeltsch, *Die Soziallehren der christlichen Kirchen und Gruppen*, 2. Neudruck der Ausgabe Tübingen 1922, Aalen 1965, S. 173.

25 E. Brunner, *Das Gebot und die Ordnungen*, 4. Aufl., Zürich 1939, S. 604.

26 O. von Nell-Breuning, *Gerechtigkeit und Freiheit. Grundzüge katholischer Soziallehre*, Wien; München; Zürich 1980, S. 331 f. Hervorhebungen im Original.

27 T. Dieter, *Aristoteles und der junge Luther. Eine historisch-systematische Untersuchung zum Verhältnis von Theologie und Philosophie*, Berlin; New York 2001.

28 Vgl. H. Grotius, *De iure belli ac pacis libri tres, prolegomena*, n. 11, ed. P. C. Molhuysen, Den Haag 1919, S. 7. Deutsche Übersetzung *De jure belli ac pacis* von W. Schätzel, Tübingen 1950, S. 33. Zum Naturrechtsverständnis bei Grotius siehe auch: B. Knieper, *Die Naturrechtslehre des Hugo Grotius als Einigungsprinzip der Christenheit, dargestellt an seiner Stellung zum Calvinismus*, Kassel 1971; C. A. Stumpf, *The Grotian Theology of International Law. Hugo Grotius and the Moral Foundations of International Relations*, Berlin; New York 2006.

29 Grotius lässt also mitnichten die »Fesseln des Mittelalters« hinter sich, sondern greift auf die »erste explizite Ausformulierung« des *etiamsi Deus non daretur* des Augustinermönchs Gregor von Rimini zurück. Während bei Thomas von Aquin die von ihm identifizierten Naturrechtsprinzipien den Menschen noch direkt als Ausdruck göttlichen Willens verpflichten, betont bereits Gregor von Rimini viel stärker die Bedeutung der *recta ratio*. Was später von vielen Theologen als »Formel der Säkularisierung« gegeißelt wurde, hat seine Wurzeln durchaus schon in der Scholastik. Gregor von Rimini ging es darum, »eine ethische Theorie zu konzipieren, deren Geltungsgrund – in bewusster Ablehnung der Ockhamschen Thesen – unabhängig vom Willen Gottes zu suchen ist.« Siehe hierzu: I. Mandrella, Die Autarkie des mittelalterlichen Naturrechtes als Vernunftrecht. Gregor von Rimini und das *etiamsi Deus non daretur*-Argument, in: J. A. Aertsen; M. Pickave [Hrsg.], *»Herbst des Mittelalters?« Fragen zur Bewertung des 14. und 15. Jahrhunderts*, Miscellanea Medievalea 31, Berlin; New York 2004, S. 265–76 (265 f.).

30 Dies wird in Luthers Auslegung des 127. Psalms für die Christen zu Riga in Liefland (1524) deutlich; WA 15, 372 f. In seiner weiteren Auslegung des 127. Psalms betont Luther dann zwar, dass der Mensch bei all seinen Bemühungen das Vertrauen dabei nicht auf sich selbst, sondern auf Gott legen soll, doch bedient er sich gleichzeitig auch bei Gedanken der mittelalterlichen Theologie. In der späteren Analyse wird deutlich, dass sich bei Luther auch in seinen Äußerungen zu ökonomische Themen oft beides findet: Zum einen ein direkter Bezug auf das naturrechtliche Denken der Scholastik, zum anderen eine pointierte Kritik eben dieses Denkens.

31 W. Huber am 18.01.2007 beim Kongress christlicher Führungskräfte in Leipzig. Vgl. http://www.christlicher-kongress.de, abgerufen am 01.08.2014.

32 http://www.umweltjournal.de/fp/archiv/AfA_naturkost/4668.php; www.bund.net, abgerufen am 01.08.2014.

33 K. Blanchard; B. Hybels; P. Hodges, *Das Jesus-Prinzip. Führen mit biblischer Weisheit*, 3. Aufl., Asslar 2000; L. B. Jones, *Jesus CEO: Using ancient wisdom for visionary leadership*, New York, NY 1996.

34 W. Huber, *Kirche in der Zeitenwende. Gesellschaftlicher Wandel und Erneuerung der Kirche*, 2. Aufl., Gütersloh 1999, S. 134–47 (213); F. Segbers, *Hausordnung der Tora. Biblische Impulse für eine theologische Wirtschaftsethik*, 2. Aufl., Luzern 2000. Zum Umgang mit biblischer Überlieferung in der theologischen Ethik insgesamt siehe: C. E. Curran; R. A. McCormick [Hrsg.], *The use of Scripture in Moral Theology*, New York 1984.

35 M. Honecker, *Einführung in die Theologische Ethik. Grundlagen und Grundbegriffe*, Berlin; New York 1990, S. 197.

36 T. Rendtorff, 50 Jahre Zeitschrift für Evangelische Ethik. Festvortrag der Herausgeber, in: J. Fischer, *Sonderband der Zeitschrift für Evangelische Ethik* 2008.

37 T. Rendtorff, *Ethik*, Band 1: *Grundelemente, Methodologie und Konkretionen einer ethischen Theologie*, Stuttgart 1980, S. 16.

38 Luther begründete das so: »Es ist wol er grosten not eyne, das alle betteley abthan wurden in aller Christenheit, Es solt yhe niemand unter den Christen betteln gahn, es were auch ein leychte ordnung drob zumachen, wen wir den mut und ernst dazu thetten, nemlich das ein yglich stad yhr arm leut vorsorgt, und keynen frembden betler zuliesse [...]«, in: M. Luther, *An den Christlichen Adel deutscher Nation von des christlichen Standes Besserung*, WA 6, 450, 22–6. Deshalb lieh Luther auch seine Unterstützung für die Leisniger »Ordenung eines gemeinen Kastens« von 1523, die für ganz Deutschland vorbildlich werden sollte, weil er die Vorteile der Armenfürsorge in einem kommunalen Sozialsystem erkannt

hatte. So plädierte er nicht nur mit guten theologischen, sondern gleichzeitig mit guten ökonomischen Gründen für die kommunale Armenkasse als Ersatz für das private Almosengeben aus religiösen Motiven der Buße. Aus ähnlichen ökonomisch-ethischen Überlegungen wurde zum Beispiel auch die Feuerversicherung im 17. Jahrhundert in Deutschland mit der Hamburger Feuerkasse von 1676 durch den Rat der Stadt eingeführt, da einer der wichtigsten Stützfaktoren des Bettelwesens der Hausbrand war. Diese Art von Säkularisierung wird keine theologische Ethik kritisieren können. Denn mit der Feuerkasse hatte der behördlich ausgestellte »Brandbrief« ausgedient, der »Abgebrannten« zum Zwecke der sonst verbotenen Bettelei einen »Brandbettel« ausstellte und individuelles Betteln erlaubte. Begegnet man dererlei Konfliktfällen allein mit dem Verweis auf das religiöse Gebot »Gebt den Armen«, so konterkariert man die Ursachen der beschriebenen Situation.

39 F. Bovon, *Das Evangelium nach Lukas. Evangelisch-katholischer Kommentar zum Neuen Testament*, 3. Teilband Lk 15,1-19,27, Düsseldorf; Zürich 2001, S. 231.

40 E. Schweizer, *Das Evangelium nach Lukas*, Göttingen; Zürich 1986, S. 189.

41 J. Fischer, *Theologische Ethik. Grundwissen und Orientierung*, S. 59.

42 Ebenda, S. 46.

43 W. Huber, *Gerechtigkeit und Recht. Grundlagen christlicher Rechtsethik*, 3. Aufl., Gütersloh 2006, S. 271.

44 Zur evangelisch theologischen Diskussion um den Menschenwürdebegriff vgl. R. Anselm, Rechtfertigung und Menschenwürde, in: W. Härle; E. Herms [Hrsg.], *Menschenbild und Menschenwürde*, Gütersloh 2001, S. 471–81; J. Dierken; A. von Scheliha, *Freiheit und Menschenwürde. Studien zum Beitrag des Protestantismus*, Tübingen 2005; M. Heckel, *Die Menschenrechte im Spiegel der reformatorischen Theologie*, Heidelberg 1987; H. Kreß, *Menschenwürde im modernen Pluralismus*, Mensch-Natur-Technik 10, Hannover 1999.

45 F.-J. Bormann, *Soziale Gerechtigkeit zwischen Fairness und Partizipation*, Fribourg; Freiburg i. Br.; Wien 2006, S. 12; H. Bedford-Strohm, *Vorrang für die Armen. Auf dem Weg zu einer theologischen Theorie der Gerechtigkeit*, Gütersloh 1993.

46 W. Huber, *Gerechtigkeit und Recht. Grundlagen christlicher Rechtsethik*, 3. Aufl., S. 479.

47 M. Luther, *Kritische Gesamtausgabe* (WA) 56, 275, 26 f.; W. Joest, Paulus und das Luthersche Simul Iustus et Peccator, in: *Kerygma und Dogma* 1, 1955, S. 270–321; K. O. Nilsson, *Simul. Das Miteinander von Göttlichem und Menschlichem in Luthers Theologie*, Göttingen 1966, S. 310–29;

E. Maurer, *Der Mensch im Geist. Untersuchungen zur Anthropologie bei Hegel und Luther*, Gütersloh 1996.

48 WA 7, 337, 28 ff.

49 E. Jüngel, *Das Evangelium von der Rechtfertigung des Gottlosen als Zentrum des christlichen Glaubens. Eine theologische Studie in ökumenischer Absicht*, 3. Aufl., Tübingen 1999, S. 40.

50 W. Huber, *Gerechtigkeit und Recht. Grundlagen christlicher Rechtsethik*, 3. Aufl., S. 479.

51 M. Beintker, *Rechtfertigung in der neuzeitlichen Lebenswelt*, Tübingen 1998, S. 54.

52 M. Beintker, *Rechtfertigung in der neuzeitlichen Lebenswelt*, S. 55.

53 E. Jüngel, Freiheitsrechte und Gerechtigkeit, in: E. Jüngel, *Unterwegs zur Sache. Theologische Bemerkungen*, 1972, S. 246–56 (256).

54 M. Beintker, *Rechtfertigung in der neuzeitlichen Lebenswelt*, S. 56.

55 WA 40/2, 3, 18 ff.

56 M. Beintker, *Rechtfertigung in der neuzeitlichen Lebenswelt*, S. 62.

57 G. Gutiérrez, *Theologie der Befreiung*, München 1973, S. 2. Vgl. auch J. M. Bonino, *Theologie im Kontext der Befreiung*, Göttingen 1977; J. B. Metz, *Zur Theologie der Welt*, Mainz; München 1968.

58 Zur Begriffsgeschichte siehe: J. I. González Faus, Sünde, in: I. Ellacuría; J. Sobrino [Hrsg.], *Mysterium Liberationis. Grundbegriffe der Theologie der Befreiung*, Band 2, Luzern 1996, S. 725–39; D. Sölle, Sünde. Zur politischen Interpretation eines theologischen Begriffs, in: *Theologia Practica VI* 1971, S. 246–50.

59 A. Rich, *Wirtschaftsethik. Grundlagen in theologischer Perspektive*, Gütersloh 1984, S. 112; 115.

60 Papst Franziskus, *Die Freude des Evangeliums. Das Apostolische Schreiben »Evangelii Gaudium« über die Verkündigung des Evangeliums in der Welt von heute*, Freiburg i. Br. 2013, EG 53.

61 M. Luther, *Von der Freiheit eines Christenmenschen*, 1520, WA 7, 21, 1-4.

62 E. Jüngel, *Zur Freiheit eines Christenmenschen. Eine Erinnerung an Luthers Schrift*, München 1978, S. 50; 52.

63 W. Gräb; D. Korsch, *Selbsttätiger Glaube. Die Einheit der praktischen Theologie in der Rechtfertigungslehre*, Neukirchen-Vluyn 1985, S. 53.

64 W. Härle, *Menschsein in Beziehungen. Studien zur Rechtfertigungslehre und Anthropologie*, S. 296.

65 U. Schnelle, *Paulus. Leben und Denken*, Berlin; New York 2003, S. 620.

66 A. Gehlen, *Der Mensch. Seine Natur und seine Stellung in der Welt*, 9. Aufl., Frankfurt a. M. 1971, S. 10 f.

67 E. Herms, *Die Wirtschaft des Menschen. Beiträge zur Wirtschaftsethik*, Tübingen 2004, S. 57.

68 A. Gehlen, *Der Mensch. Seine Natur und seine Stellung in der Welt*, 9. Aufl., S. 10 f.

69 C. Frey, Zur theologischen Anthropologie Karl Barths, in: H. Fischer [Hrsg.], *Anthropologie als Thema der Theologie*, Göttingen 1978, S. 39–69 (49).

70 K. Barth, *Kirchliche Dogmatik (KD) III/2*, Zürich 1948, S. 53 f.

71 K. Barth, *Kirchliche Dogmatik (KD) IV/1*, Zürich 1953, S. 400 f.

72 I. U. Dalferth; E. Jüngel, Person und Gottesebenbildlichkeit, in: F. Böckle; F.-X. Kaufmann; K. Rahner; B. Welte [Hgg.], *Christlicher Glaube und moderne Gesellschaft*, Teilband 24, Freiburg; Basel; Wien 1981, S. 57–99 (87; 94).

73 I. U. Dalferth; E. Jüngel, Person und Gottesebenbildlichkeit, in: F. Böckle; F.-X. Kaufmann; K. Rahner; B. Welte [Hgg.], *Christlicher Glaube und moderne Gesellschaft*, Teilband 24, S. 57–99 (61).

74 I. U. Dalferth; E. Jüngel, Person und Gottesebenbildlichkeit, in: F. Böckle; F.-X. Kaufmann; K. Rahner; B. Welte [Hgg.], *Christlicher Glaube und moderne Gesellschaft*, Teilband 24, S. 57–99 (86).

75 An diese Auslegung des 1. Gebots im Großen Katechismus knüpft etwa der anthropologische Grundansatz von E. Herms an, welchen dieser explizit anhand von Luthers eigener Auslegung des Dritten Artikels in seinen Katechismen entwickelt. Dabei ist klar, dass Luther seine anthropologischen Einsichten zwar nicht in Form einer begrifflich zusammenhängenden Ausarbeitung entwickelt habe. Dennoch könne man spätestens seit der Römerbriefvorlesung von 1515 von einer geschlossenen anthropologischen Grundkonzeption bei Luther sprechen. G. Sauter bringt die Interpretation der Menschwerdung Gottes bei Luther auf den Punkt: Menschwerdung ist kein Akt der menschlichen Leistung im Sinne einer Zivilisierung, sondern »Gott wurde Mensch, damit wir aus unglücklichen und überheblichen Göttern wahre Menschen werden.«, in: G. Sauter, Über die Grenzen des Menschseins. Theologische und humanwissenschaftliche Anthropologie, in: *Evangelische Kommentare 9*, 1976, S. 203–07 (207).

76 E. Herms, *Luthers Auslegung des Dritten Artikels*, Tübingen 1987, S. 66 ff.

77 Ebenda, S. 70.

78 A. Raffelt; K. Rahner, Anthropologie und Theologie, in: F. Böckle; F.-X. Kaufmann; K. Rahner; B. Welte [Hrsg.], *Christlicher Glaube und moderne Gesellschaft*, Teilband 24, S. 5–55 (17).

79 Auf jüdischer Seite drückt das der englische Oberrabbiner J. Sacks wie folgt aus: No religion can propose precise politics for the alleviation of hunger and disease. What it can do, and must, is to inspire us collectively with a vision of human solidarity and with concepts, such as *tzedakah* within the Jewish tradition and its counterparts in other faiths, that serve as a broad moral template for what constitutes a fair and decent world. Globalization, writes Zygmund Baumann, »divides as much as it unites … signalling a new freedom for some, upon many others it descends as an uninvited and cruel fate«. […] As with *tzedakah*, the aim should be to restore dignity and independence to nations as well as individuals. This has now become an urgent imperative. J. Sacks, *The dignity of difference. How to avoid the clash of civilisations*, London 2002, S. 123.

Die Wurzeln der katholischen Soziallehre

80 S. H. Pfürtner; W. Heierle, *Einführung in die katholische Soziallehre*, Darmstadt 1980, S. 9.

81 N. Monzel, *Katholische Soziallehre*. Erster Band: *Grundlegung*, Köln 1965, S. 31, 147. Hervorhebungen im Original.

82 C. Nottmeier, *Adolf von Harnack und die deutsche Politik 1890 bis 1930: eine biographische Studie zum Verhältnis von Protestantismus, Wissenschaft und Politik*, Tübingen 2004.

83 G. Brakelmann, Ansätze und Entwicklungen der modernen wirtschaftsethischen Fragestellung in den christlichen Kirchen – Evangelische Kirchen: Sozialstaat als kulturelle und ordnungspolitische Leistung, in: *Handbuch der Wirtschaftsethik*, hrsg. im Auftrag der Görres-Gesellschaft von W Korff et al., Band 1: *Verhältnisbestimmung von Ethik und Wirtschaft*, Gütersloh 1999, S. 712–40.

84 H. B. Streithofen, Angewandte Realutopie, in: Institut für Gesellschaftswissenschaften Walberberg [Hrsg.], *Die Neue Ordnung*, Sondernummer, April 1985, S. 2–5 (2).

85 E. Jüngel, *Das Evangelium von der Rechtfertigung der Gottlosen als Zentrum des christlichen Glaubens. Eine theologische Studie in ökumenischer Absicht*, 3. Aufl., S. 48.

86 Aristoteles, *Rhetorik*, Übers. F. G. Sieveke, München 1980, Buch I, 1366b.

87 B. P. Priddat, *Der ethische Ton der Allokation. Elemente der Aristotelischen Ethik und Politik in der deutschen Nationalökonomie des 19. Jahrhunderts*, Baden-Baden 1991, S. 276.

88 Während Aristoteles besonders in der *Nikomachischen Ethik* seine Definition zum Gerechtigkeitsbegriff ausführt, stellt er in der *Politik* (Buch I, 8–11) seine Auffassungen zur Hausverwaltung, *oikonomia*, dar.

89 P. Pellegrin, Hausverwaltung und Sklaverei (I 3–13), in: O. Höffe [Hrsg.], Aristoteles. *Politik*, Berlin 2001, S. 37–56 (37).

90 Deutlich betont Aristoteles die zentrale Bedeutung der Familie und der in ihr zusammengeschlossenen Individuen hinsichtlich der gesellschaftlichen Bedürfnisbefriedigung. Die personale Einheit »Familie«, und nicht primär die Gesellschaft ist es, die bewirtschaften oder die Grund und Boden bestellen muss, was die zu Aristoteles Zeiten herrschenden Bedingungen der Naturalwirtschaft widerspiegelt.

91 In der *Politik* kontrastiert er Haushaltskunst und Erwerbskunst und erläutert das Wesen des Reichtums, der »nichts [ist] als eine Vielheit von Werkzeugen für die Haus- und Staatsverwaltung. Dass es also eine naturgemäße Erwerbskunst für die Hausverwalter und die Staatsmänner gibt und weshalb, ist damit festgestellt«. Siehe: P. Pellegrin, Hausverwaltung und Sklaverei (I 3–13), in: O. Höffe [Hrsg.], Aristoteles. *Politik*, S. 43.

92 P. Pellegrin führt aus, dass sich Aristoteles der Gefahr einer zu ausgeprägten ökonomischen Eigendynamik und einer daraus resultierenden Ökonomik für den Bestand der *polis* durchaus bewusst war: »Die ökonomische Sphäre im modernen Sinn, dass heißt diejenige, in der es um Produktion und Tausch von Gütern geht, ohne dass über die Ziele, um deretwillen produziert und getauscht wird, Rechenschaft abgegeben würde, stellt eine große Gefahr für die Polis dar. Wenn die Logik des Profits die Oberhand gewinnt, werden selbst die Institutionen der Polis von ihr infiziert, und darin wird das Ende der politischen Tugend bestehen.« In: Aristoteles, *Politik*, übers. O. Gigon, 2. Aufl., Buch I, 1256 b.

93 Aristoteles, *Politik*, Buch I, 1253 a.

94 A. Pawlas, *Die lutherische Berufs- und Wirtschaftsethik. Eine Einführung*, S. 238 f.

95 P. Pellegrin, Hausverwaltung und Sklaverei (I 3–13), in: O. Höffe [Hrsg.], Aristoteles. *Politik*, S. 45.

96 Aristoteles, *Rhetorik*, Buch I, 1366 a–b.

97 Ders., *Nikomachische Ethik*, Übers. O. Gigon; R. Nickel, Düsseldorf; Zürich 2001, Buch V, 1129 a.

98 Ebenda, Buch V, 1129 b.

99 Ebenda, Buch V, 1134 a.

100 Ebenda, Buch V, 1137 b.

101 Etwa im Zusammenhang mit § 242 des Bürgerlichen Gesetzbuchs (BGB).

102 T. von Aquin, *Summa theologica. Deutsch-lateinische Ausgabe*, I–II, 13. Band, Heidelberg; Graz; Wien; Köln 1977, I–II q90, 2; T. von Aquin, *Summa theologica. Deutsch-lateinische Ausgabe*, II–II, 18. Band, Heidelberg; München; Graz; Wien; Salzburg 1953, II–II q64, 2; II–II q66, 1–2.

103 A. Pawlas, *Die lutherische Berufs- und Wirtschaftsethik. Eine Einführung*, S. 238.

104 T. von Aquin, *Summa theologica*, I–II, 13. Band, I–II q90, 1; I–II q91, 3.

105 O. H. Pesch, *Thomas von Aquin. Grenze und Größe mittelalterlicher Theologie*, Mainz 1988, S. 289.

106 O. H. Pesch, *Thomas von Aquin. Grenze und Größe mittelalterlicher Theologie*, S. 294.

107 Als einem Theologen, der mit Bürgerkrieg, Armut und Exil aus persönlicher Erfahrung heraus vertraut war, verstand er die Notwendigkeit zur Sicherung gesellschaftlicher Stabilität als moralische Verpflichtung. Anders als Aristoteles beschreibt Thomas von Aquin Gerechtigkeit als Grundlage des Kampfes für das *bonum commune* und für die *civitas* als eigenständige Tugend, deren Anspruch weit über das bloße Befolgen von Gesetzen hinausreicht. Gerechtigkeit teilt sich bei ihm, wie schon bei Aristoteles, in ausgleichende (*iustitia commutativa*) und austeilende (*iustitia distributiva*) Gerechtigkeit mit der gesetzlichen Gerechtigkeit (*iustitia legalis*) als Klammer. Vgl. hierzu: F. Hengsbach, Gerechtigkeit in der Marktwirtschaft. Der systematische Ort einer wirtschaftsethischen Reflexion, in: J. Becker; G. Bol; T. Christ; J. Wallacher [Hrsg.], *Ethik in der Wirtschaft. Chancen verantwortlichen Handelns*, Stuttgart; Berlin; Köln 1996, S. 23–47 (23). Die *iustitia commutativa*, die es mit dem Austausch von Gütern und der Erfüllung gegenseitiger Verträge zu tun hat, ordnet das Verhältnis der Gemeinschaft zu dem ihr angehörenden Einzelnen, während die *iustitia distributiva*, die es mit dem Zuteilen innerhalb einer Gemeinschaft zu tun hat, das Verhältnis der Bürger untereinander bestimmt, etwa gemäß der römisch-rechtlichen Maxime des *suum cuique*. Vgl. hierzu: E. Jüngel, *Das Evangelium von der Rechtfertigung der Gottlosen als Zentrum des christlichen Glaubens. Eine theologische Studie in ökumenischer Absicht*, 3. Aufl., S. 43 f.

108 H. Pesch, *Lehrbuch der Nationalökonomie*, Band 1, 4. Aufl., Freiburg i. Br. 1924, S. 449; M. Novak, *The Catholic Ethic and the Spirit of Capitalism*, New York 1993, S. 70.

109 Dabei benutzt er den Begriff »soziale Gerechtigkeit« allein zehnmal in seiner Enzyklika *Quadragesimo anno*, um die Verbindung von persönlicher und institutioneller Verantwortlichkeit zu betonen. Siehe hierzu: M. Novak, *The Catholic Ethic and the Spirit of Capitalism*, S. 73.

110 O. von Nell-Breuning, *Baugesetze der Gesellschaft. Solidarität und Subsidiarität*, Freiburg; Basel; Wien 1990, S. 47 f.

111 *Quadragesimo anno* (1931), in: Bundesverband der Katholischen Arbeitnehmer-Bewegung (KAB) Deutschlands [Hrsg.], *Texte zur Katholischen Soziallehre. Die sozialen Rundschreiben der Päpste und andere kirchliche Dokumente*, 3. Aufl., Kevelaer 1976, S. 91–148; M. Novak, *The Catholic Ethic and the Spirit of Capitalism*, S. 74 f.

112 Vgl. dazu auch: I. Pies, F. A. *von Hayek und die moralische Qualität des Wettbewerbs*, Diskussionspapier 2014, Halle 2014.

113 F. A. von Hayek, *Recht, Gesetzgebung und Freiheit*. Band 2: *Die Illusion der sozialen Gerechtigkeit*, Landsberg a. L. 1981, S. 112.

114 M. Novak, *The Catholic Ethic and the Spirit of Capitalism*, S. 78.

115 *Quadragesimo anno*, Nr. 10.

116 O. von Nell-Breuning, *Unsere Verantwortung. Für eine solidarische Gesellschaft*, Freiburg i. Br.; Basel; Wien 1987, S. 57.

117 *Quadragesimo anno*, Nr. 42.

118 So führt N. Glatzel in seiner Untersuchung zum Begriff der sozialen Gerechtigkeit aus, dass Thomas von Aquin, anders als später die katholische Soziallehre, durch seine Differenzierung in *iustitia commutativa* und *distributiva* das Adjektiv »sozial« nicht benötigt. Dieses habe aber Eingang in den Katholizismus durch die politische und soziale Situation des 19. Jahrhunderts als Antwort auf eine vom individualistischen Wettbewerb geprägte, industrialisierte Wirtschafts- und Gesellschaftsordnung gefunden. Siehe: N. Glatzel, »Soziale Gerechtigkeit« – ein umstrittener Begriff, in: U. Nothelle-Wildfeuer; N. Glatzel [Hrsg.], *Christliche Sozialethik im Dialog. Zur Zukunftsfähigkeit von Wirtschaft, Politik und Gesellschaft; Festschrift zum 65. Geburtstag von Lothar Roos*, Grafschaft 2000, S. 139–50 (141).

119 So taucht der Begriff »soziale Gerechtigkeit« in der Enzyklika *Rerum novarum* von Leo XIII. (1891) gar nicht auf, sondern rückt erst bei Pius XI. ins Zentrum und wird 1931 der »rote Faden, der seine ganze Enzylika *Quadragesimo anno* durchzieht. […] ›Sozial gerecht‹ ist, was das Gemeinwohl erfordert oder mindestens nicht ihm zuwider ist; wer dem Gemeinwohl zuwiderhandelt, der versündigt sich damit gegen die soziale Gerechtigkeit. So sind ›soziale Gerechtigkeit‹ und ›Gemeinwohl‹ geradezu zwei Namen für ein und dieselbe Sache«. In: O. von Nell-Breuning, *Gerechtigkeit und Freiheit. Grundzüge katholischer Soziallehre*, S. 342.

120 J. Höffner, *Soziale Gerechtigkeit und soziale Liebe. Versuch einer Bestimmung ihres Wesens*, Saarbrücken 1935, S. 10.

121 N. Glatzel bemüht sich daher im Verweis auf die verschiedene Verwendung des Begriffs eingedenk der neueren Enzykliken um eine aktuelle Definition: »Soziale Gerechtigkeit meint also in diesen Texten [den Sozialenzykliken] das notwendige und aus schweren Missständen herausgewachsene Eindringen der Gemeinwohlgerechtigkeit in bestimmte privatrechtliche Dauerverhältnisse zur Bewahrung, Sicherung und Vollendung der in ihnen steckende justitia commutativa. Soziale Gerechtigkeit ist damit eine eigenständige Bauform der Gerechtigkeit und keine einfache Verwirklichung von Gemeinwohlinteressen und -anliegen. [...] Sie beschreibt nicht mehr das tugendhafte, gerechte Verhalten der je Einzelnen, sondern das fortlaufende Anpassen der Normen, um so die Möglichkeiten und Grenzen zu strukturieren, die um der Gerechtigkeit willen einzuhalten sind.« Siehe: N. Glatzel, »Soziale Gerechtigkeit« – ein umstrittener Begriff, in: U. Nothelle-Wildfeuer; N. Glatzel [Hrsg.], *Christliche Sozialethik im Dialog. Zur Zukunftsfähigkeit von Wirtschaft, Politik und Gesellschaft; Festschrift zum 65. Geburtstag von Lothar Roos*, S. 139–50 (142 f.). Doch auch diese Definition wirft mehr Fragen auf, als sie beantwortet: Wer ist derjenige, der innerhalb oder außerhalb der Gesellschaft eine solche Anpassung und ethische Kalibrierung vornehmen kann?

122 N. Glatzel, »Soziale Gerechtigkeit« – ein umstrittener Begriff, in: U. Nothelle-Wildfeuer; N. Glatzel [Hrsg.], *Christliche Sozialethik im Dialog. Zur Zukunftsfähigkeit von Wirtschaft, Politik und Gesellschaft; Festschrift zum 65. Geburtstag von Lothar Roos*, S. 139–50 (145).

123 F. A. von Hayek, *Die verhängnisvolle Anmaßung. Die Irrtümer des Sozialismus*, Tübingen 1996, S. 124–29.

124 N. Luhmann, Positives Recht und Ideologie, in: N. Luhmann, *Soziologische Aufklärung*, Köln-Opladen 1972, S. 188–91(189).

125 A. Marx, *Zur Theologie der Wirtschaft*, Wien 1962, S. 30 f.

126 O. von Nell-Breuning, *Den Kapitalismus umbiegen. Schriften zu Kirche, Wirtschaft und Gesellschaft. Ein Lesebuch*, hrsg. von F. Hengsbach, Düsseldorf 1990, S. 156. Hervorhebungen im Original.

127 Ebenda, S. 159.

128 Ebenda, S. 162, 165.

129 Ebenda, S. 167.

130 Vorstand der Sozialdemokratischen Partei Deutschlands [Hrsg.], *Protokoll der Verhandlungen des Außerordentlichen Parteitages der Sozialdemokratischen Partei Deutschlands vom 13.-15. November 1959 in Bad Godesberg*, Bonn 1972, S. 119 f.

131 C. Frey, Zweifel an der Solidarität, in: *Zeitschrift für Evangelische Ethik*, 49. Jg., 2005, S. 82–87 (82 f.).

132 S. H. Pfürtner; W. Heierle, *Einführung in die katholische Soziallehre*, Darmstadt 1980, S. 140.

133 N. Monzel, *Katholische Soziallehre. Erster Band: Grundlegung*, S. 298.

134 G. Wilhelms, *Die Ordnung moderner Gesellschaft. Gesellschaftstheorie und christliche Sozialethik im Dialog*, Stuttgart; Berlin; Köln 1996, S. 174.

135 H. Pesch, *Lehrbuch der Nationalökonomie*, Band 1, 4. Aufl., S. 33.

136 Johannes Paul II., *Der Wert der Arbeit und der Weg zur Gerechtigkeit. Enzyklika ›Über die menschliche Arbeit‹*, 2. Aufl., Freiburg; Basel; Wien 1981, S. 32 f., 35 f.

137 S. H. Pfürtner; W. Heierle, *Einführung in die katholische Soziallehre*, S. 141; W. J. Mückl [Hrsg.], *Subsidiarität. Gestaltungsprinzip für eine freiheitliche Ordnung in Staat, Wirtschaft und Gesellschaft*, Paderborn 1999.

138 A. Klose, *Die Katholische Soziallehre. Ihr Anspruch und ihre Aktualität*, Graz; Wien; Köln 1979, S. 229.

139 BVerfGE 22, 19, 180.

140 *Quadragesimo anno*, Nr. 79.

141 J. Isensee; P. Kirchhof [Hrsg.], *Handbuch des Staatsrechts der Bundesrepublik Deutschland*, Band V: *Allgemeine Grundrechtslehren*, Heidelberg 1992, §115 Rn. 175.

142 J. Isensee; P. Kirchhof [Hrsg.], *Handbuch des Staatsrechts der Bundesrepublik Deutschland*, Band V: *Allgemeine Grundrechtslehren*, §118 Rn. 6.

143 Ebenda, §115 Rn. 156.

144 A. Klose, *Die Katholische Soziallehre. Ihr Anspruch und ihre Aktualität*, S. 16.

145 Ebenda, S. 109.

Evangelische Wirtschaftsethik und ihre reformatorischen Grundlagen

146 H. Schmitt, *Demokratische Lebensform und religiöses Sendungsbewußtsein. Die philosophische Analyse der evangelischen Sozialethik*, München; Paderborn; Wien 1976, S. 15.

147 G. Wünsch, *Evangelische Wirtschaftsethik*, Tübingen 1927, S. 6.

148 Ebenda, S. 6.

149 M. Luther, *Kritische Gesamtausgabe (WA)*, Band 1 ff., Weimar 1883 ff., hier: WA, Tischreden 5, Nr. 5559, S. 240 f.

150 R. Rieth, »*Habsucht*« *bei Martin Luther. Ökonomisches und theologisches Denken, Tradition und soziale Wirklichkeit im Zeitalter der Reformation*, Weimar 1996.

151 H.-J. Prien, *Luthers Wirtschaftsethik*, Göttingen 1992, S. 32 f.

152 WA 15, 293 f.

153 WA 15, 295.

154 WA 15, 312.

155 A. Pawlas, *Die lutherische Berufs- und Wirtschaftsethik. Eine Einführung*, S. 143.

156 T. Herr, *Zur Frage nach dem Naturrecht im deutschen Protestantismus der Gegenwart*, München; Paderborn; Wien 1972, S. 39.

157 WA 56, 355.

158 WA 15, 295 f.

159 M. Weber, *Die Protestantische Ethik I. Eine Aufsatzsammlung*, 2. Aufl., München 1969, S. 68.

160 Ebenda, S. 67 f.

161 WA 17 I, 23; WA 1, 505.

162 A. Pawlas, *Die lutherische Berufs- und Wirtschaftsethik. Eine Einführung*, S. 49.

163 Ebenda, S. 51.

164 W. Lachmann, *Wirtschaft und Ethik. Maßstäbe wirtschaftlichen Handelns*, Stuttgart 1987, S. 177.

165 H. Wiesenmüller, *Die Wirtschaftsethik Thomas von Aquins, Luthers und Calvins und das deutsche Unternehmertum des Vor- und Frühkapitalismus*, Diss. Erlangen 1968, S. 247.

166 H.-J. Prien, *Luthers Wirtschaftsethik*, Göttingen 1992, S. 205.

167 WA 11, 279, *Von weltlicher Oberkeit* (1523).

168 H.-J. Prien, *Luthers Wirtschaftsethik*, S. 209.

169 N. Friedrich, Art. Wirtschaft/Wirtschaftsethik V/3, in: *Theologische Realenzyklopädie*, Band 36: *Wiedergeburt-Zypern*, Berlin; New York 2004, S. 159–70 (162).

170 G. Wünsch, *Evangelische Wirtschaftsethik*, S. 320.

171 K. Holl, *Gesammelte Aufsätze zur Kirchengeschichte*, Band I: *Luther*, 7. Aufl., Tübingen 1948, S. 273; A. Pawlas, *Die lutherische Berufs- und Wirtschaftsethik. Eine Einführung*, S. 108.

172 WA 51, 414f.

173 W. Huber, Der Protestantismus und die Ambivalenz der Moderne, in: J. Moltmann [Hrsg.], *Religion der Freiheit. Protestantismus in der Moderne*, München 1990, S. 29–65 (63).

174 J. Moltmann, Protestantismus als »Religion der Freiheit«, in: J. Moltmann [Hrsg.], *Religion der Freiheit. Protestantismus in der Moderne*, S. 11–28 (17).

175 Ebenda, S. 11–28 (27).

176 M. Weber, *Die Protestantische Ethik I. Eine Aufsatzsammlung*, 2. Aufl., S. 75.

177 J. Staedtke, *Johannes Calvin. Erkenntnis und Gestaltung*, Göttingen; Zürich, Frankfurt 1969, S. 94.

178 H. Wiesenmüller, *Die Wirtschaftsethik Thomas von Aquins, Luthers und Calvins und das deutsche Unternehmertum des Vor- und Frühkapitalismus*, S. 253–83.

179 W. F. van Gunsteren, *Kalvinismus und Kapitalismus*, Amsterdam 1934, S. 187.

180 J. Calvin, *Unterricht in der christlichen Religion. Institutio Christianae Religionis [Institutio]* hrsg. von O. Weber, Göttingen 1936, II, 8, 45 f., S. 245 f.

181 J. Calvin, *Institutio* II, 8, 45, S. 246.

182 J. Calvin, *Institutio* II, 8, 46, S. 246.

183 J. Bohatec, *Calvins Lehre von Staat und Kirche mit besonderer Berücksichtigung des Organismusgedankens*, Aalen 1968, S. 678 f.

184 J. Staedtke, *Johannes Calvin. Erkenntnis und Gestaltung*, S. 99.

185 H. Berger, *Calvins Geschichtsauffassung*, Zürich 1955, S. 149.

186 F. W. Graf, Der Stellenwert der Religion im Globalisierungsprozess moderner Wirtschaft: Christentum, in: *Handbuch der Wirtschaftsethik*, Band 1, S. 627–69 (654).

187 G. Wünsch, *Evangelische Wirtschaftsethik*, S. 327.

188 W. Lachmann, *Wirtschaft und Ethik. Maßstäbe wirtschaftlichen Handelns*, S. 187.

189 A. de Tocqueville, *Democracy in America*, Volume I, New York 1976, S. 306; 308.

190 P. Jacobs, *Prädestination und Verantwortlichkeit bei Calvin*, Darmstadt 1968, S. 50.

191 J. Bohatec, *Calvins Lehre von Staat und Kirche mit besonderer Berücksichtigung des Organismusgedankens*, S. 701.

192 H. Wiesenmüller, *Die Wirtschaftsethik Thomas von Aquins, Luthers und Calvins und das deutsche Unternehmertum des Vor- und Frühkapitalismus*, S. 261.

193 H. J. Hohm, *Politik als Beruf*, Opladen 1987, S. 47.

194 Ebenda, S. 47.

195 G. Wünsch, *Evangelische Wirtschaftsethik*, S. 332.

196 K. Holl, *Gesammelte Aufsätze zur Kirchengeschichte*, Band I: *Luther*, 7. Aufl., S. 506 f.

197 J. Calvin, *Institutio* II, 8, 46, S. 247.

198 J. Calvin, *Institutio* II, 2, 13, S. 152.

199 J. Staedtke, *Johannes Calvin. Erkenntnis und Gestaltung*, S. 96 f.; J. Bohatec, *Calvins Lehre von Staat und Kirche mit besonderer Berücksichtigung des Organismusgedankens*, S. 690.

200 J. Bohatec, *Calvins Lehre von Staat und Kirche mit besonderer Berücksichtigung des Organismusgedankens*, S. 688–90.

201 Ebenda, S. 695.

Wirtschaft, Ethik und der protestantische Geist des Kapitalismus: Max Weber und Ernst Troeltsch

202 M. Weber, Wissenschaft als Beruf, in: M. Weber, *Gesamtausgabe*, Band 1/17, hrsg. von W. J. Mommsen; W. Schluchter, Tübingen 1992, S. 71.

203 M. Weber, Die protestantische Ethik und der Geist des Kapitalismus, in: Max Weber, *Gesammelte Aufsätze zur Religionssoziologie*, Band I, Tübingen 1963, S. 17–206.

204 H. Trevor-Roper, Religion, the reformation and social change, in: H. Trevor-Roper, *Religion, the reformation and social change and other essays*, 2. Aufl., London 1972, S. 1–46 (20).

205 H.-J. Helmer, *Religion und Wirtschaft. Die neue Kritik der Weberthese*, Diss. Köln 1970, S. 19–37.

206 J. Ratzinger, Marktwirtschaft und Ethik, in: L. Roos [Hrsg.], *Stimmen der Kirche zur Wirtschaft*, 2. Aufl., Köln 1986, S. 50–58 (56 f.).

207 H. Bosse, *Marx-Weber-Troeltsch. Religionssoziologie und marxistische Ideologiekritik*, München 1970, S. 26.

208 H.-J. Prien, *Luthers Wirtschaftsethik*, S. 16. Zur Rezeption von Webers Kapitalismus-These siehe auch: C. Seyfarth; W. M. Sprondel [Hrsg.], *Seminar: Religion und gesellschaftliche Entwicklung. Studien zur Protestantismus-Kapitalismus-These Max Webers*, Frankfurt a. M. 1973.

209 P. Jacobs, *Prädestination und Verantwortlichkeit bei Calvin*, S. 65.

210 J. Calvin, *Gesamtausgabe von Calvins Auslegung der Heiligen Schrift*, Band 16: G. Graffmann; H. J. Haarbeck; O. Weber [Hrsg.], *Johannes Calvins Auslegung des Römerbriefes und der beiden Korintherbriefe*, Neukirchen 1960, S. 454.

211 W. Kolfhaus, *Vom christlichen Leben nach Johannes Calvin*, Ansbach 1949, S. 102 f.

212 J. B. Kraus, *Scholastik, Puritanismus und Kapitalismus*, München; Leipzig 1930, S. 228.

213 D. Käsler, *Max Weber. Eine Einführung in Leben, Werk und Wirkung*, Frankfurt; New York 1995, S. 101 f.

214 K. Holl, *Gesammelte Aufsätze zur Kirchengeschichte*, Band III: *Der Westen*, Darmstadt 1965, S. 281 f.

215 K. Holl, *Gesammelte Aufsätze zur Kirchengeschichte*, Band I: *Luther*, S. 506 f.

216 M. Weber, *Die Protestantische Ethik I. Eine Aufsatzsammlung*, 2. Aufl., S. 79.

217 H. James, *Familienunternehmen in Europa. Haniel, Wendel und Falck*, München 2005, S. 78.

218 M. Weber, *Die Protestantische Ethik I. Eine Aufsatzsammlung*, 2. Aufl., S. 72.

219 M. Weber, Die Wirtschaftsethik der Weltreligionen. Konfuzianismus und Taoismus: Schriften 1915–1920, in: M. Weber, *Gesamtausgabe*, Band I/19, hrsg. von H. Schmidt-Glintzer, Tübingen 1989, S. 85. Hervorhebungen im Original.

220 Ebenda, S. 85 f. Hervorhebung im Original.

221 W. Pannenberg, *Grundlagen der Ethik. Philosophisch-theologische Perspektiven*, Göttingen 1996, S. 99.

222 F. Naumann, *Ausgewählte Schriften*, Frankfurt a. M. 1949, S. 19.

223 Ebenda, S. 77 f.

224 E. Troeltsch, *Die Soziallehren der christlichen Kirchen und Gruppen*, S. 46 f.

225 Ebenda, S. 73.

226 Ebenda, S. 344 f.

227 Ebenda, S. 575.

228 Ebenda, S. 705.

229 Ebenda, S. 717.

230 P. L. Berger [Hrsg.], *The Desecularization of the World: Resurgent Religion and World Politics: The Resurgence of Religion in World Politics*, Grand Rapids, MI 1999.

231 E. Troeltsch, *Die Soziallehren der christlichen Kirchen und Gruppen*, S. 955 f.

232 Ebenda, S. 954.

233 E. Troeltsch, *Religion und Wirtschaft. Vorträge der Gehe-Stiftung zu Dresden*, 5. Band, Leipzig; Dresden 1925, S. 35.

Konfessionelle Wirtschaftsethik im 21. Jahrhundert – quo vadis?

234 Die Ausführungen des Kapitels basieren auf N. O. Oermann, Wirtschaftsethik – quo vadis? »Ist« und »Soll« eines Bindestrichfachs aus protestantischer Perspektive, in: *Theologische Literaturzeitung (ThLZ) 139* (2014), S. 411–26.

235 W. Nethöfel, Der wirtschaftsethische Beitrag des Protestantismus, in: *Globalisierung und Wirtschaftsethik: Markt und soziale Verantwortung*, epd-Dokumentation 43, Frankfurt 2001, in: http://www.uni-marburg.de/fb05/fachgebiete/sozialethik/personal/nethoefel/publikationen, abgerufen am 01.08.2014.

236 W. Nethöfel, Der wirtschaftsethische Beitrag des Protestantismus, in: *Globalisierung und Wirtschaftsethik: Markt und soziale Verantwortung*, epd-Dokumentation 43, Frankfurt 2001, in: http://www.uni-marburg.de/fb05/fachgebiete/sozialethik/personal/nethoefel/publikationen, abgerufen am 01.08.2014.

237 T. Rendtorff, *Ethik für die Wissenschaft – Bescheidwissen oder Begleitwissen?*, in: *Freiheit und Programm in Natur und Gesellschaft*. Gaterslebener Begegnung 324/2001 (2002), S. 177–89.

238 D. Dietzfelbinger, *Soziale Marktwirtschaft als Wirtschaftsstil*. Alfred Müller-Armacks Lebenswerk, Gütersloh 1998.

239 G. Brakelmann; T. Jähnichen [Hgg.], *Die Protestantischen Wurzeln der Sozialen Marktwirtschaft*. Ein Quellenband, Gütersloh 1994.

240 K. Barth, *Gesamtausgabe III. Vorträge und kleinere Arbeiten 1909–1914*, hrsg. von H.-A. Drewes; H. Stoevesandt i. V. m. H. Helms; F.-W. Marquardt, Zürich 1993, S. 573–682 (576).

241 Ebenda, S. 581. Hervorhebungen im Original.

242 K. Barth, KD III/4, S. 648.

243 G. Wünsch, *Religion und Wirtschaft*, Tübingen 1925; G. Wünsch, *Evangelische Wirtschaftsethik*, Tübingen 1927.

244 G. Wünsch 1925, S. V.

245 E. Herms, *Das neue Paradigma. Wirtschaftsethik als Herausforderung für die Theologie und die Wirtschaftswissenschaft*, in: J. Wieland [Hrsg.], *Wirtschaftsethik und Theorie der Gesellschaft*, Frankfurt a. M. 1993, S. 148–71 (149).

246 A. Rich, *Wirtschaftsethik. Bd. 1. Grundlagen in theologischer Perspektive*, Gütersloh 1984; A. Rich, *Wirtschaftsethik. Bd. 2. Marktwirtschaft, Planwirtschaft, Weltwirtschaft aus sozialethischer Sicht*, Gütersloh 1990. Zur Einordnung und Kritik des Richschen Ansatzes siehe auch: S. Edel, *Wirtschaftsethik im Dialog. Der Beitrag Arthur Richs zur Verständigung zwischen Theologie und Ökonomik*, Stuttgart 1998.

247 Ebenda, S. 72 f.

248 G. Meckenstock, *Wirtschaftsethik*, Berlin 1997.

249 W. Huber, *Kirche und Finanzen. Die theologische Dimension des Geldes*, in: epd-Dokumentation 28/29, 2011, S. 25–29; W. Huber, *Soziale Verantwortung und unternehmerisches Handeln. Eine evangelische Perspektive*, in: epd-Dokumentation, 08. 04. 2008, S. 17–27; W. Huber, *Zukunftsfähigkeit. Zehn Thesen zur Wirtschaftsethik*, in: W. Thierse [Hrsg.], *Ist die Politik noch zu retten? Standpunkte am Ende des 20. Jahrhunderts*, Berlin 1996, S. 311–19.

250 W. Korff et al. [Hgg.], *Handbuch der Wirtschaftsethik, Band 1–4*, Gütersloh 1999.

251 Zur Analyse des Papiers »Für eine Zukunft in Solidarität und Gerechtigkeit« vgl. N. O. Oermann, *Anständig Geld verdienen? Eine protestantische Wirtschaftsethik unter den Bedingungen globaler Märkte*, Gütersloh 2007, S. 171–76, und die dort aufgeführte Literatur.

252 Kirchenamt der EKD [Hrsg.], *Für eine Zukunft in Solidarität und Gerechtigkeit. Wort des Rates der Evangelischen Kirche in Deutschland und der Deutschen Bischofskonferenz zur wirtschaftlichen und sozialen Lage in Deutschland*, Hannover 1997.

253 Ebenda, S. 39.

254 Ebenda, S. 45–49.

255 Bei ökonomischen Themen scheint der aktuelle Konsens zwischen evangelischer und katholischer Kirche in Deutschland relativ groß. Dabei erwächst jedoch die Gefahr, dass ordnungstheologische Prämissen und die aus ihnen folgenden Argumentationsmuster unkritisch aus der katholischen Soziallehre übernommen werden, wie dies etwa in den EKD-Denkschriften *Die soziale Sicherung im Industriezeitalter* (1973), *Gemeinwohl und Eigennutz* (1991) oder im gemeinsamen Wort der Kirchen *Für eine Zukunft in Solidarität und Gerechtigkeit* (1997) den Anschein

hat. In direkter Bezugnahme auf das Subsidiaritätsprinzip, so wie es in der Enzyklika *Quadragesimo anno* (1931) dargelegt ist, werden die Grundprinzipien der katholischen Soziallehre in der EKD-Denkschrift *Soziale Sicherung im Industriezeitalter* (1973) rezipiert: »Die sittlichen Grundsätze [des Subsidiaritätsprinzips] haben nach wie vor eine wesentliche Bedeutung. [...] Das Prinzip der Subsidiarität wird falsch ausgelegt, wenn gefordert wird, auch bei großen sozialen Risiken dürfe die im Staat vertretene Gesamtheit erst dann eingreifen, wenn sich herausstellt, dass personale Gemeinschaften nicht mehr ausreichend helfen können.« In: Rat der EKD, *Soziale Sicherung im Industriezeitalter. Eine Denkschrift der Kammer für soziale Ordnung der EKD*, 2. Aufl., Gütersloh 1973, Nr. 17, S. 18. Damit schließt man sich von evangelischer Seite einem Subsidiaritätsprinzip an, dessen Forderungen nach gesellschaftlichem Handeln in kleinen, effektiven Einheiten zwar begrüßenswert sind, dessen theologische Herleitung aber nicht aus der Verantwortung des Individuums gegenüber der Gesellschaft aufgrund des *bonum commune*, sondern im Verweis auf die Verantwortung des Einzelnen vor Gott protestantisch zu begründen ist. Behindert nämlich eine gegebene Struktur der Wirtschaft oder Gesellschaft den einzelnen Christen in seiner Beziehung zu Gott, so ist es aus evangelischer Sicht Teil der individuellen Verantwortung eines jeden Christen, gegen solche Strukturen anzukämpfen. Eine unkritische Rezeption katholischer Soziallehre von evangelischer Seite setzt sich in weiteren kirchlichen Stellungnahmen fort. In der EKD-Denkschrift *Gemeinwohl und Eigennutz* (1991) als »ein weiterer Beitrag auf dem Weg zu einer evangelischen Soziallehre« bezieht der Rat der EKD Position zur »Zukunftsfähigkeit wirtschaftlichen Handelns und der wirtschaftlichen Ordnung unseres Gemeinwesens«, in: Rat der EKD, *Gemeinwohl und Eigennutz. Wirtschaftliches Handeln in Verantwortung für die Zukunft. Eine Denkschrift der Evangelischen Kirche in Deutschland*, 2. Aufl., Gütersloh 1991, S. 9. Eine zentrale Aussage in diesem Zusammenhang findet sich gleich im ersten Satz: »(1) Wer wirtschaftlich handelt, übernimmt Verantwortung für andere Menschen und für die Mitwelt. Solches Handeln bestimmt Tag für Tag das Zusammenleben aller Menschen in der Gesellschaft, wirkt auf die Strukturen des gemeinsamen Lebens wie auf die persönliche Lebensführung nachhaltig ein und spielt für die Zukunft der gesamten Menschheit eine überragende Rolle. In christlicher Perspektive ist alles Handeln vor Gott zu verantworten. Darum fragen Christen nach Maßstäben des Gebotes Gottes, von denen sich im wirtschaftlichen Handeln Verantwortung für andere Menschen und für die Mitwelt leiten lassen soll.« In: Rat der EKD, *Gemeinwohl und Eigennutz. Wirtschaftliches Handeln in Verantwortung für die Zukunft. Eine Denkschrift der Evangelischen Kirche in Deutschland*, 2. Aufl., S. 11.

256 Rat der EKD [Hrsg.], *Unternehmerisches Handeln in evangelischer Perspektive. Eine Denkschrift des Rates der Evangelischen Kirche in Deutschland*, Gütersloh 2008.

257 Die innerkirchliche Kritik äußerte sich etwa in Form eines Aufrufes in der Zeitschrift »*Publik-Forum*« unter dem Titel »*Frieden mit dem Kapital?*« (vgl. U. Duchrow; F. Segbers [Hrsg.], *Frieden mit dem Kapital? Wider die Anpassung der evangelischen Kirche an die Macht der Wirtschaft*, Oberursel 2008), welcher Heinrich Bedford-Strohm als Mitglied der Kammer für Soziale Ordnung der EKD zu einer Replik herausforderte (H. Bedford-Strohm, Angriff auf ein Zerrbild. Zum Aufruf »Frieden mit dem Kapital?« gegen die Unternehmerdenkschrift der EKD, 30.10.2008, in: http://www.ekd.de/aktuell/081030_bedford_strohm_publikforum.html, abgerufen am 12.08.2014.)

258 H. Bedford-Strohm, Angriff auf ein Zerrbild. Zum Aufruf »Frieden mit dem Kapital?« gegen die Unternehmerdenkschrift der EKD, 30.10.2008, in: *http://www.ekd.de/aktuell/081030_bedford_strohm_publikforum.html*, abgerufen am 12.08.2014.

259 In der 2009 veröffentlichten Enzyklika *Caritas in veritate* erklärt Benedikt XVI.: »In allen Kulturen gibt es besondere und vielfältige ethische Übereinstimmungen, die Ausdruck derselben menschlichen, vom Schöpfer gewollten Natur sind und die von der ethischen Weisheit der Menschheit Naturrecht genannt wird [sic]. Ein solches universales Sittengesetz ist die feste Grundlage eines jeden kulturellen, religiösen und politischen Dialogs […].« (Nr. 59)

260 A. Dietz, *Der homo oeconomicus. Theologische und wirtschaftsethische Perspektiven auf ein ökonomisches Modell*. Gütersloh 2005; T. Jähnichen, Auf der Suche nach einer gerechten Ordnung der Weltwirtschaft. Welche globalen Regeln brauchen die internationalen Finanzmärkte? in: J. Rehm; J. Twisselmann [Hrsg.], *Wirtschaft um des Menschen willen. Stichworte für eine erneuerte Soziale Marktwirtschaft*, Nürnberg 2010; W. Stierle, *Chancen einer ökumenischen Wirtschaftsethik. Kirche und Ökonomie vor den Herausforderungen der Globalisierung*, Frankfurt a. M. 2001.

261 W. Nethöfel, *Der wirtschaftsethische Beitrag des Protestantismus*, in: *Globalisierung und Wirtschaftsethik. Markt und soziale Verantwortung*, epd-Dokumentation 43, Frankfurt a. M. 2001, in: http://www.uni-marburg.de/fb05/fachgebiete/sozialethik/personal/nethoefel/publikationen, abgerufen am 01.08.2014.

262 Evangelische Kirche in Deutschland; Deutsche Bischofskonferenz [Hgg.], *Gemeinsame Verantwortung für eine gerechte Gesellschaft*, Gemeinsame Texte 22, Hannover 2014, S. 7.

263 Ebenda, S. 16, 24.

264 Ebenda, S. 11–14.

265 Papst Franziskus, *Die Freude des Evangeliums. Das Apostolische Schreiben »Evangelii Gaudium« über die Verkündigung des Evangeliums in der Welt von heute* Freiburg i. Br. 2013.

266 U. Duchrow, *Weltwirtschaft heute – Ein Feld für Bekennende Kirche?*, München 1986, S. 117–23. An dieser Stelle nimmt Duchrow zum »dämonischen Machtmißbrauch in Politik, Wirtschaft und Technik« Stellung.

267 E.-W. Böckenförde, Politische Theorie und politische Theologie. Bemerkungen zu ihrem gegenseitigen Verhältnis, in: J. Taubes [Hrsg.], *Religionstheorie und Politische Theologie*, Band 1: *Der Fürst dieser Welt. Carl Schmitt und die Folgen*, München; Paderborn; Wien; Zürich 1983, S. 16–25 (21).

268 M. Büscher; L. Menkhoff, Gerechtigkeit und Effizienz – Optionen für eine gerechte internationale Finanzordnung, in: *Zeitschrift für Evangelische Ethik*, 47. Jg., 2003, S. 210–22 (219 f.).

Begrifflichkeiten einer Wirtschaftsethik unter den Bedingungen der Globalisierung aus theologisch-ethischer Sicht

269 E. Brunner, *Das Gebot und die Ordnungen. Entwurf einer protestantisch-theologischen Ethik*, Tübingen 1932, S. 392 f.

270 T. Rendtorff, Subsidiaritätsprinzip oder Gemeinwohlpluralismus?, in: *Zeitschrift für Evangelische Ethik*, 37. Jg., 1993, S. 91–3 (91).

271 T. Rendtorff, Der evangelische Anteil am Subsidiaritätsprinzip, in: J. Doehring [Hrsg.], *Gesellschaftspolitische Realitäten. Beiträge aus evangelischer Sicht*, Gütersloh 1964, S. 191–206 (195).

272 Ebenda, S. 191–206 (199).

273 Ebenda, S. 191–206 (203 f.).

274 Ebenda, S. 191–206 (206).

275 M. Honecker, *Grundriß der Sozialethik*, Berlin; New York 1995; U. H. J. Körtner, *Evangelische Sozialethik. Grundlagen und Themenfelder*, Göttingen 1999.

276 O. von Nell-Breuning, Einzelmensch und Gesellschaft, 2. Aufl., Heidelberg 1962, S. 36.

277 Kirchenamt der EKD [Hrsg.], *Für eine Zukunft in Solidarität und Gerechtigkeit. Wort des Rates der Evangelischen Kirche in Deutschland und der Deutschen Bischofskonferenz zur wirtschaftlichen und sozialen Lage in Deutschland*, S. 46.

278 H. Groos, *Albert Schweitzer. Größe und Grenzen*, Basel 1974, S. 65.

279 A. Schweitzer, *Predigten 1898–1948*, hrsg. von R. Büllmann; E. Gräßler, München 2001, S. 1269; A. Schweitzer, *Was sollen wir tun? 12 Predigten über ethische Probleme*, Heidelberg 1974, S. 77 f.

280 A. Schweitzer, *Was sollen wir tun? 12 Predigten über ethische Probleme*, S. 113.

281 J. Messner, *Das Gemeinwohl. Idee, Wirklichkeit, Aufgaben*, Osnabrück 1962, S. 10.

282 J. Rawls, *A Theory of Justice*, Cambridge, MA 1971, S. 302.

283 T. W. Pogge, *Realizing Rawls*, Ithaca; London 1989, S. 123.

284 H.-J. Kühn, *Soziale Gerechtigkeit als moralphilosophische Forderung. Zur Theorie der Gerechtigkeit bei John Rawls*, Bonn 1984, S. 30.

285 J. Rawls, *A Theory of Justice*, S. 83–9.

286 J. Rawls, *Political Liberalism*, New York 1993, S. 278.

287 T. W. Pogge, *Realizing Rawls*, S. 73–81.

288 J. Rawls, *A Theory of Justice*, S. 131–5.

289 O. Höffe, *Politische Gerechtigkeit. Grundlegung einer kritischen Philosophie von Recht und Staat*, Frankfurt a. M. 1987, S. 451–3.

290 M. Schramm, *Der Geldwert der Schöpfung. Theologie-Ökologie-Ökonomie*, Paderborn; München; Wien; Zürich 1994, S. 185 f.

291 Ebenda, S. 186.

292 P. Singer, *One World. The ethics of globalization*, New Haven 2002, S. 176 f.

293 J. Rawls, *The Law of Peoples*, Cambridge, MA; London 2001, S. 23–30.

294 A. Buchanan, Rawls's Law of the Peoples: Rules for a vanished Westphalian world, in: *Ethics*, Juli 2000, S. 697–721.

295 R. D. Putnam, *Bowling alone. The collapse and revival of American community*, New York 2000.

296 R. Schieder, *Civil Religion. Die religiöse Dimension der politischen Kultur*, Gütersloh 1987, S. 22.

297 H. Bedford-Strohm, *Vorrang für die Armen. Auf dem Weg zu einer theologischen Theorie der Gerechtigkeit*, S. 293–06.

298 J. Rawls, *A Theory of Justice*, S. 578.

299 J. Galtung, Ökonomismus als Okzidentalismus, in: J. Jarre [Hrsg.], *Die Zukunft der Ökonomie. Wirtschaftswissenschaftliche Forschungsansätze im Vergleich, Loccumer Protokolle* 15/1984, S. 165–77 (170 f.).

300 G. Myrdal, *Objektivität in der Sozialforschung*, Frankfurt a. M. 1971, S. 87.

301 I. Sundbom, *Über das Gleichheitsprinzip als politisches und ökonomisches Problem*, Berlin 1962, S. 19.

302 E. Brunner, *Gerechtigkeit. Eine Lehre von den Grundgesetzen der Gesellschaftsordnung*, Zürich 1943, S. 122.

303 Wer etwa über Lebensschutz und die Unverfügbarkeit des Lebens streitet, wer über Euthanasie oder Stammzellenforschung diskutiert, wird als Mitglied von Ethikkommissionen oder Verfasser von Klinikleitfäden zur Unterstützung der eigenen Position fast immer den Menschenwürdebegriff bemühen und läuft damit Gefahr, ihn inhaltlich zu überfordern. So führt etwa U. H. J. Körtner in der Diskussion um den Embryonenschutz aus, dass der Begriff der Menschenwürde und besonders dessen »bloß appellativer Gebrauch« deshalb problematisch ist, weil in ihm christliche, jüdische, stoische, aufgeklärt-rationale und säkulare Traditionen zusammenlaufen. In: U. H. J. Körtner, *Unverfügbarkeit des Lebens. Grundfragen der Bioethik und der medizinischen Ethik*, Neukirchen-Vluyn 2001, S. 105.

304 I. von Münch; P. Kunig [Hrsg.], *Grundgesetz-Kommentar*, Band 1 (Präambel. Art. 1 – 19), 5. Aufl., München 2000, Art. 1 Rn. 19.

305 E.-W. Böckenförde, Die Entstehung des Staates als Vorgang der Säkularisation, in: E.-W. Böckenförde, *Recht, Staat, Freiheit*, Frankfurt a. M. 1991, S. 92 – 114 (112 f.).

306 H. Bielefeldt, *Philosophie der Menschenrechte. Grundlagen eines weltweiten Freiheitsethos*, Darmstadt 1998, S. 147.

307 Der Begriff der Menschenrechte taucht bereits 1537 in der Bulle *Sublimis Deus* von Papst Paul III. auf, der zum ersten Mal die Indios nicht als unverständige Tiere, sondern vernunftbegabte, zum Glauben fähige Menschen qualifizierte und deren Missionierung durch Gewalt abgelehnt hatte. Damit wurden – bei allen Verirrungen und Verbrechen im Namen Gottes – den Völkern Amerikas Menschenrechte zuerst von Christen zugesprochen. Eben diese Rechte wurden dann jedoch ausgerechnet durch eine päpstliche Bulle bereits ein Jahr später widerrufen, während Bartolomé de Las Casas (1474 – 1566) als Bischof von Chiapas, Mexiko, zur gleichen Zeit nicht nur für die Anerkennung der Rechte, sondern auch der Würde der Ureinwohner Amerikas eintrat mit dem Verweis, dass Unmenschen kaum Christen werden könnten. Damit knüpfte er an einen Menschenwürdebegriff an, wie er bereits im 15. Jahrhundert von Pico della Mirandola vertreten wurde. Gleichzeitig ebneten ausgerechnet spanische Juristen und Theologen wie Francisco de Vittoria (1483/93 – 1546), Francisco de Suárez (1548 – 1619) und Gabriel Vázquez (1549 – 1604) im Rekurs auf die Naturrechtsdiskussion der Scholastik den Weg zu einem Völkerrecht, das von Hugo Grotius

Anfang des 17. Jahrhunderts systematisch in *De jure belli ac pacis* weiterentwickelt wurde mit dem Anliegen, ein Zusammenleben auf rationaler *und* naturrechtlicher Grundlage rechtlich festzuschreiben.

308 T. Rendtorff, Die ethischen Grundaussagen der Präambel der UN-Charta: Friede, Gerechtigkeit, Menschenwürde, Toleranz, in: S. Hobbe [Hrsg.], *Die Präambel der UN-Charta im Lichte der aktuellen Völkerrechtsentwicklung*, Berlin 1997, S. 9 – 24 (13).

309 T. Rendtorff bemerkt im Verweis auf *Die Absolutheit des Christentums und die Religionsgeschichte* (1902), dass E. Troeltsch darin die Überlegenheit des Christentums damit begründet, dass es in ihm zu einem Verständnis der Höchstgeltung der individuellen Persönlichkeit und eben nicht eines namenlosen Kollektivs gekommen sei. Menschenwürde kann immer nur am Individuum als Geschöpf angebunden und vom Individuum eingefordert werden. Von dieser Grundannahme ausgehend schlägt T. Rendtorff den Bogen zur Charta der Vereinten Nationen mit der Feststellung, dass die Realisierung ethischer Prinzipien aufs Engste zusammenhängt mit der Form politischer Organisation. Ohne menschliche Erfahrungen mit Freiheit oder Gerechtigkeit bleibt Ethik abstrakt und jede Charta eine rechtliche Hülse, wenn sie sich nicht auf solche Erfahrungen berufen kann und auf deren Grundlage Menschenrechte transnational durchsetzt, indem sie das Selbstbestimmungsrecht aller Menschen und Staaten anerkennt und aktiv einfordert. In: T. Rendtorff, Die ethischen Grundaussagen der Präambel der UN-Charta: Friede, Gerechtigkeit, Menschenwürde, Toleranz, in: S. Hobbe [Hrsg.], *Die Präambel der UN-Charta im Lichte der aktuellen Völkerrechtsentwicklung*, S. 9 – 24 (15); E. Troeltsch, *Die Absolutheit des Christentums und die Religionsgeschichte*, Hamburg 1969.

310 E. Benda; W. Maihofer; H.-J. Vogel [Hrsg.], *Handbuch des Verfassungsrechts der Bundesrepublik Deutschland*, 2. Aufl., Berlin; New York 1994, § 6 Rn. 14.

311 A. Schweitzer, *Das Christentum und die Weltreligionen*, München 1935, S. 57.

312 A. Margalit, *Politik der Würde. Über Achtung und Verachtung*, 2. Aufl., Berlin 1997, S. 331 f.

313 Ebenda, S. 15.

314 I. von Münch; P. Kunig [Hrsg.], *Grundgesetz-Kommentar*, Band 1 (Präambel. Art. 1 – 19), 5. Aufl., Art. 1 Rn. 25; 30.

315 R. Wassermann [Hrsg,], *Kommentar zum Grundgesetz für die Bundesrepublik Deutschland. Reihe Alternativkommentare*, Band 1: Art. 1 – 37, 2. Aufl., Neuwied 1989, Art. 1 Abs. 1, Rn. 15; 20; 23; 29; 34; 40.

316 F. A. von Hayek, *Recht, Gesetzgebung und Freiheit*. Band 2: *Die Illusion der sozialen Gerechtigkeit*, S. 112.

317 O. von Nell-Breuning, *Unsere Verantwortung. Für eine solidarische Gesellschaft*, S. 58.

318 O. von Nell-Breuning, *Einzelmensch und Gesellschaft*, 2. Aufl., S. 44 f.; O. von Nell-Breuning, *Gerechtigkeit und Freiheit. Grundzüge katholischer Sozialleh-re*, S. 342.

319 Ebenda, S. 33.

320 Kirchenamt der EKD [Hrsg.], *Für eine Zukunft in Solidarität und Gerechtigkeit. Wort des Rates der Evangelischen Kirche in Deutschland und der Deutschen Bischofskonferenz zur wirtschaftlichen und sozialen Lage in Deutschland*, S. 45.

321 H. Schmidt, Das Gesetz des Dschungels, in: *DIE ZEIT* vom 04. 12. 2003.

322 J. Messner, *Das Gemeinwohl. Idee, Wirklichkeit, Aufgaben*, S. 28 f. Zur Grundwertedebatte siehe: M. Honecker, *Einführung in die Theologische Ethik*, S. 225–33.

323 J. S. Mill, *Grundsätze der politischen Ökonomie mit einigen Anwendungen auf die Sozialphilosophie*, Band 1, Jena 1924, S. 641.

324 Ebenda, S. 642.

325 O. von Nell-Breuning, *Den Kapitalismus umbiegen. Schriften zu Kirche, Wirtschaft und Gesellschaft. Ein Lesebuch*, S. 421.

326 Ebenda, S. 425 f.

327 Ebenda, S. 432.

328 J. Messner, *Das Gemeinwohl. Idee, Wirklichkeit, Aufgaben*, S. 38 f.

329 W. E. Müller, Gerechtigkeit im Pluralismus. Grundlagenfragen des heutigen philosophischen und theologischen Zugangs zum Thema Gerechtigkeit, in: *Zeitschrift für Evangelische Ethik*, 44. Jg., 2000, S. 7–22 (7). Im Original lautet das Ulpianzitat in Digest. I,1,10: »Iustitia est constans et perpetua voluntas ius suum cuique tribuendi. Iuris praecepta sunt haec: honeste vivere, alterum non laedere, *suum cuique* tribuere.«, in: *Corpus Iuris Civilis*, übers. von Th. Mommsen und bearbeitet von P. Krüger, Band 1: *Institutiones. Digesta*, I,1,10, Frankfurt a. M. 1968.

330 E. Jüngel, Wertlose Wahrheit. Christliche Wahrheitserfahrung im Streit gegen die »Tyrannei der Werte«, in: E. Jüngel, *Wertlose Wahrheit. Zur Identität und Relevanz des christlichen Glaubens. Theologische Erörterungen III*, 2. Aufl., Tübingen 2003, S. 90–109 (90). Hervorhebung im Original.

331 Ebenda, S. 90–109 (97).

332 N. Hartmann, *Ethik*, 4. Aufl., Berlin 1962, S. 576.

333 Der Werteexkurs rekurriert auf N. O. Oermann; J. Zachhuber, *Einigkeit und Recht und Werte. Der Verfassungsstreit um das Schulfach LER in der öffentlichen und wissenschaftlichen Diskussion*, Münster; Hamburg; London 2001, S. 111–51.

334 So die Definition des Begriffs »Sittenwidrigkeit« durch das Reichsgericht in seiner bekannten Formel aus dem Jahre 1901 (RGZ 48, 114 (124 f.), vgl. § 138I BGB.)

335 H. Schnädelbach, *Philosophie in Deutschland 1831–1933*, Frankfurt a. M. 1983, S. 230.

336 R. Pester, *Hermann Lotze. Wege seines Denkens und Forschens. Ein Kapitel deutscher Philosophie- und Wissenschaftsgeschichte im 19. Jahrhundert*, Würzburg 1997.

337 T. Adorno, Einleitung zum »Positivismusstreit in den Geisteswissenschaften«, in: T. Adorno, *Gesammelte Schriften*, Band 8, Frankfurt a. M. 1972, S. 280–370 (346–8).

338 F. Nietzsche, Zur Genealogie der Moral. Vorrede 6, in: G. Colli; M. Montinari [Hrsg.], *Kritische Studienausgabe*, Band 5, 2. Aufl., München 1999, S. 7–12 (253).

339 F. Nietzsche, Zur Genealogie der Moral, I 7, in: G. Colli; M. Montinari [Hrsg.], *Kritische Studienausgabe*, 2. Aufl., S. 18–25 (267).

340 M. Scheler, *Der Formalismus in der Ethik und die materiale Wertethik. Neuer Versuch eines ethischen Personalismus*, Bern 1916, 4. Aufl., 1954.

341 M. Müller; A. Halder, Art. Wert I, in: *Staatslexikon. Recht, Wirtschaft, Gesellschaft*, hrsg. von der Görres-Gesellschaft, Band VIII, 6. Aufl., Freiburg 1963, Sp. 596–601 (597).

342 M. Heidegger, Nietzsches Wort »Gott ist tot«, in: M. Heidegger, *Holzwege*, Frankfurt a. M. 1977, S. 209–67 (227).

343 Für einen normativ-utilitaristischen Ansatz: J. Rawls, *A Theory of Justice*; für den diskurstheoretischen: J. Habermas, *Moralbewußtsein und kommunikatives Handeln*, 7. Aufl., Frankfurt a. M. 1999; für den kantianischen: F. Ricken, *Allgemeine Ethik*, 2. Aufl., Stuttgart 1989.

344 C. Schmitt, Die Tyrannei der Werte, in: C. Schmitt; E. Jüngel; S. Schelz, *Die Tyrannei der Werte*, S. 13.

345 J. Habermas, *Faktizität und Geltung, Beiträge zur Diskurstheorie des Rechts und des demokratischen Rechtsstaats*, 2. Aufl., Frankfurt a. M. 1992, S. 315.

346 H. von Hentig, *Ach, die Werte! Ein öffentliches Bewußtsein von zwiespältigen Aufgaben. Über eine Erziehung für das 21. Jahrhundert*, München; Wien 1999, S. 69.

347 T. Hüttenberger, Was leistet der Wertbegriff für die Aufgaben von Theologie und Kirche?, in: A.-K. Finke; J. Zehner [Hrsg.], *Zutrauen zur Theologie*, Berlin 2000, S. 316–32.

348 M. Honecker, *Einführung in die Theologische Ethik*, S. 233.

349 W. Huber, Christliche Moral und ökonomische Vernunft, in: *Zeitschrift für Evangelische Ethik*, 50. Jg., 2006, S. 3–6 (6).

350 Die Ausführungen zum Anstandsbegriff basieren auf: N. O. Oermann, Anstand als Maßstab wirtschaftlichen Handelns, in: J. Metelmann; T. Beyes [Hrsg.], *Anstand*, Berlin 2011, S. 121–46.

351 A. Schweitzer, *Predigten 1898–1948*, hrsg. v. R. Brüllmann; E. Gräßer, München 2001, S. 1269; A. Schweitzer, *Was sollen wir tun? 12 Predigten über ethische Probleme*, Heidelberg 1974, S. 77 f.

352 H. Haberstumpf, *Die Formel vom Anstandsgefühl aller billig und gerecht Denkenden in der Rechtsprechung des Bundesgerichtshofs. Eine Untersuchung über juristische Argumentationsweisen*, Berlin 1976, S. 74.

353 Ebenda, S. 34 f.

354 Zur Legaldefinition der »guten Sitten« vgl. § 138 BGB.

355 Zit. nach: W. Hofer [Hrsg.], *Der Nationalsozialismus. Dokumente 1933–1945*, Frankfurt a. M. 1988, S. 114. Hervorhebung durch den Verfasser.

356 K.-H. Göttert, *Zeiten und Sitten. Eine Geschichte des Anstands*, Stuttgart 2009, S. 259.

357 R. Gross, *Anständig geblieben: Nationalsozialistische Moral*, Frankfurt a. M. 2010.

358 K.-H. Göttert, *Zeiten und Sitten. Eine Geschichte des Anstands*, S. 9.

Ethik im Lichte klassischen ökonomischen Denkens

359 Graduate Seminar »Global Justice« an der Harvarder *Faculty for Arts and Sciences* im *Spring Term* 2003, gehalten von Proff. J. Cohen, T. Scanlon und A. Sen. Prof. Sen danke ich für die Betreuung des betreffenden Kapitels dieser Arbeit.

360 U. J. Heuser, *Das Unbehagen im Kapitalismus. Die neue Wirtschaft und ihre Folgen*, Berlin 2000.

361 F. W. Graf, Der Stellenwert der Religion im Globalisierungsprozess moderner Wirtschaft: Christentum, in: *Handbuch der Wirtschaftsethik*, Band 1, S. 627–69 (665).

362 K. Marx, *Werke. Artikel. Entwürfe März 1843 bis August 1844*, Marx-Engels Gesamtausgabe, Band I/2, Berlin 1982, S. 383.

363 M. Patzen, Zur Diskussion des Adam-Smith-Problems – ein Überblick, in: A. Meyer-Faje; P. Ulrich [Hrsg.], *Der andere Adam Smith. Beiträge zur Neubestimmung von Ökonomie als Politischer Ökonomie*, Bern; Stuttgart 1991, S. 21–54 (51).

364 A. Smith, *Wealth of Nations. Book IV: Of Systems of political oeconomy (reprint)*, New York 1991, S. 325.

365 H. C. Binswanger, *Die Glaubensgemeinschaft der Ökonomen*, München 1998, S. 47.

366 M. Büscher, Gott und Markt – religionsgeschichtliche Wurzeln Adam Smiths und die »Invisible Hand« in der säkularisierten Industriegesellschaft, in: A. Meyer-Faje; P. Ulrich [Hrsg.], *Der andere Adam Smith: Beiträge zur Neubestimmung von Ökonomie als Politischer Ökonomie*, S. 123–44 (126).

367 A. Smith, *Wealth of Nations*. Book I: Of the causes of improvement in the productive power of labour and of the order according to which its produce is naturally distributed among the different ranks of the people, Chapter I: Of the division of labour, S. 10 f.

368 R. H. Nelson, *Economics as Religion*, University Park, PA 2001, S. 1.

369 A. Smith, *Wealth of Nations*. Book IV: On systems of political economy, Chapter II: Of restraints upon the importation from foreign countries of such goods as can be produced at home, S. 351 f. Hervorhebung vom Verfasser.

370 J. C. Cobb, Wirtschaft gegen Gemeinschaft. Theologische Fragen an kapitalistische Wirtschaftstheorien, in: *Evangelische Kommentare* 21, 1988, S. 445–50; H. C. Recktenwald, Eine Adam-Smith-Renaissance Anno 1976? Eine Neubeurteilung seiner Originalität und Gelehrsamkeit, in: H. C. Recktenwald, *Ethik, Wirtschaft und Staat. Adam Smiths politische Ökonomie heute*, Darmstadt 1985, S. 367 f.; P. A. Samuelson, A Modern Theorist's Vindication of Adam Smith, in: *The American Economic Review*, Band 67, 1977, Nr. 1, S. 42–49.

371 A. Smith, *The Theory of Moral Sentiments*, London 1854; repr. New York 2000, Part Fourth: Of the effect of utility upon the sentiment of approbation, Chapter I: Of the Beauty which the Appearance of Utility bestows upon all the Production of Art, and of the extensive Influence of this Species of Beauty, S. 264 f. Hervorhebung vom Verfasser.

372 A. Smith, *The History of Astronomy*, Book III, Chapter II. Hervorhebung vom Verfasser.

373 D. Begg; S. Fischer; R. Dornbusch, *Economics*, 7. Aufl., New York 2003, S. 8.

374 A. Smith, *Wealth of Nations*, Book I: Of the causes of improvement in the productive power of labour and of the order according to which its produce is naturally distributed among the different ranks of the people, Chapter II: Of the principle which gives occasion to the division of labour, S. 20.

375 A. Smith, *Wealth of Nations*, Book IV: Of systems of political oeconomy, Chapter III: Of the extraordinary restraints upon the importation of good of almost all kinds, from those countries with which the balance is supposed to be disadvantageous, S. 382 f.

376 H. Cox, The Market as God, in: *The Atlantic Monthly*, 03/1999, S. 18–24.

377 Ricardo ist derjenige, dem Makroökonomie ihre Grundstruktur verdankt, indem er deren maßgebliche Faktoren Preis, Lohn, Zins und Gewinn in systematischer Analyse erstmals dargestellt hat. Anders als bei Smith spielen soziale oder politische Überlegungen für ihn eine weniger zentrale Rolle. So wird der Pauperismus und das damit verbundene Massenelend von Ricardo wie auch bei Malthus als Grundgegebenheit der Marktwirtschaft verstanden. J. K. Galbraith, *The affluent society*, Boston; New York 1998, S. 22–27. In *Principles of Political Economy and Taxation* erklärt D. Ricardo, sein Werk sei »about policy, and partisanship, and social engineering, not theory […].« In: R. K. Kanth, *Against Economics. Rethinking political economy*, Aldershot 1997, S. 125.

378 R. K. Kanth, *Political Economy and Laissez Faire: Economics and Ideology in the Ricardian Era*, Totowa, NJ 1986; R. K. Kanth, The Decline of Ricardian politics: Some notes on the paradigm-shift in economics from the classical to the neo-classical persuasion, in: *European Journal of Political Economy*, vol. 1, No. 2, 1985, S. 157–87.

379 A. Pawlas, *Freiheit – Erfolgsprogramm oder Illusion der Neuzeit? Ein sozialethischer Überblick über die neuzeitliche Freiheitsgeschichte*, Bielefeld 1991, S. 103.

380 Beispielhaft zeigt sich dies, wenn er etwa im Rahmen seiner Preistheorie die Armut der Arbeiter als *necessary*, also als unvermeidbares Phänomen, beschreibt und allein die Preise für Nahrungsmittel als primäre Grundlage zur Festsetzung von Löhnen heranzieht. Dementsprechend lehnt Ricardo die *poor laws* und jegliche staatliche Interventionen bei der freien Aushandlung von Löhnen und Gehältern ab. Der natürliche Maßstab für Löhne sei dabei das bloße Existenzminimum. Steigen die Löhne über dieses Maß hinaus, reduziert sich die Zahl der Arbeiter, und die Preise steigen. Fallen die Löhne unter das Existenzminimum, kommt es zu Krankheiten und Seuchen, wodurch die Zahl der Arbeiter dezimiert wird mit der Folge, dass die Löhne noch stärker steigen. Auf die Möglichkeit, höhere Produktivität durch besser ausgebildete, versicherte und gesün-

dere Arbeiter zu erreichen, geht Ricardo kaum ein. Vgl. D. Ricardo, *Principles of Political Economy and Taxation*, London; New York 1911; repr. New York 1996, S. 73.

381 Dies zeigt folgendes Zitat: »To be made happier they [people] require only to be better governed and instructed [...]. No increase in the population can be too great, as the powers of production are still greater.« In: D. Ricardo, *Principles of Political Economy and Taxation*, S. 69.

382 J. C. Cobb merkt in diesem Zusammenhang an: »Überraschend ist, dass dieses egoistische Verhalten für rational erklärt wird. Noch überraschender ist, dass es dem Wohlstand aller zum Vorteil sein soll, wenn der Egoismus eines jeden ungehindert bleibt J. C. Cobb, Wirtschaft gegen Gemeinschaft.« In: Theologische Fragen an kapitalistische Wirtschaftstheorien, in: *Evangelische Kommentare* 21, 1988, S. 445 – 50.

383 A. Marshall, *Principles of Economics*, 8. Aufl., London 1920; repr. New York 1997, S. 1.

384 D. L. Munby, *Christ und Wirtschaft*, Gütersloh 1962, S. 66. Armut ist für A. Marshall in erster Linie zwar ein soziales Problem, das aber am Ende mathematisch-ökonomisch lösbar ist. Die Hauptaufgabe, die sich aus seiner Sicht den Ökonomen stellt, ist die möglichst effiziente Allokation von Mitteln angesichts des Knappheitsdilemmas. Ausgangspunkt seines Verständnisses von Ökonomie ist nicht der Wettbewerb *per se*, sondern die Fähigkeit, eine freie und informierte Auswahl bzw. Kaufentscheidung zu treffen. Diese menschliche Freiheit ist der Motor ökonomischen Wachstums, das seinerseits die Grundlage für Fortschritt im Wege der Industrialisierung schafft. Vgl. A. Marshall, *Principles of Economics*, S. 2, 5.

385 P. de Gijsel, Das Problem des Selbstwiderspruchs aus ökonomischer Sicht: Zur neoklassischen Analyse von moralischem und egoistischem Handeln in marktwirtschaftlichen Systemen, in: E. Herms; S. Habicht-Erenler [Hrsg.], *Theologische Aspekte der Wirtschaftsethik V. Dokumentation der fünften Klausurtagung der Wissenschaftlichen Gesellschaft für Theologie und der Evangelischen Akademie Loccum, 24. – 26. 06. 1988*, S. 102 – 30 (108 f.).

386 Ebenda, S. 102 – 30 (113 – 15).

387 Aus Sicht seines Biografen H. D. Kurz beginnt Schumpeter als undisziplinierter Walrasianer und endet als disziplinierter Marxianer. Vgl. hierzu: H. D. Kurz, *Joseph A. Schumpeter. Ein Sozialökonom zwischen Marx und Walras*, Marburg 2005.

388 Charakteristisch für das ökonomische Denken Schumpeters ist die von ihm in seinem Werk *Kapitalismus, Sozialismus und Demokratie* ausgeführte These, dass Kapitalismus immer ein evolutionärer Prozess sei, der sich durch eine »schöpferische Zerstörung« über den Konkurrenzmechanis-

mus stets von innen heraus, und zwar im Wege der permanenten Zerstörung alter Strukturen, reguliere und regeneriere, in: J. A. Schumpeter, *Kapitalismus, Sozialismus und Demokratie*, 7. Aufl., Tübingen; Basel 1993, S. 134–142. Für Schumpeter findet die Idee eines vollkommenen Wettbewerbs als Idealzustand kein Pendant in der marktwirtschaftlichen Realität. An den massiven Nebenwirkungen eines dem Kapitalismus innewohnenden Zerstörungsprozesses lässt er am Ende seiner Überlegungen keinen Zweifel: »Die These, die ich zu begründen versuchen werde, ist die, dass die gegenwärtigen und künftigen Leistungen des kapitalistischen Systems dergestalt sind, dass sie die Vorstellung seines Zusammenbruchs unter dem Gewicht wirtschaftlicher Fehlschläge widerlegen und dass vielmehr gerade sein Erfolg die sozialen Einrichtungen, die es schützen, untergräbt und unvermeidlich Bedingungen schafft, unter denen es nicht zu leben vermag […]. Um sie [die These] jedoch anzunehmen, braucht man kein Sozialist zu sein. Die Prognose enthält nichts über die Wünschbarkeit des Laufs der Dinge, die sie voraussagt. Wenn ein Arzt voraussagt, dass sein Patient nächstens sterben werde, bedeutet das nicht, dass er es wünscht«. In: J. A. Schumpeter, *Kapitalismus, Sozialismus und Demokratie*, 7. Aufl., S. 106.

389 Schumpeter ist bemüht, bei Aristoteles einen reinen Ökonomiebegriff zu identifizieren, der vom Begriff der Ethik strikt getrennt ist. Er vernachlässigt dabei, dass es die *dikaiosyne* als Summe der Tugenden bei Aristoteles ist, die den Ökonomiebegriff vom Gerechtigkeitsbegriff untrennbar macht. Vgl. J. A. Schumpeter, *Geschichte der ökonomischen Analyse*, Erster Teilband, Göttingen 1965, S. 100f.

390 Als Regierungsberater empfahl er, zur Ankurbelung der krisengeschüttelten Wirtschaften Europas und Amerikas nicht auf das Eingreifen einer unsichtbaren Hand im Bereich des Arbeitsmarktes zu warten, sondern vonseiten des Staates über Steuer- und Arbeitsmarktpolitik temporär zusätzliche Beschäftigungsmöglichkeiten zu schaffen, um kurzfristig jene dringend benötigte Binnennachfrage zu generieren, welche die Wirtschaft wieder anspringen lässt. Der gebürtige Kanadier John Kenneth Galbraith war es dann, der als ökonomischer Berater mehrerer US-Präsidenten dem Keynesianismus in den Vereinigten Staaten zum Durchbruch verhalf. Das Bemühen, Arbeitslosigkeit nicht nur als ökonomisches Übel, sondern auch als enormes soziales Gift zu begreifen, erklärt dann auch, warum wirtschaftsethische Überlegungen nach dem Zweiten Weltkrieg besonders von Wohlfahrtökonomen und Keynesianern entwickelt wurden.

391 Keynes stellt fest: »The matters at issue are of an importance which cannot be exaggerated. But, if my explanations are right, it is my fellow economists, not the general public, whom I must first convince.«, in:

J. M. Keynes, *The General Theory of Employment, Interest, and Money*, New York 1936; repr. New York 1997, S. x.

392 Über die Auseinandersetzung mit dem Thema der Langzeitarbeitslosigkeit als einem der gesellschaftlich destabilisierendsten Faktoren in der Weltwirtschaftskrise betritt Ökonomie wieder verstärkt politisches und ethisches Terrain, auch wenn die Sprache der Ökonomie für Keynes wie zuvor für Marshall oder Walras nicht die der Philosophie, sondern die der Mathematik ist. In *The General Theory of Employment, Interest, and Money* versucht Keynes nicht weniger als eine Gesamtanalyse der Gesellschaft mit Blick auf ihre nationalökonomischen Antriebskräfte. Diese Analyse ist stets unter Berücksichtigung der Weltwirtschaftskrise von 1929 mit ihren desaströsen wirtschaftlichen und in der Folge auch politischen und sozialen Konsequenzen zu betrachten: »The outstanding faults of the economics society in which we live are its failure to provide full employment and its arbitrary and inequitable distribution of wealth and income. […] For my own part, I believe that there is a social justification for significant inequalities of incomes and wealth, but not for such large disparities as exist to-day. […] Moreover, dangerous human proclivities can be canalised into comparatively harmless channels by the existence of opportunities for money-making and private wealth, which, if they cannot be satisfied in this way, may find their outlet in cruelty, the reckless pursuit of personal power and authority, and other forms of self- aggrandisement. It is better that a man should tyrannise over his bank balance than over his fellow-citizens; and whilst the former is sometimes denounced as a means to the latter, sometimes at least it is an alternative.«, in: J. M. Keynes, *The General Theory of Employment, Interest, and Money*, S. 372; 374.

393 Warum diese Interdependenz entscheidend ist, illustriert J. K. Galbraith anhand eines einprägsamen Beispiels: »The family which takes its mauve and cerise, air-conditioned, power-steered, and power- braked automobile out for a tour passes through cities that are badly paved, made hideous by litter, blighted buildings, billboards, and posts for wires that should long since have been put underground. They pass on into a countryside that has been rendered largely invisible by commercial art. […] They picnic on exquisitely packaged food from a portable icebox by a polluted stream and go on to spend the night at a park which is a menace to public health and morals. Just before dozing off on an air mattress, beneath a nylon tent, amid the stench of decaying refuse, they may reflect vaguely on the curious unevenness of their blessings. Is this, indeed, the American genius?«, in: J. K. Galbraith, *The affluent society*, S. 187 f.

394 J. M. Keynes, *The economic consequences of the peace*, London 1920, S. 16 f. Hervorhebung im Original.

395 J. M. Keynes, *Das Ende des Laisser-Faire. Ideen zur Verbindung von Privat- und Gemeinwirtschaft*, München; Leipzig 1926, S. 20. Siehe auch: M. Büscher, Gott und Markt – Religionsgeschichtliche Wurzeln Adam Smiths und die »Invisible Hand« in der säkularisierten Industriegesellschaft, in: A. Meyer-Faje; P. Ulrich [Hrsg.], *Der andere Adam Smith. Beiträge zur Neubestimmung von Ökonomie als Politischer Ökonomie*, S. 123–44 (123).

396 R. H. Nelson, *Economics as Religion*, S. 30.

397 J. M. Keynes, Economic possibilities for our grandchildren, in: J. M. Keynes, *The Collected Writings, Band IX: Essays in Persuasion*, London 1972, S. 321–332. Siehe auch: T. J. Gorringe, *Capital and the kingdom. Theological ethics and economic order*, New York 1994, S. 71.

398 P. A. Samuelson; W. D. Nordhaus, *Microeconomics*, 15. Aufl., New York 1995.

399 Ebenda, S. 31.

400 P. A. Samuelson betont gleich zu Anfang seines Lehrbuchs, dass er sich im Grundsatz seiner Theorie des perfekten Wettbewerbs auf Adam Smith beruft: »Adam Smith recognized that the virtues of the market mechanism are fully realized when the checks and balances of perfect competition are present. What is meant by perfect competition? It means that all goods and services have a price and are traded on markets. It also means no firm or consumer is large enough to affect the market price.« In: Ebenda, S. 31.

401 J. Sacks, *The dignity of difference*, S. 34.

402 P. A. Samuelson; W. D. Nordhaus, *Microeconomics*, S. 31.

403 R. H. Nelson, *Economics as Religion*, S. 296, 299.

404 M. Friedman, *Capitalism and Freedom*, Chicago; London 1982, S. 4.

405 Dass Friedman bei der Identifizierung des Optimums an Freiheit keine Kompromisse eingeht, bestätigte ihm einmal sein Kollege P. A. Samuelson in einer öffentlichen Diskussion: »Die Götter haben ihn [Milton Friedman] mit allem Erdenklichen bedacht, nur nicht mit der Gabe des ›Vielleicht‹.«

406 M. Friedman, *Capitalism and Freedom*, S. 56 f.

407 Für die Diskussionen und entsprechenden Hinweise zur Bedeutung der Linguistik und der religiösen Sprache in der Ökonomie danke ich meinem Betreuer Prof. Noam Chomsky, Massachusetts Institute of Technology (MIT).

408 M. Friedman, *Capitalism and freedom*, S. 35 f.

409 M. Friedman, The social responsibility of business is to increase its profits, in: *The New York Times Magazine* vom 13.09.1970, S. 32 f., 122–26.

410 Während Friedman nicht der Meinung ist, dass Kapitalismus in sich selbst ein ethisches Element inkorporiert, sondern lediglich eine effektive Ordnung schaffen soll, um individuelle Freiheit gesamtgesellschaftlich zu sichern, so kommt er in Konflikt mit seiner eigenen Argumentationsstruktur, wenn er behauptet, Kapitalismus sei das einzige effektive Instrument zur Freiheitssicherung, und das Individuum könne nur im kapitalistischen Wettbewerb seine *highest utility* verwirklichen. So verstanden ist nämlich Friedmans Ansatz als »Naturgesetz der Freiheit« im Sinne von Amartya Sen auch nur ein *engineering approach*, der versucht, gesellschaftliche Probleme wie Armut oder Arbeitslosigkeit technisch-mathematisch ohne den Rekurs auf ethische Implikationen oder politische Ursachen zu beschreiben, ohne diese nachhaltig lösen zu können. Vgl. A. Sen, *On Ethics and Economics*, Oxford 1987, S. 8; A. Sen, Rational Fools: A critique of the behavioural foundations of economic theory, in: F. Hahn; M. Mollis [Hrsg.], *Philosophy and Economic Theory*, Oxford 1979, S. 87–109.

411 G. S. Becker, *Der ökonomische Ansatz zur Erklärung menschlichen Verhaltens*, 2. Aufl., Tübingen 1993.

412 G. S. Becker, *Familie, Gesellschaft und Politik*, Tübingen 1996.

413 G. S. Becker, *Der ökonomische Ansatz zur Erklärung menschlichen Verhaltens*, S. 15.

414 H. Prantl, Die Beischläfer, in: *Süddeutsche Zeitung* vom 14.11.2003.

415 D. Kahneman, Varieties of counterfactual thinking, in: N. J. Roese; J. M. Olson [Hrsg.], *What Might Have Been: The Social Psychology of Counterfactual Thinking*, Hillsdale, NJ 1995, S. 375–96; D. Kahneman, A psychological point of view: Violations of rational rules as a diagnostic of mental processes (Commentary on Stanovich and West), in: *Behavioral and Brain Sciences* 23, 2000, S. 681–3; D. Kahneman; M. Riepe, Aspects of investor psychology, in: *The Journal of Portfolio Management* 24, 1998, S. 52–65.

416 Y. Spiegel, *Wirtschaftsethik und Wirtschaftspraxis – ein wachsender Widerspruch?*, Stuttgart; Berlin; Köln 1992, S. 21.

417 A. Müller-Armack, *Genealogie der Sozialen Marktwirtschaft*, Bern; Stuttgart 1981, S. 12.

418 W. Eucken, *Unser Zeitalter der Mißerfolge*, Tübingen 1951, S. 72.

419 B. G. Gemper [Hrsg.], *Marktwirtschaft und soziale Verantwortung*, Köln 1973, S. 9.

420 A. Heinemann, *Die Freiburger Schule und ihre geistigen Wurzeln*, München 1989, S. 99 f.

421 W. Eucken, Die Wettbewerbsordnung und ihre Verwirklichung, in: *Ordo*, Band 2, 1949, S. 1–99 (93).

422 A. Heinemann, *Die Freiburger Schule und ihre geistigen Wurzeln*, S. 18.

423 F. A. von Hayek, *Individualismus und wirtschaftliche Ordnung*, Erlenach-Zürich 1952.

424 A. Müller-Armack, Art. Soziale Marktwirtschaft, in: *Handwörterbuch der Sozialwissenschaften*, Band 9, Stuttgart; Tübingen 1956, S. 390–92. Hervorhebung im Original.

425 G. Schmoller, Über einige Grundfragen der Socialpolitik und der Volkswirtschaftslehre, Leipzig 1898, S. 223.

426 A. Müller-Armack, *Religion und Wirtschaft. Geistesgeschichtliche Hintergründe unserer europäischen Lebensform*, 2. Aufl., Stuttgart; Berlin; Köln; Mainz 1968.

427 Ebenda, S. 94.

428 Ebenda, S. 222.

429 Ebenda, S. 226 f.

430 Ebenda, S. 564.

431 Ebenda, S. 565.

432 Ebenda, S. 570.

433 G. Meister-Scheufelen, »Gerechtigkeit« in der Sozialen Marktwirtschaft, in: *Die Neue Ordnung*, Nr. 5/2002, S. 324–29 (324).

434 Ebenda, S. 324–29 (327).

435 L. Erhard, *Wohlstand für alle*, 8. Aufl., Düsseldorf; Wien 1964, S. 262. Hervorhebungen im Original.

436 C. Heusgen, *Ludwig Erhards Lehre von der Sozialen Marktwirtschaft. Ursprünge, Kerngehalt, Wandlungen*, Bern; Stuttgart 1981, S. 156–62.

437 L. Erhard, *Bundestagsreden*, hrsg. von R. Barzel, Bonn 1972, S. 47; C. Heusgen, *Ludwig Erhards Lehre von der Sozialen Marktwirtschaft. Ursprünge, Kerngehalt, Wandlungen*, S. 179.

438 L. Erhard, *Wohlstand für alle*, S. 232 f.

439 U. Nothelle-Wildfeuer, Der Streit um die Soziale Marktwirtschaft, in: *Die Neue Ordnung*, Nr. 2/2002, S. 113–24 (113).

440 Ebenda, S. 113–24 (114 f.).

441 Ebenda, S. 113–24 (117 f., 119).

442 D. Dietzfelbinger, *Soziale Marktwirtschaft als Wirtschaftsstil. Alfred Müller-Armacks Lebenswerk*, Gütersloh 1998.

Neuere spätklassische Wirtschaftsethiken

443 D. Dietzfelbinger, Besprechung von B. Noll, *Wirtschafts- und Unternehmensethik in der Marktwirtschaft*, Stuttgart 2002, in: *Theologische Literaturzeitung* 129 (2004) 3, S. 330 f.

444 Die Ausführungen des Kapitels basieren auf N. O. Oermann, Wirtschaftsethik – quo vadis? »Ist« und »Soll« eines Bindestrichfachs aus protestantischer Perspektive, in: *Theologische Literaturzeitung (ThLZ) 139* (2014), S. 411–26.

445 P. Plickert, Ein Bindestrich-Fach, in: *Frankfurter Allgemeine Zeitung* vom 18.02.2012.

446 W. Nethöfel, Der wirtschaftsethische Beitrag des Protestantismus, in: *Globalisierung und Wirtschaftsethik: Markt und soziale Verantwortung*, epd-Dokumentation 43, Frankfurt 2001, in: http://www.uni-marburg.de/fb05/fachgebiete/sozialethik/personal/nethoefel/publikationen, abgerufen am 01.08.2014.

447 N. Luhmann, Wirtschaftsethik – als Ethik?, in: J. Wieland [Hrsg.], *Wirtschaftsethik und Theorie der Gesellschaft*, Frankfurt a. M. 1993, S. 134.

448 K. Homann, *Theoriestrategien der Wirtschaftsethik*, Diskussionspapier Nr. 2012–4, Wittenberg-Zentrum für globale Ethik, Wittenberg 2012, S. 4.

449 K. Homann; C. Lütge, *Einführung in die Wirtschaftsethik*, Berlin 2013; K. Homann; A. Suchanek, Ökonomik – Eine Einführung, Tübingen 2004.

450 Homann hat mit seinem prägenden Ansatz einige Schüler hervorgebracht, die seine Grundidee in unterschiedlichen Facetten weiterführen. Darunter u. a. folgende Personen mit Literatur (in Auszügen): Ingo Pies (I. Pies [Hrsg.], *Das weite Feld der Ökonomik*. Von der Wirtschaftsforschung und Wirtschaftspolitik bis zur politischen Ökonomik und Wirtschaftsethik, Stuttgart 2013; I. Pies [Hrsg.], *Moral als Produktionsfaktor. Ordonomische Schriften zur Unternehmensethik*, Berlin 2009); Andreas Suchanek (A. Suchanek, Ökonomische Ethik, Tübingen 2007); Christoph Lütge (C. Lütge, *Wirtschaftsethik ohne Illusionen. Ordnungstheoretische Reflexionen*, Tübingen 2012).

451 K. Homann, Wirtschaftsethik. Angewandte Ethik oder Ethik mit ökonomischer Methode, in: *Zeitschrift für Politik* 43 (1996), S. 178–83 (180).

452 K. Homann, *Theoriestrategien der Wirtschaftsethik*, S. 9.

453 K. Homann, *Ethik in der Marktwirtschaft*, Roman-Herzog-Institut Positionspapier Nr. 3, München 2007, S. 11.

454 Ebenda, S. 113 f.

455 K. Homann, *Theoriestrategien der Wirtschaftsethik*, S. 4 ff.

456 P. Ulrich, *Zivilisierte Marktwirtschaft. Eine wirtschaftsethische Orientierung*, Bern 2010; P. Ulrich, *Integrative Wirtschaftsethik. Grundlagen einer lebensdienlichen Ökonomie*, Bern 2008.

457 P. Ulrich, Integrative Wirtschaftsethik. Versuch einer (Selbst-)Einschätzung des Entwicklungs- und Diskussionsstands, in: T. Beschorner et al. [Hrsg.], *Wirtschafts- und Unternehmensethik*: Rückblick – Ausblick – Perspektiven, München 2005, S. 237.

458 Ebenda, S. 141 ff.

459 Dem Ansatz von Peter Ulrich folgen inhaltlich einige Schüler mit je eigenen Ausformungen. Darunter u. a. (in Auszügen): Ulrich Thielemann (U. Thielemann, *Das Prinzip Markt. Kritik an der ökonomischen Tauschlogik*, Bern 1996; U. Thielemann, *System error. Warum der Markt zu Unfreiheit führt*, Frankfurt a. M. 2009); Florian Wettstein (F. Wettstein, Morality Meet Politics, Politics Meet Morality. Exploring the Political in Political Responsibility, in: *Business Ethics Journal Review* 1/9 (2013), S. 57–62; F. Wettstein, *Multinational Corporations and Global Justice. Human Rights Obligations of a Quasi-Governmental Institution*, Stanford 2009; Thomas Maak (T. Maak; P. Ulrich, *Integre Unternehmensführung. Ethisches Orientierungswissen für die Wirtschaftspraxis*, Stuttgart 2007).

460 P. Ulrich, *Integrative Wirtschaftsethik. Grundlagen einer lebensdienlichen Ökonomie*, S. 14.

461 P. Koslowski, *Wirtschaft als Kultur. Wirtschaftskultur und Wirtschaftsethik in der Postmoderne*, Wien 1989.

462 P. Koslowski, *Prinzipien der Ethischen Ökonomie. Grundlegung der Wirtschaftsethik und der auf die Ökonomie bezogenen Ethik*, Tübingen 1988.

463 P. Koslowski, Der homo oeconomicus und die Wirtschaftsethik, in: P. Koslowski [Hrsg.], *Neuere Entwicklungen in der Wirtschaftsethik und Wirtschaftsphilosophie*, Heidelberg 1992, S. 73–92.

464 Beschorner ist mit Recht der Auffassung, dass Ökonomie selbst zutiefst von ihren kulturellen Voraussetzungen und Ideengeschichte geprägt sei, weshalb er einer »kulturellen Ökonomie« das Wort redet. Vgl. T. Beschorner; T. Hajduk, From Body of Knowledge to Ways of Thinking: Theoretical Implications of Sector-specific CR in Europe, in: T. Beschorner; T. Hajduk; S. Simeonov [Hrsg.], *Corporate Responsibility in Europe. Government Involvement in Sector-specific Initiatives*, Gütersloh 2013, 283–296; T. Beschorner; D. Fischer; R. Pfriem; G. Ulrich, Perspektiven einer kulturwissenschaftlichen Theorie der Unternehmung – zur Heranführung, in: *FUGO Forschungsgruppe Unternehmen und gesellschaftliche Organisation*, Universität Oldenburg [Hrsg.], *Perspektiven einer kulturwissenschaftlichen Theorie der Unternehmung*, Marburg 2004, S. 9–64.

465 Der Sachstand der Diskussion mit Beiträgen der Protagonisten findet sich in: T. Beschorner et al. [Hrsg.], *Wirtschafts- und Unternehmensethik: Rückblick – Ausblick – Perspektiven*, München 2005.

466 M. Aßländer; H. G. Nutzinger, Der systematische Ort der Moral ist die Ethik. Eine kritische Anmerkung zur ökonomischen Ethik Karl Homanns, in: *Zeitschrift für Wirtschafts- und Unternehmensethik* 11/3 (2010), S. 226–48.

467 I. Pies, Karl Homanns Programm einer ökonomischen Ethik – »A View From Inside« in zehn Thesen, in: *Zeitschrift für Wirtschafts- und Unternehmensethik* 11/3 (2010), S. 249–61.

468 K. Röttgers, *Wirtschaftsphilosophische Durchblicke*. Koreferat zu den Beiträgen von Karl Homann, Andreas Georg Scherer, Peter Ulrich und Josef Wieland, in: Beschorner et al. 2005.

469 Vgl. u. a. R. Hahn et al. [Hrsg.], *Die gesellschaftliche Verantwortung des Unternehmens. Hintergründe, Schwerpunkte und Zukunftsperspektiven*, Stuttgart 2012; A. Hardtke; A. Kleinfeld [Hrsg.], *Gesellschaftliche Verantwortung von Unternehmen. Von der Idee der Corporate Social Responsibility zur erfolgreichen Umsetzung*, Wiesbaden 2010; M. Schmidt; T. Beschorner [Hrsg.], Corporate social responsibility and corporate citizenship, München 2008; D. Dietzfelbinger [Hrsg.], *Praxisleitfaden Unternehmensethik. Kennzahlen, Instrumente, Handlungsempfehlungen*, Wiesbaden 2008.

470 I. Pies, Die Entwicklung der Unternehmensethik – Retrospektive und prospektive Betrachtung aus Sicht der Ordonomik, in: I. Pies [Hrsg.], *Moral als Produktionsfaktor. Ordonomische Schriften zur Unternehmensethik*, Berlin 2009, S. 13.

471 A. Suchanek, Ökonomische Ethik, Tübingen 2007.

472 Vgl. neben zahlreichen Publikationen in diesem Bereich: A. Suchanek, Unternehmensethik. In *Vertrauen investieren*, Tübingen (im Erscheinen).

473 Beispielsweise U. Thielemann; P. Ulrich, *Standards guter Unternehmensführung. Zwölf internationale Initiativen und ihr normativer Orientierungsgehalt*, Bern 2009.

474 Wieland entfaltet unter Rückgriff auf Luhmanns Systemtheorie und die Neuere Instituionenökonomik eine eigenständige Unternehmensethik als »Governanceethik«. Siehe: J. Wieland, *Ethik der Governance*, Marburg 2007.

475 K. Homann, *Theoriestrategien der Wirtschaftsethik*, S. 3.

476 H. Albach, Betriebswirtschaftslehre ohne Unternehmensethik!, in: *Zeitschrift für Betriebswirtschaft*, 75/9 (2005), S. 809–29.

477 U. Thielemann; J. Weibler, Betriebswirtschaftslehre ohne Unternehmensethik? Vom Scheitern einer Ethik ohne Moral, in: *Zeitschrift für Betriebswirtschaftslehre* 77/2 (2007), S. 179–194; H. Albach, Betriebswirtschaftslehre ohne Unternehmensethik – Eine Erwiderung, in: *Zeitschrift für Betriebswirtschaftslehre* 77/2 (2007), S. 195–206; U. Thielemann; J. Weibler, Integre Unternehmensführung – Eine Antwort auf die Replik von Horst Albach, in: *Zeitschrift für Betriebswirtschaftslehre* 77/2 (2007), S. 207–10.

478 A. G. Scherer; A. Picot, Unternehmensethik und Corporate Social Responsibility – Herausforderungen an die Betriebswirtschaftslehre, in: *Schmalenbachs Zeitschrift für betriebswirtschaftliche Forschung*, Sonderheft 58/08 (2008), S. 1–25.

479 K. Kirchgessner, *Die guten Manager: Diakoniewissenschaft ist ein Orchideenfach*, in: DIE ZEIT vom 11.10.2007.

Individuen als moralfähige Akteure – eine biografisch-anthropologische Studie aus der Finanzindustrie

480 Die Ausführungen des Kapitels basieren auf N. O. Oermann, *Tod eines Investmentbankers. Eine Sittengeschichte der Finanzbranche*, Freiburg i. Br. 2012.

481 Ein aktuelles Beispiel für letzteres Problem stammt aus dem Jahre 2010, als die Baden-Württembergische Landesregierung Aktien des Stromversorgers Energie Baden-Württemberg AG (EnBW) vom französischen Energiekonzern Électricité de France SA (EdF) zurückkaufte und dabei von der Investmentbank Morgan Stanley beraten wurde, die jedoch mit ihren deutschen und französischen Angestellten sowohl Käufer als auch Verkäufer beriet und vertrat (»Mappus-Notheis-Affäre«). Aufgrund dieser Doppelrolle von Morgan Stanley und einer unangemessenen Nähe ihres Deutschlandchefs Notheis zum damaligen Ministerpräsident Mappus entstand so der Vorwurf, dass durch dieses Vorgehen der Bank und deren Insiderkenntnis am Ende das Land Baden-Württemberg zu viel für die rückgekauften Aktien bezahlte und damit Steuergelder verschwendete. Üblicherweise werden bei *mergers and acquisitions* oder Fusionen die sich gegenüberstehenden Parteien darum von unterschiedlichen Banken beraten und vertreten.

482 H. Fröhlich, Kapitalismus in Zahlen, in: *Brand Eins* 04/12, S. 80.

483 A. Platthaus, *Alfred Herrhausen. Eine deutsche Karriere*, Reinbek 2007, S. 252.

484 E. Follath, Der Hai und die Nadelstreifen, in: *DER SPIEGEL* 29/2000, 17.07.2000.

485 A. Rand, *Atlas shrugged*, New York 1957.

486 S. McConnell, *100 Voices: An Oral History of Ayn Rand*, New York 2010, S. 520f.

487 B. Branden, The Passion of Ayn Rand, New York 1986, S. 403.

488 Culture Dubbed. The LIBOR scandal, in: *The Economist* vom 14.07.2012.

489 Aktuell wird gegen Unicredit wegen einer möglichen Umgehung der Sanktionen gegen den Iran aufgrund der Bereitstellung von Finanzdienstleistungen ermittelt. Vgl. E. Sylvers, US investigates Unicredit over Sanctions, in: *Financial Times* vom 26.08.2012.
Ähnliches gilt für die Manipulation des Europäischen Zinssatzes LIBOR, ein Skandal, über den der College-Freund Edson Mitchells, Bob Diamond von Barclays, im Sommer 2012 sein Amt verlor, als sich herausstellte, dass seine Händler – wie die Händler zahlreicher anderer Banken – an dieser Manipulation beteiligt waren. Wie dies technisch möglich war, spielt an dieser Stelle keine Rolle. Wichtig und einfach ist die dahinterstehende Kultur, deren integrale Regel lautet, dass Regeln dazu da sind, sie zu umgehen, wenn es dazu dient, die Mission des Geldverdienens signifikant zu befördern.

490 F. Schwarz, *Die Deutsche Bank. Riese auf tönernen Füßen*, Frankfurt; New York 2003, S. 126.

491 J. Kay, Take von Wall Street's titans if you want real reform, in: *Financial Times* vom 19.09.2012, S. 9.

492 Ebenda, S. 9.

493 G. Tett, Don't just say sorry, Bob, try acting like a steward, in: *Financial Times* vom 03.07.2012, S. 9.

494 Ebenda, S. 9.

495 Tett bemüht dazu eine Parallele zum IBM-Konzern Mitte der 1990er-Jahre, als das Image der Marke so schlecht war, dass man mehr Computer ohne den Aufdruck »*IBM*« verkaufte als mit dem, was Marketingexperten das Phänomen des »*negative branding*« nennen. Tett überträgt dieses einprägsame Beispiel auf die Banken und die Finanzindustrie, allerdings mit einer wichtigen Erweiterung. Wenn Banken das Vertrauen ihrer Kunden verlieren, schadet dies aufgrund ihrer institutionellen Bedeutung nicht nur den *shareholdern*, sondern einer Volkswirtschaft als ganzer und damit allen Bürgern als deren *stakeholder*: »*If IBM is disliked, nobody but IBM investors and employees suffer. A loss of trust in banks, however, threatens the economy as a whole.*« In: G. Tett, Don't just say sorry, Bob, try acting like a steward, in: *Financial Times* vom 03.07.2012, S. 9.

496 *DER SPIEGEL* 27/2009 vom 29. Juni 2006, S. 48.

497 F. Schwarz, *Die Deutsche Bank. Riese auf tönernen Füßen*, Frankfurt; New York 2003, S. 67.

498 Ebenda, S. 70.

499 T. Anne., *Die Gier war grenzenlos. Eine deutsche Börsenhändlerin packt aus*, Berlin 2010, S. 12.

500 S. Prange, Die neue Strategie der Deutschen Bank: Ein neuer Ton, in: *Handelsblatt* Nr. 174 vom 07.–09.09.2012, S. 8 f.

501 Quelle: Deutsche Bundesbank, in: http://www.bankenverband.de/downloads/072011/ta-vw-geschaeftsentwicklung-beschaeftigte.pdf, abgerufen am 01.11.2012.

502 J. Ratzinger, Marktwirtschaft und Ethik, in: L. Roos [Hrsg.], *Stimmen der Kirche zur Wirtschaft*, 2. Auflage, Köln 1986, S. 50–58 (58).

503 Trading Trial: Adoboli in court over Dollar 2 bn UBS loss, in: *Financial Times*, 11. September 2012, S. 1; J. Kerviel, Nur ein Rad im Getriebe. Memoiren eines Traders, München 2010.

504 D. Hug, Bändiger der Investmentbank, in: *NZZ am Sonntag*, 04.11.2012, S. 33.

505 U. Buse et al., Schlussverkauf, in: *DER SPIEGEL* 50/2011 vom 12.12.2011, in: http://www.spiegel.de/spiegel/print/d-82995663.html, abgerufen am 10.07.2014.

506 C. Knop, Der Leerverkäufer seines Lebens, in: *Frankfurter Allgemeine Zeitung* vom 08.11.2012, S. 17.

507 Vom Glauben fast abgefallen, *DIE ZEIT* Nr. 10 vom 01.03.2012, S. 32.

508 G. Smith, *Die Unersättlichen. Ein Goldman-Sachs-Banker rechnet ab*, Hamburg 2012, S. 255.

509 C. Reinhart; K. Rogoff, *Diesmal ist alles anders: Acht Jahrhunderte Finanzkrisen*, München 2010.

510 R. Dobelli, *Die Kunst des klaren Denkens. 52 Denkfehler, die sie besser anderen überlassen*, München 2011, S. 70.

511 D. Ariely, Wir kleinen Sünder, in: *CAPITAL* 12/2012, S. 66–68.

512 Der Grund: Die *assets* der drei großen, im europäischen Vergleich vergleichsweise winzigen isländischen Banken (*Landsbankinn, Kaupthing, Islandsbanki*) vor ihrem Kollaps im Herbst 2008 lagen fast zehnmal höher als das Bruttosozialprodukt des gesamten Landes. Als Folge von deren Zusammenbruch fiel die Isländische Börse um 85 Prozent und auf jeden Isländer kamen durchschnittlich 300 000 US-Dollar Schulden.

Gesamtzusammenfassung

513 F. Hengsbach, *Wirtschaftsethik. Aufbruch-Konflikte-Perspektiven*, Freiburg; Basel; Wien 1991.

514 Interview des Verfassers mit John Kenneth Galbraith am 14.02.2003 in dessen Haus in Cambridge, Massachusetts.

515 Grundsatzerklärung Wirtschaft des Kreisauer Kreises (1942), in: G. Brakelmann; T. Jähnichen [Hrsg.], *Die protestantischen Wurzeln der Sozialen Marktwirtschaft. Ein Quellenband*, Gütersloh 1994, Text Nr. 39, S. 337.

516 O. Dibelius, Christentum und Wirtschaftsordnung (1947), in: G. Brakelmann; T. Jähnichen [Hrsg.], *Die protestantischen Wurzeln der Sozialen Marktwirtschaft. Ein Quellenband*, Text Nr. 42, S. 375.

Literaturverzeichnis

Adorno, T., *Gesammelte Schriften*, Band 8, Frankfurt a. M. 1972.

Albach, H., *Betriebswirtschaftslehre ohne Unternehmensethik!*, in: *Zeitschrift für Betriebswirtschaft*, 75/9 (2005), S. 809–29.

Ders., Betriebswirtschaftslehre ohne Unternehmensethik – Eine Erwiderung, in: *Zeitschrift für Betriebswirtschaftslehre* 77/2 (2007), S. 195–206.

Anselm, R., Rechtfertigung und Menschenwürde, in: W. Härle; E. Herms [Hrsg.], *Menschenbild und Menschenwürde*, Gütersloh 2001, S. 471–81.

Aristoteles, *Politik*, Übers. O. Gigon, 2. Aufl., Zürich; Stuttgart 1971.

Ders., *Rhetorik*, Übers. F. G. Sieveke, München 1980.

Ders., *Nikomachische Ethik*, Übers. O. Gigon; R. Nickel, Düsseldorf; Zürich 2001.

Assländer, M.; Nutzinger, H. G., Der systematische Ort der Moral ist die Ethik. Eine kritische Anmerkung zur ökonomischen Ethik Karl Homanns, in: *Zeitschrift für Wirtschafts- und Unternehmensethik 11/3* (2010), S. 226–48.

Badaracco, J. L.; Webb, A. P., *Morality and Character*, Case 1–393–37, *Harvard Business School* 2000.

Ders., Leadership in literature, in: *Harvard Business Review*, März 2006, S. 47–55.

Barth, K., *Kirchliche Dogmatik (KD)* III/2, Zürich 1948.

Ders., *Kirchliche Dogmatik (KD)* III/4, Zürich 1951.

Ders., *Kirchliche Dogmatik (KD)* IV/1, Zürich 1953.

Ders., *Gesamtausgabe III: Vorträge und kleinere Arbeiten 1909–1914*, hrsg. von H.-A. Drewes; H. Stoevesandt i. V. m. H. Helms; F.-W. Marquardt, Zürich 1993.

Beck, U., *Was ist Globalisierung? Irrtümer des Globalismus – Antworten auf Globalisierung*, 3. Aufl., Frankfurt a. M. 1997.

Becker, G. S., Crime and Punishment: An economic approach, in: *The Economic Approach to Human Behaviour*, Chicago, Ill. 1976, S. 39–85.

Ders., *Der ökonomische Ansatz zur Erklärung menschlichen Verhaltens*, 2. Aufl., Tübingen 1993.

Ders., *Familie, Gesellschaft und Politik*, Tübingen 1996.

Bedford-Strohm, H., *Vorrang für die Armen. Auf dem Weg zu einer theologischen Theorie der Gerechtigkeit*, Gütersloh 1993.

Ders., *Angriff auf ein Zerrbild*. Zum Aufruf »Frieden mit dem Kapital?« gegen die Unternehmerdenkschrift der EKD, 30.10.2008.

Begg, D.; Fischer, S.; Dornbusch, R., *Economics*, 7. Aufl, New York 2003.

Behnke, A., Wirtschaftsethik und Wertemanagement – Aristoteles in der Arbeitswelt, in: *VDI-Nachrichten* vom 10.06.2005, Ingenieur Karriere II/2005, S. 30.

Beintker, M., *Rechtfertigung in der neuzeitlichen Lebenswelt*, Tübingen 1998.

Benda, E.; Maihofer, W.; Vogel, H.-J. [Hrsg.], *Handbuch des Verfassungsrechts der Bundesrepublik Deutschland*, 2. Aufl., Berlin; New York 1994.

Berger, H., *Calvins Geschichtsauffassung*, Zürich 1955.

Berger, R., Rücksicht auf Familien rechnet sich für Betriebe, in: *Rheinischer Merkur* vom 30.03.2006.

Berger, P. L. [Hrsg.], *The Desecularization of the World: Resurgent Religion and World Politics:* The Resurgence of Religion in World Politics, Grand Rapids, *MI 1999*.

Beschorner, T.; Hajduk, T.; From Body of Knowledge to Ways of Thinking: Theoretical Implications of Sector-specific CR in Europe, in: T. Beschorner; T. Hajduk; S. Simeonov [Hrsg.], *Corporate Responsibility in Europe. Government Involvement in Secotr-specific Initiatives*, Gütersloh 2013, S. 283–96;

Beschorner, T.; Fischer, D.; Pfriem, R.; Ulrich, G., Perspektiven einer kulturwissenschaftlichen Theorie der Unternehmung – zur Heranführung, in: *FUGO Forschungsgruppe Unternehmen und gesellschaftliche Organisation*, Universität Oldenburg [Hrsg.], Perspektiven einer kulturwissenschaftlichen Theorie der Unternehmung, Marburg 2004, S. 9–64.

Beschorner, T. et al. [Hrsg.], *Wirtschafts- und Unternehmensethik: Rückblick – Ausblick –Perspektiven*, München 2005.

Bielefeldt, H., *Philosophie der Menschenrechte. Grundlagen eines weltweiten Freiheitsethos*, Darmstadt 1998.

Binswanger, H. C., *Die Glaubensgemeinschaft der Ökonomen*, München 1998.

Blanchard, K.; Hybels, B.; Hodges, P., *Das Jesus-Prinzip. Führen mit biblischer Weisheit*, 3. Aufl., Asslar 2000.

Böckenförde, E.-W., Politische Theorie und politische Theologie. Bemerkungen zu ihrem gegenseitigen Verhältnis, in: J. Taubes [Hrsg.], *Religionstheorie und Politische Theologie*, Band 1: *Der Fürst dieser Welt. Carl Schmitt und die Folgen*, München; Paderborn; Wien; Zürich 1983, S. 16–25.

Ders., Kritik der Wertbegründung des Rechts, in: R. Löw [Hrsg.], *Oikeiosis. Festschrift für Robert Spaemann*, Weinheim 1987, S. 1–21.

Ders., Die Entstehung des Staates als Vorgang der Säkularisation, in: E.-W. Böckenförde, *Recht, Staat, Freiheit*, Frankfurt a. M. 1991, S. 92–114.

Bohatec, J., *Calvins Lehre von Staat und Kirche mit besonderer Berücksichtigung des Organismusgedankens*, Aalen 1968.

Bonino, J. M., *Theologie im Kontext der Befreiung*, Göttingen 1977.

Bonsmann, P., *Die Rechts- und Staatsphilosophie Gustav Radbruchs*, 2. Aufl., Bonn 1970.

Bormann, F.-J., *Soziale Gerechtigkeit zwischen Fairness und Partizipation*, Fribourg; Freiburg i. Br.; Wien 2006.

Bovon, F., *Das Evangelium nach Lukas. Evangelisch-katholischer Kommentar zum Neuen Testament*, 3. Teilband Lk 15,1–19,27, Düsseldorf; Zürich 2001.

Bosse, H., *Marx-Weber-Troeltsch. Religionssoziologie und marxistische Ideologiekritik*, München 1970.

Boyes, R., Die Zukunft des Computers liegt in Afrika, in: *Tagesspiegel* vom 11.02.2006.

Brakelmann, G.; Jähnichen, T. [Hrsg.], *Die protestantischen Wurzeln der Sozialen Marktwirtschaft. Ein Quellenband*, Gütersloh 1994.

Brakelmann, G., Ansätze und Entwicklungen der modernen wirtschaftsethischen Fragestellung in den christlichen Kirchen – Evangelische Kirchen: Sozialstaat als kulturelle und ordnungspolitische Leistung, in: *Handbuch der Wirtschaftsethik*, hrsg. im Auftrag der Görres-Gesellschaft von W. Korff et al., Band 1: *Verhältnisbestimmung von Ethik und Wirtschaft*, Gütersloh 1999, S. 712–40.

Brocke, B. vom, *Bevölkerungswissenschaft Quo Vadis? Möglichkeiten und Probleme einer Geschichte der Bevölkerungswissenschaft in Deutschland*, Opladen 1998.

Brunner, E., *Das Gebot und die Ordnungen. Entwurf einer protestantisch-theologischen Ethik*, Tübingen 1932.

Ders., *Das Gebot und die Ordnungen*, 4. Aufl., Zürich 1939.

Ders., *Gerechtigkeit. Eine Lehre von den Grundgesetzen der Gesellschaftsordnung*, Zürich 1943.

Buchanan, A., Rawls's Law of the Peoples: Rules for a vanished Westphalian world, in: *Ethics*, Juli 2000, S. 697–721.

Büscher, M., Gott und Markt – religionsgeschichtliche Wurzeln Adam Smiths und die »Invisible Hand« in der säkularisierten Industriegesellschaft, in: A. Meyer-Faje; P. Ulrich [Hrsg.], *Der andere Adam Smith. Beiträge zur Neubestimmung von Ökonomie als Politischer Ökonomie*, Bern; Stuttgart 1991, S. 123–44.

Büscher, M.; Menkhoff, L., Gerechtigkeit und Effizienz – Optionen für eine gerechte internationale Finanzordnung, in: *Zeitschrift für Evangelische Ethik*, 47. Jg., 2003, S. 210–22.

Bundesverband der Katholischen Arbeitnehmer-Bewegung (KAB) Deutschlands [Hrsg.], *Texte zur Katholischen Soziallehre. Die sozialen Rundschreiben der Päpste und andere kirchliche Dokumente*, 3. Aufl., Kevelaer 1976.

Cahn, S. M.; Markie, P., *Ethics. History, theory and contemporary issues*, Oxford 1998.

Calvin, J., *Unterricht in der christlichen Religion. Institutio Religionis Christianae[Institutio]* hrsg. von O. Weber, Göttingen 1955.

Ders., *Gesamtausgabe von Calvins Auslegung der Heiligen Schrift*, Band 16: G. Graffmann; H. J. Haarbeck; O. Weber [Hrsg.], *Johannes Calvins Auslegung des Römerbriefes und der beiden Korintherbriefe*, Neukirchen 1960.

Chomsky, N., *Understanding Power*, New York 2002.

Cobb, J. C., Wirtschaft gegen Gemeinschaft. Theologische Fragen an kapitalistische Wirtschaftstheorien, in: *Evangelische Kommentare* 21, 1988, S. 445–50.

Cox, H., The Market as God, in: *The Atlantic Monthly*, 03/1999, S. 18–24.

Corpus Iuris Civilis, übers. von Th. Mommsen und bearbeitet von P. Krüger, Band 1: *Institutiones. Digesta*, Frankfurt a. M. 1968.

Crane; A., Matten, D., *Business Ethics. A European perspective*, Oxford 2004.

Curran, C. E.; McCormick R. A. [Hrsg.], *The use of Scripture in Moral Theology*, New York 1984.

Dahrendorf, R., Recht und Ordnung. Weniges ist schlimmer als die Beliebigkeit einer Welt ohne Halt, in: *Frankfurter Allgemeine Zeitung* vom 21.11.2001.

Dalferth, I. U.; Jüngel, E., Person und Gottesebenbildlichkeit, in: F. Böckle; F.-X. Kaufmann; K. Rahner; B. Welte [Hgg.], *Christlicher Glaube und moderne Gesellschaft*, Teilband 24, Freiburg; Basel; Wien 1981, S. 57–99.

Dierken, J.; von Scheliha, A., *Freiheit und Menschenwürde. Studien zum Beitrag des Protestantismus*, Tübingen 2005.

Dieter, T., *Der junge Luther und Aristoteles. Eine historisch-systematische Untersuchung zum Verhältnis von Theologie und Philosophie*, Berlin; New York 2001.

Dietz, A., *Der homo oeconomicus in der Perspektive theologischer Wirtschaftsethik*, Diss. Heidelberg 2004.

Dietz, A., *Der homo oeconomicus. Theologische und wirtschaftsethische Perspektiven auf ein ökonomisches Modell*. Gütersloh 2005.

Dietzfelbinger, D., *Soziale Marktwirtschaft als Wirtschaftsstil. Alfred Müller-Armacks Lebenswerk*, Gütersloh 1998.

Ders., Besprechung von B. Noll, Wirtschafts- und Unternehmensethik in der Marktwirtschaft, Stuttgart 2002, in: *Theologische Literaturzeitung 129* (2004) 3, S. 330 f.

Ders. [Hrsg.], *Praxisleitfaden Unternehmensethik. Kennzahlen, Instrumente, Handlungsempfehlungen*, Wiesbaden 2008.

Dreier, R.; Paulson, S. L., *G. Radbruch, Rechtsphilosophie. Studienausgabe*, 2. Aufl., Heidelberg 2003.

Duchrow, U., *Christenheit und Weltverantwortung. Traditionsgeschichte und systematische Struktur der Zweireichelehre*, Stuttgart 1970.

Ders., *Weltwirtschaft heute – Ein Feld für Bekennende Kirche?*, München 1986.

Ders., *Alternativen zur kapitalistischen Weltwirtschaft. Biblische Erinnerung und politische Ansätze zur Überwindung einer lebensbedrohenden Ökonomie*, Gütersloh 1994.

Duchrow, U.; Segbers, F. [Hrsg.], *Frieden mit dem Kapital? Wider die Anpassung der evangelischen Kirche an die Macht der Wirtschaft*, Oberursel 2008.

Ebeling, G., *Dogmatik des christlichen Glaubens I*, Tübingen 1979.

Ders., *Lutherstudien. Band II: Disputatio de homine. Dritter Teil: Die theologische Definition des Menschen*, Tübingen 1989.

Edel, S., *Wirtschaftsethik im Dialog. Der Beitrag Arthur Richs zur Verständigung zwischen Theologie und Ökonomik*, Stuttgart 1998.

Erhard, L., *Wohlstand für alle*, 8. Aufl., Düsseldorf; Wien 1964.

Ders., *Bundestagsreden*, hrsg. von R. Barzel, Bonn 1972.

Ders., Marktwirtschaft im wirtschaftlichen und sozialen Wandel. Wandlungen, Umbruch oder Umsturz unserer Gesellschaftsordnung, in: B. B. Gemper [Hrsg.], *Marktwirtschaft und soziale Verantwortung*, Köln 1973, S. 23–34.

Ernst, P., *Ehrfurcht vor dem Leben: Versuch der Aufklärung einer aufgeklärten Kultur. Ethische Vernunft und christlicher Glaube im Werk Albert Schweitzers. Mit einem Exkurs über religiöse Kultur und Sozialethik im literarischen Entwurf Leo Tolstois*, Frankfurt a. M.; Bern; New York; Paris 1991.

Eucken, W., *Unser Zeitalter der Mißerfolge*, Tübingen 1951.

Ders., Die Wettbewerbsordnung und ihre Verwirklichung, in: *Ordo*, Band 2, 1949, S. 1–99.

Evangelische Kirche in Deutschland; Deutsche Bischofskonferenz [Hgg.], *Gemeinsame Verantwortung für eine gerechte Gesellschaft*, Gemeinsame Texte 22, Hannover 2014.

Feldkamp, M. F., *Der Parlamentarische Rat 1948–1949: die Entstehung des Grundgesetzes*, Göttingen 1998.

Fischer, J., *Theologische Ethik. Grundwissen und Orientierung*, Stuttgart; Berlin; Köln 2002.

Fitschen, K., Das Gemeinsame Wort »Für eine Zukunft in Solidarität und Gerechtigkeit.« Kirchengeschichtliche Rückspiegelungen, in: *Deutsches Pfarrerblatt* 98, 1998, S. 726–9.

Frey, C., Zur theologischen Anthropologie Karl Barths, in: H. Fischer [Hrsg.], *Anthropologie als Thema der Theologie*, Göttingen 1978, S. 39–69.

Ders., Zur Begründung und zum Verständnis der Gerechtigkeit, in: *Zeitschrift für Evangelische Ethik*, 43. Jg., 1999, S. 32–5.

Ders., Zweifel an der Solidarität, in: *Zeitschrift für Evangelische Ethik*, 49. Jg., 2005, S. 82–7.

Friedman, M., The social responsibility of business is to increase its profits, in: *The New York Times Magazine* vom 13.09.1970.

Ders., *Capitalism and Freedom*, Chicago; London 1982.

Friedrich, N., Art. Wirtschaft/Wirtschaftsethik V/3, in: *Theologische Realenzyklopädie*, Band 36: *Wiedergeburt-Zypern*, Berlin; New York 2004, S. 159–70.

Fukuyama, F., *The social virtues and the creation of prosperity*, New York 1995.

Gadamer, H.-G., *Gesammelte Werke 4*, Tübingen 1987.

Galbraith, J. K., *The affluent society*, Boston; New York 1998.

Galtung, J., Ökonomismus als Okzidentalismus, in: J. Jarre [Hrsg.], *Die Zukunft der Ökonomie. Wirtschaftswissenschaftliche Forschungsansätze im Vergleich, Loccumer Protokolle* 15/1984, S. 165–77.

Gehlen, A., *Der Mensch. Seine Natur und seine Stellung in der Welt*, 9. Aufl., Frankfurt a. M. 1971.

Gemper, B. G. [Hrsg.], *Marktwirtschaft und soziale Verantwortung*, Köln 1973.

Gijsel, P. de, Das Problem des Selbstwiderspruchs aus ökonomischer Sicht: Zur neoklassischen Analyse von moralischem und egoistischem Handeln in marktwirtschaftlichen Systemen, in: E. Herms; S. Habicht-Erenler [Hrsg.], *Theologische Aspekte der Wirtschaftsethik V. Dokumentation der fünf-*

ten Klausurtagung der Wissenschaftlichen Gesellschaft für Theologie und der Evangelischen Akademie Loccum, 24.–26.06.1988, S. 102–30.

Glatzel, N. [Hrsg.], *Christliche Sozialethik im Dialog. Zur Zukunftsfähigkeit von Wirtschaft, Politik und Gesellschaft. Festschrift zum 65. Geburtstag von Lothar Roos*, Grafschaft 2000, S. 139–50.

Göttert, K.-H., *Zeiten und Sitten. Eine Geschichte des Anstands*, Stuttgart 2009.

González Faus, J. I., Sünde, in: I. Ellacuría; J. Sobrino [Hrsg.], *Mysterium Liberationis. Grundbegriffe der Theologie der Befreiung*, Band 2, Luzern 1996, S. 725–39.

Gorringe, T. J., *Capital and the kingdom. Theological ethics and economic order*, New York 1994.

Goss-Mayr, H. [Hrsg.], *Geschenk der Armen an die Reichen. Zeugnisse aus dem gewaltfreien Kampf der erneuerten Kirche in Lateinamerika*, 2. Aufl., Wien; München; Zürich 1980.

Graf, F. W., Der Stellenwert der Religion im Globalisierungsprozess moderner Wirtschaft: Christentum, in: *Handbuch der Wirtschaftsethik*, hrsg. im Auftrag der Görres-Gesellschaft von W. Korff et al., Band 1: *Verhältnisbestimmung von Ethik und Wirtschaft*, Gütersloh 1999, S. 627–69.

Gräb, W.; Korsch, D., *Selbsttätiger Glaube. Die Einheit der praktischen Theologie in der Rechtfertigungslehre*, Neukirchen-Vluyn 1985.

Gregor von Rimini, *Lectura super primum ad secundum Sentenarium*, tom. I–VII, ed. A. Trapp; V. Marcolino (*Spätmittelalter und Reformation. Texte und Untersuchungen* VII–XII), Berlin; New York 1981.

Grobys, M., NJW-Editorial: Wal-Mart – Ethikrichtlinien auf dem arbeitsrechtlichen Prüfstand, in: *Neue Juristische Wochenschrift* 39/2005, S. III.

Groos, H., *Albert Schweitzer. Größe und Grenzen*, Basel 1974.

Gross, R., *Anständig geblieben: Nationalsozialistische Moral*, Frankfurt a. M. 2010.

Grotius, H., *De iure belli ac pacis libri tres, prolegomena*, n. 11, ed. P. C. Molhuysen, Den Haag 1919; Deutsche Übersetzung *De jure belli ac pacis* von W. Schätzel, Tübingen 1950.

Gunsteren, W. F. van, *Kalvinismus und Kapitalismus*, Amsterdam 1934.

Gutiérrez, G., *Theologie der Befreiung*, München 1973.

Habermas, J., *Faktizität und Geltung, Beiträge zur Diskurstheorie des Rechts und des demokratischen Rechtsstaats*, 2. Aufl., Frankfurt a. M. 1992.

Ders., *Moralbewußtsein und kommunikatives Handeln*, 7. Aufl., Frankfurt a. M. 1999.

Haberstumpf, H., *Die Formel vom Anstandsgefühl aller billig und gerecht Denkenden in der Rechtsprechung des Bundesgerichtshofs. Eine Untersuchung über juristische Argumentationsweisen*, S. 34 f.

Hahn R. et al. [Hrsg.], *Die gesellschaftliche Verantwortung des Unternehmens. Hintergründe, Schwerpunkte und Zukunftsperspektiven*, Stuttgart 2012.

Hakamies, A., *Georg Wünschs Evangelische Sozialethik im Lichte seiner werttheoretischen Gesamtauffassung*, Marburg 1975.

Hardtke, A.; Kleinfeld, A. [Hgg.], *Gesellschaftliche Verantwortung von Unternehmen*. Von der Idee der Corporate Social Responsibility zur erfolgreichen Umsetzung, Wiesbaden 2010.

Härle, W., *Menschsein in Beziehungen. Studien zur Rechtfertigungslehre und Anthropologie*, Tübingen 2005.

Hartmann, N., *Ethik*, 4. Aufl., Berlin 1962.

Hayek, F. A. von, *Individualismus und wirtschaftliche Ordnung*, Erlenach-Zürich 1952.

Ders., Szientismus und das Studium der Gesellschaft, in: F. A. von Hayek, *Mißbrauch und Verfall der Vernunft. Ein Fragment*, Frankfurt a. M. 1959, S. 11–142.

Ders., *Der Weg zur Knechtschaft*, München 1971.

Ders., *Recht, Gesetzgebung und Freiheit*. Band 2: *Die Illusion der sozialen Gerechtigkeit*, Landsberg a. L. 1981.

Ders., *Knowledge, Evolution, and Society*, London 1983.

Ders., *The Rules of Morality are not the Conclusions of our Reason*, in: G. Radnitzky [Hrsg.], *Centripetal Forces in the Sciences*, New York 1987.

Ders., *The fatal conceit: The errors of Socialism*, London 1988.

Ders., *Die verhängnisvolle Anmaßung. Die Irrtümer des Sozialismus*, Tübingen 1996.

Heckel, M., *Die Menschenrechte im Spiegel der reformatorischen Theologie*, Heidelberg 1987.

Heckmann, F., Besprechung von E. Herms, Die Wirtschaft des Menschen. Beiträge zur Wirtschaftsethik, Tübingen 2004, in: *Theologische Literaturzeitung* 130 (2005), S. 1354 ff.

Heidegger, M., Nietzsches Wort »Gott ist tot«, in: M. Heidegger, *Holzwege*, Frankfurt a. M. Jahr 1950, S. 209–67.

Ders., Der Satz vom Grund, in: M. Heidegger, *Der Satz vom Grund*, Stuttgart 1997, S. 191–211.

Heimbach-Steins, H., [Hrsg.], *Christliche Sozialethik. Ein Lehrbuch, Band I: Grundlagen*, Regensburg 2004.

Heinemann, A., *Die Freiburger Schule und ihre geistigen Wurzeln*, München 1989.

Helmer, H.-J., *Religion und Wirtschaft. Die neue Kritik der Weberthese*, Diss. Köln 1970.

Hengsbach, F., *Wirtschaftsethik. Aufbruch-Konflikte-Perspektiven*, Freiburg; Basel; Wien 1991.

Ders., Gerechtigkeit in der Marktwirtschaft. Der systematische Ort einer wirtschaftsethischen Reflexion, in: J. Becker; G. Bol; T. Christ; J. Wallacher [Hrsg.], *Ethik in der Wirtschaft. Chancen verantwortlichen Handelns*, Stuttgart; Berlin; Köln 1996, S. 23–47.

Hentig, H. von, *Ach, die Werte! Ein öffentliches Bewußtsein von zwiespältigen Aufgaben. Über eine Erziehung für das 21. Jahrhundert*, München; Wien 1999.

Herms, E., *Luthers Auslegung des Dritten Artikels*, Tübingen 1987.

Ders., *Gesellschaft gestalten. Beiträge zur evangelischen Sozialethik*, Tübingen 1991.

Ders., Die Bedeutung der Religion für die Fortentwicklung von Wirtschaft und Gesellschaft, in: *Handbuch der Wirtschaftsethik*, hrsg. im Auftrag der Görres-Gesellschaft von W. Korff et al., Band 1: *Verhältnisbestimmung von Ethik und Wirtschaft*, Gütersloh 1999, S. 669–83.

Ders., *Die Wirtschaft des Menschen. Beiträge zur Wirtschaftsethik*, Tübingen 2004.

Ders., Das neue Paradigma. Wirtschaftsethik als Herausforderung für die Theologie und die Wirtschaftswissenschaft, in: J. Wieland [Hrsg.], *Wirtschaftsethik und Theorie der Gesellschaft*, Frankfurt a. M. 1993, S. 148–71.

Herr, T., *Zur Frage nach dem Naturrecht im deutschen Protestantismus der Gegenwart*, München; Paderborn; Wien 1972.

Heuser, U. J., *Das Unbehagen im Kapitalismus. Die neue Wirtschaft und ihre Folgen*, Berlin 2000.

Heusgen, C., *Ludwig Erhards Lehre von der Sozialen Marktwirtschaft. Ursprünge, Kerngehalt, Wandlungen*, Bern; Stuttgart 1981.

Hidehiko, A., *Die Radbruchsche Formel. Eine Untersuchung der Rechtsphilosophie Gustav Radbruchs*, Baden-Baden 2006.

Höffe, O., *Politische Gerechtigkeit. Grundlegung einer kritischen Philosophie von Recht und Staat*, Frankfurt a. M. 1987.

Höffner, J., *Soziale Gerechtigkeit und soziale Liebe. Versuch einer Bestimmung ihres Wesens*, Saarbrücken 1935.

Hösle, V., *Moral und Politik*, München 1997.

Hofer, W. [Hrsg.], *Der Nationalsozialismus. Dokumente 1933–1945*, Frankfurt a. M. 1988.

Hohm, H. J., *Politik als Beruf*, Opladen 1987.

Holl, K., *Gesammelte Aufsätze zur Kirchengeschichte*, Band I: *Luther*, 7. Aufl., Tübingen 1948.

Ders., *Gesammelte Aufsätze zur Kirchengeschichte*, Band III: *Der Westen*, Darmstadt 1965.

Homann, K.; Suchanek, A., Wirtschaftsethik – Angewandte Ethik oder Beitrag zur Grundlagendiskussion?, in: B. Biervert; M. Held [Hrsg.], *Ökonomische Theorie und Ethik*, Frankfurt a. M.; New York 1987, S. 101–21.

Homann, K., Sinn und Grenze der ökonomischen Methode in der Wirtschaftsethik, in: D. Aufderheide; M. Dabrowski [Hrsg.], *Wirtschaftsethik und Moralökonomik. Normen, soziale Ordnung und der Beitrag der Ökonomik*, Berlin 1997, S. 11–42.

Ders., *Vorteile und Anreize. Zur Grundlegung einer Ethik der Zukunft*, hrsg. von C. Lütge, Tübingen 2002.

Ders., Grundlagen einer Ethik für die Globalisierung, in: H. von Pierer; K. Homann; G. Lübbe-Wolff [Hrsg.], *Zwischen Profit und Moral. Für eine menschliche Wirtschaft*, München; Wien 2003, S. 35–72.

Ders., *Theoriestrategien der Wirtschaftsethik*, Diskussionspapier Nr. 2012–4, Wittenberg-Zentrum für globale Ethik, Wittenberg 2012.

Ders., Wirtschaftsethik. Angewandte Ethik oder Ethik mit ökonomischer Methode, in: *Zeitschrift für Politik* 43 (1996), S. 178–83.

Ders., *Ethik in der Marktwirtschaft*, Roman-Herzog-Institut Positionspapier Nr. 3, München 2007.

Ders.; Lütge, C., *Einführung in die Wirtschaftsethik*, Berlin 2013; K. Homann/ A. Suchanek, Ökonomik – Eine Einführung, Tübingen 2004.

Honecker, M., Vernunft, Gewissen, Glaube. Das spezifisch Christliche im Horizont der Ethik, in: *Zeitschrift für Theologie und Kirche* 77 (1980), S. 325–44.

Ders., *Einführung in die Theologische Ethik. Grundlagen und Grundbegriffe*, Berlin; New York 1990.

Ders., *Grundriß der Sozialethik*, Berlin; New York 1995.

Ders., Sozioökonomischer Supermarkt und kirchliche Angebote, in: *Zeitschrift für Evangelische Ethik*, 41. Jg., 1997, S. 263–71.

Huber, W., Barmer Theologische Erklärung und Zweireichelehre. Historisch-systematische Überlegungen, in: U. Duchrow [Hrsg.], *Zwei Reiche und Regimente. Ideologie oder evangelische Orientierung?*, Gütersloh 1977, S. 33–52.

Ders., Der Protestantismus und die Ambivalenz der Moderne, in: J. Moltmann [Hrsg.], *Religion der Freiheit. Protestantismus in der Moderne*, München 1990, S. 29–65.

Ders., Ein neues Kapitel im Verhältnis von Kirchen und Gewerkschaften, in: F. von Auer; F. Segbers [Hrsg.], *Markt und Menschlichkeit. Kirchliche und gewerkschaftliche Beiträge zur Erneuerung der Sozialen Marktwirtschaft*, Reinbek 1995, S. 80–93.

Ders., *Kirche in der Zeitenwende. Gesellschaftlicher Wandel und Erneuerung der Kirche*, 2. Aufl., Gütersloh 1999.

Ders., »Für eine Zukunft in Solidarität und Gerechtigkeit«. Drei Jahre nach dem Wort der Kirchen zur wirtschaftlichen und sozialen Lage, in: *Zeitschrift für Evangelische Ethik*, 44. Jg., 2000, S. 166–71.

Ders., *Um der Menschen willen – Welche Reformen brauchen wir?*, Rede des EKD-Ratsvorsitzenden am 30.09.2004 in der Berliner Friedrichstadtkirche, in: http://www.ekd.de/vortraege/154_040930_huber_sozialrede.html, abgerufen am 01.08.2014.

Ders., Christliche Moral und ökonomische Vernunft, in: *Zeitschrift für Evangelische Ethik*, 50. Jg., 2006, S. 3–6.

Ders., *Gerechtigkeit und Recht. Grundlagen christlicher Rechtsethik*, 3. Aufl., Gütersloh 2006.

Ders., *Kirche und Finanzen. Die theologische Dimension des Geldes*, in: epd-Dokumentation 28/29, 2011, S. 25–29.

Ders., *Soziale Verantwortung und unternehmerisches Handeln. Eine evangelische Perspektive*, in: epd-Dokumentation, 08.04.2008, S. 17–27.

Ders., *Zukunftsfähigkeit. Zehn Thesen zur Wirtschaftsethik*, in: W. Thierse [Hrsg.], *Ist die Politik noch zu retten? Standpunkte am Ende des 20. Jahrhunderts*, Berlin.

Hünermann, J., *Die soziale Gerechtigkeit. Erläuterungen zum Sozialrundschreiben Johannes XXIII. Mater et magistra*, Essen 1962.

Hüttenberger, T., Was leistet der Wertbegriff für die Aufgaben von Theologie und Kirche?, in: A.-K. Finke; J. Zehner [Hrsg.], *Zutrauen zur Theologie*, Berlin 2000, S. 316–32.

Huntington, S., *Who are we? The challenges to America's national identity*, New York 2004.

Institut für Gesellschaftswissenschaften Walberberg [Hrsg.], Amerikanische Bischofskonferenz – Erster Entwurf eines Hirtenbriefs. Die Katholische Soziallehre und die amerikanische Wirtschaft, in: *Die Neue Ordnung*, Sonderausgabe, April 1985, S. 18–110.

Isensee, J.; Kirchhof, P. [Hrsg.], *Handbuch des Staatsrechts der Bundesrepublik Deutschland*, Band V: *Allgemeine Grundrechtslehren*, Heidelberg 1992.

Jacobs, P., *Prädestination und Verantwortlichkeit bei Calvin*, Darmstadt 1968.

Jähnichen, T., Auf der Suche nach einer gerechten Ordnung der Weltwirtschaft. Welche globalen Regeln brauchen die internationalen Finanzmärkte? in: J. Rehm; J. Twisselmann [Hrsg.], *Wirtschaft um des Menschen willen. Stichworte für eine erneuerte Soziale Marktwirtschaft*, Nürnberg 2010.

James, H., *Familienunternehmen in Europa. Haniel, Wendel und Falck*, München 2005.

Joest, W., Paulus und das Luthersche Simul Iustus et Peccator, in: *Kerygma und Dogma* 1, 1955, S. 270–321.

Jones, L. B., *Jesus CEO: Using ancient wisdom for visionary leadership*, New York, NY 1996.

Johannes Paul II., *Der Wert der Arbeit und der Weg zur Gerechtigkeit. Enzyklika ›Über die menschliche Arbeit‹*, 2. Aufl., Freiburg; Basel; Wien 1981.

Jüngel, E., Freiheitsrechte und Gerechtigkeit, in: E. Jüngel, *Unterwegs zur Sache. Theologische Bemerkungen*, 1972, S. 246–56.

Ders., *Zur Freiheit eines Christenmenschen. Eine Erinnerung an Luthers Schrift*, München 1978.

Ders., *Das Evangelium von der Rechtfertigung der Gottlosen als Zentrum des christlichen Glaubens. Eine theologische Studie in ökumenischer Absicht*, 3. Aufl., Tübingen 1999.

Ders., Wertlose Wahrheit. Christliche Wahrheitserfahrung im Streit gegen die »Tyrannei der Werte«, in: E. Jüngel, *Wertlose Wahrheit. Zur Identität und Relevanz des christlichen Glaubens. Theologische Erörterungen III*, 2. Aufl., Tübingen 2003, S. 90–109.

Käsler, D., *Max Weber. Eine Einführung in Leben, Werk und Wirkung*, Frankfurt; New York 1995.

Kahneman, D., Varieties of counterfactual thinking, in: N. J. Roese; J. M. Olson [Hrsg.], *What Might Have Been: The Social Psychology of Counterfactual Thinking*, Hillsdale, NJ 1995, S. 375–96.

Kahneman, D.; Riepe, M., Aspects of investor psychology, in: *The Journal of Portfolio Management* 24, 1998, S. 52–65.

Kahneman, D., A psychological point of view: Violations of rational rules as a diagnostic of mental processes (Commentary on Stanovich and West), in: *Behavioral and Brain Sciences* 23, 2000, S. 681 ff.

Kanth, R. K., The Decline of Ricardian politics: Some notes on the paradigm-shift in economics from the classical to the neo-classical persuasion, in: *European Journal of Political Economy*, vol. 1, No. 2 1985, S. 157–87.

Ders., *Political Economy and Laissez Faire: Economics and Ideology in the Ricardian Era*, Totowa, NJ 1986.

Kanth, R. K., *Against Economics. Rethinking political economy*, Aldershot 1997.

Keynes, J. M., *The economic consequences of the peace*, London 1920.

Ders., *Das Ende des Laissez-Faire. Ideen zur Verbindung von Privat- und Gemeinwirtschaft*, München; Leipzig 1926.

Ders., Economic possibilities for our grandchildren, in: J. M. Keynes, *The Collected Writings, Band IX: Essays in Persuasion*, London 1972, S. 321–32.

Ders., *The General Theory of Employment, Interest, and Money*, New York 1936; repr. New York 1997.

Kirchenamt der EKD [Hrsg.], *Für eine Zukunft in Solidarität und Gerechtigkeit. Wort des Rates der Evangelischen Kirche in Deutschland und der Deutschen Bischofskonferenz zur wirtschaftlichen und sozialen Lage in Deutschland*, Hannover 1997.

Kirchgessner, K., *Die guten Manager: Diakoniewissenschaft ist ein Orchideenfach*, in: *DIE ZEIT* vom 11.10.2007.

Kley, R., *Hayek's social and political thought*, Oxford 1994.

Klose, A., *Die Katholische Soziallehre. Ihr Anspruch und ihre Aktualität*, Graz; Wien; Köln 1979.

Knieper, B., *Die Naturrechtslehre des Hugo Grotius als Einigungsprinzip der Christenheit, dargestellt an seiner Stellung zum Calvinismus*, Kassel 1971.

Knoblauch, J.; Marquardt, H. [Hrsg.], *Mit Werten in Führung gehen. Konzepte christlicher Führungskräfte*, Gießen; Basel 2001.

Körtner, U. H. J., *Evangelische Sozialethik. Grundlagen und Themenfelder*, Göttingen 1999.

Ders., *Unverfügbarkeit des Lebens. Grundfragen der Bioethik und der medizinischen Ethik*, Neukirchen-Vluyn 2001.

Kolfhaus, W., *Vom christlichen Leben nach Johannes Calvin*, Ansbach 1949.

Ders. et al. [Hgg.], *Handbuch der Wirtschaftsethik, Band 1–4*, Gütersloh 1999.

Koslowski, P., Wirtschaftsethik – ein neues Paradigma der Wirtschaftswissenschaften und der Philosophie?, in: P. Koslowski [Hrsg.], *Neuere*

Entwicklungen in der Wirtschaftsethik und Wirtschaftsphilosophie, Berlin; Heidelberg 1992, S. 9–17.

Ders., Wirtschaftsethik in der Marktwirtschaft. Ethische Ökonomie als Theorie der ethischen und kulturellen Grundlagen des Wirtschaftens, in: S. C. Matthiessen [Hrsg.], *Ökonomie und Ethik. Moral des Marktes oder Kritik der reinen ökonomischen Vernunft*, Freiburg i. Br. 1990, S. 9–30.

Ders., *Wirtschaft als Kultur. Wirtschaftskultur und Wirtschaftsethik in der Postmoderne*, Wien 1989.

Ders., *Prinzipien der Ethischen Ökonomie. Grundlegung der Wirtschaftsethik und der auf die Ökonomie bezogenen Ethik*, Tübingen 1988.

Ders., Der homo oeconomicus und die Wirtschaftsethik, in: P. Koslowski [Hrsg.], *Neuere Entwicklungen in der Wirtschaftsethik und Wirtschaftsphilosophie*, Heidelberg 1992, S. 73–92.

Krämer, W., Ein neuer Ansatz der Wirtschaftsethik im Hirtenbrief der amerikanischen Bischofskonferenz?, in: P. Dingwerth; R. Öhlschläger; B. Schmid [Hrsg.], *Wirtschaftliche Gerechtigkeit aus der Sicht des Glaubens. Die deutsche Diskussion über ein amerikanisches Hirtenwort*, Stuttgart 1988, S. 91–109.

Krasner, S. D.; Pascual, C., Addressing State Failure, in: *Foreign Affairs* 84, Nr. 4, 2005, S. 153–63.

Kraus, J. B., *Scholastik, Puritanismus und Kapitalismus*, München; Leipzig 1930.

Kreis, W., *Die wirtschaftsethischen Anschauungen in der deutschen Ökonomie des 19. Jahrhunderts unter besonderer Berücksichtigung des Unternehmerbildes. Eine dogmengeschichtliche Untersuchung am Beispiel von Adam Müller und Gustav Schmoller*, Berlin 1999.

Kreß, H., *Menschenwürde im modernen Pluralismus*, Mensch-Natur-Technik 10, Hannover 1999.

Krüsselberg, H. G., Die immanente Ethik des Vermögensbegriffs bei Adam Smith – Kooperationspotential einer freien und gerechten Gesellschaft, in: A. Meyer-Faje; P. Ulrich [Hrsg.], *Der andere Adam Smith. Beiträge zur Neubestimmung von Ökonomie als Politischer Ökonomie*, Bern; Stuttgart 1991, S. 193–222.

Kühn, H.-J., *Soziale Gerechtigkeit als moralphilosophische Forderung. Zur Theorie der Gerechtigkeit bei John Rawls*, Bonn 1984.

Küng, H., *Weltethos für Weltpolitik und Weltwirtschaft*, München; Zürich 1997.

Ders., [Hrsg.], *Dokumentation zum Weltethos*, München 2002.

Kurz, H. D., *Joseph A. Schumpeter. Ein Sozialökonom zwischen Marx und Walras*, Marburg 2005.

Lachmann, W., *Wirtschaft und Ethik. Maßstäbe wirtschaftlichen Handelns*, Stuttgart 1987.

Lenk, H.; Maring, M., Wirtschaftsethik – ein Widerspruch in sich selbst?, in: J. Becker; G. Bol; T. Christ; J. Wallacher [Hrsg.], *Ethik in der Wirtschaft. Chancen verantwortlichen Handelns*, Stuttgart; Berlin; Köln 1996, S. 1–22.

Lohse, B., *Luthers Theologie in ihrer historischen Entwicklung und in ihrem systematischen Zusammenhang*, Göttingen 1995.

Lütge, C., *Wirtschaftsethik ohne Illusionen. Ordnungstheoretische Reflexionen*, Tübingen 2012.

Luhmann, N., Positives Recht und Ideologie, in: N. Luhmann, *Soziologische Aufklärung*, Köln-Opladen 1972.

Ders., Wirtschaftsethik – als Ethik?, in: J. Wieland [Hrsg.], *Wirtschaftsethik und Theorie der Gesellschaft*, Frankfurt a. M. 1993, S. 134–47.

Luijk, H. van, Business ethics in Europe: A tale of two efforts, in: R. E. Frederick, *A companion to business ethics*, Oxford 1999, S. 353–65.

Luther, M., *Kritische Gesamtausgabe (WA)*, Band 1 ff., Weimar 1883 ff.

Maak T.; Ulrich, P., *Integre Unternehmensführung. Ethisches Orientierungswissen für die Wirtschaftspraxis*, Stuttgart 2007.

Maddison, A., *Monitoring the world economy 1820–1992*, Development Centre der OECD, Paris 1995.

Malthus, T. R., *An Essay on the Principle of Population, or A View of its Past and Present Effects on Human Happiness*, London 1803.

Mandrella, I., Die Autarkie des mittelalterlichen Naturrechtes als Vernunftrecht. Gregor von Rimini und das *etiamsi Deus non daretur*-Argument, in: J. A. Aertsen; M. Pickave [Hgg.], *»Herbst des Mittelalters?« Fragen zur Bewertung des 14. und 15. Jahrhunderts*, Miscellanea Medievalea 31, Berlin; New York 2004, S. 265–76.

Margalit, A., *Politik der Würde. Über Achtung und Verachtung*, 2. Aufl., Berlin 1997.

Marshall, A., *Principles of Economics*, 8. Aufl., London 1920; repr. New York 1997.

Marx, A., *Zur Theologie der Wirtschaft*, Wien 1962.

Marx, K., *Werke. Artikel. Entwürfe März 1843 bis August 1844*, Marx-Engels Gesamtausgabe, Band 1/2, Berlin 1982.

Matthews, J., Power Shift: The Rise of Global Civil Society, in: *Foreign Affairs* 76, Nr. 1, 1997, S. 50–66.

Maurer, E., *Der Mensch im Geist. Untersuchungen zur Anthropologie bei Hegel und Luther*, Gütersloh 1996.

Meckenstock, G., *Wirtschaftsethik*, Berlin; New York 1997.

Meffert, H., *Marketing. Grundlagen marktorientierter Unternehmensführung: Konzepte – Instrumente – Praxisbeispiele*, 9. Aufl., Wiesbaden 2000.

Meier, K., *This house has fallen. Nigeria in crisis*, London 2001.

Meister-Scheufelen, G., »Gerechtigkeit« in der Sozialen Marktwirtschaft, in: *Die Neue Ordnung*, Nr. 5/2002, S. 324–29.

Messner, J., *Das Gemeinwohl. Idee, Wirklichkeit, Aufgaben*, Osnabrück 1962.

Metz, J. B., *Zur Theologie der Welt*, Mainz; München 1968.

Mieth, D., Gerechtigkeit, in: B. Stoeckle, *Wörterbuch Christlicher Ethik*, Freiburg i. Br. 1975.

Ders., *Arbeit und Menschenwürde*, Freiburg i. Br.; Basel; Wien 1985.

Mill, J. S., *Grundsätze der politischen Ökonomie mit einigen Anwendungen auf die Sozialphilosophie*, Band 1, Jena 1924.

Moltmann, J., Protestantismus als »Religion der Freiheit«, in: J. Moltmann [Hrsg.], *Religion der Freiheit. Protestantismus in der Moderne*, München 1990, S. 11–28.

Monzel, N., *Katholische Soziallehre*. Erster Band: *Grundlegung*, Köln 1965.

Mückl, W. J. [Hrsg.], *Subsidiarität. Gestaltungsprinzip für eine freiheitliche Ordnung in Staat, Wirtschaft und Gesellschaft*, Paderborn 1999.

Müller, M.; Halder, A., Art. Wert I, in: *Staatslexikon. Recht, Wirtschaft, Gesellschaft, hrsg. von der Görres-Gesellschaft*, Band VIII, 6. Aufl., Freiburg 1963, S. 596–601.

Müller, W. E., Gerechtigkeit im Pluralismus. Grundlagenfragen des heutigen philosophischen und theologischen Zugangs zum Thema Gerechtigkeit, in: *Zeitschrift für Evangelische Ethik*, 44. Jg, 2000, S. 7–22.

Müller-Armack, A., Art. Soziale Marktwirtschaft, in: *Handwörterbuch der Sozialwissenschaften*, Band 9, Stuttgart; Tübingen 1956, S. 390 ff.

Ders., *Religion und Wirtschaft. Geistesgeschichtliche Hintergründe unser europäischen Lebensform*, 2. Aufl., Stuttgart; Berlin; Köln; Mainz 1968.

Ders., *Genealogie der sozialen Marktwirtschaft*, Bern; Stuttgart 1981.

Münch, I. von; Kunig, P. [Hrsg.], *Grundgesetz-Kommentar*, Band 1 (Präambel. Art. 1–19), 5. Aufl., München 2000.

Munby, D. L., *Christ und Wirtschaft*, Gütersloh 1962.

Myrdal, G., *Objektivität in der Sozialforschung*, Frankfurt a. M. 1971.

Naumann, F., *Ausgewählte Schriften*, Frankfurt a. M. 1949.

Nell-Breuning, O. von, *Einzelmensch und Gesellschaft*, 2. Aufl., Heidelberg 1962.

Ders., *Gerechtigkeit und Freiheit. Grundzüge katholischer Soziallehre*, Wien; München; Zürich 1980.

Ders., *Unsere Verantwortung. Für eine solidarische Gesellschaft*, Freiburg i. Br.; Basel; Wien 1987.

Ders., *Den Kapitalismus umbiegen. Schriften zu Kirche, Wirtschaft und Gesellschaft. Ein Lesebuch*, hrsg. von F. Hengsbach, Düsseldorf 1990.

Ders., *Baugesetze der Gesellschaft. Solidarität und Subsidiarität*, Freiburg; Basel; Wien 1990.

Nelson, R. H., *Economics as Religion*, University Park, PA 2001.

Nethöfel, W., Der wirtschaftsethische Beitrag des Protestantismus, in: *Globalisierung und Wirtschaftsethik: Markt und soziale Verantwortung*, epd-Dokumentation 43, Frankfurt 2001.

Neuschwander, U., Albert Schweitzer und das 20. Jahrhundert, in: H. W. Bähr, *Albert Schweitzer. Sein Denken und sein Weg*, Tübingen 1962, S. 568–78.

Nietzsche, F., Zur Genealogie der Moral, in: G. Colli; M. Montinari [Hrsg.], *Kritische Studienausgabe*, Band 5, 2. Aufl., München 1999.

Nilsson, K. O., *Simul. Das Miteinander von Göttlichem und Menschlichem in Luthers Theologie*, Göttingen 1966.

Nothelle-Wildfeuer, U., Der Streit um die Soziale Marktwirtschaft, in: *Die Neue Ordnung*, Nr. 2/2002, S. 113–24.

Nottmeier, C., *Adolf von Harnack und die deutsche Politik 1890 bis 1930: eine biographische Studie zum Verhältnis von Protestantismus, Wissenschaft und Politik*, Tübingen 2004.

Novak, M., *The Catholic Ethic and the Spirit of Capitalism*, New York 1993.

Nürnberger, K., *Ethik des Nord-Süd-Konflikts. Das globale Machtgefälle als theologisches Problem*, Gütersloh 1987.

Nutzinger, H. G. [Hrsg.], *Christliche, jüdische und islamische Wirtschaftsethik. Über religiöse Grundlagen wirtschaftlichen Verhaltens in der säkularen Gesellschaft*, 2. Aufl., Marburg 2007.

Oermann, N. O.; Zachhuber, J., *Einigkeit und Recht und Werte. Der Verfassungsstreit um das Schulfach LER in der öffentlichen und wissenschaftlichen Diskussion*, Münster; Hamburg; London 2001.

Ders., *Anständig Geld verdienen? Eine protestantische Wirtschaftsethik unter den Bedingungen globaler Märkte*, Gütersloh 2007.

Ders., Wirtschaftsethik – quo vadis? »Ist« und »Soll« eines Bindestrichfachs aus protestantischer Perspektive, in: *Theologische Literaturzeitung (ThLZ)* 4/2014, S. 1–12.

Ders., *Tod eines Investmentbankers. Eine Sittengeschichte der Finanzbranche*, Freiburg i. Br. 2012.

Ders., Anstand als Maßstab wirtschaftlichen Handelns, in: J. Metelmann; T. Beyes [Hrsg.], *Anstand*, Berlin 2011, S. 121–46.

Pannenberg, W., *Grundlagen der Ethik. Philosophisch-theologische Perspektiven*, Göttingen 1996.

Papst Franziskus, *Die Freude des Evangeliums*. Das Apostolische Schreiben »Evangelii Gaudium« über die Verkündigung des Evangeliums in der Welt von heute, Freiburg i. Br. 2013.

Patzen, M., Zur Diskussion des Adam-Smith-Problems – ein Überblick, in: A. Meyer-Faje; P. Ulrich [Hrsg.], *Der andere Adam Smith. Beiträge zur Neubestimmung von Ökonomie als Politischer Ökonomie*, Bern; Stuttgart 1991, S. 21–54.

Pawlas, A., *Freiheit – Erfolgsprogramm oder Illusion der Neuzeit? Ein sozialethischer Überblick über die neuzeitliche Freiheitsgeschichte*, Bielefeld 1991.

Ders., *Die lutherische Berufs- und Wirtschaftsethik. Eine Einführung*, Neukirchen-Vluyn 2000.

Pellegrin, P., Hausverwaltung und Sklaverei (I 3–13), in: O. Höffe [Hrsg.], *Aristoteles. Politik*, Berlin 2001.

Pesch, H., *Christlicher Solidarismus und soziales Arbeitssystem*, Berlin 1919.

Ders., *Lehrbuch der Nationalökonomie*, Band 1, 4. Aufl., Freiburg i. Br. 1924.

Pesch, O. H., *Thomas von Aquin. Grenze und Größe mittelalterlicher Theologie*, Mainz 1988.

Pester, R., *Hermann Lotze. Wege seines Denkens und Forschens. Ein Kapitel deutscher Philosophie- und Wissenschaftsgeschichte im 19. Jahrhundert*, Würzburg 1997.

Petersson, N. P.; Osterhammel, J., *Geschichte der Globalisierung. Dimensionen, Prozesse, Epochen*, München 2003.

Pfürtner, S. H.; Heierle, W., *Einführung in die katholische Soziallehre*, Darmstadt 1980.

Pies, I. [Hrsg.], *Das weite Feld der Ökonomik. Von der Wirtschaftsforschung und Wirtschaftspolitik bis zur politischen Ökonomik und Wirtschaftsethik*, Stuttgart 2013.

Ders., [Hrsg.], *Moral als Produktionsfaktor. Ordonomische Schriften zur Unternehmensethik*, Berlin 2009.

Ders., Karl Homanns Programm einer ökonomischen Ethik – »A View From Inside« in zehn Thesen, in: Zeitschrift für Wirtschafts- und Unternehmensethik 11/3 (2010), 249–61.

Ders., *F. A. von Hayek und die moralische Qualität des Wettbewerbs*, Diskussionspapier 2014, Halle 2014.

Plickert, P., Ein Bindestrich-Fach, in: *Frankfurter Allgemeine Zeitung* vom 18.02.2012.

Pogge, T. W., *Realizing Rawls*, Ithaca; London 1989.

Prantl, H., Die Beischläfer, in: *Süddeutsche Zeitung* vom 14.11.2003.

Preiser, E., *Die Zukunft unserer Wirtschaftsordnung. Eine Betrachtung über Kapitalismus und soziale Marktwirtschaft*, 3. Aufl., Göttingen 1960.

Prien, H.-J., *Luthers Wirtschaftsethik*, Göttingen 1992.

Priddat, B. P., *Der ethische Ton der Allokation. Elemente der Aristotelischen Ethik und Politik in der deutschen Nationalökonomie des 19. Jahrhunderts*, Baden-Baden 1991.

Putnam, R. D., *Bowling alone. The collapse and revival of American community*, New York 2000.

Ranke, L. von, *Sämtliche Werke*, Band 33, Leipzig 1885, S. VII.

Rat der Evangelischen Kirche in Deutschland, *Soziale Sicherung im Industriezeitalter. Eine Denkschrift der Kammer für soziale Ordnung der EKD*, 2. Aufl., Gütersloh 1973.

Ders., *Gemeinwohl und Eigennutz. Wirtschaftliches Handeln in Verantwortung für die Zukunft. Eine Denkschrift der Evangelischen Kirche in Deutschland*, 2. Aufl., Gütersloh 1991.

Ders. [Hrsg.], *Unternehmerisches Handeln in evangelischer Perspektive*. Eine Denkschrift des Rates der Evangelischen Kirche in Deutschland, Gütersloh 2008.

Ratzinger, J., Marktwirtschaft und Ethik, in: L. Roos [Hrsg.], *Stimmen der Kirche zur Wirtschaft*, 2. Aufl., Köln 1986, S. 50–58.

Rawls, J., *A Theory of Justice*, Cambridge, MA 1971.

Ders., *Political Liberalism*, New York 1993.

Ders., *The Law of Peoples*, Cambridge, MA; London 2001.

Recktenwald, H. C., Eine Adam-Smith-Renaissance Anno 1976? Eine Neubeurteilung seiner Originalität und Gelehrsamkeit, in: H. C. Recktenwald, *Ethik, Wirtschaft und Staat. Adam Smiths politische Ökonomie heute*, Darmstadt 1985.

Reents, H., Eine schrecklich nette Familie, in: *DIE ZEIT* vom 25.05.2005.

Rehm, J.; Twisselmann, J., [Hrsg.], *Wirtschaft um des Menschen willen. Stichworte für eine erneuerte Soziale Marktwirtschaft*, Nürnberg 2010.

Rendtorff, T., Der evangelische Anteil am Subsidiaritätsprinzip, in: J. Doehring [Hrsg.], *Gesellschaftspolitische Realitäten. Beiträge aus evangelischer Sicht*, Gütersloh 1964, S. 191 – 206.

Rendtorff, T., Die Zweireichelehre oder die Kunst des Unterscheidens. Bemerkungen zur theologischen Deutung des Politischen, in: U. Duchrow [Hrsg.], *Zwei Reiche und Regimente. Ideologie oder evangelische Orientierung?*, Gütersloh 1977, S. 53 – 63.

Ders., *Ethik für die Wissenschaft – Bescheidwissen oder Begleitwissen?*, in: *Freiheit und Programm in Natur und Gesellschaft*, Gaterslebener Begegnung 324/2001 (2002), S. 177 – 89.

Ders., *Ethik*, Band 1: *Grundelemente, Methodologie und Konkretionen einer ethischen Theologie*, Stuttgart 1980.

Ders., Subsidiaritätsprinzip oder Gemeinwohlpluralismus?, in: *Zeitschrift für Evangelische Ethik*, 37. Jg, 1993, S. 91 – 3.

Ders., Die ethischen Grundaussagen der Präambel der UN-Charta: Friede, Gerechtigkeit, Menschenwürde, Toleranz, in: S. Hobbe [Hrsg.], *Die Präambel der UN-Charta im Lichte der aktuellen Völkerrechtsentwicklung*, Berlin 1997, S. 9 – 24.

Ricardo, D., *Principles of Political Economy and Taxation*, London; New York 1911; repr. New York 1996.

Rich, A., *Wirtschaftsethik. Bd. 1. Grundlagen in theologischer Perspektive*, Gütersloh 1984.

Ders., *Wirtschaftsethik. Bd. 2.* Marktwirtschaft, Planwirtschaft, Weltwirtschaft aus sozialethischer Sicht, Gütersloh 1990.

Ders., *Christliche Existenz in der industriellen Welt. Eine Einführung in die sozialethischen Grundfragen der industriellen Arbeitswelt*, 2. Aufl., Zürich; Stuttgart 1964.

Ders., *Wirtschaftsethik. Grundlagen in theologischer Perspektive*, Gütersloh 1984.

Ders., *Wirtschaftsethik, Band II: Marktwirtschaft, Planwirtschaft, Weltwirtschaft aus sozialethischer Sicht*, Gütersloh 1990.

Ricken, F., *Allgemeine Ethik*, 2. Aufl., Stuttgart 1989.

Rieth, R., »*Habsucht*« *bei Martin Luther. Ökonomisches und theologisches Denken, Tradition und soziale Wirklichkeit im Zeitalter der Reformation*, Weimar 1996.

Röttgers, K., *Wirtschaftsphilosophische Durchblicke*. Koreferat zu den Beiträgen von Karl Homann, Andreas Georg Scherer, Peter Ulrich und Josef Wieland, in: Beschorner et al. 2005.

Sacks, J., *The dignity of difference*, London 2002.

Samuelson, P. A., A Modern Theorist's Vindication of Adam Smith, in: *The American Economic Review*, Band 67, 1977, Nr. 1, S. 42–49.

Samuelson, P. A.; Nordhaus, W. D., *Microeconomics*, 15. Aufl., New York 1995.

Samuelson, P. A.; Nordhaus, W. D., *Macroeconomics*, 16. Aufl., New York 1998.

Schäuble, W., *Scheitert der Westen? Deutschland und die neue Weltordnung*, Gütersloh 2003.

Scheler, M., *Der Formalismus in der Ethik und die materiale Wertethik. Neuer Versuch eines ethischen Personalismus*, Bern 1916, 4. Aufl., 1954.

Scherer, A. G.; Picot, A., Unternehmensethik und Corporate Social Responsibility – Herausforderungen an die Betriebswirtschaftslehre, in: *Schmalenbachs Zeitschrift für betriebswirtschaftliche Forschung*, Sonderheft 58/08 (2008), S. 1–25.

Scheuren-Brandes, C. M., *Der Weg von nationalsozialistischen Rechtslehren zur Radbruchschen Formel. Untersuchungen zur Geschichte der Idee vom »Unrichtigen Recht«*, Paderborn; München; Wien; Zürich 2006.

Schieder, R., *Civil Religion. Die religiöse Dimension der politischen Kultur*, Gütersloh 1987.

Schlosser, H., *Grundzüge der Neueren Privatrechtsgeschichte. Rechtsentwicklungen im europäischen Kontext*, 10. Aufl, Heidelberg 2005.

Schmid, J., *Einführung in die Bevölkerungssoziologie*, Hamburg 1976.

Schmidt, H., Das Gesetz des Dschungels, in: *DIE ZEIT* vom 04.12.2003.

Schmidt, M.; Beschorner, T. [Hrsg.], *Corporate social responsibility und corporate citizenship*, München 2008.

Schmitt, C., Die Tyrannei der Werte, in: C. Schmitt; E. Jüngel; S. Schelz, *Die Tyrannei der Werte*, Hamburg 1979, S. 9–43.

Schmitt, H., *Demokratische Lebensform und religiöses Sendungsbewußtsein. Die philosophische Analyse der evangelischen Sozialethik*, München; Paderborn; Wien 1976.

Schmoller, G., *Über einige Grundfragen der Socialpolitik und der Volkswirtschaftslehre*, Leipzig 1898.

Schnädelbach, H., *Philosophie in Deutschland 1831–1933*, Frankfurt a. M. 1983.

Schnelle, U., *Paulus. Leben und Denken*, Berlin; New York 2003.

Schramm, M., *Der Geldwert der Schöpfung. Theologie-Ökologie-Ökonomie*, Paderborn; München; Wien; Zürich 1994.

Stierle, W., *Chancen einer ökumenischen Wirtschaftsethik. Kirche und Ökonomie vor den Herausforderungen der Globalisierung*, Frankfurt a. M. 2001.

Schumpeter, J. A., *Capitalism, socialism and democracy*, New York 1947.

Ders., *Geschichte der ökonomischen Analyse*, Erster Teilband, Göttingen 1965.

Ders., *Kapitalismus, Sozialismus und Demokratie*, 7. Aufl., Tübingen; Basel 1993.

Schweitzer, A., *Das Christentum und die Weltreligionen*, München 1935.

Ders., *Was sollen wir tun? 12 Predigten über ethische Probleme*, Heidelberg 1974.

Ders., Kultur und Ethik, in: *Gesammelte Werke*, Band 2, Berlin-Ost 1971, Zürich; München 1974, S. 95–420.

Ders., *Predigten 1898–1948*, hrsg. von R. Büllmann; E. Gräßler, München 2001.

Ders., *Das Christentum und die Weltreligionen. Zwei Aufsätze zur Religionsphilosophie*, 4. Aufl., München 2002.

Schweizer, E., *Das Evangelium nach Lukas*, Göttingen; Zürich 1986.

Schwertfeger, B., Viel Arbeit, wenig Anerkennung, in: *Spiegel-Online* vom 01.08.2005.

Segbers, F., *Hausordnung der Tora. Biblische Impulse für eine theologische Wirtschaftsethik*, 2. Aufl., Luzern 2000.

Seifert, E. K.; Pfriem, R. [Hrsg.], *Wirtschaftsethik und ökologische Wirtschaftsforschung*, Bern; Stuttgart 1989.

Sekretariat der Deutschen Bischofskonferenz [Hrsg.], *Die Evangelisierung Lateinamerikas in Gegenwart und Zukunft. Dokument der III. Generalkonferenz des lateinamerikanischen Episkopats in Puebla*, Bonn 1979.

Sen, A., Rational Fools: A critique of the behavioural foundations of economic theory, in: F. Hahn; M. Mollis [Hrsg.], *Philosophy and Economic Theory*, Oxford 1979, S. 87–109.

Ders., *On Ethics and Economics*, Oxford 1987.

Ders., *Development as Freedom*, New York 1999.

Ders., Global Justice: Beyond International Equity, in: I. Kaul; I. Grunberg; M. E. Stern [Hrsg.], *Global Public Goods. International Cooperation in the 21st century*, New York, NY: UNDP; Oxford 1999, S. 116–25.

Ders., Zehn Thesen zur Globalisierung, in: *DIE WELT* vom 18.07.2001.

Seyfarth, C.; Sprondel, W. M. [Hrsg.], *Seminar: Religion und gesellschaftliche Entwicklung. Studien zur Protestantismus-Kapitalismus-These Max Webers*, Frankfurt a. M. 1973.

Singer, P., *One World. The ethics of globalization*, New Haven 2002.

Smith, A., *Wealth of Nations. Book IV: Of Systems of political economy (reprint)*, New York 1991.

Ders., *The Theory of Moral Sentiments*, repr. New York 1991.

Sölle, D., Sünde. Zur politischen Interpretation eines theologischen Begriffs, in: *Theologia Practica VI* 1971, S. 246–50.

Sohn, W., Gemeinwohl: Was ist das? Von der EKD-Denkschrift »Gemeinwohl und Eigennutz« zum gemeinsamen Wort der Kirchen, in: F. von Auer; F. Segbers [Hrsg.], *Markt und Menschlichkeit. Kirchliche und gewerkschaftliche Beiträge zur Erneuerung der Sozialen Marktwirtschaft*, Hamburg 1995, S. 123–131.

Sombart, W., *Das Wirtschaftsleben im Zeitalter des Hochkapitalismus*, Band 3.1, 3. Aufl., München 1928.

Ders., *Die drei Nationalökonomien. Geschichte und System der Lehre von der Wirtschaft*, 2. Aufl., Berlin 1967.

Sonderbeilage »Special Report Islamic Finance«, in: *Financial Times* vom 23.05.2007.

Sozialwissenschaftliches Institut der EKD [Hrsg.], *Fragen der Wirtschaftsethik. SWI Colloquium vom 9. Mai 1985 mit Prof. Dr. A. Rich, Zürich. Einleitender Vortrag: Prof. Dr. Christofer Frey*, Bochum 1985.

Sozialwissenschaftliches Institut der EKD [Hrsg.], *Der Konsultationsprozeß. Kirche in der Diskussion zu wirtschaftlichen und sozialen Fragen: Perspektiven des Konsultationsprozesses in ausgewählten Stellungnahmen*, Frankfurt a. M. 1997.

Spaemann, R., Naturteleologie und Handlung, in: R. Spaemann, *Philosophische Essays*, Stuttgart 1983, S. 41–59.

Spiegel, Y., *Wirtschaftsethik und Wirtschaftspraxis – ein wachsender Widerspruch?*, Stuttgart; Berlin; Köln 1992.

Staedtke, J., *Johannes Calvin. Erkenntnis und Gestaltung*, Göttingen; Zürich, Frankfurt a. M. 1969.

Stierle, W., *Chancen einer ökumenischen Wirtschaftsethik. Kirche und Ökonomie vor den Herausforderungen der Globalisierung*, Frankfurt a. M. 2001.

Streithofen, H. B., Angewandte Realutopie, in: Institut für Gesellschaftswissenschaften Walberberg [Hrsg.], *Die Neue Ordnung*, Sondernummer, April 1985. Sondernummer April 1985, S. 2–5.

Strohm, T., Ethische Aufgabenstellungen »nach« dem Wort der Kirchen, in: *Zeitschrift für Evangelische Ethik*, 41. Jg., 1997, S. 293–302.

Stumpf, C. A., *The Grotian Theology of International Law. Hugo Grotius and the Moral Foundations of International Relations*, Berlin; New York 2006.

Suchanek, A., Sustainability und ökonomische Ordnungsethik, in: D. Aufderheide; M. Dabrowski [Hrsg.], *Wirtschaftsethik und Moralökonomik. Normen, soziale Ordnung und der Beitrag der Ökonomik*, Berlin 1997, S. 197–216.

Ders., *Ökonomische Ethik*, Tübingen 2001 und 2007.

Sucher, S., *The Moral Leader*, Harvard Business School, Winter Term 2003.

Sundbom, I., Über das Gleichheitsprinzip als politisches und ökonomisches Problem, Berlin 1962.

Tanner, K., *Der lange Schatten des Naturrechts. Eine fundamentalethische Untersuchung*, Stuttgart; Berlin; Köln 1993.

Thielemann, U., *Das Prinzip Markt. Kritik an der ökonomischen Tauschlogik*, Bern 1996.

Ders., *System error. Warum der Markt zu Unfreiheit führt*, Frankfurt a.M. 2009.

Ders.; Weibler, J., Betriebswirtschaftslehre ohne Unternehmensethik? Vom Scheitern einer Ethik ohne Moral, in: *Zeitschrift für Betriebswirtschaftslehre* 77/2 (2007), S. 179–94.

Ders.; Ulrich, P., *Standards guter Unternehmensführung. Zwölf internationale Initiativen und ihr normativer Orientierungsgehalt*, Bern 2009.

Ders.; Weibler, J., Integre Unternehmensführung – Eine Antwort auf die Replik von Horst Albach, in: *Zeitschrift für Betriebswirtschaftslehre* 77/2 (2007), S. 207–10.

Thierse, W., [Hrsg.], *Ist die Politik noch zu retten? Standpunkte am Ende des 20. Jahrhunderts*, Berlin 1996, S. 311–19.

Thomas von Aquin, *Summa theologica. Deutsch-lateinische Ausgabe*, II–II, 18. Band, Heidelberg; München; Graz; Wien; Salzburg 1953.

Ders., *Summa theologica. Deutsch-lateinische Ausgabe*, I–II, 13. Band, Heidelberg; Graz; Wien; Köln 1977.

Tocqueville, A. de, *Democracy in America*, Volume I, New York 1976.

Trevor-Roper, H., *Religion, the reformation and social change and other essays*, 2. Aufl., London 1972.

Troeltsch, E., *Religion und Wirtschaft. Vorträge der Gehe-Stiftung zu Dresden*, 5. Band, Leipzig; Dresden 1925.

Ders., *Die Soziallehren der christlichen Kirchen und Gruppen*, 2. Neudruck der Ausgabe Tübingen 1922, Aalen 1965.

Ders., *Die Absolutheit des Christentums und die Religionsgeschichte*, Hamburg 1969.

Ulrich, H. G., Theologische Zugänge zur Wirtschaftsethik, in: P. Koslowski [Hrsg.], *Neuere Entwicklungen in der Wirtschaftsethik und Wirtschaftsphilosophie*, S. 253–77.

Ulrich, P., Sich im ethisch-politisch-ökonomischen Denken orientieren, in: *Information Philosophie*, Nr. 4, Oktober 2002, S. 22–32.

Ders., *Der entzauberte Markt. Eine wirtschaftsethische Orientierung*, Freiburg 2002.

Ders., *Zivilisierte Marktwirtschaft. Eine wirtschaftsethische Orientierung*, Bern 2010.

Ders., *Integrative Wirtschaftsethik. Grundlagen einer lebensdienlichen Ökonomie*, Bern 2008.

Ders., Integrative Wirtschaftsethik. Versuch einer (Selbst-)Einschätzung des Entwicklungs- und Diskussionsstands, in: T. Beschorner et al. [Hgg.], *Wirtschafts- und Unternehmensethik*: Rückblick – Ausblick – Perspektiven, München 2005.

Ulshöfer, G., Ökonomie und Theologie. Beiträge zu einer prozeßtheologischen Wirtschaftsethik, Gütersloh 2001.

Utz, A. F., *Sozialethik. IV. Teil: Wirtschaftsethik*, Bonn 1994.

Virchow, R., *Mitteilungen über die in Oberschlesien herrschende Typhus-Epidemie (1849)*, Nachdruck, Hildesheim 1968.

Vorstand der Sozialdemokratischen Partei Deutschlands [Hrsg.], *Protokoll der Verhandlungen des Außerordentlichen Parteitages der Sozialdemokratischen Partei Deutschlands vom 13.-15. November 1959 in Bad Godesberg*, Bonn 1972.

Walter, N., *Der neue Wohlstand der Nation*, Düsseldorf; Wien; New York, Moskau 1993.

Ders., Stellungnahme aus Sicht der Christlichen Soziallehre, in: Bertelsmann Stiftung [Hrsg.], *Markt mit Moral. Das ethische Fundament der Sozialen Marktwirtschaft*, Gütersloh 1994, S. 44–49.

Wassermann, R. [Hrsg.], *Kommentar zum Grundgesetz für die Bundesrepublik Deutschland. Reihe Alternativkommentare*, Band 1: Art. 1–37, 2. Aufl., Neuwied 1989.

Weber, H., *Theologie-Wirtschaft-Gesellschaft. Die Sozial- und Wirtschaftsethik in der evangelischen Theologie der Gegenwart*, Göttingen 1970.

Weber, M., Die protestantische Ethik und der Geist des Kapitalismus, in: Max Weber, *Gesammelte Aufsätze zur Religionssoziologie*, Band 1, Tübingen 1963, S. 17–206.

Ders., *Die protestantische Ethik I. Eine Aufsatzsammlung*, 2. Aufl., München 1969.

Ders., Die Wirtschaftsethik der Weltreligionen. Konfuzianismus und Taoismus: Schriften 1915–1920, in: M. Weber, *Gesamtausgabe*, Band I/19, hrsg. H. Schmidt-Glintzer, Tübingen 1989.

Ders., Wissenschaft als Beruf, in: M. Weber, *Gesamtausgabe*, Band I/17, hrsg. von W. J. Mommsen; W. Schluchter, Tübingen 1992.

Ders., Politik als Beruf, in: M. Weber, *Gesamtausgabe*, Band 1/17, hrsg. von W.J. Mommsen; W. Schluchter, Tübingen 1992.

Weinkauff, H., Der Naturrechtsgedanke in der Rechtsprechung des BGH, in: *Neue Juristische Wochenschrift* 1960, S. 1689 ff.

Wettstein, F., Morality Meet Politics, Politics Meet Morality. Exploring the Political in Political Responsibility, in: *Business Ethics Journal Review* 1/9 (2013), S. 57–62.

Ders., *Multinational Corporations and Global Justice*. Human Rights Obligations of a Quasi-Governmental Institution, Stanford 2009.

Wieacker, F., *Privatrechtsgeschichte der Neuzeit*, 2. Aufl., Göttingen 1967.

Wieland, J., *Ethik der Governance*, Marburg 2007.

Wiesenmüller, H., *Die Wirtschaftsethik Thomas von Aquins, Luthers und Calvins und das deutsche Unternehmertum des Vor- und Frühkapitalismus*, Diss. Erlangen 1968.

Wilhelms, G., *Die Ordnung moderner Gesellschaft. Gesellschaftstheorie und christliche Sozialethik im Dialog*, Stuttgart; Berlin; Köln 1996.

Wünsch, G., *Religion und Wirtschaft*, Tübingen 1925.

Ders., *Evangelische Wirtschaftsethik*, Tübingen 1927.

Vom Umgang mit dem Geld der Anderen

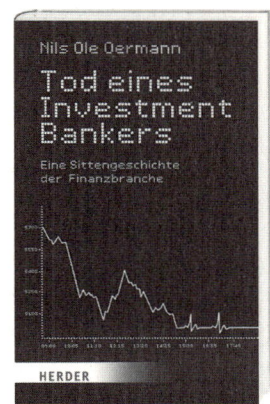

Nils Ole Oermann
Tod eines Investment-bankers
Eine Sittengeschichte der Finanzbranche
256 Seiten | Gebunden
mit Schutzumschlag
ISBN 978-3-451-30676-1

Nils Ole Oermann legt ausgehend von dem 2000 verstorbenen Edson Mitchell, dem Prototypen des Investmentbankers, eine Anthropologie der Finanz- und Wirtschaftskrise vor und erzählt den Aufstieg der Deutschen Bank im globalen Investmentbanking. An Edson Mitchells Karriere lässt sich so gut wie vielleicht an keiner anderen erklären, wie in den letzten 15 Jahren Investmentbanking zum bestimmenden Spiel in der globalen Finanzindustrie werden konnte, nach welchen Regeln es gespielt wird und wer die Spieler sind.

In jeder Buchhandlung

HERDER
Lesen ist Leben

www.herder.de

Ein Leben – ein Jahrhundert

Nils Ole Oermann
Der weiße Ovambo
Ein deutsch-afrikanisches
Jahrhundertleben
232 Seiten | Gebunden
mit Schutzumschlag
ISBN 978-3-451-30920-5

Ein Leben ist eigentlich zu kurz für das, was Peter Pauly widerfahren ist. Der »Halbjude« und Zögling eines Nazi-Internats verlässt 1937 Deutschland, arbeitet in Britisch-Ostafrika auf einer Kaffeeplantage, gerät bei Kriegsausbruch in britische Gefangenschaft, erlebt die Geburtsstunde der Bundesrepublik, ist Zeuge der Apartheid in Deutsch-Südwestafrika und wird Oberhaupt eines Ovambo-Klans. Das Panoptikum eines Jahrhunderts. Und das Leben eines großen Brückenbauers zwischen den Kontinenten und zwischen Schwarz und Weiß.

In jeder Buchhandlung

HERDER
Lesen ist Leben

www.herder.de